別冊NBL No.191
民事判例研究

民事判例研究会 編

1

2024年上期

商事法務

===== 『民事判例研究』発刊の辞 =====

　本書は、直近の 6 カ月の間に登場した民事裁判例を網羅的に取り上げ、当期における裁判例の動向を指出するとともに、注目すべき裁判例について深く分析し、さらに、特定のテーマに関する総合判例研究を行うことを通じて、裁判例の集積が生み出す「生ける法」の実像を明るみにすることを企図して編まれたものである。

本書が目指す判例研究とその意義

　本書は、研究者と実務家によって構成される「民事判例研究会」の研究会活動の成果を集成したものである。本研究会は、1982 年に結成された「民法判例研究会」に端を発し、以後 40 余年にわたる研究会活動の歴史の上に成り立っている。その発足当時、研究会の成果は「民法判例レビュー」として判例タイムズに定期的に掲載されていたが、その連載第 1 回の冒頭に掲げられた文章の一部をここに再掲したい。

　　　　　　　　*　　　　　　　　*　　　　　　　　*

　　社会は絶えず変転し、止まるところを知らない。社会が動くところ、新しい権利主張が生まれ、従来の権利調整のバランスが崩れて、紛争が発生する。こうして生み出された紛争のうち、裁判所の判断を仰ぐものはごく一部でしかないが、それでもなお、われわれの接する裁判例の数は膨大である。

　　従来、この種の裁判例の研究としては、最高裁の判例を中心に、判例評釈が活発に行われてきた。いうまでもなく、最高裁判決は、法解釈の統一をはかり、法状態の安定を目ざすから、最高裁判決中心の判例研究においては、当該判決の先例的意義、判旨の射程範囲などを詳しく検討した上で、その判断の当否を論じることになる。

　　しかし、判例の最終的な形は最高裁によって与えられるにせよ、そのときどきの裁判現象の大多数を占めるものは、下級審裁判例である。下級審裁判所は、最高裁と違って、新たな社会の動きに最も早く反応し、既存の法状態を動かす原動力となる。したがって、われわれは、下級審裁判例を研究することによって、いち早く社会の動きと、それに応じた新しい法律問題の発生を把握することができ、法律学に課された研究課題をも知ることができる。このたび、われわれが、最高裁判例のみならず、下級審裁判例をも含めて（実際には下級審裁判例が中心となるが）、民法判例の速報的な解説を試みることにしたのは、下級審裁判例のこのような役割をきわめて重要と考えたからにほかならない。

　　このような企画の形式のモデルとなったのは、『フランスの季刊民法雑誌』(Revue trimestrielle de droit civi) に掲載される判例解説欄である。しかし、内容的には、われわれ独自のスタイルがかなり入っている、といってよい。すなわち、毎月毎月、わが国の各種の判例雑誌に報告される膨大な裁判例の中から、テーマごとにいくつかの興味深い、あるいは重要と思われる判決例を拾い上げ、それを解説者の観点から自由に論じてみようというわけである。すでに述べたように、最高裁判例の評釈と違って、下級審裁判例の解説が中心となるので、従来の判例評釈スタイルにあまりとらわれず、また、それに変る別の固定したスタイルをも決めることなく、解説者の論じようとする意図に従って議論を展開することにしたのである。……

　　　　　　　（淡路剛久「民法判例レビューの連載にあたって」判例タイムズ 484 号（1983 年 2 月）2 頁）

ここに表された下級審裁判例を含む民事判例研究の意義、そして現時の裁判例を網羅的に取り上げるという基本方針は、現在の本研究会、そして本書においても基本的に変わるところはない。

　現在は、かつてのように複数の裁判例登載誌の目次を何号にもわたって目を通すようなことをしなくても、判例データベースの普及により、必要な裁判例の情報を容易に検索・抽出できるようになっている。しかし、当期の全裁判例を分野・テーマごとに整序して、それぞれに解説を付し、その意義を総合的に明らかにする本書の試みは、キーワード検索の結果として表示される判決年月日と要旨の羅列では得られない、有機的なインデックス機能を果たしうるものとなっている。現時において自身の興味関心が直接及んでいないものも含め、裁判例を全体的に俯瞰することは、新たな研究テーマを発見する端緒にもなるだろう。

　また、下級審裁判例の動向を探ることは、萌芽的な問題を捕捉し、要請される学理上の議論を誘因・牽引する役割を担うことにもつながる。そうした新たな紛争事例の存在や理論を即時性をもって提示することは、企業法務や裁判実務においても、紛争の回避・予防の方途や直面する紛争解決の道筋を探る一助となるはずである。原審となる裁判例について検討を及ぼすことは、その後に現れる最高裁判決にも影響を与えうるものとなろう。

　さらにいえば、全裁判例を拾い上げてテーマごとに整序し分析すること、それを多年にわたり継続していくことは、定点観測にも似た営みといえ、紛争や判決の史的変遷、ひいては社会の潮流を把握することにも資することとなる。それはまさに、冒頭にも掲げた「生ける法」の実像を明らかにすることでもある。

本書における判例研究の手法

　本書における判例研究は、次のような手法によって展開されている。

〔Ⅰ〕対象裁判例

　本書は、毎年2回のペースで刊行される。それぞれの年を上期（1〜6月）と下期（7〜12月）とに分け、6カ月の間に裁判例登載誌等に現れた裁判例すべてを対象とする。6カ月で区切っているのは、即時性をもたせること、及び、裁判例全体を捉え、その動向を把握するのに適当な期間であるという認識によるものである。

〔Ⅱ〕裁判例の整序・分類（部会・パート分け）

　本研究会は、「民法（財産法）」「民法（家族法）」「環境」「医事」「労働」「知財」という6つの部会によって構成され、各部会の研究会活動を集成する形で本書が編まれている。そのことを受け、「第2部　最新民事判例」は、この6つの部会に対応して裁判例が分類・整序されている。なお、「民法（財産法）」は、（研究会の部会としては1つであるものの）、6つのパートに分けられている（その基準については、vi頁の「◆本書の構成◆」を参照されたい）。

〔Ⅲ〕裁判例への3方向からのアプローチ

　本書「第2部　最新民事判例」では、裁判例を網羅的に取り上げ、全体を概観する（面として把握するアプローチ）とともに、注目すべき裁判例に焦点をあわせ深く検討を及ぼす（ポイントを深掘りするアプローチ）という2つの方向から、裁判例を捕捉・整序・分析する。もっとも、ある特定のテーマに焦点をあわせて裁判例の動向を探ろうとする場合には、6カ月という期間では十分な裁判例の集積が望めないこともある。そこで、注目すべきテーマにつき、直近の6カ月に限定せず、より長いスパンで裁判例をピックアップして総合研究を行うこととした。それが本書「第1部　総合判例研究」である。

民事判例研究会のあゆみとこれから

　本書の判例研究の基礎となっている本研究会について、現在に至る40余年にわたる活動のあゆみを、ここでふりかえってみたい。

　判例研究会の第1期ともいうべき1982年発足の「民法判例研究会」は、当時の民法学界においては数少ない、所属大学の枠を越えて研究者が集うインターカレッジの研究会であった。研究会活動の成果は、上述のとおり、判例タイムズに「民法判例レビュー」として年4回（3カ月に一度）のペースで掲載され、「契約」「担保」「不動産」「民事責任」「家族」の5つのパートにより構成されていた。連載第1回は、判例タイムズ484号臨時増刊において、「季刊・民事法研究1」として編まれている（ちなみに、世に知られる鎌田薫教授の「熟度」論は、この連載第1回の不動産パート「不動産売買契約の成否」において提示されたものである）。

　当初は、各パートの特性や裁判例の現れ方に応じて、執筆担当者の創意に任せた比較的自由な叙述スタイルがとられており、特定のテーマに関連する複数の裁判例を総合分析する方式などもあったが、徐々に、その期における裁判例を網羅的に取り上げる「今期の裁判例」と、注目裁判例を深掘りする「判例評釈」を併存させる、本書第2部に対応する方式が定着していった。

　判例タイムズ誌上の民法判例レビューは、2010年2月、連載106回をもって、27年の長きにわたる連載が終了した（厳密にいえば100回までとそれ以降とで期が区切られているが〔野村豊弘・同1263号5頁、加藤雅信・同1284号5頁参照〕、ここでは判例タイムズに掲載されていた時期をまとめて第1期と称する）。しかし、研究会の活動は途切れることなく続き、その後は、日本評論社から刊行される『民事判例』において研究成果が公表されることとなった。第2期の判例研究会のスタートに際しては、次のような変更・拡充が図られた。1つは、年4回の研究会開催・成果発表から、年2回になったことである。これにより、1回の研究会で取り扱う裁判例の数が増え、長いスパンで裁判例の動向をとらえることが可能となった。また、従来は、民法分野のものを対象としていたが、民法以外の領域にも対象を拡げるべく、新たに専門領域研究として「環境」「医事」「労働」「知財」の研究会が発足し、従前から続く「民法（財産法）」「民法（家族法）」とあわせ、6つの研究会からなる判例研究の体制が整えられた。

　『民事判例』は、「1（2010年前期）」（2010年10月刊）から「28（2023年後期）」（2024年6月刊）まで、14年にわたり年2回のペースで刊行が続けられた。そして、このたび、商事法務のご助力を得て、判例研究会は、いわば第3期として再出発をすることとなった。この第3期の研究会の初回の研究成果を集成したのが本書である（したがって、本書は第2期の『民事判例』の後掲誌の位置づけとなる）。本書からは、新たな判例研究の手法として、特定テーマに関する裁判例の総合研究（「第1部　総合判例研究」）も加えることとした。今後も、新たな領域への拡充等々、本書のいっそうの発展・充実に努めていく所存である。

　本書が、多くの読者の期待に応えつつ、実務と研究の双方にとって意義のある成果を長く生み続けられるものとなることを期し、発刊の辞とさせていただく。

　　2024年12月25日

　　　　　　　　　　　　　　　　　　　　　　　　　　　　　　　民事判例研究会一同

═══ 目 次 ═══

i　　　『民事判例研究』発刊の辞

vi　　　本書の構成・対象裁判例

第1部　総合判例研究

2　　**宗教上の寄附等に関する不起訴合意の有効性**
　　　　宮下修一

第2部　最新民事判例

18　　**契約裁判例の動向1**
　　　　原田昌和

23　　**契約裁判例の動向2**
　　　　中野邦保

32　　**注目裁判例研究**　**契約1**
　　　　父の名義で開設された口座の預金者が口座を利用し管理する子であると認定された事例（東京地判令5・7・18）
　　　　石田　剛

37　　**注目裁判例研究**　**契約2**
　　　　テーマパークチケットの解約禁止条項及び転売禁止条項の有効性（大阪地判令5・7・21）
　　　　三枝健治

41　　**金融・担保裁判例の動向**
　　　　下村信江

51　　**注目裁判例研究**　**金融・担保**
　　　　抵当権に基づく賃料債権への物上代位と賃借人による相殺の優劣（最二判令5・11・27）
　　　　下村信江

56　　**物権・不動産取引裁判例の動向**
　　　　水津太郎

62　　**注目裁判例研究**　**物権・不動産取引1**
　　　　地下用水地役権に関する承役地の譲受人の「登記の欠缺を主張する正当な利益」の有無（大分地判令5・3・17）
　　　　武川幸嗣

66　　**注目裁判例研究**　**物権・不動産取引2**
　　　　所有権の登記名義人未記載の土地の地上権者から国に対する所有権確認請求が却下された事案（東京地判令4・4・15）
　　　　田中淳子

71　　**不法行為裁判例の動向1**
　　　　前田太朗

81　　**不法行為裁判例の動向2**
　　　　白石友行

100 注目裁判例研究 **不法行為 1**
公共工事における専門業者の説明義務違反と過失相殺（大阪高判令4・9・29）
石井正人

104 注目裁判例研究 **不法行為 2**
年少障害者の逸失利益の算定（大阪地判令5・2・27）
竹村壮太郎

108 **家族裁判例の動向**
山口亮子

114 注目裁判例研究 **家族 1**
共同親権者の一方が子を代理して提起した訴えが「父母の一方が親権を行うことができないとき」（民法818条3項ただし書）に当たらず不適法とされた事例（東京高判令4・12・13）
合田篤子

118 注目裁判例研究 **家族 2**
超過特別受益者による相続分の譲渡と遺産分割（福岡家審令5・6・14）
水野貴浩

123 **環境裁判例の動向**
島村　健／及川敬貴

132 注目裁判例研究 **環境**
泉北ニュータウン公園一部廃止事件（大阪地判令4・3・3）
越智敏裕

136 **医事裁判例の動向**
石橋秀起

147 注目裁判例研究 **医事**
介護施設に入居していた高齢者が食事中に誤嚥により死亡した事件において、介護事業者の安全配慮義務違反が争われた事例（名古屋地判令5・2・28）
岡田希世子

151 **労働裁判例の動向**
山中健児

170 注目裁判例研究 **労働**
職種・職務限定契約と配転命令の可否（最二判令6・4・26）
石井妙子

174 **知財裁判例の動向**
城山康文

180 注目裁判例研究 **知財**
AIを発明者とする特許出願の可否（東京地判令6・5・16）
青木大也

185　当期の裁判例索引
188　民事判例研究会 会員一覧

=== 本書の構成・対象裁判例 ===

◆本書の構成◆

・ 「第 1 部　総合判例研究」では、注目すべきテーマに関する一連の裁判例の総合的検討を行う。第 2 部で取り上げる対象裁判例の範囲を超え、当該テーマに関連する近時の裁判例をよりひろく対象としている。

・ 「第 2 部　最新民事判例」は、「民法（財産法）」「民法（家族法）」「環境」「医事」「労働」「知財」に分け、それぞれの領域ごとに、当期の対象裁判例（下記）を網羅的に取り上げる「裁判例の動向」と、そのなかから注目すべき裁判例をピックアップし考究をする「注目裁判例研究」から成る。

・ 「民法（財産法）」の「裁判例の動向」は、以下の基準によりさらに 6 つのパートに分けている。

　　1 ）「不法行為裁判例の動向 1 」：一般不法行為（要件論・効果論）に関する裁判例

　　2 ）「不法行為裁判例の動向 2 」：特殊・特別不法行為、特定事件類型（学校事故、交通事故など）に関する裁判例

　　3 ）「契約裁判例の動向 1 」：契約の成立・効力一般（民法総則・債権総論・契約総論など）に関する裁判例

　　4 ）「契約裁判例の動向 2 」：各種の契約（典型契約のほか消費者契約等も含む）に関する裁判例

　　5 ）「物権・不動産取引裁判例の動向」：物権、不動産取引（売買・賃貸借・工事請負など）に関する裁判例

　　6 ）「金融・担保裁判例の動向」：担保・保証、担保的取引（債権譲渡・相殺など）、責任財産保全、金銭消費貸借、預金取引などに関する裁判例

＊　複数のパートに関連する裁判例については、原則として、下段のパート（ 6 → 5 →……）のほうで取り上げ、それより上段のパート（ 1 → 2 →……）の対象からは除外するものとする。

◆本号の対象裁判例◆

・ 本号の「第 2 部　最新民事判例（裁判例の動向・注目裁判例研究）」は、2024 年 1 ～ 6 月に公刊された裁判例登載誌に掲載された裁判例を対象としている。具体的には以下のとおり（ゴシック体は略語表記）。

最高裁判所**民事判例集**	77 巻 5 号～77 巻 7 号	家庭の法と裁判	48 号～50 号（「民法（家族法）」のみ）
判例**時報**	2573 号～2590 号	判例地方**自治**	505 号～510 号（「環境」のみ）
判例**タイムズ**	1514 号～1519 号	労働**判例**	1297 号～1307 号（「労働」のみ）
金融**法務事情**	2225 号～2236 号	労働経済判例**速報**	2533 号～2549 号（「労働」のみ）
金融・商事判例	1681 号～1693 号		

・ このほか、この期に裁判所 HP 等に掲載されるなどして捕捉できた裁判例も適宜加えている。

・ 裁判例登載誌の表記は、紙幅の都合により、原則として 1 誌のみを表示することとした。

・ 上記の略語表記のほか、雑誌名は通常の略記法に従う。

総合判例研究

第 1 部

第1部　総合判例研究

宗教上の寄附等に関する不起訴合意の有効性

宮下修一　中央大学教授

民法（財産法）部会

1　はじめに

　2022（令和4）年7月8日に安倍晋三元内閣総理大臣が襲撃者による不意の銃撃を受けて逝去した事件は、日本にとどまらず、世界中に大きな衝撃を与えた。しかしながら、襲撃者は、自らの母が旧・世界基督教統一神霊協会（現・世界平和統一家庭連合／以下、「協会」ではなく官公庁も使用する略称である「旧統一教会」と称する）の信者として多額の献金を繰り返したことによって自らも生活苦等にあえいだこと等を理由に、旧統一教会と関係が深かった安倍元総理を襲撃するに至ったという、その後に判明した事実や動機は、別の意味でさらに大きな衝撃を与えることになった。

　旧統一教会に対する社会的な非難が高まる中で、2022年8月に消費者庁に設置された「霊感商法等の悪質商法への対策検討会」における議論を経て[1]、2022年12月に霊感商法に関する契約取消権の規定の適用範囲を拡大する消費者契約法の改正（同法4条3項8号〔当時は6号〕）、また、不当な寄附の勧誘行為を規制する不当寄附勧誘防止法（法人等による寄附の不当な勧誘の防止等に関する法律）の制定がなされたのは記憶に新しい[2]。

　この結果、社会的な注目を浴びることとなった旧統一教会の霊感商法や高額献金をめぐっては、その勧誘の違法性を問う多数の訴訟が提起されている[3]。

　中でも、2024（令和6）年7月11日に、旧統一教会が信者から提出を受けた不起訴合意を内容とする「念書」について公序良俗違反を理由としてその有効性を否定するとともに、献金をさせるに至った勧誘が違法に行われた可能性を強くにじませたうえで、原審に破棄差戻しをした最高裁判決（以下「令和6年最高裁判決」という）が出されたことは注目に値する[4]。

　前者の不起訴合意の有効性については、下級審の裁判例では判断が分かれていた判断基準を一般的な形で示した点で、宗教的な寄附にとどまらず、その他の場面で取り交わされる不起訴合意の効力についても検証を迫るものであるといえる。また、後者の勧誘の違法性については、上述した不当寄附勧誘防止法に定められている「配慮義務」が、その判断基準となることを明示しており、今後に与える影響がきわめて大きい。

　以上の状況を踏まえて、本稿では、宗教上の寄附に関して勧誘の違法性があることを理由として不法行為責任が追及された裁判例[5]について、紙幅の都合上、前者に焦点を置き、できる限り網羅的に検討することにしたい[6]。後者については、別稿に譲ることとするが、令和6年最高裁判決の判示内容については、後者の点も含めて紹介する。

　以下では、まず2で令和6年最高裁判決の内容を紹介してその意義について検討するとともに、同判決の内容を踏まえて、3で不起訴合意の有効性に関する裁判例につき概観したうえで、4でそれらにおいて展開されている不起訴合意の効力を判断する際の考慮要素を分析し、その当否を検証する。続く5では、「不起訴合意」とも密接に関連する「解決金合意」・「清算合意」の有効性について検討したうえで、最後の6で上記の分析と検証、検討の結果についてまとめることにしたい。

2　令和6年最高裁判決とその意義

⑴　緒　論

　令和6年最高裁判決は、すでに1で見たように、①不起訴合意の有効性に関する判示と②勧誘の違法性の判断基準に関する判示と2つの部分に分かれている。①については、直接その有効性を否定したが、②については判断基準を示したものの違法性の有無については最終的に判断していない。もっとも、②に関しては、具体的な判断基準を示したうえで、事実上その違法性の存在を認める方向で論理が展開されており、注目されるところである。

　そこで以下では、具体的な事案と判旨を紹介する。なお、①の意義については、3において下級審裁判例の動向の分析とあわせて検討することにしたい。

(2) 事案

A（1929年生まれ）は、旧統一教会Y₁の信者であった三女の紹介により、2004年からY₁の施設に通い始め、その教理を学ぶようになった。その教理の中には、病気、事故、離婚等のさまざま問題の多くは怨恨をもつ霊によって引き起こされており、そのような霊の影響から脱して幸せに暮らすためには、献金をして地獄にいる先祖を解怨すること等が必要であるというものがあった。

Aは、Y₁に対し、2005年から2009年までの間、十数回にわたり合計約1億円を献金した。また、Aは、2008年から2010年までの間に、自己の所有する土地を3回にわたり合計約7300万円で売却し、そのうち480万円をY₁に献金した。これらの献金は、Y₁の信者の勧誘を受けて行われたものであった。

その余はY₁の信徒会Bに預託され、2015年までの間に、うち約2000万円がBを通じて献金され、約3000万円がAに生活費として交付された。

Aは、夫が死亡した後単身で生活していたが、2015年8月に長女Xに献金をしていた事実を話し、また、その後Y₁の信者に対してXにそのような話をした旨を伝えた。

Aは、Y₁の信者であったCから、Cが将来自らの家族がY₁に返金を求めることを懸念して信徒会の婦人部長Y₂に相談したところ、それを阻止するための書類を作成する方法があると伝えられたと聞き、A自身も同様の書類を作成することにした。

Aは、2015年11月、CとともにY₁の信者の運転する自動車で公証人役場に行き、公証人の面前において、Y₁の信者が文案を作成した「念書」に署名押印し、公証人の認証を受けた（なお、念書は、「公正証書」ではなく「私署証書」として公証人の認証を受けたものである）。念書の内容は、以下の通りである[7]。

「私がこれまでYに対して行ってきた寄付ないし献金は、私が自由意思によって行ったものであり、貴団体職員ないし会員等による違法・不当な働きかけによって行ったものではありません。

よって、貴団体に対し、欺罔・強迫、公序良俗違反を理由とする不当利得に基づく返還請求や不法行為を理由とする損害賠償など、裁判上・裁判外を含め、一切行わないことをここにお約束します。

私の寄付等について必ずしも快く思わない私の親族らや相続人らが、後日無用の紛争を起こすことがなきよう、私の意思をここに明らかにするため、以下署名捺印致します。」

同日、Aは、Y₁に対して念書を提出し、これにより念書による「不起訴合意」が成立した。その際、Y₁の信者により、AがY₂からの質問に答えて献金につき、返金手続をする意思がないことを肯定する様子がビデオ撮影された。

その後、Aは、2016年5月に、アルツハイマー型認知症により成年後見相当と診断された。

Aは、2017年3月に、Aの献金は、Y₂を含むY₁の信者らの違法な勧誘によりなされたものとして、不法行為（Y₁には主位的に共同不法行為、予備的に使用者責任、Y₂には共同不法行為）に基づく損害賠償等を求めて訴えを提起した。なお、Aは、2021年7月に死亡し、Xが訴訟上の地位を承継した。

第一審（東京地判令3・5・14LEX/DB25600043〔7〕）及び原審（東京高判令4・7・7LEX/DB25620545〔8〕）は、いずれも、①「不起訴合意」は公序良俗に反し無効であるとはいえない、②Y₁の信者らが、Aに対し、勧誘行為において献金をしないことによる具体的な害悪を告知したとは認められず、仮にそれをしたことがあったとしても自由な意思決定を阻害されたとまでは認められない、③献金が多額かつ頻回であることのみから、直ちにAが過大な献金を行ったとはいえないとして、訴えを棄却した。

これを受けて、Xが上告したところ、最高裁判所は(3)・(4)に述べる理由から原判決を破棄して差し戻した。

(3) 判旨・その1 ——「不起訴合意」の有効性

最高裁は、以下のように述べて、念書によって行われた「不起訴合意」については、直ちに効力は否定されないものの、その判断は慎重に判断すべきであるとするとともに、公序良俗違反として無効となる場合の考慮要素を具体的に提示した。そのうえで、種々の考慮要素を踏まえて検討した結果、本件では不起訴合意が無効となると明言した（以下、下線はいずれも筆者が付記したものである。本稿においては、いずれも同様である）。

「特定の権利又は法律関係について裁判所に訴えを提起しないことを約する私人間の合意（以下『不起訴合意』という。）は、その効力を一律に否定すべきものではないが、裁判を受ける権利（憲法32条）を制約するものであることからすると、その有効性については慎重に判断すべきである。そして、<u>不起訴合意は、それが公序良俗に反する場合には無効となるところ、この場合に当たるかどうかは、当事者の属性及び相互の関係、不起訴合意の経緯、趣旨及び目的、不起訴合意の対象となる権利又は法律関係の性質、当事者が被る不利益の程度その他諸般の事情を総合考慮して決すべきである。</u>」

「これを本件についてみると、Aは、本件不起訴合意を締結した当時、86歳という高齢の単身者であり、その約半年後にはアルツハイマー型認知症により成年後見相当と診断されたものである。そして、Aは、Y₁の教理を学び始めてから上記の締結までの約10年間、その教理に従い、1億円を超える多額の献金を行い、多数回にわたり渡韓して先祖を解怨する儀式等に参加するなど、Y₁の心理的な影響の下にあった。そうすると、Aは、Y₁からの提案の利害得失を踏まえてその当否を冷静に判断することが困難な状態にあったというべきである。また、Y₁の信者らは、AがXに献金の事実を明かしたことを知った後に、本件念書の文案を作成し、公証人役場におけるその認証の手続にも同行し、その後、Aの意思を確認する様子をビデオ撮影するなどしており、本件不起訴合意は、終始、Y₁の信者らの主導の下に締結されたものである。さらに、本件不起訴合意の内容は、Aがした1億円を超える多額の献金について、何らの見返りもなく無条件に不法行為に基づく損害賠償請求等に係る訴えを一切提起しないというものであり、本件勧誘行為による損害の回復の手段を封ずる結果を招くものであって、上記献金の額に照らせば、Aが被る不利益の程度は大きい。」

「以上によれば、本件不起訴合意は、Aがこれを締結するかどうかを合理的に判断することが困難な状態にあることを利用して、Aに対して一方的に大きな不利益を与えるものであったと認められる。したがって、本件不起訴合意は、公序良俗に反し、無効である。」

(4) 判旨・その2――勧誘行為の違法性

最高裁は、次のように述べて、2023年1月に施行されたばかりの不当寄附勧誘防止法3条1号・2号の配慮義務の規定を引用するとともに、その内容を踏まえて献金勧誘行為の違法性判断における考慮要素を具体的に提示した。そのうえで、種々の考慮要素について検討すべきなのにそれがなされていないとして、原審判決を破棄して差し戻し、再度違法性について検討するように命じた。

「ア　宗教団体又はその信者（以下「宗教団体等」という。）が当該宗教団体に献金をするように他者を勧誘すること（以下「献金勧誘行為」という。）は、宗教活動の一環として許容されており、直ちに違法と評価されるものではない。もっとも、献金は、献金をする者（以下「寄附者」という。）による無償の財産移転行為であり、寄附者の出捐の下に宗教団体が一方的に利益を得るという性質のものであることや、寄附者が当該宗教団体から受けている心理的な影響の内容や程度は様々であることからすると、その勧誘の態様や献金の額等の事情によっては、寄附者の自由な意思決定が阻

害された状態でされる可能性があるとともに、寄附者に不当な不利益を与える結果になる可能性があることも否定することができない。そうすると、宗教団体等は、献金の勧誘に当たり、献金をしないことによる害悪を告知して寄附者の不安をあおるような行為をしてはならないことはもちろんであるが、それに限らず、寄附者の自由な意思を抑圧し、寄附者が献金をするか否かについて適切な判断をすることが困難な状態に陥ることがないようにすることや、献金により寄附者又はその配偶者その他の親族の生活の維持を困難にすることがないようにすることについても、十分に配慮することが求められるというべきである（法人等による寄附の不当な勧誘の防止等に関する法律3条1号、2号参照）。」

「以上を踏まえると、献金勧誘行為については、これにより寄附者が献金をするか否かについて適切な判断をすることに支障が生ずるなどした事情の有無やその程度、献金により寄附者又はその配偶者等の生活の維持に支障が生ずるなどした事情の有無やその程度、その他献金の勧誘に関連する諸事情を総合的に考慮した結果、勧誘の在り方として社会通念上相当な範囲を逸脱すると認められる場合には、不法行為法上違法と評価されると解するのが相当である。そして、上記の判断に当たっては、勧誘に用いられた言辞や勧誘の態様のみならず、寄附者の属性、家庭環境、入信の経緯及びその後の宗教団体との関わり方、献金の経緯、目的、額及び原資、寄附者又はその配偶者等の資産や生活の状況等について、多角的な観点から検討することが求められるというべきである。」

「イ　本件においては、Aは、本件献金当時、80歳前後という高齢であり、種々の身内の不幸を抱えていたことからすると、加齢による判断能力の低下が生じていたり、心情的に不安定になりやすかったりした可能性があることを否定できない。また、Aは、平成17年以降、1億円を超える多額の本件献金を行い、平成20年以降は、自己の所有する土地を売却してまで献金を行っており、残りの売得金をBに預け、Bを通じてさらに献金を行うとともに、Bから生活費の交付を受けていたのであるが、このような献金の態様は異例のものと評し得るだけでなく、その献金の額は一般的にいえばAの将来にわたる生活の維持に無視し難い影響を及ぼす程度のものであった。そして、Aの本件献金その他の献金をめぐる一連の行為やこれに関わる本件不起訴合意は、いずれもY₁の信者らによる勧誘や関与を受けて行われたものであった。」

「ウ　これらを考慮すると、本件勧誘行為については、勧誘の在り方として社会通念上相当な範囲を逸脱

するかどうかにつき、前記アのような多角的な観点から慎重な判断を要するだけの事情があるというべきである。しかるに、原審は、Y₁の信者らが本件勧誘行為において具体的な害悪を告知したとは認められず、その一部において害悪の告知があったとしてもAの自由な意思決定が阻害されたとは認められず、Aがその資産や生活の状況に照らして過大な献金を行ったとは認められないとして、考慮すべき事情の一部を個別に取り上げて検討することのみをもって本件勧誘行為が不法行為法上違法であるとはいえないと判断しており、前記アに挙げた各事情の有無やその程度を踏まえつつ、これらを総合的に考慮した上で本件勧誘行為が勧誘の在り方として社会通念上相当な範囲を逸脱するといえるかについて検討するという判断枠組みを採っていない。そうすると、原審の判断には、献金勧誘行為の違法性に関する法令の解釈適用を誤った結果、上記の判断枠組みに基づく審理を尽くさなかった違法があるというべきである。」

3 「不起訴合意」の有効性をめぐる下級審裁判例の状況と令和6年最高裁判決の関係

(1) 不起訴合意とは何か

2(3)で触れた「不起訴合意」とは、当事者間で、その一方に将来発生する可能性がある不法行為に基づく損害賠償請求権や不当利得に基づく返還請求権等をあらかじめ放棄する合意をすることをいう。

この不起訴合意の有効性については、過去の学説では疑問を呈する見解もあったものの、現在は、原則として有効であるとする見解が有力である[8]。

このすぐ後の(2)以下で検討する裁判例を見ると、不起訴合意については、次のような文言で行われている（〈 〉内の言葉は、筆者が補充したものである）。

「今後、名目の如何を問わず何らの請求（甲〈元信者〉の献金等の返還請求を含む）もしないことを約する。」（【3】【4】）

「返金を求めたり、請求ないし訴訟をする意志は、全くありません。」【5】）

「A〈元信者〉らに、第1項のC〈旧統一教会の教会長〉のB〈元信者・Aの子〉に対する義務〈Bが借入れをしてCに貸し付けた貸付金債務〉が履行される限り、C又はYに対し、将来にわたり献金等返還請求・損害賠償請求など裁判上・裁判外を問わずいかなる請求も行わない。」（【9】【10】）

「甲〈元信者〉は、乙〈旧統一教会の信徒会代表者〉及び乙の関係団体、ならびに宗教法人世界平和統一家庭連合（旧世界基督教統一神霊協会）に対し、何らの請求をしない。」（【11】）

以上を見ると、訴訟を提起しないとまでは記載して

いないものの方が多いが、請求をしない旨の表現は損害賠償請求権等の放棄を意味するものといえる。

(2) 不起訴合意の有効性をめぐる下級審裁判例の概観

宗教上の寄附や物品購入代金に関して交わされた「不起訴合意」の有効性について争われた裁判例は、令和6年最高裁判決（【12】）を除き、7件存在する（【3】【4】【5】【7】【8】【9】【10】）。このうち、【7】【8】は、それぞれ令和6年最高裁判決の第一審判決と控訴審判決である（なお、本来であれば、いずれも【 】内の数字で示すべきであるが、【12】については今後の同種の裁判例のリーディングケースとなりうる重要な判決であるため、他との区別を優先し、「令和6年最高裁判決」と称する）。また、【3】【4】【9】【10】の4件は、不起訴合意と5で検討する解決金合意・清算合意の双方の有効性が争われている。

このうち、不起訴合意の有効性を「肯定」したものが4件（【5】【7】【8】【9】）、「否定」したものが3件である（【3】【4】【10】）。なお、【3】の控訴審判決である【4】については、上告及び上告受理申立てがなされたものの、令和3年9月28日に、最高裁により棄却及び不受理決定がなされている。

(3) 不起訴合意の一般的効力に関する令和6年最高裁判決の立場

令和6年最高裁判決は、2(3)で述べたように、不起訴合意につき、「その効力を一律に否定すべきものではないが、裁判を受ける権利（憲法32条）を制約するものであることからすると、その有効性については慎重に判断すべきである」とする。これは、直接対象となっている宗教的な寄附等の場面にとどまらず、より一般的な形で不起訴合意の効力につき、直ちに否定されるわけではないものの、慎重に判断すべきであると強調することにより、原則として制限する立場を表明したものと考えられる。

下級審裁判例に目を向けると、上の(2)で紹介したように不起訴合意が原則として有効であることを前提としたうえで、それを肯定したものが複数存在する。しかしながら、令和6年最高裁判決の立場を踏まえれば、今後は、不起訴合意は例外的な場面でのみ有効なものとされることを前提に検討を進めていく必要があろう。

4 不起訴合意の効力を判断するための考慮要素

(1) 不起訴合意の無効を主張するための法的根拠

令和6年最高裁判決では、不起訴合意の無効を導くための法理として、公序良俗違反による無効（民法90条）を挙げている。下級審裁判例を見ると、元信者が無効の法的根拠として公序良俗違反を挙げるのは、令和6年最高裁判決の第一審判決（【7】）と控訴審判決

【8】）にとどまらず、他のすべての裁判例に共通する。

このほか、原告からは、①不起訴合意の不存在（【5】【7】【8】）、②和解合意の範囲外であること（【3】【4】）、③和解相手の信徒会が実態のないものであること（【11】）、④信義則違反（【11】）、⑤強迫による取消し（【5】）、⑥錯誤による無効（【9】／ただし、2017年民法改正前の事案）等も主張されているが、いずれもその事実が認められないとして採用されていない。

(2) 令和6年最高裁判決で示された有効性判断に関する考慮要素

それでは、不起訴合意は、どのような場合に公序良俗違反を理由として無効とされるのであろうか。令和6年最高裁判決では、公序良俗違反による無効の判断要素として、①当事者の属性及び相互の関係、②不起訴合意の経緯、趣旨及び目的、③不起訴合意の対象となる権利又は法律関係の性質、④当事者が被る不利益の程度が挙げられている[9]。

そこで以下では、①～④の順に、それぞれ令和6年最高裁判決における具体的な判断を確認しつつ、下級審で示された考慮要素との関係について検討することにしたい。

(3) 当事者の属性及び相互の関係

(a) 年齢と判断能力

令和6年最高裁判決では不起訴合意の有効性の判断要素として、当事者の属性及び相互の関係が考慮されている。

その中でまず注目されるのは、年齢と判断能力の考慮である。具体的には、元信者が不起訴合意時に86歳の高齢の単身者で、半年後にアルツハイマー型認知症により成年後見相当と診断されたことが考慮されている[10]。

下級審裁判例（令和6年最高裁判決の第一審【7】・原審【8】を除く）では、元信者の年齢は、いずれも60代～70代前半の高齢者層である。もっとも、令和6年最高裁判決と同様に、不起訴合意をした時点における判断能力が直接疑われるものは見られない。しかしながら、年齢を考慮すれば、判断能力の有無につきより慎重に判断を行うことが求められよう[11]。

(b) 不起訴合意の内容の理解可能性

下級審裁判例を見ると、元信者らが、不起訴合意時に、その意味や内容を理解できるか否かも不起訴合意の有効性判断の際に考慮されているものが複数存在する。

不起訴合意の有効性を「肯定」した裁判例では、合意書の条項の内容が、Yによる説明がなければ、元信者にとって理解をすることが難しいものであるとはいえないと指摘する（【9】）。

これに対して、不起訴合意の有効性を「否定」した裁判例では、単なる表面的な部分にとどまらず、元信者がその意味を理解できていたか否かを重視する。【10】は、不起訴合意は、紛争解決において定型的に用いられる形式文言である上、実体法上の権利の存否について、裁判で争うことも許されないという重大な効果をもたらすものであり、法律上の知識が不十分な元信者には、合意の効果を十分に理解できなかったとしてもやむを得ない条項であるという。それとともに、不起訴合意の直接の対象となる紛争とは何ら関係のない紛争についてまで不起訴合意の効果を認めることは、「控訴人〈元信者〉の合理的意思にそぐわない」ものであり、また、そうである以上、元信者が不起訴合意の意味内容を正しく理解していたかは疑問であり、その趣旨の法的効果を生じないとするなど、限定的に解釈すべきものであるといえるとする。

令和6年最高裁判決では、不起訴合意の内容の理解可能性については、その有効性を判断する際の考慮要素として明示されていないものの、「Aは、Y₁からの提案の利害得失を踏まえてその当否を冷静に判断することが困難な状態にあった」とされており、①当事者の属性及び相互の関係の中で一定の考慮がされているといえる。もっとも、この点は正面から明示されることが望ましいといえよう。その際には、【9】のように、単に条項の内容の表現にのみ着目するのではなく、元信者等が念書等の作成時にその意味内容を理解できていたか否かを慎重に検証すべきである。

(c) 心理的影響による判断の困難性

令和6年最高裁判決において、(a)で挙げた年齢や判断能力よりも重視されていると考えられるのが、心理的影響による判断の困難性である。具体的には、元信者が、①長期間（10年間）にわたり、②多額の献金（1億円超）と③多数回の儀式参加をしたという事実をもとに、旧統一教会の「心理的な影響の下」にあり、その「提案の利害得失を踏まえてその当否を冷静に判断することが困難な状態にあった」とする。すなわち、いわゆる「マインドコントロール」の状態に置かれたことにより、自らが冷静な判断ができない状態にあったことが考慮されている[12]。

下級審裁判例を見ても、この点の捉え方で結論が異なっている。

例えば、不起訴合意の有効性を「肯定」した裁判例では、元信者が、宗教団体の関係者による心理的な強制を受けることなく、本件合意書の内容を理解して署名押印したと認められるとして、これが有効であるとしたものもある（【9】）。逆に、旧統一教会が害悪の告知や念書への署名の強要をしたという事実もないとし

て、有効性を肯定したものもある（【5】）。このほか、不起訴合意をした元信者が、その家族から宗教団体に対する献金の返金請求を強要されると考えて不起訴合意をしたとしても不合理とはいえない点、さらに、元信者が、献金を継続したうえに不起訴合意時まで返金を求めたことがなく、不起訴合意までの間に脱退・退会を考えていた形跡がない点も考慮要素として挙げられている（【5】）。

これに対して、不起訴合意の有効性を「否定」した裁判例では、元信者が不起訴合意のもつ法的意味を十分に理解したうえで、合意書に署名押印したものとは認められないことが判断の根拠として考慮されている。また、同じ裁判例では、元信者が、不起訴合意当時、一定の限度で宗教団体の心理的影響下にあったものと認めるのが相当であると直截に指摘するものもある（【10】）。

上記の【9】については宗教団体が元信者に強制をするような行為をしておらず、また、【5】については、逆に不起訴合意までの間に元信者が返金等の行動をとらなかったことを理由に「有効」と判断している。しかしながら、仮に元信者らが不起訴合意をした際にマインドコントロール下に置かれていたのであれば、いずれも行われないのが当然のこととともいえるのであるから、単に外形的な部分にのみ目を奪われないように注意すべきである。

（4）不起訴合意の経緯、趣旨及び目的

（a）不起訴合意の経緯

令和6年最高裁判決では、Y_1（旧統一教会）の信者らが、念書の文案を作成し、公証人役場における認証の手続にも同行し、その後、Aの意思を確認する様子をビデオ撮影するなどしたことを踏まえて、「不起訴合意は、終始、Y_1の信者らの主導の下に締結された」としている。

ここで最も重要なのは、A（元信者）が自らの自由意思で不起訴合意をしたという証拠のために行われたビデオ撮影が、逆に、Aの自由意思ではなくY_1の信者らの主導で不起訴合意が行われたことを裏付ける証拠として用いられていることである。宗教的な勧誘にとどまらず消費者被害の場面では、勧誘時の状況の録画や録音が証拠として提出されることがあるが、今回の令和6年最高裁判決を受けて、その録画や録音の状況を検証したうえで、それが信者や顧客の自由意思を基礎づけるものとして利用できるか否かにつき慎重に対応することが求められよう。

また、令和6年最高裁判決では、公証役場において認証を受けた不起訴同意が、Y_1の信者らが公証人役場に同行していることも踏まえて無効とされている点も

注目される。下級審裁判例には、不起訴合意は、公正証書で行われており、公証人が十分な意思確認をしたと考えられるとして有効としたものがある（【5】）。令和6年最高裁判決の第一審である【7】も、公証人の面前で私署証書の認証を受けたことを理由に特段の事情がない限りAが自らの意思に基づき意思表示をしたものと認められるとし、原審である【8】もこれを肯定している。しかしながら、令和6年最高裁判決は、仮に公証人が認証したものであっても、必ずしも本人の自由意思によって認証されたことを基礎づけるものではないことを示すものであり、今後慎重な対応が必要となろう[13]。これに関して、Xらの主張によれば、念書がAの真意に基づく文書である旨の認証をY_1の信者らが得ようとしたところ、公証人からAが認知症ではないことが確認できないとして拒まれたため私署証書の認証にとどまったとされている点にも留意しておきたい。

なお、不起訴合意の有効性を「肯定」した裁判例には、組織的に違法な勧誘行為をしたとは認められないと判示したものがある（【5】）。逆に、不起訴合意の有効性を「否定」した裁判例には、合意書作成当時、元信者は、献金に関して返金を求める考えすらなかったにもかかわらず、旧統一教会がそれに乗じて請求権を放棄させたと認定したものがある（【3】【4】）。令和6年最高裁判決では、違法な勧誘行為が組織的に行われたか否かまでは言及されていないが、上述したようなビデオ撮影が信者らの主導によって行われたことは、それが組織的に行われたことを基礎づける1つの要素になるということができよう。

（b）不起訴合意の趣旨・目的

次に、令和6年最高裁判決では、不起訴合意の趣旨及び目的についても考慮すべきであるとする。具体的には、もう1つの考慮要素である「不起訴合意の対象となる権利又は法律関係の性質」もあわせて指摘する形となっているが、不起訴合意の内容が、元信者であるAが行った1億円を超える多額の献金について、何らの見返りもなく無条件に不法行為に基づく損害賠償請求等に係る訴えを一切提起しないというものとなっている点を考慮している。

下級審裁判例に目を向けると、不起訴合意の有効性を「肯定」した裁判例では、不起訴合意が不当な目的で行われたわけではないということが強調されている。例えば、【9】では、不起訴合意は、一定の法律関係について、将来の紛争の発生を防止するために行うものであるから、元信者が献金の返還請求の意思を持つ前に宗教団体が献金に関する損害賠償義務を免れるという不当な目的に基づくものと認めることはできないと

されている。また、そもそも宗教団体の信者がその教義に従うことは、宗教的行為の実践そのものに他ならないと指摘するものもある（【5】）。

これに対して、不起訴合意の有効性を「否定」した裁判例では、そもそも寄附等について具体的な返還請求等がなされていないにもかかわらず、そのような合意をすることがそもそも本来の不起訴合意の目的に沿わないものとされている。具体的には、【10】は、献金等の返還請求や損害賠償請求について、何らの紛争が顕在化していない状況にあるのに、法律的な知識も十分ではない信者との間で、宗教団体が一方的に将来の裁判上、裁判外を問わずいかなる請求も行わない旨の不起訴合意をさせたというもので、紛争を解決したうえで、解決した紛争につきその後さらに紛争が生じることを防止するという本来の不起訴合意の目的を逸脱するものといわれてもやむを得ないと指摘する。

なお、不起訴合意の有効性を「肯定」した裁判例には、念書において、元信者が、献金等は自由意思によるものであり、献金等を不当利得返還請求や損害賠償請求を行うことで取り戻す意思がないことを表明しているため有効であるとしたものがある。もっとも、同じ判決では、旧統一教会に預けた金銭に関する記載が一切ないため、寄託金返還請求等を裁判上提起しない旨の意思表示まで含まれていないとされている。ただし、元信者が金銭を預託したのは別団体の信徒会であるとして、旧統一教会に対する寄託金返還請求等は棄却されている（以上については【7】）。

いずれにしろ、今回の令和6年最高裁判決の判示を踏まえれば、不起訴合意の形式的な文面のみならず、その趣旨・目的まで検証したうえで、より慎重な判断をすることが求められることになろう。

(5) 不起訴合意の対象となる権利又は法律関係の性質、当事者が被る不利益の程度

続いて、令和6年最高裁判決は、不起訴合意の有効性判断の考慮要素として、その対象となる権利又は法律関係の性質、さらに当事者が被る不利益の程度を挙げている。この2つは、密接に関連しているので、ここではあわせて検討することとしたい。

令和6年最高裁判決は、①対象となる権利については、一切の不法行為に基づく損害賠償請求権であり、それが②1億円を超える多額の献金について何の見返りもなく行使できなくなることによって「勧誘行為による損害の回復の手段を封ずる結果」を招くもので、「献金の額に照らせば、Aが被る不利益の程度は大きい」とする。

下級審裁判例に目を向けると、不起訴合意の有効性を「肯定」したものは、例えば、「不起訴合意等によって原告が損害賠償請求を行うことができなくなることが不正義なものということはできない」（【9】）と述べるにとどまり、対象となる権利の重大性や信者等の被る不利益については念頭に置かず、形式的な判断をするにとどまっている。

これに対して、不起訴合意の有効性を「否定」したものは、それが合理性、相当性を欠き、元信者らに著しく不利益な内容であるとして、公序良俗に違反する（【10】）等と説く。具体的には、「一方的にXの裁判による権利救済を否定するという効果を生じさせるものとして、合理性を欠く」、または、元信者らの「請求について、裁判所において判断を受ける機会すら失わせるものであり、これが有効であるとすると正義に反する結果を招くものといわざるを得ない」（【10】）と指摘している。

また、令和6年最高裁判決は、上記②で述べたように本件では「1億円を超える多額の献金」に関する損害賠償請求権を行使できなくなることを考慮している。下級審裁判例のうち、不起訴合意の有効性を「否定」するものは、献金額が多額に及ぶことを考慮している（【3】【4】【10】）。

これに対して、不起訴合意の有効性を「肯定」したものは、献金額の多寡については特に考慮しないものが多い（【7】【8】【9】）。また、【5】は、上の(4)で述べたように、「宗教団体の信者がその教義に従うことは、まさに宗教的行為の実践そのもの」であり、元信者が進んで旧統一教会の教義に従って振る舞っていたこと自体は公序良俗違反の根拠にはならないとしたうえで、「献金等として3000万円を超える支出をしていたことを考慮しても」公序良俗に違反しないとする。もっとも、(4)で述べたように、令和6年最高裁判決の登場により、不起訴合意の有効性については、その趣旨・目的を慎重に検討したうえで判断することが求められよう。さらに、【11】は、元信者の妻と長男に約1256万円余の財産を無断で引き出された夫の損害については、妻と長男が損害賠償責任を負っているのであり、旧統一教会が不起訴合意により免責されても妻と長男まで免責されるものではないとする。しかしながら、この点については、下記5(5)で検討するように令和6年最高裁判決の判示内容を踏まえれば、大きな疑問があるといわざるを得ない。

以上の点を踏まえれば、今後は、不起訴合意の有効性に関しては、その合意によって行使できなくなる権利の重大性とそのことによって当事者に生じる不利益につき、より具体的に検証したうえで判断することが必須となるといえよう。

(6) 合理的な判断が困難な状況の利用と不利益の発生

令和6年最高裁判決は、上記の(3)～(5)の検討を踏まえ、最後の結論の部分で「本件不起訴合意は、Aがこれを締結するかどうかを合理的に判断することが困難な状態にあることを利用して、Aに対して一方的に大きな不利益を与えるものであった」として、「本件不起訴合意は、公序良俗に反し、無効である」と判示している。前者については当事者の主観的状況、後者については当事者の客観的状況を考慮することを求めているといえる。

注目すべきは、上記(3)で検討した内容を前提とした表現であると思われるが、「合理的に判断することが困難な状態にあることを利用」したという判示部分である。

さらに、ここで想起されるのが、2016年に1回・2018年に1回・2022年に2回の合計4回にわたって行われた、消費者契約法のうち実体法部分の改正である。この間、契約取消権に関して常に議論をされてきたのが、事業者が消費者の「合理的な判断をすることができない状況を利用」して契約を締結したことを理由とする契約取消権創設の可否である。同法の改正について検討を行うために内閣府消費者委員会に設置された「消費者契約法専門調査会」等では、そのことについて何らかの規制を行う必要があることについては一致を見たが、具体的な条文案作成の段階ではコンセンサスがなかなか得られず、包括的な形で立法することは見送られた[14]。

令和6年最高裁判決のケースも、1億円超の献金、すなわち寄附が消費者契約に該当する場合には、消費者契約法上の取消権の対象となりうる（不当寄附勧誘防止法8条1項括弧書では、寄附に関して消費者契約法の規定が適用される場合には、同法によることが明記されている）。

以上の点を踏まえると、最高裁が「合理的な判断が困難な状況」に着目して不起訴合意の有効性を否定したことは、単にそれだけにとどまらず、こうした状況を利用した契約締結等の違法性を基礎づけるものであり、今後の判例の展開や場合によっては立法にも影響を及ぼすものであるとも評価できよう。

5 「解決金合意」・「清算合意」の有効性

(1) 「解決金合意」・「清算合意」とは何か

令和6年最高裁判決においてその有効性が問われたのは「不起訴合意」であったが、下級審裁判例を見ると、それに加えて、不法行為に基づく損害賠償責任等が問題となる際に、一定の金額の金銭等を支払う代わりにその余の債務を免除する旨の「解決金合意」が行われることがある。そして、それに付随して、その解決金の支払いに関するもの以外の債権債務関係がないことを確認する「清算合意」が行われることが一般的である。

【3】【4】では、合意書において、損害額の半額程度を解決金として支払うことを約束したうえで、「甲と乙との間には、本合意書に定めるほか、何らの債権債務のないことを相互に確認する。」とする条項が設けられている。

【6】では、開運ブレスレット等を購入し、その後寄附等を強要された者2名が、それぞれ寺院への支払額の約5分の1・約10分の1の返金を受け、その他に「債権債務がないことを相互に確認する」旨の合意がなされている。【11】では、旧統一教会の信徒会代表者から献金額の約4分の1の支払いを受ける代わりに、その他に何らの債権債務関係がないことを確認したうえで、3(1)で紹介した不起訴合意を内容とするの合意書が交わされている。

また、【9】【10】では、元信者が、霊感商法で聖本等を合計1億6240万円分購入するとともに、銀行から2億1000万円を借り入れて旧統一教会の教会（教会長）に貸付けがなされ（この貸付けについては完済されている）、さらに元信者の子が5000万円を借り入れて元信者の親子共有の土地・建物に根抵当権を設定し、それをもとに2350万円の貸付けがなされている（一部は返済されており、残金は約1840万円である）。その後、元信者と旧統一教会の間で、①旧統一教会の教会長が4050万円余の支払義務を負い、同金員を支払う旨の条項、②教会長との間にそれ以外の債権債務が存在しない旨の条項、③「Xら〈元信者の親子〉は、従前Y〈旧統一教会〉に対し行った献金等を含め名義いかんを問わず、Yとの間に一切の債権債務が存しないことを確認する」旨の条項、④①の「義務が履行される限り、教会長またはYに対し、将来にわたり献金等返還請求・損害賠償請求など裁判上・裁判外を問わずいかなる請求も行わない」旨の条項を内容とする念書が交わされた。このうち、③は当事者間で返金の有無が争われていない債権債務関係のすべての不存在を確認する「清算合意」に関する条項である（なお、④は不起訴合意であるが、これについては3参照）。

(2) 「解決金合意」・「清算合意」をめぐる下級審裁判例の概観

「解決金合意」に関する条項は一種の和解条項であり、その他に何らの債権債務関係が存在しない旨を確認する旨の「清算合意」に関する条項は、通常の和解等においても定められることが一般的である。

宗教上の寄附や物品購入代金に関する「解決金合意」

及び「清算合意」の有効性について争われた裁判例は、5件存在する（【3】【4】【9】【10】【11】）。また、【3】【4】【9】【10】の4件は、不起訴合意と解決金合意・清算合意の双方の有効性が争われている。5件のうち、不起訴合意の有効性を「肯定」したものが2件（【9】【11】）、「否定」したものが3件である（【3】【4】【10】）。

やや特殊なのが【6】であるが、これについては次の(3)で詳論することにしたい。

なお、【1】【2】については、一種の「解決金合意」を定めたものということができるが、上記の形態とは異なるため、後の(6)で別途検討する。

(3) 「解決金合意」・「清算合意」の無効を主張するための法的根拠

解決金合意・清算合意の効力を「否定」した裁判例は、いずれも公序良俗違反による無効をその根拠としている。

ところで、【6】では、被告となった2つの寺院は、いずれも解散した開運商法業者と業務提携契約を締結しており、実際の勧誘は、開運商法業者の従業員等が行っていた。そこで、2つの寺院については、いずれも開運商法業者が行った組織的不法行為を幇助したとして共同不法行為責任が認められたが、その際に上記購入・献金者2名が開運商法業者との間で締結した解決金合意・清算合意の効力が寺院に及ぶかどうかが問題となった。

【6】判決では、開運商法業者と寺院の購入・献金者に対する損害賠償債務が不真正連帯債務の関係に立つことを前提として、次のように述べる[15]。購入・献金者1名については、開運商法業者とのみ解決金合意・清算合意を内容とする和解をしていたことから、最高裁判例[16]を引用しつつ、開運商法業者に対して不真正連帯債務の免除をしたといえるが、寺院に対してまでその免除の効力を及ぼす意思はなかったとして、開運商法業者から解決金が支払われたとしても寺院の損害賠償債務は消滅しないとした。

これに対して、もう1名の購入・献金者については、開運商法業者及び寺院の3者間で解決金合意・清算合意を内容とする和解をしたことから不真正連帯債務の免除の効力は開運商法業者のみならず寺院にも及ぶとして、開運商法業者から解決金が支払われた以上、寺院の損害賠償債務は消滅するとした。また、この和解によってその他の被害額の返還請求をすることができないと認識していなかったとする和解の錯誤無効の主張（現在の効果は取消しであるが〔民法95条1項〕、2017年民法改正前の事案であるため、無効を主張）については、互譲による和解の効力を主張するものにすぎず、その効力を左右しないとして否定した。

もっとも、令和6年最高裁判決は、直接には不起訴合意に関するものであるが、そもそも将来発生する可能性がある高額の損害賠償請求権を放棄する内容を含む解決金合意・清算合意の有効性判断にも影響を与えるものと考えられる。そうであるとすれば、まず解決金合意・清算合意が当然有効であることを前提にした立論については、見直しが求められよう。

また、和解について錯誤が成立するか否かについては古くから議論されている。具体的には、争いの目的となっていた事項について錯誤があった場合には95条は適用されないが、争いの目的である事項の前提ないし基礎とされていた事項とそれ以外の事項について錯誤があった場合には、95条（正確には95条1項2号・2項）が適用されると説かれている[17]。

本件については、開運商法業者から心理的な圧迫を受け続けるという一種のマインドコントロールの状況の中で次々と物品購入や献金を続け、損害額全体、すなわち将来発生する可能性がある損害賠償請求権の存在を十分に把握することができないままに解決金合意・清算合意を内容とする和解に応じているのであるから、和解の前提となる損害賠償請求権の存否について錯誤があるといえる。そして、これを十分に把握していないことは、購入・献金者の行動から推認されるところである。したがって、現行法の下においては、行為基礎事情の錯誤があり、それが黙示に表示されていたとして取消し（【6】では無効）を主張することができると解すべきである。

(4) 「解決金合意」・「清算合意」の有効性判断における考慮要素

(a) 争いの目的である権利の存在の有無

解決金合意・清算合意の有効性を「肯定」した裁判例のうち、【9】は、不起訴合意と解決金合意・清算合意の有効性を一緒に論じているので、不当な目的がないこと（4 (4)(b)参照）、理解が難しいものではないこと（4 (3)(b)参照）、心理的強制を受けておらず不正義とはいえないこと（4 (3)(c)参照）を理由とする（なお、【11】については、やや特殊な議論が展開されているので、次の(5)で別途検討する）。

これに対して、【9】の控訴審である【10】では、「献金等を含め名義いかんを問わず、Yとの間に一切の債権債務が存しない」旨の清算条項については、その合意の必要性・相当性が認めがたいとしたうえで、仮にこれが「和解合意であるとすれば、合意当時において、『争いの目的である権利』の存在を欠くものであるとの疑いもある」とする。

この【9】【10】における清算条項は、直接の対象となる債権債務関係を離れてすべての債権債務関係を否

定するものであって異例のものである。これは、単なる「清算条項」でになく、3(1)で紹介した「不起訴条項」と一体となって、元信者らの正当な権利の行使の機会を奪うものであると評価できる。その意味では、【10】における判断は、合意の内容について「『争いの目的である権利』の存在を欠く」とした判示はきわめて正当であるといえよう。

(b) 購入代金・献金の全体的な把握と返還請求行使の意思の有無の考慮

次に解決金合意　清算合意を無効と判断した【3】では、①元信者XとXを勧誘した信者Y₃との間で話し合いの対象となったのは、返金した203万円についてのみであり、その他の献金については話し合われなかったこと、②合意書を交わした当時、Xは、献金は天に捧げた者であり返金できないと認識しており、その後も祝福結婚式をする意思を表明するなど、その他の献金の返金を求める考え方すらなかったといえるとする。そのうえで、「Y₃がXの意思を確認せず、Xがその他の献金の返還請求を含む請求をしないことを約する旨の本件清算条項を入れた本件合意書を作成した上、本件合意書の内容について説明しないままXに本件合意書への署名押印をさせている。そうすると、本件清算条項は、Xにおいてその他の献金に関して返金を求める考えすらなかったことに乗じて、何らの説明もなしにXにその他の献金に関する請求権を放棄させるものであって、その他の献金の金額が少なくとも362万円……に上ることも考慮すると、公序良俗に反し無効というべきである。」と判示した。

【3】の控訴審である【4】では、【3】と同様に、203万円の献金の返還以外に話し合いがなく、合意書を交わした当時それ以外の返金を求めるという考え自体がなかったとしたうえで、「203万円の返金についての支払義務の確認及び支払約束とともにされたものであっても、他人の無経験に乗じてはなはだしく不相当な財産的処分をさせることを内容とするものであって、公序良俗に反し無効というべきである。」と判示した。

このように、購入代金・献金額の一部についてのみ解決金合意がなされたうえで、他の全額について債務不存在を確認する旨の清算合意がなされた場合には、①そもそもその合意があった際に購入代金・献金額の全額について当事者双方が全体的に把握したうえで協議がなされているか否か、また、②そもそもその全額について返金を求める、すなわち請求権を行使する意思があったか否かについて検討する必要があるといえよう。

そして、①については、4(4)で検討した不起訴合意の場合と同様に、解決金合意・清算合意の経緯、趣旨・目的を考慮しているといえる。また、②についても、不起訴合意と同様に、4(3)で検討した当事者の属性及び相互の関係、とりわけ(c)で検討した心理的影響による判断の困難性が考慮されているといえる。さらに、②については、購入代金・献金額の全額に関する全体的な把握の有無を前提にしていることから、不起訴合意と同様に、不起訴合意の対象となる権利又は法律関係の性質及び当事者が被る不利益の程度も考慮していると評価することができる。

その意味では、解決金合意・清算合意についても、不起訴合意と同様の基準でその有効性を判断することが求められているといえよう。

(5) 他人が損害賠償責任を負うことを理由とする解決金合意・不起訴合意の有効性判断に対する疑問

ところで、【11】は、なお信者である妻が、信者ではない夫（その後死亡）名義の預金約1256万円を引き出して献金をしたため、信者ではない子2名が、旧統一教会と妻、信者である子に対して不法行為に基づく損害賠償請求をした事案であり、その前提として、夫と献金を受け取った信徒会代表者との間で取り交わされた合意書における解決金合意と清算合意の有効性が問題となったものである。具体的には、夫が死亡する前に、献金を受け取った信徒会代表者が解決金として300万円を30回分割払いで夫に返済するがそれ以外に何らの債権債務は存在しない旨の解決金合意と、その支払いの終了後は代表者とその関連団体、そして旧統一教会には何らの請求をしない旨の不起訴合意がなされている。

ここで【11】判決は、損害賠償責任を負うのは夫名義の預金を引き出した妻であり、300万円で填補されない損害について妻を免責する内容ではないとしたうえで、妻が口座から引き出した金員を原資として旧統一教会に献金がなされたことを踏まえて300万円の限度で解決金を支払うという合意の内容は、信義則違反にも公序良俗違反にも当たらないと判示した。

しかしながら、たしかに一義的には妻が損害賠償責任を負うとしても、仮に献金が旧統一教会及び信者の違法な勧誘行為によって行われたのであれば、旧統一教会も共同不法行為責任または使用者責任を負う可能性がある。それにもかかわらず、その点を検討することなく、合意書の存在を理由として旧統一教会の完全な免責を認めた判旨には、①不起訴合意の趣旨・目的及び②不起訴合意の対象となる権利又は法律関係の性質、当事者が被る不利益の程度も考慮して有効性を判断するとした令和6年最高裁判決の判断基準を踏まえると大きな疑問が残るといわざるを得ない。

⑹　返還金を分割払いする旨の和解と損害賠償請求権放棄の効力の有無

ところで、【1】【2】では、献金資金の捻出のため元信者である母が子の会社の資金を無断で流用して義兄から1000万円を借り入れて穴埋めしたため、その返済分の返還を求めるため旧統一教会の教会長と交渉した結果、毎月15万円ずつ計1000万円を返済することを内容とする覚書が作成されている（なお、母から献金を受け取るときは子に連絡する旨の教会長による記載、さらに「今後献金は致しません」とする母による記載がある）。

これについて、旧統一教会は、この条項は、元信者が上記金額以外の損害賠償請求権の一切を放棄したものであると主張した。

しかしながら、【1】の判決では、①元信者は覚書作成時にはまだ旧統一教会を脱会する意思までではなく、子らに物品購入や献金等のすべてを打ち明けていなかったこと、②交渉はすべての献金等を対象としたものではなかったこと、③清算条項がなく、覚書作成時にも清算に関する話をまったくしていないことを理由に、上記の旧統一教会の主張を否定した（なお、控訴審判決である【2】の詳細は不明であるが、認定された損害額が増額されているので、【1】の判示内容を維持したのではないかと推測される）。

本件における返金合意は、紛争の終局的解決を目的とするものではないため、厳密にいえば「解決金合意」とはいえないが、一部の紛争の解決を図るための金銭の授受と捉えるのであれば、一種の「解決金合意」とも考えうる。もっとも、上記のように、単に返金をする旨の合意があったとしても、清算合意や不起訴合意がなされた形跡がないのであれば、それらの合意があることを前提とした処理をすべきではない。仮に清算合意や不起訴合意があったとしても、すでに検討してきたように、当事者間の実際の交渉等の状況や関係性によってその範囲が限定され、またはその効力自体が否定される場合があることに留意する必要があろう。

6　結びに代えて

以上で分析・検証・検討を重ねてきた結果をまとめると、次の通りである。

まず、不起訴合意については、下級審裁判例では有効性を肯定するものが散見されるが、令和6年最高裁判決の判旨を踏まえれば、直ちにその効力は否定されないものの、原則としては否定され、例外的な場合にのみ有効とされる、すなわち、その効力が制限されるものであるといえる（以上については2及び3参照）。

次に、不起訴合意の無効を主張するための法的根拠として公序良俗違反を挙げる裁判例が多いが、その考慮要素は多岐にわたる。もっとも、今後は、令和6年最高裁判決を踏まえて、①当事者の属性及び相互の関係、②不起訴合意の経緯、趣旨及び目的、③不起訴合意の対象となる権利又は法律関係の性質、④当事者が被る不利益の程度について、不起訴合意の効力を制限するという観点から慎重に判断されることが求められる。これに加えて、令和6年最高裁判決では考慮要素としては明示されていないが、最後の結論部分を踏まえれば、⑤合理的な判断が困難な状況を利用したことによる不利益の発生の有無も考慮されているといえよう（以上については4参照）。

また、不起訴合意と密接に関連する解決金合意・清算合意についても、その無効を主張するための法的根拠を公序良俗違反とする裁判例が多いが、その判断に際しては、①争いの目的である権利が存在するか否か、さらに②購入代金・献金を全体的に把握したうえで協議を行い全額の返金について請求する意思があるか否かが考慮されている（以上については5参照）。

以上のように、令和6年最高裁判決は、不起訴合意、さらに解決金合意・清算合意の有効性判断について精緻な基準を提供したものであるというにとどまらず、同判決の登場は、十分な検討をしないままに上記の諸合意を有効とすることもあった従来の裁判例の見直しを迫るものであるといえよう。

（みやした・しゅういち）

〔付記〕本稿は、科学研究費助成事業（学術研究助成基金助成金）基盤研究(C)（課題番号：20K01404）の研究成果の一部である。

1）検討会では、筆者は委員兼座長代理を務めた。当時の議論の状況については、消費者庁のウェブサイトを参照。https://www.caa.go.jp/policies/policy/consumer_policy/meeting_materials/review_meeting_007/

2）この間の経緯と具体的な立法の内容については、宮下修一「霊感商法・寄附の不当勧誘と新たな法規制——消費者契約法の改正と寄附不当勧誘防止法の制定」法セ820号（2023）38〜44頁、同「寄附の不当勧誘と民事的効力——民法理論の観点からの検討」ジュリ1585号（2023）14〜20頁、同「宗教に関する消費者被害の実態とその対応」月報司法書士621号（2023）26〜34頁を参照。

3）近時の裁判例の動向については、加納雄二「2023年消費者法白書・第11章宗教」法ニュース136号（2023）85〜87頁、同「2024年消費者法白書・第11章宗教」同誌140号（2024）99〜100頁を参照。

4）最一判令 6・7・11 法ニュース 141 号 134 頁（【12】／【　】の中の数字は、別表内の番号を指す）。なお、令和 6 年最高裁判決の判例研究として、すでに田近肇「判批」新判解 Watch 35 号（2024）29 頁、小田司「判批」同誌同号 143 頁、西内康人「判批」有斐閣 Online ロージャーナル 2024.7.22 号が公表されている。

5）本稿では、宗教上の勧誘に基づく財産の拠出行為につき不法行為責任を追及した事例に絞って分析を行うため、他の法理に基づき財産の返還を請求した事案については、検討の対象外とする。例えば、財産の贈与の意思表示自体が否定されたもの（和歌山地判平 8・4・17 判タ 933 号 159 頁〔オウム真理教〕）、強迫による取消しを認めたもの（東京地判平 8・6・5 判時 1578 号 64 頁・判タ 923 号 135 頁〔オウム真理教〕）等である。

6）2003 年前半までの宗教関連のトラブルに関する裁判例については、『宗教トラブル特集（消費者法ニュース別冊）』（消費者法ニュース発行会議、2003）で多数紹介されている。また、2022 年 7 月までの旧統一教会関連の裁判例については、山口広ほか『統一教会との闘い――35 年、そしてこれから』（旬報社、2022）196～212 頁においてその概要が紹介されている。

7）念書の内容については、筆者が独自に入手した原本のコピーに基づき記載している。

8）学説における議論状況については、小田・前掲注 4）144 頁参照。

9）令和 6 年最高裁判決が不起訴合意を無効とした判断部分では、Ａへの一方的な不利益という内容的な不均衡性に加えて、無思慮・窮迫といった事情の利用という手続的な部分も重視されていると見ることができる点で、一般的な暴利行為論と類似した判断枠組みが用いられていると指摘するものとして、西内・前掲注 4）。

10）多数の献金や宗教的教義・行事へのコミットを繰り返すことによって別行動をとれなくなる「認知的不協和」の影響や金銭・時間・心理的余裕などの欠乏状態からくる「認知的制約」を重視することにより、単身者であることやアルツハイマー型認知症であることを決定的な要素と見ないことも可能であると説くものとして、西内・前掲注 4）。

11）この点に関連して、霊感商法や宗教的な寄附も適用対象となりうる消費者契約法では、その 3 条 1 項 2 号において、消費者契約の締結の勧誘に際し、「事業者が知ることができた個々の消費者の年齢、心身の状態、知識及び経験を総合的に考慮」したうえで消費者に対して情報を提供する努力義務を課していることに留意しておきたい。

12）「マインドコントロール」の実態と心理学的な分析については、村本武志「霊感商法とマインドコントロール（心理学）」消費者法研究 13 号（2022）39～84 頁参照。

13）不起訴合意が、仮に公証人の面前で作成された場合であっても、それだけで有効であるといえるわけではない。例えば、ケースは異なるが、重度の痴呆（認知症）症状にある 88 歳の男性が公証人役場に出頭して公証人の面前で作成した公正証書遺言が、本人が作成時に遺言の内容を理解し、判断することができない状態にあったとして無効とされた裁判例がある（東京高判平 12・3・16 判時 1755 号 34 頁・判タ 1039 号 214 頁）。

14）議論の状況については、宮下修一「合理的な判断をすることができない事情を利用した契約の締結」法時 88 巻 12 号（2016）37～43 頁、同「消費者契約法の改正と残された課題――総則・契約取消権について」中央ロー 17 巻 4 号（2021）23～48 頁、同「迷走する消費者契約法の行方――2022 年改正の評価と展望」河上正二先生古稀記念『これからの民法・消費者法（Ⅱ）』（信山社、2023）175～199 頁を参照。

15）不真正連帯債務については、2017 年のいわゆる「債権法改正」がなされる前に、債権総則の連帯債務の規定に履行請求（改正前 434 条）・免除（改正前 437 条）・時効完成（改正前 439 条）について絶対効（絶対的効力）を定める規定があったため、被害者救済の観点から理論が展開されてきたものであるが、「債権法改正」により上記のいずれの規定も削除されたため、その概念を維持するべきか否かが議論されている。具体的には、混同（440 条）や自己の負担部分を超えない場合でも求償を認める規定（442 条）があるため、「不真正連帯債務」という概念は残るとする見解が多い（橋本佳幸ほか『民法Ⅴ　事務管理・不当利得・不法行為〔第 2 版〕』〔有斐閣、2020〕303 頁等）。これに対して、連帯債務と不真正連帯債務の区別は無用であり、不真正連帯債務が問題とされてきた場面でも債権総則の連帯債務の規定を適用すべきであるという見解も強く主張されている（潮見佳男『民法（債権関係）改正法の概要』〔金融財政事情研究会、2017〕112～113 頁、同『新債権総論Ⅱ』〔信山社、2017〕586～587 頁、同『基本講義　債権各論Ⅱ　不法行為法〔第 4 版〕』〔新世社、2021〕192 頁）。

16）最一判平 10・9・10 民集 52 巻 6 号 1494 頁。

17）中田裕康『契約法〔新版〕』（有斐閣、2021）606～607 頁、潮見佳男『新契約各論Ⅱ』（信山社、2021）484～486 頁。

〔別表〕不起訴合意・解決金合意・清算合意の有効性をめぐる裁判例

番号	裁判所	判決年月日	掲載誌等	原告	被告	対象財産
【1】	福岡地裁	平22・3・11 （【2】第一審）	法ニュース85号306頁	元信者（死亡後に訴訟承継）	旧統一教会	原告の預金、株式売却代金 合計1億0138万6000円
【2】	福岡高裁	平23・1・21 （【1】控訴審）	判例集・データベース未登載（『統一教会との闘い』204頁）	元信者（死亡後に訴訟承継）	旧統一教会	原告の預金、株式売却代金 合計1億0138万6000円
【3】	東京地裁	令2・2・28 （【4】第一審）	法ニュース130号164頁	元信者	旧統一教会・信者	元信者の財産 合計約426万円
【4】	東京高裁	令2・12・3 （【3】控訴審）	法ニュース130号165頁	元信者	旧統一教会・信者	元信者の財産 合計約426万円
【5】	東京地裁	令3・3・1	LEX/DB25588910	元信者	旧統一教会・信者	元信者・夫の財産 合計約4800万円
【6】	東京地裁	令3・3・31	LEX/DB25588757	開運ブレスレット等の購入・寄附等の送金者13名	開運商法業者と業務提携契約を締結した2寺院と各住職（親子）、各寺院が所属する真言宗の2宗派	購入・送金者の財産 ※和解の効力が問題となった者2名 ①合計1204万円 ②合計1451万円
【7】	東京地裁	令3・5・14 （【8・12】第一審）	LEX/DB25600043	元信者	旧統一教会・信者	元信者の預金・土地売却代金 合計約1億5459万円
【8】	東京高裁	令4・7・7 （【7・12】控訴審）	LEX/DB25620545	元信者 ※子が承継	旧統一教会・信者	元信者の預金・土地売却代金 合計約1億5459万円
【9】	東京地裁	令5・5・10 （【10】第一審）	LEX/DB25599806	元信者	旧統一教会	元信者の財産 合計1億6240万円
【10】	東京高裁	令5・11・15 （【9】控訴審）	判タ1522号65頁	元信者	旧統一教会	元信者の財産 合計1億6240万円
【11】	札幌地裁	令6・3・7	LEX/DB25599616	信者（妻）の二女・二男	旧統一教会・信者（妻・長男）	信者ではない夫（死亡）の預金 合計約1256万円
【12】	最高裁	令6・7・11 （【7・8】上告審）	法ニュース141号134頁	元信者 ※子が承継	旧統一教会・信者	元信者の預金・土地売却代金 合計約1億5459万円

※『統一教会との闘い』として引用しているものは、山口ほか・前掲注6）196〜212頁に掲載されている「世界平和統一家庭連合（略称

訴訟	争点	結果
不法行為（709条・使用者責任）に基づく損害賠償請求	①組織的勧誘行為の違法性、②個別勧誘行為の違法性、③使用者責任、④毎月15万円ずつ1000万円を返済する旨の覚書と損害賠償請求権放棄の和解としての効力の有無	①否定、②肯定、③肯定、④否定（清算条項なし）《一部認容》
不法行為（709条・使用者責任）に基づく損害賠償請求	①組織的勧誘行為の違法性、②個別勧誘行為の違法性、③使用者責任、④毎月15万円ずつ1000万円を返済する旨の覚書と損害賠償請求権放棄の和解としての効力の有無	第一審修正（詳細不明）《原判決一部取消し・一部認容（増額）・その他の控訴棄却》
不法行為（共同不法行為・使用者責任）に基づく損害賠償請求	①解決金合意・不起訴合意の有効性、②組織的勧誘行為の違法性、③個別勧誘行為の違法性、④使用者責任	①公序良俗違反無効、②否定、③肯定、④肯定《一部認容》
不法行為（共同不法行為・使用者責任）に基づく損害賠償請求	①解決金合意・不起訴合意の有効性、②組織的勧誘行為の違法性、③個別勧誘行為の違法性、④使用者責任	①公序良俗違反無効、②否定、③肯定、④肯定《控訴棄却》
不法行為（709条・使用者責任・共同不法行為）に基づく損害賠償請求	①不起訴合意の有効性、②組織的勧誘行為の違法性、③個別勧誘行為の違法性、④使用者責任	①有効、②否定、③否定、④判断せず《却下・棄却》
不法行為（共同不法行為〔寺院・住職〕、使用者責任・709条〔宗派〕）、宗教法人法11条1項〔寺院〕に基づく損害賠償請求	①開運商法業者が行う組織的な不法行為の幇助（判決は犯罪利用預金口座等に係る資金による被害回復分配金の支払等に関する法律に基づく取引停止措置後に、住職が不法行為への関与を中止する注意義務違反及び代理人（二男）に開運商法業者との対応を一任した監督義務違反を肯定）、②宗派の使用者責任、③宗派の共同不法行為責任（調査・確認義務）、④開運商法業者との和解の効力と寺院への影響	①肯定（ただし、取引停止措置後に行われた取引のみ）、②否定（使用関係肯定・事業執行性否定）、③否定、④寺院が当事者でない場合は否定・当事者の場合は肯定《一部認容》
不法行為（共同不法行為・使用者責任）に基づく損害賠償請求	①念書（不起訴合意）の有効性、②組織的勧誘行為の違法性、③個別勧誘行為の違法性、④寄附された財産を有していた家族（夫）に対する不法行為、⑤使用者責任	①有効、②判断せず、③否定、④否定、⑤判断せず《却下・棄却》
不法行為（共同不法行為・使用者責任）に基づく損害賠償請求	①念書（不起訴合意）の有効性、②組織的勧誘行為の違法性、③個別勧誘行為の違法性、④寄附された財産を有していた家族（夫）に対する不法行為、⑤使用者責任	①有効、②判断せず、③否定、④否定、⑤判断せず《棄却》
不法行為（709条）に基づく損害賠償請求	①念書（清算合意・不起訴合意）の有効性、②勧誘行為の違法性	①有効、②判断せず《却下》
不法行為（709条）に基づく損害賠償請求	①念書（清算合意・不起訴合意）の有効性、②勧誘行為の違法性	①不起訴合意＝公序良俗違反無効　清算合意＝判断せず（否定的）、②判断せず《取消差戻し》
不法行為（709条　共同不法行為）に基づく損害賠償請求	①合意書（解決金合意・不起訴合意）の有効性、②組織的勧誘行為の違法性、③信者（妻・長男）の個別勧誘行為の違法性（共同不法行為）、④旧統一教会の共同不法行為	①有効、②否定、③肯定、④否定《一部認容》
不法行為（共同不法行為・使用者責任）に基づく損害賠償請求	①念書（不起訴合意）の有効性、②組織的勧誘行為の違法性、③個別勧誘行為の違法性	①公序良俗違反無効、②③判断せず（肯定的）《一部破棄差戻し》

：家庭連合）（旧統一教会）の責任を認めた判決の概要（2022年7月11日時点）」による。

第
2
部

最新
民事判例

第 2 部　最新民事判例

契約裁判例の動向 1

原田昌和　立教大学教授

民法（財産法）部会

はじめに

今回からパート分けが変更となり、預金が金融に移り、安全配慮義務が「契約裁判例の動向」の範囲となった（なお、安全配慮義務のうち、児童・生徒が被害者になったものは学校事故として不法行為とし、過労死を「契約裁判例の動向」で取り上げた）。このことも関係して、今期は労働パートにも関係する判例が多く、安全配慮義務以外でも、例えば、[1] 配転命令の権利濫用に関する東京高判令 5・8・31 金判 1683 号 28 頁、[4] 支給日在籍要件の適用と公序良俗違反に関する松山地判令 4・11・2 判時 2583 号 79 頁、[5] 大学教員の就労請求権に関する東京高判令 4・10・24 判タ 1517 号 87 頁などが興味を引く。[12] の「権利の性質上、その権利行使が現実に期待のできるものである」場合の解釈については疑問があるので、最後にコメントする。

1　信義則・権利濫用

[1]東京高判令 5・8・31 金判 1683 号 28 頁は、社会福祉法人 Y に理学療法士として勤務していた X が、Y の新部門への配転命令は権利濫用であり無効であるとともに、不法行為に該当すると主張した事案。原審横浜地判令 4・12・9 金判 1683 号 42 頁は、「本件配転命令は、そもそも業務上の必要性がないか、仮に業務上の必要性があったとしてもその必要性の乏しいものであり、かつ、実質的に懲罰目的の不当な目的に基づいて行われたものであって、X に通常甘受すべき程度を著しく超える不利益を負わせるものであ」り権利濫用に当たるとしたのに対し、本控訴審判決は、職員の就業に関連する健康増進や労働災害等の予防に関する業務を新部門に担わせるかどうかには Y に広範な裁量がある一方、X の従来の勤務状況を踏まえると従来の事業所から移動させる必要も認められ、また、X の不利益は通勤時間が 15 分程度長くなることにとどまり、他の労働条件に変更がないことなどから、「本件配転命令は、Y の業務上の必要性が存するところ、不当な動機・目的をもってなされたものとはいえず、X に

通常甘受すべき程度を著しく超える不利益を負わせるものともいえない」ことから、権利濫用には当たらないとした（上告、上告受理申立て）。

2　人・法人

[2]名古屋高判令 4・11・15 判タ 1514 号 54 頁（原審岐阜地判令 3・10・1 判時 2530 号 63 頁、民事判例 26「家族裁判例の動向」[18]）は、警備会社（本件会社）に雇用され警備業務に従事していた X が、自ら保佐開始の審判を申立て、保佐開始の審判を受けたことにより、本件会社から警備業法（令和元年法律第 37 改正前 14 条、3 条 1 号）上の欠格事由に該当したことによる雇用契約の当然終了を通知され、退職した事案で、国（Y）に対して、被保佐人であることを警備員の欠格事由として定めていた本件規定は(1)憲法 22 条 1 項、(2)同 14 条 1 項に反して違憲であり、国会が本件規定を制定し、X の退職時点までに改正せずに存置し続けたことは国家賠償（以下「国賠法」とする）1 条 1 項の「違法行為」に当たるとして、警備員として勤務できなくなったことによる精神的苦痛による慰謝料の支払を求めたもの（50 万円の範囲で請求認容。原審は 10 万円）。(1)について、本判決は、最大判昭50・4・30 民集 29 巻 4 号 572 頁（薬事法距離制限違憲判決）——職業の自由に対する規制措置が憲法に適合するか否かについては、立法府の判断がその合理的裁量の範囲内にとどまる限り、立法政策上の問題としてこれを尊重すべきものであるが、合理的裁量の範囲については、事の性質上おのずから広狭があり得るのであって、裁判所は、具体的な規制の目的、対象、方法等の性質と内容に照らして、これを決すべきものである——を参照する原審判決を引用したうえで、以下の諸点を加えて、原審と同様、本件規定は、かかる欠格事由が設けられた昭和 57 年改正当時から憲法 22 条 1 項に反する状態であったとする。すなわち、(a)準禁治産者であることを欠格事由として全ての警備業務から排除することは、目的達成のために必要な範囲を超えた規制を行うものである、(b)被保佐人について、保佐開始の審判に先立つ医学的

18　第 2 部　最新民事判例

な診断や鑑定により、認知能力、判断能力等が全般的に低下していることが医学的、客観的に明らかな者ということはできず、ましてや警備業務を適正に行うことが期待できない者であることが明らかということはできないから、被保佐人であることを警備員の欠格事由とすることには合理性がない、(c)国民一般の信頼を確保する、特定の産業（警備業）の社会的に健全な発展を図るなどといった目的は、何らかの危害を防止するために国民の権利を制限する規制を設ける場面等では、容易に目的として付け加えることが可能なものであり、このような目的を目的として主張することによって、裁量の範囲を広げ、厳格な検討を要しないとすることは許されない、(d)Yは、本件規定について、類型的定型的に見て、健常者よりも判断能力が著しく低く、警備員としての資質を欠くと考えられる者を欠格者として扱うものであるなどと抽象的な主張をするのみで、本件規定を定めるに当たって、どのようにして専門的見地から判断したのか具体的な主張がなく明らかではない。次に(2)の憲法14条1項違反については、障害があるか否かや成年後見等の障害者を保護するための制度を利用するか否かといった、自らの意思や努力によっては変えることのできない事情による取扱いの区別が許されるか否かは、厳格な検討に基づいて判断されるべきところ、上記の通り、本件規定は事柄の性質に応じた合理的な根拠に基づくものとはいえず、同程度の判断能力であっても、保佐の制度の利用者のみを欠格事由ありとするものであるから、本件規定は昭和57年改正当時から憲法14条1項に違反するものであったとする。なお、立法不作為による国賠について、詳細は「不法行為裁判例の動向2」[33]に譲るが、遅くとも、最高裁判所事務総局、厚生労働省、法務省が構成員として参加していた成年後見制度研究会が研究報告を発表した平成22年7月ごろには、本件規定が被保佐人の職業選択の自由を合理的な理由なく制約していることが国会にとっても明白であり、そこから平成29年3月のXの退職時点まで改廃しなかった立法不作為の違法性は大きいとしている（上告、上告受理申立て）。

3 公序良俗違反

[3]東京地判令4・12・23判時2577号72頁は、婦人服等の製造販売を行うXらが、長年にわたりXら製造の婦人服を納品してきたY₂において、同納品に係る取引にY₁を一方的に介在させ、Y₁に対する高額の手数料をXらに支払わせたとして、XらとY₁との合意（本件合意）が下請代金支払遅延等防止法（以下「下請法」とする）4条1項3号（下請代金の減額の禁止）に違反し、公序良俗に反する無効なものであることを理由に、Yらに対し、共同不法行為に基づく損害賠償等を求めた事案である。同判決は、Xらが製造納品する婦人服の使用、内容等につきY₂の能動的な関与が認められることから、XらとY₂との取引は下請法2条1項所定の製造委託に当たるとしたうえで、Y₁の介在によりXらが納品時に受領する下代は目減りした一方、その損失をてん補し得るほどのメリットがXらにもたらされたものとは言い難いこと等から、本件合意は下請法4条1項3号に反するとしたが、本件合意に基づく商流変更の移行期において、Xらが損失を被ることを防ぐための措置が講じられていることや、Y₂がXらに対して本件合意に応じなければ取引関係終了などの制裁を科す旨を示したこともないこと等から、「本件合意は、下請法4条1項3号の趣旨に鑑みて不当性が強く、公序良俗に反して無効とまではいうことができない」とした（確定）。

[4]松山地判令4・11・2判時2583号79頁は、夏季賞与の支給日の20日前に病死を理由として退職した労働者A（医療法人Yに正社員として雇用されていた）について、一定の支給日に在籍する者のみに賞与を支給するという要件（支給日在籍要件）を課した就業規則中の賃金規定の合理性は認めつつも、考課対象期間経過後支給日前の病死についてこれを機械的に適用することは、民法90条により排除され、AにつきA死亡時において賞与支払請求権が発生していたとする。その理由として、同判決は、「本件のような病死による退職は、整理解雇のように使用者側の事情による退職ではないものの、定年退職や任意退職とは異なり、労働者は、その退職時期を事前に予測したり、自己の意思で選択したりすることはできない。このような場合にも支給日在籍要件を機械的に適用すれば、労働者に不測の損害が生じ得ることになる。また、病死による退職は、懲戒解雇などとは異なり、功労報償の必要性を減じられてもやむを得ないような労働者の責めに帰すべき理由による退職ではないから、上記のような不測の損害を労働者に甘受させることは相当ではない。そして、賞与の有する賃金の後払いとしての性格や功労報償的な意味合いを踏まえると、労働者が考課対象期間の満了後に病死で退職するに至った場合、労働者は、一般に、考課対象期間満了前に病死した場合に比して、賞与の支給を受けることに対する強い期待を有しているものと考えるのが相当である」と述べる（確定）。下請法には違反するが、まだ合意を公序良俗違反と評価するには至っていないとするものであって、下請法違反と公序良俗違反は関係ないとするものではない。基本的には公私協働論の枠内で理解することが可能である。

本判決については、「労働裁判例の動向」[26] も参照されたい。

4 債務不履行

〔大学教員の就労請求権〕

[5] 東京高判令4・10・24判タ1517号87頁は、Yと労働契約（本件契約）を締結し、Yが設置する大学の心理学部教授として就労するXが、(1)授業を担当させなかったことが債務不履行に該当するとして損害賠償（慰謝料及び弁護士費用）を請求するとともに、(2)Yが設置するハラスメント防止対策専門部会が本問題を長期間放置したうえ、審議不能として何等の改善策も講じなかったことが本件契約上の安全配慮義務に違反するとして債務不履行に基づく損害賠償（慰謝料及び弁護士費用）を請求した事案に関するもの。本判決は、(1)について「一般に、労働契約における労務の提供は労働者の義務であって、原則として、使用者はこれを受領する義務（労働者を就労させる義務）を負うものではないものの、本件では、大学教員が行う講義等の特質を考慮する必要がある〔筆者注──後掲原審は「大学の教員が講義等において学生に教授する行為は、労務提供義務の履行にとどまらず、自らの研究成果を発表し、学生との意見交換等を通じて学問研究を深化・発展させるものであって、当該教員の権利としての側面を有する」と述べる〕」とした。このことを踏まえ、Xが本件大学の心理学部専任教授として1コマ90分の授業を週4コマ行う権利のあることの確認等を求めた訴訟において成立した本件和解中の条項は雇用契約の内容を本件契約のとおりとすることを定めており、本件契約において授業時間は週4コマ（1コマ90分授業）と具体的な担当授業数や授業時間が明記されていることなど、「本件和解及び本件契約に至る経緯及び内容等に照らせば、YとXは、本件和解及び本件契約において、YがXに対し少なくとも週4コマ（1コマ90分）の授業を担当させることを合意したと解するのが相当であって、Yは、Xに対し、そのような授業を担当させる具体的義務を負って」おり、これを担当させなかったことは債務不履行に当たると述べた。(2)について「本件部会が本件申告事項について審議不能との結論を出したのであれば、遅滞なくその旨をXに通知すべきであって、結論を出した平成29年7月6日から……X所属組合に対してその旨を回答した平成30年3月16日まで、8箇月余りにわたり回答をしなかったことについて合理的な理由はなく、当該不作為はYの債務不履行を構成する」として、(1)について慰謝料100万円及び遅延利息、(2)について慰謝料5万円及び弁護士費用1万円並びに遅延利息の限度で請求を認容した原審（東京地

判令4・4・7労経速2491号3頁、民事判例26「労働裁判例の動向」[6]）を維持した（確定）。

本判決については、「労働裁判例の動向」[39] も参照されたい。

〔守秘義務違反〕

[6] 東京地判令4・12・26判時2587号137頁では、病院を経営する学校法人Yが弁護士法23条の2第2項に基づく照会に応じて患者Xの診療記録を開示したことについて、Yは診療契約上の付随義務として、Xに対し、Xの診療経過等を含む診療上知りえた患者の秘密を正当な理由なく第三者に漏洩、開示等をしてはならない義務（守秘義務）を負うが、23条照会を受けた団体において、当該照会の必要性等について積極的に調査すべき義務を負うことはなく、Yが守秘義務違反を問われるのは、弁護士会が行った本件申出の適否に関する判断が明らかに合理性を欠くと判断できるような特段の事情が認められる場合に限られるところ、そのような特段の事情は認められないとして、不法行為及び債務不履行に基づく損害賠償請求が棄却された（控訴）。

本判決については、「不法行為裁判例の動向2」[5]、「医事裁判例の動向」[35] も参照されたい。

5 安全配慮義務

〔労　働〕

[7] 富山地判令5・7・5判時2574号72頁は、Y₁（富山県滑川市）の設置する中学校の教員Aが、長時間労働等によりくも膜下出血を発症し死亡したのは、同中学校の校長の安全配慮義務違反が原因であるとして、Aの遺族Xらが、Y₁に対しては国賠法1条1項または平成29年改正前民法415条に基づく損害賠償を、同校長の費用負担者であるY₂（富山県）に対しては国賠法3条1項に基づく損害賠償を求めた事案である。同判決は、「地方公共団体の設置する中学校の校長は、自己の監督する教員が、業務の遂行に伴う疲労や心理的負荷等を過度に蓄積させ心身の健康を損なうことのないよう、その業務の遂行状況や労働時間等を把握し、必要に応じてこれを是正すべき義務（安全配慮義務）を負う」としたうえで、所定勤務時間外の業務の多くが部活動指導に充てられていたこと──Y₁は部活動指導は校長が教員らに命じることのできるいわゆる「超勤4項目」に含まれず、各教員の広範な裁量に委ねられていると主張した──についても、本件中学校における部活動の位置づけや活動状況などから、「業務が本件中学校の教員としての地位に基づき、その業務として行われたことは明らかである」ことから、予見義務の対象を外部から認識しうる具体的な健康被害又はそ

の兆候が生じている場合に限る理由はなく、部の顧問としての業務の「内容及び時間を部活動指導業務記録簿や特殊勤務実績簿等で把握できた以上、校長に予見可能性がなかったとはいえ」ず、「本件発症前に、校長において、Ａの業務負担を軽減するための具体的かつ実効的な是正措置がとられたとはいえない」として安全配慮義務違反を肯定し、Y₁・Y₂に対する請求を認めた（確定）。

本判決については、「労働裁判例の動向」[55]も参照されたい。

[8] 広島地福山支判令4・7・13判時2574号86頁は、Y県警に勤務する警察官Ａの自殺に関して、Ａの遺族Ｘらが、本件自殺には業務（公務）起因性があり、Yには安全配慮義務違反があると主張して、Yに対して、債務不履行による損害賠償を請求した事案において、これを認めた事案である。同判決は、「Ａ警部補は、業務上の心理的負荷により、うつ病エピソード等の精神疾患を発症したものと認められ」、他「に、同警部補が自殺をする原因となるような事情も証拠上見当たらないから、本件自殺は、同警部補の発症したうつ病エピソード等の精神疾患の影響により生じたものと認めるのが相当である」として業務起因性を肯定し、安全配慮義務違反については、Ａの上司が、Ａが他の勤務員に比して重い業務負担を負っていたことを知りながら、一定の非番捜査に従事するよう指示したり、海外研修参加の事前準備を業務として取り扱わない方針を採用するなどにより、労働時間をさらに増大させ、とくに発症1か月前において140時間を超える時間外勤務を余儀なくさせたことから、「Yは、Ａ警部補の業務の過重性を軽減し、同警部補の心身の健康を損なうことがないようにするための必要な措置を講じたものとは到底認められ」ないとして、安全配慮義務違反を認めた（控訴審：広島高判令5・2・17裁判所HP〔令和4年（ネ）第264号〕〔控訴棄却、上告・上告受理申立て〕）。

本判決については、「労働裁判例の動向」[43]も参照されたい。

[9] 長崎地判令4・12・6判時2577号63頁は、保温材の販売等を行うYの事業所において、石綿を用いた保温筒の製造等に従事していた労働者Ａが悪性胸膜中皮腫に罹患して死亡したことについて、遺族Ｘらが、Yに対して、雇用契約上の安全配慮義務違反による債務不履行に基づき損害賠償請求をした事案である。同判決は、Ａにつき、勤務当時の通達が実施の促進を求めていた技術指針の「抑制限度目標値を上回るような多量の石綿粉じんが発生し、高濃度の石綿粉じんに曝露したことは認められず」、「勤務に従事した期間も1年未満と短期間であり、かつ、その間、上記作業に従

事していたのは、週2回、半日程度の範囲にとどまるものである」が、「胸膜中皮腫は、石綿曝露の特異性が高い疾患であり、閾値が存在せず、少量、低濃度の石綿曝露によっても発症し得るとされ」ていること等により、Ａの中皮腫罹患の業務起因性を肯定したが、勤務当時（昭和37年）の法令や医学的知見等を踏まえて、その当時に「抑制限度目標値を下回る石綿粉じん曝露により、石綿肺を発症する危険性があることについては、予見可能性があったとは認められない」として、安全配慮義務違反を否定した（控訴）。

本判決については、「労働裁判例の動向」[56]も参照されたい。

[10] 東京地判令4・12・9判時2582号87頁は、油圧機器の製作等を目的とするY社での工場内で金属製の棚の解体作業をしていた際に転落して頭部を強打し、後遺障害が生じたＸが、Yに対して安全配慮義務違反を理由に、債務不履行又は不法行為に基づく損害賠償請求をしたもの。Yの請負契約の相手方はC₁社であり、C₁社の代表者P₂はＸの姉の夫という関係であったところ、「ＸとYとの間で直接労働契約が締結されたとまでは認め難」く、「Ｘは、少なくともP₂又はC₁社の下請の立場にあったものと認めるのが相当である」が、「YがＸに対して道具を提供したことや、Y代表者がＸに対して本件解体工事の作業工程を指示したことなどを踏まえると、ＸとYとの間には、信義則上、安全配慮義務を認めるべき特別な社会的接触の関係があったと認めるのが相当である」とされた。請負契約締結に当たり、P₂は、C₁社には人手がないとして当初これを断ったが、Y代表者から更に複数回、日当を払うなどとして依頼を受けたため、Ｘが了解すれば本件解体工事をする旨を伝え、Ｘがこれを了解したことから、Ｘとともに本件解体工事をすることになったという経緯がある。安全配慮義務違反については、労働安全衛生規則518条〔作業床の設置等〕を参照して検討し、「一定程度墜落の危険性がある本件解体工事に従事させる以上、Yには少なくともヘルメットを着用させる、安全教育等の措置を採るなどの義務があったというべきである」が、何らの措置も採られていなかったことから、Yの安全配慮義務違反を肯定した（控訴）。

本判決については、「労働裁判例の動向」[45]も参照されたい。

〔介護事故〕

[11] 名古屋地判令5・2・28判時2582号64頁（民事判例27「医事裁判例の動向」[14]にて紹介済み）は、特別養護老人ホームを運営する社会福祉法人Yにおいて、入所者Ａ（当時81歳）が食事の提供を受けていた際に意識不明となり、死亡した事案について、「Yの職員に

おいて、Aが食事をかき込み食べることにより嘔吐し、その吐物を誤嚥し窒息する危険性があることを予見することができたものであるから、Yは、Aに対し、本件入所契約に基づく安全配慮義務の具体的内容として、Aが食事する際には、職員をしてこれを常時見守らせるべき注意義務を負っていたものというべき」ところ、Yはこれを怠ったとして、相続人XらによるYの債務不履行及び不法行為に基づく損害賠償請求を認めたもの。ただし、相続人X₁が、Aが食事をする際にむせたり嘔吐したりしていることや、YがAの食事形態を嘔吐したりむせたりしにくいものに変更した旨を説明されていたにもかかわらず、普通の食事に戻してほしいと要望し、この食事形態の変更がAの死亡という結果の発生に相当程度寄与していたものというべきであることから、被害者側の過失として5割の過失相殺がされた（控訴）。

本判決については、「医事裁判例の動向」[21]及び「注目裁判例研究 医事」も参照されたい。

6 消滅時効

[12] 東京高判令4・7・28判タ1518号113頁は、取得時効と相続回復請求権の関係に関する最三判令6・3・19民集78巻1号63頁の原審である。Xは、亡Aの養子であり、Aの唯一の法定相続人であることから、Aの死亡後、本件不動産について相続を原因とする所有権移転登記を経由するとともに、本件預貯金等について相続に伴う名義変更をするなどしてこれを取得したが、Aの死亡から14年ほどして、Y₁の自宅で保管されていたA作成の本件遺言書の存在が明らかとなり、その検認がされた（本件遺言書はY₁の自宅で作成後保管されていたものであり、Y₂及びXはこの時点まで本件遺言書が作成されていたことを知らなかった）。本件遺言書には、Aの遺産の分割はY₁、Y₂及びXに等しく分ける旨が記載されていた（Y₁・Y₂・XはいずれもAの甥又は姪）。本件は、Xが、Y₁・Y₂を相手方として、主位的に、本件遺言はAの意思無能力により無効であるとして、本件遺言の無効確認を求めるとともに（第一審東京地判令3・1・14家判53号53頁で棄却。Xからの控訴なし。以下割愛）、予備的に、本件不動産については取得時効が、本件預貯金等に係る不当利得返還請求権については民法167条1項（平成29年改正前。以下同じ）による債権の消滅時効がそれぞれ完成したなどと主張して、本件遺言が有効である場合に生ずることとなる、(1)Y₁らのXに対する本件不動産についての持分移転登記請求権、及び(2)本件預貯金等に係る不当利得返還請求権がいずれも存在しないことの確認を求める事案である。

全体についての詳細は「家族裁判例の動向」[16]に、(1)については「物権・不動産取引裁判例の動向」[14]にそれぞれ譲り、ここでは消滅時効に関する(2)について紹介する。本件預貯金等に係る不当利得返還請求権は、Y₁らが本件遺言によって包括遺贈を受け、Xが本件預貯金等を単独で取得したことによって発生した不当利得返還請求権であって、相続回復請求権に基づくものということはできないところ、遺言書の存在及び内容を知らない包括受遺者は、法定相続人が相続財産の一部ないし全部を取得し、これを処分したとしても、自らの当該法定相続人に対する不当利得返還請求権が発生したことを認識することができないから、当該遺言書の存在及び内容を知り、自らが包括遺贈を受けたことを知って初めて、上記不当利得返還請求権を行使することが現実に期待できる状態になるものというべきであり、その時点から上記不当利得返還請求権の消滅時効は進行する。本件では、Y₁は相続開始時点において本件遺言書の存在及び内容を知っていたが、Y₂は、遺言執行者らの通知によって本件遺言書の存在及び内容を知ったものであり、その時点から消滅時効が進行を開始するから、まだ時効は完成していないとして、Y₂の不当利得返還請求について、Xの不存在確認請求を棄却した。

しかし、このような解釈には疑問がある。従来、「権利の性質上、その権利行使が現実に期待のできるものである」場合の解釈は、客観的起算点であることを前提に、供託者が免責の効果を受ける必要が消滅した時（最大判昭45・7・15民集24巻7号771頁参照）などとされてきたのであって、本判決のように主観的起算点に道を開くようなものではない。ことに平成29年改正民法166条1項のもとでは、本判決のような解釈によれば、本件遺言書の存在及び内容を知らない限り、主観的起算点も客観的起算点も到来せず、時効が全く進行しないことになり、改正法が二元的構成を採用した趣旨に反する。本件のような場合は、むしろ民法160条類推による完成猶予を認めるべきと考える。

（はらだ・まさかず）

第2部　最新民事判例

契約裁判例の動向 2

中野邦保　桐蔭横浜大学教授

民法（財産法）部会

1　はじめに

「契約裁判例の動向 2」では、いわゆる契約各論部分（消費者契約等をも含む）を中心に、各種契約類型ごとに関連する裁判例を紹介する。今期紹介する裁判例は 11 件あるが、最高裁判例は第三者による請負代金債権の侵害の有無が問題となった［4］のみとなっている。今期の裁判例数は、これまでと比して必ずしも多くないものの、ニュース等で報道され社会的にも関心を集めた事案が複数ある。具体的には、東京オリンピック・パラリンピックで選手村として使われた分譲マンション「晴海フラッグ」の引渡し遅延が問題となった［1］、日本相撲協会の元顧問による裏金授受が問題となった［5］、NHK の報道姿勢につき法律上の争訟や確認の利益の有無が争点となった［8］、アイドルグループメンバーの労働基準法上の労働者性が問題となった［9］、USJ の Web チケット購入利用規約中のキャンセル不可・転売禁止の条項の有効性が問題となった［10］があげられる。また、今期は、後述するように、判決自体が形式論的なところに重きを置きすぎているように見受けられる裁判例がいくつかあった。とりわけ、［4］［7］の結論については、研究会においても疑問が示されたため、妥当な結論を導く法的構成の展開が求められている。

2　売　買

［1］東京高判令 5 ・ 8 ・23 判タ 1519 号 198 頁（取消差戻）は、X らが、不動産会社 Y らとの間で、東京2020 オリンピック　パラリンピック競技大会の選手村を改修してできる分譲マンション内の各物件の売買契約を締結したものの、上記大会の開催延期を理由に、令和 2 年に Y らがマンションの引渡予定日を令和 5 年 3 月 27 日から令和 6 年 3 月 25 日に変更したため、X らが Y らに対して、令和 5 年 3 月 27 日を経過すると、Y らの引渡債務は履行遅滞となり、債務不履行責任が生ずるなどと主張し、同月 28 日以降に発生する賃料相当損害金等の連帯支払を求めて、令和 3 年に提

訴した事案である。

原審（東京地判令 4 ・12・15LEX/DB25572627）は、まず、将来の給付を求める訴えは、あらかじめその請求をする必要があるときに限り提起することが許されるものである（民訴 135 条）と述べたうえで、最大判昭56・12・16 民集 35 巻 10 号 1369 頁（大阪国際空港事件）を引用し、将来発生すべき債権については、「その基礎となるべき事実関係及び法律関係が既に存在し、その継続が予測されるとともに、上記債権の発生・消滅及びその内容につき債務者に有利な将来における事情の変動があらかじめ明確に予測し得る事由に限られ、しかもこれについて請求異議の訴えによりその発生を証明してのみ強制執行を阻止し得るという負担を債務者に課しても、当事者間の衡平を害することがなく、格別不当とはいえない場合には、これにつき将来の給付を求める訴えを提起することができる」が、X らの各請求権は、性質上、その基礎となるべき事実関係及び法律関係が既に存在しているものとは認められず、「将来の給付を求める訴え」を提起することができる請求として適格を有しないため、本件訴えは不適法であるとしていずれも却下した。

これに対し、本判決は、原審と同様の一般論を述べたうえで、すでに令和 5 年 3 月 27 日を経過しているため、本件訴えの一部は、現在の給付を求める訴えとなっていると判示しつつ、それ以外の部分についても、①当初の引渡日を経過している以上、Y らの引渡債務が履行遅滞となっているか否か自体は現時点で判断でき、②X らの主張する損害金は、現住居の賃料・借地料相当額、逸失賃料収入相当額、慰謝料などの予測可能なものに限られており、③Y らの連絡から令和 6 年1 月 19 日に引き渡される予定であり、X らの主張する損害金の発生もそれまでとなるものと見込まれることなどから、「将来の給付を求める訴え」を提起することは許されると判示し、原判決を取り消して、差し戻した。

原審と本判決とでは、具体的なあてはめ部分に相違があるものの、当然とはいえ、原審は現時点的な判断に

拘泥しすぎた感がある。このような原審の処理については、その後の訴訟手続等を考慮すると、控訴審の継続中（判決言渡しの4か月後）には当初の引渡予定日を経過することがほぼ確実であったことから疑問も呈されている（匿名コメント・判タ1519号〔2024〕199頁）。

3　消費貸借・賃貸借

⑴　預金債権の帰属

　［2］東京地判令5・7・18判タ1519号228頁（確定）は、①父であるX（その成年後見人Z）が、本訴として、子であるYに対して、YがX名義の普通預金口座から750万円を出金したことから、不当利得返還請求権に基づき、出金額よりYが立替えた費用を控除した約305万円の支払い等を求めたところ、②Yが、反訴として、X名義の普通預金口座及び外貨建定期預金口座の各預金者はいずれもYであると主張し、これらの預金債権がYに帰属することの確認を求めた事案である。本判決は、各預金口座の開設経緯や管理・利用状況等から、各預金口座の預金者は、その名義に関わらず、Yであると判断して、Yの反訴請求を認容した（Yは、Xに約305万円の返還義務を負うことにつき争っていないため、Xの本訴請求も認容されている）。本件については、「金融・担保裁判例の動向」［3］で紹介されるほか、評釈として、「注目裁判例研究　契約1」（石田剛）で検討されるため、詳細な事案の紹介・検討等はそちらに譲る（本件の評釈等として、浅井弘章・銀法908号〔2024〕66頁、黒田直行・JA金融法務647号〔2024〕58頁、新井剛・新判解Watch民法（財産法）No.258〔2024〕1頁参照）。

⑵　コンテナハウスの建築基準法不適合

　［3］東京高判令5・3・15判タ1517号92頁（上告、上告受理申立て）は、東日本大震災後に応急仮設住宅として話題となったコンテナハウスにつき建築基準法令に適合していないことが問題となった裁判例であり、事案は以下の通りである（本件については、「物権・不動産取引裁判例の動向」［10］でも紹介される）。

　Yは、Aとの間で、Yがコンテナ20基を組み合わせて住居用に内装や設備を施した2階建の建物（本件建物）等をAに売却する旨の売買契約を締結し、また、Xは、Aとの間で、XがAから本件建物等を7年間借りる旨の定期賃貸借契約と同契約の終了後は本件建物等を買い取る旨の売買契約を締結した。これらの契約書は、Yの取締役が起案したものであり、それに従い、Yは、中国で製造されたコンテナを輸入し、これを組み合わせるなどして本件建物を建築し、これをAに引き渡し、AはこれをXに引渡し、Xはその居室を転貸していた。本件建物には、仮設建築物としての建築許可、

（改正前）建築基準法所定の認定を得た鋼材（指定JIS規格部材）の使用を前提とした建築確認及び完了検査がされていたが、実際には、指定JIS規格部材ではない鋼材が使用されていた。このことを上記各契約締結から5年後に知ったXは、新たな転借人募集を停止したうえで、Yに対して、①建物としての基本的な安全性を損なう瑕疵のある本件建物を建築した等の理由による不法行為に基づく損害賠償、②X、A及びYの法律関係がこれら三者を当事者とする共同事業に関する契約であることを前提とする債務不履行に基づく損害賠償、③Xが支障なく賃貸事業を営むことができる建物を建築してAに提供すべき信義則上の義務を怠ったことを理由とする不法行為に基づく損害賠償等を求めた。

　原審（東京地判令4・10・12LEX/DB25594803）は、請求①については、本件建物には建物としての基本的な安全性を損なう瑕疵があるとは認められないとして棄却し、請求②についても、三者を当事者とする契約があったとは認められないとして棄却したが、請求③については、次のように判示した。たしかに、Y-A間の本件建物等の売買契約と、A-X間の本件建物等に関する賃貸借契約及び売買契約とは、法的には別個の契約ではある。しかし、Yは、Yが建築許可の要件を満たす本件建物を建築してAに売り渡し、Aが同建築許可を得たうえでそれをXに賃貸し、Xが7年間は本件建物の各居室を賃貸して賃貸事業を営み、その賃貸借契約終了後には本件建物を買い受けて利用するという、一連のビジネススキームの立案や構築について主導的な役割を果たすとともに、Xをこのスキームに参加させ、さらに、このスキームの維持にもかかわる者として、Xに対し、Xが定期賃貸借契約の期間の末日まで転貸事業を営むことができるように、法的に見て賃貸事業を営むのに適した本件建物を建築し、これをAに提供すべき信義則上の注意義務を負っていたものというべきである。それにもかかわらず、YがAに建築確認を受けることが困難な本件建物を売却したことは、Xに対する信義則上の義務に違反する行為に当たり、このようなYの行為は、Xに対する不法行為に該当するものというべきである。以上のことから、原審は、賃貸借契約期間中の転貸収入の減収分相当額のみをXの損害と認め、その限度でXの請求を認容した。これに対し、Xは、請求③の棄却された部分を不服として、Yは、請求③の認容された部分につき、建物としての基本的な安全性を損なう瑕疵があるとは認められないにもかかわらず、不法行為責任を認めるのは、最二判平19・7・6民集61巻5号1769頁（以下、「平成19年判例」という）に違反するなどと主張し、それぞれ控訴した。

本判決は、平成19年判例とは、以下の点で事案類型が異なるとして、YとXの各控訴をいずれも棄却した。すなわち、平成19年判例は、建物はその居住者その他の利用者、隣人、通行人等の生命、身体又は財産を危険にさらすことがないような安全性を備えていなければならないことから、建物の設計・施工者等は、契約関係にない居住者等に対する関係でも、当該建物に建物としての基本的な安全性が欠けることがないよう配慮すべき注意義務を負うとしたうえで、「設計・施工者等がこの義務を怠ったために当該建物に建物としての基本的な安全性を損なう瑕疵があり、それにより居住者等の生命、身体又は財産が侵害された場合には、設計・施工者等は特段の事情のない限り不法行為責任を負う」としたものである。これに対し、本件におけるYは、本件建物の設計・建築をするにとどまらず、所有者となるAらを介してXに本件建物を提供し、Xがその各居室を震災復興事業の従事者等に賃貸する事業を営むという、一連のビジネススキームの立案や構築について主導的な役割を果たすとともに、その維持にもかかわっていたのであり、Xが侵害された利益も、上記賃貸事業を営むのに適した建物の提供を受けるという、具体的な事業上の利益であるため、「注意義務の根拠となる行為者の属性や先行行為、被侵害利益」の点で異なる。そのため、本件において、信義則上の注意義務違反を理由とする不法行為責任を認めても、平成19年判例に違反するとはいえない。

以上のように、平成19年判例は、基本的な安全性の確保それ自体が問題となったものであり（本件建物は安全性を欠くとまでは認められていない）、その安全性を欠くことが契約関係のない第三者に対してまで不法行為責任を負うか否かが問題となった事案（本件は、安全性を欠くことを理由に設計者等が第三者から不法行為責任を追及されたものではなく、三者間で合意がされていることをふまえ、債務不履行に基づく請求に代えて、信義則上の注意義務違反を理由とする不法行為責任が問題となった事案）であるため、本件とは異なるものと理解できる（この点につき、匿名コメント・判タ1517号〔2024〕93頁参照）。

4 請負・委任

(1) 第三者による請負代金債権の侵害

[4] 最一判令5・10・23判タ1519号169頁（破棄自判）は、第三者においてマンション建築工事の注文者からマンションの敷地を譲り受けた行為が請負人の請負代金債権に対する違法な侵害となるか、その前提として、請負人が期待した債権回収の利益が法的に保護に値するか否かが問題となった裁判例であり、事案

は、以下の通りである（本件については、「物権・不動産取引裁判例の動向」[7]、「不法行為裁判例の動向1」[6]でも紹介される）。

Aは、高齢者向け温泉付きマンションを建築して分譲販売することを計画し、平成26年に、松江市所在の4筆の土地（本件敷地）を6100万円で取得し、平成27年6月に、Xとの間で、本件敷地にマンション（本件マンション）を建築する旨の請負契約を締結した。この契約において、Aは、Xに対して、請負代金として、契約後（同年7月末日）に5000万円、上棟時（平成28年6月末日）に1億5000万円、完了時（同年11月末日）に8億1500万円、合計10億1500万円を支払うことを約していたものの、上棟時に支払うべき所定の金額を支払わず、Xは、平成27年8月までに請負代金の一部（5000万円）の支払しか受けていなかったため、平成28年7月に、Aより、本件敷地につき、その交換価値全部を把握するかたちで極度額6000万円の根抵当権の設定を受け、登記がされた。平成29年2月15日までに、Xは、Aから6017万円余の支払を受けるにとどまっていたことから、建築工事を中止し（その時点における建築工事の出来高は全体の99％を超えていた）、同月17日、本件マンションを自己の占有下に置き、Aの関係者が本件マンションに立ち入ることを禁じたうえ、Aに対し、単独で本件マンションを分譲販売することを止めるように申し入れ、自ら本件マンションを分譲販売する方法によって請負契約の代金残債権（本件債権）の回収を図ることとした。他方、Aは、その頃、本件マンション1棟を販売することを計画し、Y₁の代表取締役であるY₂から買主の紹介を受けるなどしていたため、同年3月に、Xの代理人と面談し、本件マンションの引渡しを受けて引き続き分譲販売させてほしい旨の要望をしたが、Xは、Aの対応が信頼に足るものではないと判断し、これに応ぜず、Aについて破産手続開始（債権者破産）の申立てをする旨の方針を決めた。同年4月2日、Y₁は、Aから本件敷地を譲り受け（本件行為）、本件敷地につき、AからY₁に対し、売買を原因とする所有権移転登記がされたが、Y₁は、Aに本件敷地の対価を支払っていない。同年4月18日、Xは、Aについて破産手続開始の申立てをし、破産手続開始の決定がされた。Aの破産管財人は、同年9月に、本件行為が破産法160条3項所定の行為に該当するとして、本件敷地についてY₁に破産法による否認の登記手続を求める訴えを提起し、令和元年9月に、この破産管財人の請求を認容する旨の判決が確定した（なお、Xは、Aの破産管財人との間でなし破産裁判所の許可を得た合意〔Aが本件敷地の所有権を回復したときはそれを買い受けることなどを内容とする合意〕に基づき、本

件敷地を取得し、令和元年11月2日〔本件行為から2年7か月後〕に、敷地利用権付きで本件マンションの分譲を再開した）。上記否認訴訟中の平成30年6月30日に、Xは、Aが請負代金の完済前にY₁に本件マンションを譲渡した本件行為が、XのAに対する本件債権及び本件マンションの所有権を違法に侵害する行為に当たると主張して、Y₁及びY₂（Yら）に対して、不法行為等に基づき、1億円（Xの損害の一部）の連帯支払を求めた。

原審（大阪高判令3・9・16LEX/DB25620301）は、第一審判決（和歌山地判令3・3・12LEX/DB25620300）を一部補正しつつも、次のように判示し、XのYらに対する共同不法行為に基づく損害賠償の内金請求を認容した第一審判決は相当であり、Yらによる各控訴はいずれも理由がないとした。「本件行為は、Xが本件債権を回収する方法として、通常、本件マンションを敷地利用権とともに分譲することが見込まれる状況の下で、Yらが、これらの状況を承知しつつ、専らXからの譲歩を引き出すことを目的として行われ」たもので、「本件行為自体には何ら経済的合理性が認められない」。また、「本件マンションは、完成前から既に分譲が開始されており、一部の住戸は売却済になっていたことから、Xは、中間金の支払を受けることができなかった時点でも義務感から工事を続行し、本件マンションをほぼ完成させた後、自社管理物件とし、本件マンションを自ら分譲することにより、本件債権の回収を図ろうとしていた」経緯に照らすと、「Xの本件マンション分譲の方法による債権回収の利益は、事実上の期待にとどまらず、不法行為法上、法的保護に値する利益というべきである」。それにもかかわらず、「Yらは、専ら前記目的により経済的合理性のない本件行為を行い、Xが予定していた方法による債権回収を妨害したのであるから、Yらによる本件行為は、Xに対する関係で、Xの前記債権回収の利益を侵害する積極的債権侵害行為」と評価することができ、Y₂主導で本件行為を行ったことが推認されるため、Yらには共同不法行為が成立する。そして、本件行為により生じた損害としては、本件行為がされたことにより余分に支出されたと認められるXの本件マンションの維持管理費用（約1340万円）のほか、分譲が遅れたため本件マンションの価値が低下した限度（Xが本件マンションを自社管理物件とした平成29年2月から分譲を開始した令和元年11月までの約2年半以上経過したことにより下落した差額分〔約1億7281万円〕）で認められるべきであり、その額は全部で1億円を下ることはない。Yら上告。

以上に対し、最高裁は、次のような理由から、原判決を破棄し、「本件行為は、Xの権利又は法律上保護さ

れる利益を侵害するものではなく、XのYらに対する請求はいずれも理由がない」として、Xの請求をいずれも棄却する旨の自判をした。すなわち、本件の事実関係によれば、「本件行為の当時、Xは、自ら本件マンションを分譲販売する方法によって本件債権の回収を図ることとしていたが、本件敷地についてはAが所有しており、また、Xにおいて、将来、本件敷地の所有権その他の敷地利用権を取得する見込みがあったという事情もうかがわれないから、Xが自ら本件マンションを敷地利用権付きで分譲販売するためには、Aの協力を得る必要があった。しかるに、Aは、Xの意向とは異なり、Xから本件マンションの引渡しを受けて自らこれを分譲販売することを要望していたというのであるから、XにおいてAから上記の協力を得ることは困難な状況にあったというべきである。これらの事情に照らすと、本件行為の当時、自ら本件マンションを分譲販売する方法によって本件債権を回収するというXの利益は、単なる主観的な期待にすぎないものといわざるを得ず、法的保護に値するものとなっていたということはできない」。

本判決には、岡正晶裁判官と堺徹裁判官による反対意見が付されている。

まず、岡裁判官による反対意見は、現行法令上、建物の区分所有権と敷地利用権については原則として分離して処分することができないと法律上定められている以上（建物区分22条）、本件における事実関係の下では、本件敷地の所有者であり請負契約の相手方当事者でもあるAは、本件マンションの所有者であるXに対し、Xが本件マンションを敷地利用権付きで分譲販売することに協力する義務、少なくとも本件敷地の所有権を正当な理由なく第三者に移転するなどして、その分譲販売を妨害しない義務を、信義則上の義務として負っていたと解することが相当であり、本件行為時、信義則上、Aとの関係において、本件マンションの所有権に基づき本件マンションを敷地利用権付きで分譲販売しようとするXの利益が、法律上保護される利益と評価できる場合には、AとYらが共同で行った本件行為は719条の共同不法行為に当たるとする。もっとも、その前提には、Xが本件行為までに本件マンションの所有権を取得していたと認められる必要があるものの、原審はこの点等につき審理を尽くしていないため、本件は原審に差し戻すのが相当であるとする。

また、堺徹裁判官の反対意見は、本件において現実になされた事実関係等（Xが本件債権を回収するために本件マンションを敷地利用権付きで分譲販売することができるようになったことなど）に照らせば、Xが本件敷地の所有権を得て債権回収のために本件マンションを分

讓販売する道筋を作ることは、「単なる主観的な期待」にはとどまらず、客観的にも期待できるものであるので、XとAとの間て本件債権の回収方法につき格別の合意がなくとも、信義誠実の原則に照らし、自ら本件マンションを分譲販売する方法によって本件債権を回収するというXの利益は、法的に保護するに値する利益であるとする。そして、本件行為は、社会的妥当性を全く欠いた悪質な行為であり、それにより、債権回収方法の実現が２年も遅れ、本件マンションの価値が大きく低下したことから、悪質性の高い本件行為に及んだYらには共同不法行為責任が認められるべきであるので、原審の判断は結論において正当であり、上告を棄却すべきであるとする。

本件において、請負人自らがマンションを分譲販売し自身の請負代金債権を回収しようとするXの利益につき、原審が、法的に保護に値すると評価し、Yらに不法行為の成立を認めたのに対し、最高裁は、XがAの協力を得て本件敷地の所有権を取得できる見込みがない以上、上記方法で債権を回収しようとするXの利益は、単なる主観的な期待にすぎないと判示した。たしかに、本件行為時においては、最高裁のように理解できるため、その論理自体は正しい。しかし、本件の事案全体で考えた場合、結果的にYらが意図した妨害行為が功を奏したことになるため、結論の妥当性については疑問が残る。なお、岡裁判官が指摘するように、Yらの不法行為を認める前提として、Xが本件マンションを自由に譲渡しえる権限を有していたかが問題となるが（原審はAとの関係でXが本件マンションの出来高部分の所有権及び本件敷地の所有権を取得することが確定していたわけではないと述べる）、請負建物の所有権の帰属の問題として、この点の当否についても、請負人帰属説、注文者帰属説等のかたちで見解が分かれうるところであり、より一層の検討が必要である（本件の評釈等として、河津博史・銀法 906 号〔2023〕66 頁、鳥山泰志・法教 521 号〔2024〕121 頁、中野邦保・法セ 837 号〔2024〕110 頁、長友昭・日本不動産学会誌 38 巻 2 号〔2024〕79 頁、新堂明子・新判解 Watch 民法（財産法）No.262〔2024〕1 頁参照）。

(2) 業務委託契約

[5] 東京地判令４・6・8 判タ 1515 号 194 頁（確定）は、X（日本相撲協会）の顧問に就任した Y_1 が、Y_2（コンサルティング業務等を営む会社）の代表取締役として、Xとの間で危機管理業務等に関する助言・指導等の業務委託契約（本件業務委託契約）を締結し、当時の理事長の信頼を経て、Xの業務全般に広く関与するようになったものの、Xの顧問という立場を利用して、①取引業者からあっせん手数料等の名目で、Xとの契

約上の対価とは別に、契約締結や取引の見返りとして私的に金銭（裏金）を受け取り、国技館の改修工事をめぐり施工業者の選定に不当に介入するなどして上記取引業者の利益を図るなど種々の業務委託の趣旨に反する背任行為を行い、②取引業者に対し裏金を要求し、それに応じない取引業者との取引を一方的に中止するなどしたうえ、Y_1 が裏金を受け取る場面の動画がインターネット上の動画サイトに投稿されたことによりXの信用を毀損し、③必要性も緊急性も認められない国技館の木戸改修工事等及び雨水槽漏水対策工事を不合理な金額で発注させ、④取引業者から裏金を受領して、Xに不当な対価による契約を締結させたとして、Xが、Y_1 に対しては不法行為又は会社法 429 条 1 項に基づき、Y_2 に対しては債務不履行又は会社法 350 条に基づき、連帯して合計約 5 億 1732 万円の損害賠償等の支払を求めた事案である。判決文によれば、本件では、(i)Y_1 が取引業者等から受領した金銭がXとの取引に関する便宜供与の見返りとしての裏金に当たり、その受領行為がXに対する義務違反に当たるか（争点 1）、(ii)Y_1 がXに必要性や緊急性の認められない各種工事を行わせたか（争点 2）、(iii)Y_1 の行為によってXの信用が毀損されたか（争点 3）、(iv)Y_1 がXと Y_2 との間の業務委託契約の趣旨に反する行為をしていたか（争点 4）、(v)上記 (i)〜(iv)の各行為によるXの損害の発生及びその金額（争点 5）、という 5 点が争点となっている（本件における不法行為に関する争点部分については、「不法行為裁判例の動向 2」〔8〕でも紹介される）。

本判決は、次のように判示し、Xの請求を一部認容した。まず、争点 1（金銭授受関係）については、X主張の Y_1 による裏金の受領の大部分を認定したうえで、Y_2 の代表取締役で本件業務委託契約に基づく業務に従事していた Y_1 においては、委託の趣旨にかなう方法で誠実に業務の遂行に当たる義務があったとした。そして、本件業務委託契約における業務の内容や当時のXの財政状況等に鑑みれば、「Y_1 が業者との間で契約締結交渉を行うに当たっては、業者選定の公正さに疑義が生じるような行為を行わない義務があることはもとより、Xが対価を支払う契約においては、Xが支払う対価をできる限り減額できるよう、少なくとも減額交渉可能な事情を知った場合には自ら相手方業者とXが支払う対価の減額交渉を行うか、又はかかる事情をXに告げて、Xにおいて減額交渉を行う機会を与える義務があったというべきであるし、逆に、Xが対価を受け取る契約においては、Xが受け取る対価をできる限り増額できるよう、少なくとも増額交渉可能な事情を知った場合には自ら相手方業者とXが受け取る対価の増額交渉を行うか、又はかかる事情を原告に告げて、

Xにおいて増額交渉をする機会を与える義務（以下、この義務を「対価交渉義務」という。）があった」とした。それにもかかわらず、Y_1が、一定の影響力を行使できる状況にあったことを利用して、Xに秘して、各種の契約交渉・締結行為に関与し、契約締結や取引の見返りとして取引業者から裏金を受領した行為は、公正な業者選定と適正かつ有利な価格設定の実現を阻むもので、上記各義務に違反し、本件業務委託契約の委託の趣旨に反する行為であることは明らかであるので、Y_1の裏金の受領行為は、Y_1の上記各義務に違反するものとして、不法行為を構成するというべきであり、Y_2も会社法350条により連帯して責任を負うと判示した。他方、争点2（木戸、雨水槽関係）については、Y_1が必要性や緊急性のない工事を行わせたとまでは認められず、不法行為は成立しないと判示した。また、争点3（信用棄損関係）については、Y_1による取引業者への金銭要求行為は、「相手方に対し、Xが不公正な方法で取引業者の選定を行っているコンプライアンス上問題がある法人であるとの印象を与えるもので」、Y_1による裏金の受領は、その場面の動画がインターネット上に投稿され、不特定多数の者が閲覧できる状態となったうえ、週刊誌や全国紙にも記事が掲載されたことで、Xはその関係者が取引業者と癒着し、不公正な契約行為を行っているコンプライアンス上問題のある法人であるとの印象を与えるものであり、Xの社会的評価は著しく低下し、信用が大きく毀損されたことから、これらのY_1の行為はXの信用を毀損するものとして不法行為に当たり、Y_2も会社法350条の責任を負うと判示した。さらに、争点4（業務委託関係）については、Y_1が従事していた業務は時期によって内容に変化があり、多岐にわたるものの、取引業者への金銭支払要求、裏金受領、契約締結交渉等での特定の取引業者への便宜供与などのY_1による各行為は、本件業務委託契約の趣旨に反する任務違背行為に当たり、本件業務委託契約の本旨に従った履行とは認められず、Y_2は、受託業務の一部につき本旨履行をしていないため、Xに対して債務不履行責任を負い、Y_1は、それによって生じたXの損害につき、会社法429条1項の責任（職務遂行に関する第三者責任）を負うと判示した。最後に、争点5（損害額）については、(a)取引業者から受領した金銭相当額の損害として、Y_1が裏金を要求せず、かつ対価交渉義務を履行して、Xにおいて各取引業者と正当な価格交渉をする機会が与えられていれば、適切に減額又は上乗せを実現することができた蓋然性が高いため、その部分が損害（約4866万円）と認められ、(b)信用棄損による無形損害として、裏金受領疑惑が公になったことによってXの社会的評価が著しく低下し、公益認

定手続にも支障が生じかねない事態となったため、Xの被った被害は大きかったものの、X開催の本場所への来場者数に影響が生じたとまでは認められず、XのY_1への事後対応に問題があり損害の拡大を招いた面があることなどから、500万円の損害が認められ、(c)既払いの業務委託料相当額の損害として、本件業務委託契約に基づき報酬が支払われた全期間中、本件業務委託契約の趣旨に沿って受託業務を履行したといえる割合は5割を超えるものではなく、業務委託料総額の5割が業務委託の趣旨に反して本来払う必要のなかったものとして、その部分が損害（約4446万円）と認められると判示して、合計約9812万円の限度でXの損害賠償請求を認容した。

　本件では、Y_1が受託業務に全く従事していなかった期間については、委託料の全額が損害と認定されたものの、Y_1による顧問の業務が多岐にわたり、その内容が定量化できるものではなかったうえ、業務の性質上、危機管理業務の記録が残されておらず、Yらから具体的な履行の割合に関する反証がなされなかったことなどから、損害額の認定にあたり概括的な判断がなされたとされる（匿名コメント・判タ1515号〔2024〕196頁以下〔本件の評釈等として、林知一・ジュリ1601号（2024）106頁参照〕）。

（3）　製造委託契約

　[6]　東京地判令4・12・23判時2577号72頁（確定）は、被服等の製造販売業者らが、長年にわたり自社製造の婦人服を納品していた発注業者において、従前の商流を改め、一方的に納品に係る取引に新たな仕入れ窓口となる業者を介在させ、高額な手数料を支払わせるようにしたとして、このような介在に関する合意が公序良俗に反する無効なものであることを理由に、発注業者らに対し、共同不法行為に基づく損害賠償等を求めた事案である。本件では、独禁法の特別法・補完法として位置づけられる下請代金支払遅延等防止法2条1項所定の「製造委託」に該当するか、同法4条1項3号（下請代金の減額の禁止）に違反するか等が争われたが、公序良俗との関係から、「契約裁判例の動向1」[3]で紹介されるため、具体的な事案の紹介等はそこに譲る（本件の評釈等として、谷本誠司・銀法912号〔2024〕70頁参照）。

5　その他の契約

（1）　立替払契約

　[7]　東京高判令5・9・28金判1689号8頁（確定）は、個人事業主らが締結した立替払契約に割賦販売法（以下、「割販法」という）の適用ないし信義則上の抗弁の接続等が認められるか否かが問題となった裁判例で

あり、事案は概ね以下の通りである。

X₁ら（ゴルフ関連事業を営む個人事業主・会社）は、A（スポーツ施設の運営等を目的とする会社）との間で、ゴルフスイング解析ソフトウェア（本件ソフト）を目的物とする売買契約を締結するとともに、A又はX₁らのホームページ上で本件ソフトを実質無償で利用するための広告契約（AがX₁らのホームページ上にバナー広告を掲載し、その対価として広告の掲載量にかかわらず、後述するX₁らとYとの間の立替払契約に係る毎月の支払額と同額の金銭を支払う旨の契約）を同日に締結した。これらの契約にあたり、Aの営業担当者は、本件ソフトの顧客層の多くが自己のホームページを開設していなかったことから、X₁らを含む顧客に対して、無料でホームページを作成することができるなどと述べ、ホームページの作成及び管理をAに委任するよう勧誘し、本件ソフトの販売とホームページ製作とを抱き合わせて営業を行い、Aとしては、個別信用購入あっせん又はリースによりホームページの作成・管理の受任をしたいが、これらは個別信用購入あっせん又はリースの対象とすることができないため、形式上、本件ソフトを目的物としてあっせん契約又はリース契約を締結すると説明したこともあった。他方、Y（信用購入あっせん業務等を目的とする会社）は、平成24年10月に、Aとの間で、Aが販売又は提供する商品、権利又は役務のうち、原則として、顧客が事業の用に供するものを対象とする信用購入あっせんに係る基本契約（加盟店契約）を締結し、それに基づき、X₁らとの間で、Aとの売買契約（本件各売買契約）に関し個別信用購入あっせん契約（本件各立替払契約）を締結し、X₂らとの間で、X₁らの本件各立替払契約に基づく債務を連帯して保証する旨の契約を締結した。なお、本件各立替払契約締結の審査にあたり、Yは、顧客に架電して、Aの営業担当者より受信した申込書兼契約書の内容を読み上げて相違がないか問い掛ける方式で契約締結の意思を確認しており、申込書兼契約書の記載と異なる回答をした者がいた場合には、電話を終了し、一旦保留とする扱いとしていた。このYによる意思確認の質問に対し、Aの営業担当者は、すべて「はい」と回答するようX₁らに指示し、「はい」と回答せず、ホームページの契約であるなどと回答し意思確認が中断された場合には、再度「はい」と回答するよう指示し、X₁らは、Yによる再度の意思確認の質問に対してすべて「はい」と回答した（結果的に、Aに係る顧客のうち約9割がYの審査を通過した）。以上の状況のなか、Yは、平成28年6月頃、Aとの間の加盟店契約を解除した。そして、Aは、平成29年2月某日、広告契約に基づくX₁らへの広告料の支払を停止し（Aは同年7月に東京地方裁判所

から破産手続開始の決定を受けたものの、平成31年3月には破産手続廃止の決定を受けている）、X₁らは、本件各立替払契約に基づくYに対する支払を遅滞するに至った。そこで、Xらは、本件各立替払契約につき、割販法35条の3の10第1項に基づく解除又は同法35条の3の13第1項による取消し等を主張し、不当利得に基づき支払済みの代金の一部等の支払を求めた。これに対し、Yは、X₁らには本件各立替払契約に基づき、また、X₂らには保証契約に基づき、本件各立替払契約に係る残金等の支払を求めた。

原審（東京地判令4・7・13金判1689号23頁）は、まず、本件各立替払契約が割販法の適用除外の取引に当たる否か（争点1）を検討し、同法35条の3の60第2項1号にいう「営業のために若しくは営業として」とは、「営利の目的をもって、かつ、事業のために又は事業の一環としてされたもの」をいい、その当否は「購入者の内心の意図によるのではなく、当該取引の内容や実態等に照らし客観的に判断するのが相当である」ところ、本件が認定したところによれば、「本件各売買契約は、ホームページを作成し公開することにより、X₁らが営むゴルフ関連事業の宣伝をし、集客するために締結されたものといえ、営利の目的をもって、かつ、事業のために締結されたものと認められる」ため、本件各売買契約に関し締結された本件各立替払契約には割販法の適用はなく、割販法の適用を前提とするX₁らの主張はいずれも理由がないと判示した。次に、原審は、割販法の適用がないとしても、信義則上、抗弁の接続が認められるか否か（争点2）を検討し、割販法の抗弁の接続を規定した割販法35条の3の19第1項は、「法が、購入者保護の観点から、購入者において売買契約上生じている事由をあっせん業者に対抗し得ることを新たに認めたものにほかなら」ず（最三判平2・2・20集民159号151頁参照）、「割販法による抗弁の接続が認められない場合にあっては、販売業者とあっせん業者との関係、販売業者の立替払契約締結手続への関与の内容及び程度、販売業者の抗弁事由に該当すべき行為についてのあっせん業者の認識の有無及び程度等に照らし、販売業者と購入者との間に生じた事由をもって売買契約と一体的に立替払契約についてもその効力を覆滅することを信義則上相当とする特段の事情があるときでない限り、売買契約と別個の契約である購入者とあっせん業者との間の立替払契約が無効又は取り消し得るとする余地はない」（最三判平23・10・25民集65巻7号3114頁〔以下、「平成23年判例」という〕参照）との判例の立場を引用したうえで、本件では、（i）AとYの間には、資本関係その他の密接な関係はなく、（ii）Yは、本件各立替払契約の締結の手続をすべてAに

委ねていたわけではなく、自らX_1らに本件各立替払契約の申込みの意思等を確認して、本件各立替払契約を締結しており、(ⅲ)Yにおいて、本件各立替払契約の締結前に、Aによる勧誘について他の購入者から苦情の申出を受けたり、公的機関から上記勧誘について問題点等を指摘されたりしたことがあったとは認め難く、X_1らが本件各売買契約に抗弁を有していたとYが認識することは困難であることなどから、X_1らが主張するような「抗弁事由をもって本件各売買契約と一体的に本件各立替払契約についてもその効力を覆滅することを信義則上相当とする特段の事情があるということはでき」ないと判示した。以上のことから、Xらの請求をいずれも棄却し、Yの請求を認容した。X_1ら(X_1の一部)控訴。

本判決は、争点1につき、控訴審においてX_1らがした、「割販法35条の3の60第2項1号の立法趣旨からすれば、適用除外要件の該当性の検討においては、①本件ソフトと営業内容との関連性、使用状況、②X_1らの事業規模、③本件ソフトの保管場所、④A社の勧誘態様の悪質性、⑤A社が意図的に事業用の外観を取り繕っていること、⑥X_1らの取引の習熟度を考慮すべきである」との補足的主張をいずれも排斥し、原判決と同様に、本件各立替払契約には割販法第3章の規定は適用されないと判示した。また、争点2については、原判決で示された平成23年判例の一般論を、「購入者が販売業者に対して売買契約に関する抗弁権を有する場合であっても、割販法35条の3の19に基づく抗弁権の接続が認められない場合には、販売業者とあっせん業者との関係、販売業者の立替払契約締結手続への関与の内容及び程度、販売業者の不当な勧誘行為についてのあっせん業者の認識の有無及び程度等に照らし、販売業者による不当な勧誘行為の結果をあっせん業者に帰せしめることを信義則上相当とする特段の事情があるときでない限り、購入者が売買契約上生じている事由をもってあっせん業者の履行請求を拒むことはできず、また、購入者とあっせん業者との間の立替払契約が無効となる余地はないと解するのが相当である」と補正したものの、原判決と同様、X_1らの主張を排斥し、信義則上抗弁の接続を認めるような特段の事情は認められないと判示した。なお、控訴審におけるX_1らの追加的主張のうち、「信義則上、Yの請求が制限されるべき」という主張については、Yらに斟酌すべき過失があると認められないとし、「信義則上、遅延損害金の請求が制限されるべき」という主張については、本件各立替払契約について、Aによる不当な勧誘をYに帰せしめることを信義則上相当とする特段の事情は認められないと判示し、X_1らの主張をいずれも排斥し、

X_1らの控訴を棄却した。

近時、消費者に対してではなく、個人事業主や小規模事業者をターゲットにすることで、消費者契約法、割販法、特定商取引法の適用を受けないようにしつつ、立替払契約を利用することで、抗弁の接続が認められないようにするビジネススキームが用いられている。本件におけるAの対応は、ホームページのリース・クレジット商法を想起させるように、営利の目的をもって事業のために行われたものと認定されやすくするべく、申込書兼契約書の書式を用意し、クレジット会社の与信審査を通りやすくするべく、意思確認時の対応を指南していたとみることもできる。クレジット会社は別主体とはいえ、立替払契約を利用することで別契約という法形式が重視され、結果的に詐欺的行為を働く者を利する構造になってしまっており（本件が参照した平成23年判例も、三当事者間の契約関係全体からみると、社会的に是認できない公序良俗違反の行為を結果的に認容するような結論となっている〔この点につき、中野邦保・桐蔭19巻1号（2012）122頁以下参照〕）、このようなスキームは、取引対象となる目的物を変えることで容易に新たな被害を生じさせることにもなる。そのため、本判決については、研究会においても、結論の妥当性が確保できていない点に、[4]の場合と同様に強い懸念が示され、こうした立替払契約を介在させた悪徳商法を防止するための具体的な解釈論等の検討の必要性が説かれた（本件の評釈等として、水野信次・銀法913号〔2024〕67頁、都築満雄・新判解Watch民法（財産法）No.263〔2024〕1頁参照）。

(2) NHKの受信契約

[8] 大阪高判令4・5・27判時2575号11頁（上告、上告受理申立て〔上告棄却・不受理（最二決令4・12・16LEX/DB25594640）〕）は、放送法4条1項2号の「政治的に公平であること」の理解をめぐり、「NHK問題を考える奈良の会」という団体メンバーが桜を見る会、森友・公文書改ざん、日本学術会議会員任命拒否問題等の放送にあたり、NHKによる報道姿勢が政権寄りであるとして、公共放送のあり方を問題とした裁判例である。事案は、Y（NHK）との間で公共放送の受信契約を締結しているXらが、Yに対し、主位的に、①YがXらに対し、ニュース報道番組において放送法4条を遵守して放送する義務があることの確認を求めるとともに、②Yがその義務に違反する放送をしたことによりXらが精神的苦痛を受けた旨主張し、受信契約上の債務不履行に基づく損害賠償請求として、Xらそれぞれにつき各5.5万円（慰謝料5万円と弁護士費用5000円との合計）の支払を求め、予備的に、③YがXらに対し、ニュース報道番組において自ら定めた国内番組基

準を遵守して放送する義務があることの確認を求めるとともに、④Yがその義務に違反する放送をしたことによりXらが精神的苦痛を受けた旨主張し、受信契約上の債務不履行に基づく損害賠償請求として、Xらそれぞれにつき各5.5万円（慰謝料5万円と弁護士費用5000円との合計）の支払を求めたものである。

原審（奈良地判令2・11・12判時2512号70頁〔民事判例25〔2022〕「取引裁判例の動向」[35]にて紹介済み〕）が、①③の確認請求に係る訴えをいずれも不適法なものとして却下し、②④の損害賠償請求をいずれも理由がないものとして棄却したところ、Xらのうち110名が控訴を申し立てた。

本判決は、まず前提として、これまでの最高裁判例の立場を踏襲し、本件各訴えは、現在の時点における、XらとYとの間における受信契約上の権利義務ないし法律関係の存否に関する紛争ということができ、個々の受信契約者との関係でXらが主張するような法的義務を負うと認められるか否かは、法令を解釈・適用することにより判断することができ、終局的に解決することができるものであるため、裁判所法3条1項にいう「法律上の争訟」に当たるとした。そのうえで、Yが放送法4条1項又は国内番組基準を遵守して放送する義務（各遵守義務）を負うことの確認を求める①③の訴えについては、各遵守義務は放送に対して一般的抽象的に負担する義務又は基準にとどまり、Yに対して個々の受信契約者が放送法4条1項又は国内番組基準を遵守して放送することを求める受信契約上の具体的な権利ないし利益を付与したものとは解することはできず、Yに上記の各遵守義務があることの確認を求める訴えの判決が確定しても、当該受信契約者がYに対してそれを直接強制する法的手段を欠き、この判決の効力は上記の各遵守義務の有無に関する紛争の解決に資するものとはいえず、個々の受信契約者に上記判決を求める法律上の利益があるとはいえないため、いずれも確認の利益を欠くものとして不適法であると判示した。そのため、受信契約者であるXらが、Yに対し、上記の各遵守義務に違反したことを理由に損害賠償を求める②④の訴えはいずれも理由がないとして、Xらの控訴を棄却した。

(3) マネジメント契約

[9] 大阪地判令5・4・21判タ1514号176頁（控訴）は、アーティスト、タレントの育成・マネジメント、イベントの企画、運営を業とするXが、専属マネジメント契約を締結し、アイドルグループAのメンバーとして活動していたものの適応障害と診断され脱退したYに対して、上記の契約において定められた1回の契約上の義務違反につき200万円支払う旨の違約金条項に基づき、リハーサルやライブ等の無断欠席4回とAからの脱退の計5件の義務違反があったとして、未払賃金11万円を控除した違約金989万円等を請求した事案である。本判決は、Yには労働基準法上の労働者性が認められるため、本件違約金条項は使用者が労働契約の不履行につき違約金や損害賠償額を予定する契約をしてはならないと規定する同法16条に違反して無効であると判示した。本件の争点そのものは労働基準法上の労働者性の肯否であるため、具体的な事案の紹介等は「労働裁判例の動向」[66]に譲る（本件の評釈等として、小西康之・ジュリ1586号〔2023〕4頁、細川良・労旬2036号〔2023〕24頁、河津博史・銀法908号〔2024〕70頁、小畑史子・労働基準898号〔2024〕24頁、山手貴文・経営法曹220号〔2024〕42頁参照）。

6　消費者契約・消費者保護法

(1) 適格消費者団体による差止請求

[10] 大阪地判令5・7・21判時2576号77頁（控訴）は、適格消費者団体Xが、テーマパークUSJを運営するYに対し、WEBチケットストアを通じて行うチケット購入契約の利用規約中、①一定の場合を除き購入後のチケットのキャンセルができない旨の条項が（改正前）消費者契約法9条1号及び10条に規定する条項に、②チケットの転売を禁止する旨の条項が同法10条の条項にそれぞれ該当するとして、同法12条3項に基づき、本件各条項を内容とする意思表示の停止等（差止）を求めたものの、Xの請求がいずれも棄却された事案である。本件については、「注目裁判例の動向　契約2」（三枝健治）で検討されるため、詳細な事案の紹介・検討等はそちらに譲る（本件の評釈等として、岡田愛・WLJ判例コラム303号〔2023〕、谷本誠司・銀法909号〔2024〕67頁、坂野吉弘・ビジネス法務2024年5月号〔2024〕92頁、武田直大・現代消費者法64号〔2024〕84頁参照）。

(2) 金融商品取引等を装った特殊詐欺

[11] 東京高判令4・4・12判時2586号17頁（確定）は、IP電話サービスを提供する事業者の電話転送サービスが特殊詐欺に利用されたことから、詐欺被害者らが、その事業者に対し、契約の直接の相手方ではないエンドユーザーによる各詐欺行為についても共同不法行為責任を負うと主張して、損害賠償等の支払を求めた事案である。本件の主たる争点は不法行為の成否であるため、具体的な事案の紹介等は「不法行為裁判例の動向2」[4]に譲る（本件の評釈等として、浅井弘章・銀法916号〔2024〕66頁参照）。

（なかの・くにやす）

第2部　最新民事判例

注目裁判例研究

契約1　父の名義で開設された口座の預金者が口座を利用し管理する子であると認定された事例

東京地判令 5・7・18

令和 4 年（ワ）第 11599 号、預り金返還請求事件（本訴）
令和 4 年（ワ）第 23680 号、預金債権帰属確認請求反訴事件（反訴）
判タ 1519 号 228 頁、金判 1681 号 38 頁

石田　剛　一橋大学教授

民法（財産法）部会

◆事実の概要◆

　Xは、令和2年9月11日頃、子Yの申立てに基づき、同年10月に家庭裁判所において成年後見開始の審判を受け、弁護士Zが成年後見人に選任された。

　Xは自己の名義で預貯金口座を複数保有している。その一部であるA銀行α支店の円建普通預金口座（以下「本件円建口座」という）及び外貨建定期預金口座（以下「本件外貨建口座」という。併せて以下「本件各口座」という）は、当初B銀行α支店において開設され、事業譲渡に伴いA銀行へ移管されたものである。

　本件円建口座は、平成7年頃にYが自己名義の預金口座を開設していたB銀行α支店において、Xの住所地を登録住所地としてXの名義で開設された。本件外貨建口座は、Yによりインターネット上で開設された。本件各口座に通帳及び登録印鑑はなく、キャッシュカード及びその利用に必要となる暗証番号はYが管理するものとする一方、口座取引明細書はXの登録住所地に送付されていた。

　B銀行α支店はYが当時勤務していたC社に近く便利であり、XとYの家族が共に海外旅行をするための資金としてCからYに支払われる毎月の給料の一部（5万円）を自己名義の預金と分別して貯蓄し、本件円建口座に一定の貯蓄ができ次第、本件外貨建口座への振替えを予定するものとして、本件口座はY主導で開設された。本件円建口座には、少なくとも平成24年11月～平成28年4月の間、概ね毎月25日に5万円ずつの入金があった。ほかに、平成29年にD銀行から配当金2万1357円、平成30年に税務還付金4700円と1万4100円の入金があるにとどまる一方、ATMによる50万円程度の出金が複数回されている。

　成年後見が開始した当時のXの収入は年金程度であり、その食費、日用品費、施設の管理費（Xの利用していたディサービスの費用等）はYが負担していた。

　令和2年5月、本件円建口座にXの株式の売却代金（814万円余り）が入金され、Yは同月から7月にかけて、同口座から50万円ずつ15回、合計750万円を出金した。

　X（Z）は、Yが出金した750万円からYのXに対する立替払金（444万余り）を控除した305万円余りの支払をYに求める訴訟を提起した。これに対して、Yは、Xに対する不当利得返還請求権に基づく本件各口座中の残高の一部の請求権を自働債権とし、本件本訴請求債権を受働債権として対当額で相殺する意思表示をし、さらに反訴を提起し、本件各口座の預金者が自己であることの確認を求めた。

◆判　旨◆

　本訴請求・反訴請求ともに認容（確定）。

　「(1)……Yは、将来、……Xと海外旅行に行くことを考え、そのための資金を、自分名義の預金と区別して貯蓄するために、……X名義での預金口座を開設することとした、手続の便宜のため、開設場所は、Yの勤務先に近いα支店を選んだ、本件各預金口座開設後は、……C社の給料の一部5万円を毎月振り込んでもらうこととし、本件円建預金口座に一定の貯蓄ができた際には、本件外貨建預金口座に振り替えることにした、本件各預金口座には通帳や登録印鑑はない、キャッシュカードやその利用に必要な暗証番号はYが管理していた、本件各預金口座開設後、Xと海外旅行に何度か行き、その際に、本件各預金口座から一定額を出金していたなどと供述する。」

　「上記の供述は、上記……認定……事実……を概ね矛盾なく説明できており、その……内容に不自然・不合理といえる部分は見当たらない。……上記Y本人の供述は信用できる。」

　「(2)……本件各預金口座は、Yが自身名義の預金口座を保有する、Yの当時の勤務先近くに所在するB銀行

（現在のＡ銀行）のα支店に開設されたものであり、その入金頻度、入金数としては、Ｙに帰属すべき、Ｃ社からの定期的な給付の支払が多く、全体の入金数の大半を占めているといえ、Ｘに帰属すべき金員の入金は、……株式の売却代金のほか、……配当金と税務還付金の３度しかない。また、本件各……口座の取引に要するキャッシュカードはＹが管理していたものと認められる。」

「これらの事実を総合すると、本件各……口座は、Ｙによる取引に便宜な箇所で開設され、その取引内容もＹのためのものが大半を占めるといえるのであり、他の入金は預金口座がＸ名義であるゆえ、単発的・便宜的に入金されたものとみても説明できないものとはいえない。また、取引明細書……については、Ｘ名義での預金口座である以上、Ｘ住所に送付されることから当然にＸの預金であるとまではいえない。そうすると、本件各預金口座の預金者は、その名義に関わらず、Ｙであるものと認められる。」（下線は引用者による）

◆研　究◆

1　本判決の意義

本件は、父の名義で開設された普通預金の預金者が口座を主に利用し管理していた子であると認定した事例判決である。事案の特徴として、㋐本人確認法施行以前に開設された比較的古い口座であり、㋑通帳及び登録印鑑がない、㋒特定の目的のために円建普通預金と外貨建定期預金をセットで開設することが当初から予定されていた、㋓親名義の口座を主に子が利用・管理している、㋔口座名義人に成年後見手続が開始している（実質的な原告は成年後見人Ｚである）等の事情を指摘することができる。

本判決の結論自体に違和感はないが、判決理由中に先例への言及が一切なく、あてはめの大前提となる規範も示されていない。そのため預金者認定をめぐる従来の裁判例や学説の議論と本判決の関係性は明らかではなく、親族など他人の名義を借用して開設された類似の口座をめぐって同種の紛争が生じた場合に適用可能な一般的な基準を念頭におく判断であるのか、事案の個性を斟酌した特殊な事例判断であるのか、判決文からは判然としない。

本稿では、本判決が暗黙裏に前提としている可能性がある規範が何かを探求したい。

2　先　例

(1)　預金者認定における総合判断
最高裁は、定期預金につき「自らの出捐により、自己の預金とする意思で、自ら又は使者・代理人を通じて預金契約をした者を預金者とする」（客観説）を採用する一方で[1]、普通預金については平成15年の２つの最高裁判決を契機として、普通預金契約の当事者確定という観点をもふまえて諸事情を総合的に考慮するアプローチをとるものと理解されている[2]。

すなわち、[1]最二判平15・2・21民集57巻2号95頁は、損害保険代理店が保険契約者から収受した保険料を入金するために開設した普通預金口座につき、口座開設者、口座名義、口座の管理者、口座原資の帰属等を考慮要素として、損害保険代理店を預金者であると認定した。同判決においては、「保険会社Ａ代理店Ｂ」という口座名義の解釈（口座開設にかかる代理権付与の有無）をめぐって見解の対立があったことに顕著であるように、口座開設の当事者は誰か、口座の管理者又は利用者は誰か、という点がクローズアップされ、原資の出捐者という観点は判断の一要因として後景に退いたようにもみえる。

[2]最一判平15・6・12民集57巻6号563頁も、債務整理を受任した弁護士が、委任者から交付された金銭を自己が開設した普通預金口座に入金した事例において、「自己に帰属する財産をもって自己の名義で開設し、その後も自ら管理していた」ことから、銀行との間で本件口座に係る預金契約を締結した当該弁護士を預金者と認定したものである。同判決も、口座名義を重視し[3]、預金原資の出捐者に関しては、契約締結行為の評価、つまり自己資金を預託する意思の基礎付けに[4]必要な限りで言及するにすぎない。

そのため、[1][2]判決に対しては、客観説の延長線上にあるとする見方[5]のほか、客観説は否定された[6]、あるいは一般的な契約当事者の認定法理と親和性がある[7]、といった評価がされてきた。普通預金に関しては、預金者に対する金融機関の認識を問題にしないとする従来の考え方[8]は一部崩され、口座名義が顕名として機能しうる余地も指摘されている[9]。

[1][2]判決は、口座名義人＝開設者＝管理者＝出捐者を預金者と認定したものである。本件のような、名義人≠管理者≒開設者で、名義人と管理者に由来する資金が口座内に混在する（又は混在が想定される）事例における預金者認定の手掛かりを与えるものではない。

普通預金の特性から[10]、又は預金一般につき口座名義人を預金者とすべき[11]との見解も有力化しているところ、本判決は、口座開設の経緯及び利用・管理の実態を重視して、口座名義人でない管理者・利用者を預金者と認定した事例として注目に値する。

(2)　口座名義と管理権限
普通預金口座の管理権限を有するのは、通常、自己

の資金を預け入れて口座を開設した名義人であるが、契約の目的次第で、締結の当事者ではない第三者を預金債権の帰属主体とする合意をすること（民法537条）も可能である。そのため口座開設の経緯や目的を斟酌し、名義人でない者を預金者と認定すべき場合も生じうる。以下では、まず名義人と管理者が一致しない事例を扱う最近の下級審裁判例を概観する。

(a) 口座名義人を預金者と認めるもの

③青森地判平16・8・10金判1206号53頁

Aが契約者となり、受取人をX（自損事故で後遺障害を負ったAの従業員）とする自動車保険金及び労災保険金の入金用にAがX名義で開設した口座の預金をAの債権者Yが差し押さえた事案である。判決は、当該口座はAがXのために事務管理としてX名義で開設し、これをXが追認したこと、口座に入金された金銭はXを受取人とする保険金であること、Xの妻Bが本件口座の預金通帳の再発行を受けて、X自身も本件預金債権を自己に帰属させる意思を有していたこと、等の事情から、Xを預金者と認定した。

④東京高判平27・9・9金判1492号38頁

Xは、知人Aの依頼により、Aの事務所において、Y信用組合の普通預金口座開設申込書に自己の氏名・住所を記載し、運転免許証により本人確認を行い、Y職員の面前で口座の通帳等をAに預け、Aがその後数回にわたり自ら700万円を入金した事案において、実質的な口座管理者のAではなく、Xを預金者と認定した。そのうえで、通帳と届出印を新規開設から通帳再発行等の手続をするまでの間9年以上にわたりAに預けたままにし、その間自ら上記口座に入出金をすることはなく残高を確認したこともないなどの事情から、預入金の払戻し権限がAに包括的に授与されているものとした。同判決は、①②判決というより、普通預金の性質から端的に口座名義人を預金者とする有力説に依拠している[12]。

(b) 口座名義人でないものを預金者と認めるもの

他方、口座名義人でない者を預金者とした比較的最近の事例として、⑤⑥が注目される。

⑤東京地判平28・6・10金法2061号87頁

親Yが子Xの名義で開設した総合口座[13]から払戻しを受けたことから、XがYに不当利得返還請求権を行使した事案。口座の通帳、印鑑及びキャッシュカードを管理し、口座を利用していたのはYであり、Xが出捐した入金はなく、入金手続もXの祖父Bからの振込入金分を除きすべてYが行っており、本件口座は、「主としてXの教育等のために使う資金を預け入れて管理するとともに、BからYへの送金の受け口とする趣旨で、Xの名義を使って開設したYの借名口座である

疑いが濃厚である」として、Yを預金者と認めた。

⑤判決も預金口座の利用主体、口座の開設目的、預金原資の出捐者が誰かに言及し、名義に拘泥することなく開設者＝管理者を預金者と認定した。

⑥東京高判令元・9・18金判1582号40頁

A社がBの依頼を受けて自己名義で開設した普通預金口座の預金者をBが会長を務めるZ社であると認定した。Bは、C大学で行う寄附研究のための寄付金を送金し、同寄附研究に使用する経費の保管を目的として口座開設を依頼した。同判決は、当該普通預金口座を開設した主体や経緯、預金通帳や銀行届出印の管理の状況、その後の入出金を行っていた主体や経緯などの諸般の事情を総合的に考慮すべきであるとした。口座の管理はAの了解のもとにBが専行するとされ、預金原資は口座開設時にAが預け入れた1000円を除いてその全部（7500万円）がZにより入金されたものであり、それ以外の入出金はなかった。

同判決に対しては、口座名義が軽視され、口座開設の経緯（目的）及び口座原資の出捐者がより重視されており、①②判決と重点の置きどころが異なると指摘がされていた[14]。

3　本判決から抽出しうる考え方

本判決は、原資の出捐者に拘泥せず、諸事情を総合的に考慮する手法を採用する限りにおいて、①②判決の大枠に沿っている[15]。しかし、あてはめにおいては、「口座開設の主体と経緯、その後の入出金を行っていた主体や経緯」を主に考慮しており、⑥判決の判断過程と酷似している。そこで、⑥判決及び本判決が総合考慮の要素から「口座名義」を外し、「口座開設の主体と経緯」に置き換えたことの含意を精査する必要がある。

⑴　事案に特徴的な事情？

普通預金に関して名義人でない者が例外的に預金者と認定された背景には、事案の個性が反映している可能性も考えられなくはない。そこで本件に特徴的な事情をみておきたい。

まず、⑺本件各口座が本人確認法施行前に開設された古いものであり、借名口座にも寛容であった平成初期当時における取引通念の影響を無視することはできまい。同法施行後に開設された口座の預金者認定に際して本判決は参考にならないかもしれない[16]。

次に、⑷通帳及び登録印鑑がない口座である点について。入出金等がキャッシュカードと暗証番号のみにより行われ、通帳・登録印鑑とカードの保管者が別異になる事態が生じ得ないことで、管理権限に関するトラブルの種類が軽減されるとしても、名義人と管理者

が別異でありうる可能性に変わりはない。名義人でない者を預金者と認定すべきかどうか、という問題を考察する際に、かかる事情は有意的な差異をもたらすものではないだろう。

続いて、(ウ)円建て普通預金と外貨建て定期預金のセット開設が予定されていた点について。同一の取引のために開設された普通預金と定期預金との間で預金者認定法理に差が生じることは望ましくないという考慮が働きうるところ[17]、普通預金口座と外貨預金口座の預金者を一括して結論を導く点が本件の特徴であるとのコメントも付されている[18]。この点については、後述するとおり、本判決の判断においては、口座開設の目的が重要な意味をもっており、普通預金と定期預金という異なる種類の口座の預金者確定を一括して行っているのも、口座開設の目的をどう位置づけるか、という点の評価に収斂する。

また、本判決の掲載誌は、「成年被後見人名義の普通預金および外貨定期預金にかかる預金債権が、その子に帰属するとされた事例」との表題を付し、(エ)YがXの子であること、(オ)Xが成年被後見人であることを考慮事情に含めているかのような印象を惹起する。

しかし、(エ)親子という身分法上の関係性を直接斟酌する説示はなく、口座開設の特別な目的(親孝行のための海外旅行)にXY間の親密な関係性が反映されているという以上の意味は見いだされない。親が子の名義を借用するケースにかかる⑤判決も、「子の教育等のため」という特別の目的を考慮するだけで、親子関係を直接斟酌しているわけではない。

(オ)の成年後見の開始という事情も考慮対象とした形跡はみられない[19]。仮に預金者認定において、預入側の内部関係の問題として、係争時における預金残高につき正当な支配を有する者は誰かを端的に問うのであれば、口座開設後にXが行為能力を喪失した事情を考慮対象に含めることも背理ではない。他方、本判決が預金契約の当事者確定における総合考慮の枠組みを示した①②判決を踏まえているとすれば、(オ)の事情は考慮要素に含まれず、本判決の判断は、Xに成年後見が開始しているか否かを問わず妥当するものと考えるべきである。

(2) 預金契約の当事者確定の観点

(イ)～(オ)の事情が本件における預金者認定を左右しないとすれば、本判決がある程度一般化可能な視点を軸に据えている可能性もある。

Yは、自己名義の普通預金口座を有するB銀行α支店をあえて選択し、(本人確認のため)Xを同伴し、Xの名義で、登録住所地をXの住所地と指定して口座を開設するよう誘導した。取引明細書もXの住所地に送付されていた。本件各口座の契約締結の主体は形式的には名義人のXであり、金融機関の取引経過開示義務[20]を履行すべき相手方もXと指定されている。預金契約の当事者確定という観点からは、預金者はXであり、YがXに求めた協力の内容は、キャッシュカードと暗証番号の管理をもっぱらYに委ね、預金口座の管理を口座の入金及び出金の一切につき包括的に授権する趣旨であったと解するほうが契約解釈としては素直かもしれない。実際、Yは出金した株式売却代金相当額の返還義務を負うことは争っておらず、仮にXを預金者と認定しても妥当な解決をもたらすことは可能であった。

しかし、本判決はYを単なる管理権限の包括的受任者ではなく、預金者と認定した。注目されるべきは開設の経緯である。本件各口座はY(及びその家族)が主導してXと一緒に海外旅行をする資金の積立を目的として開設されたものと認定されている。当該口座はXYが共同の利益を有する小団体の資金積立てを目的として開設され、口座の目的を兆表するものとしてXの名義を冠しつつ、団体の実務担当者であるYが主に自己資金を口座に預け入れることを予定し、当初から口座にかかる入出金等の管理権限をYが専有し、名義人Xが口座を利用する可能性が予定されていない場合、口座に名義人その他の者が出捐した金員が入金され、それが残高の相当部分を占める場合であっても、普通預金の性質から、そうした点は不問に付され、口座の管理者で実質的な利用者であるYを預金者と認めるのが相当である、という判断を示したものとみられる。

このような見方からは、本判決は、①②判決をふまえ、名義人と管理者が異なる場合の総合判断のあり方につき、普通預金契約の特性をも踏まえた当事者確定法理をさらに展開するうえでの手掛かりを示唆する一事例判決と位置付けることも許されるのではないか。

(いしだ・たけし)

---

1) 無記名定期預金につき、最一判昭32・12・19民集11巻13号2278頁等、記名式定期預金につき、最二判昭52・8・9民集31巻4号742頁。

2) 阪口彰洋・金判1211号(2005)10頁は、「預金口座名義、預金契約締結者、金銭の所有権、預金通帳及び届出印の保管状況」などを総合的に考慮する判断枠組みと総括する。

3) 大橋寛明・最判解民事篇平成15年度317頁は、仮に委任者の名義で口座が開設されていれば、預金契約者の当事者認定の観点から委任者が預金者とされたであろうと述べる。

4) 客観説を預金契約当事者の認定の観点から分析する論考として、安永正昭「預金者の確定と契約法理」石田喜久夫・西原道雄・高木多喜男先生還暦記念『金融法の課題と展望（下巻）』（日本評論社、1990）174 頁。

5) 代表的なものとして、岩藤美智子・NBL785 号（2004）47 頁、片山直也・金法 1716 号（2004）13 頁など。

6) 雨宮啓・金判 1168 号（2003）4 頁、森田宏樹・ジュリ 1269 号（2004）83 頁、尾島明・最判解民事篇平成 15 年度 70 頁、角紀代恵・判タ 1128 号（2003）85 頁。

7) 内田貴 = 佐藤政達・NBL808 号（2005）14 頁、809 号（2005）18 頁。

8) 福井章代・判タ 1213 号（2006）40 頁は、金融機関の認識状況を問題とすることなく、預入者側の内部的法律関係を尊重し、金融機関との利害調整が必要な場面については外観法理（民法 478 条の類推適用）による解決に委ねる点が客観説の要諦であると強調する。

9) 加毛明・法協 121 巻 11 号（2004）230 頁。

10) 森田宏樹「振込取引の法的構造」中田裕康 = 道垣内弘人編『金融取引と民法法理』（有斐閣、2000）137 頁。

11) 潮見佳男・金法 1683 号（2003）39 頁、1685 号（2003）44 頁。

12) 金判 1492 号（2016）41 頁［匿名コメント］。

13) 新井剛・新判解 Watch35 号（2024）67頁は、①②判決が出る以前の下級審は出捐者を基準とした認定をする傾向にあったと指摘する。

14) 白石大・金法 2145 号（2020）14 頁。

15) 金判 1681 号（2024）42 頁［匿名コメント］。

16) もっとも、福井・前掲注 8 ）38 頁は、夫婦や親子の間など、身分関係を有する者の間では、課税回避や将来の相続に備える目的等から、ある程度の頻度で他人名義での預金契約の締結が行われるものと予想する。

17) 加毛・前掲注 9 ）231 頁。

18) 金判 1681 号（2024）42 頁［匿名コメント］。

19) 金判 1681 号（2024）42 頁［匿名コメント］。

20) 最一判平 21・1・22 民集 63 巻 1 号 228 頁。

第 2 部　最新民事判例

注目裁判例研究

契約 2　テーマパークチケットの解約禁止条項及び転売禁止条項の有効性

大阪地判令 5・7・21
令和元年（ワ）第 9185 号、消費者契約法による差止請求事件
判時 2576 号 77 頁、判タ 1522 号 180 頁、金判 1685 号 34 頁

三枝健治　早稲田大学教授

民法（財産法）部会

◆事実の概要◆

　適格消費者団体 X は、テーマパーク（以下、USJ）の運営会社 Y に対し、Web チケットストア利用規約中の本件条項 1 が消費者契約法（以下、消契法）10 条及び 9 条 1 号、また、本件条項 2 が同法 10 条に違反するとして、同法 12 条 3 項に基づいて、それらの条項を内容とする意思表示の停止等を求めた。ここでいう本件条項 1 は、「チケットの種別、理由の如何にかかわらず、購入後のキャンセルは一切できません。但し、法令上の解除または無効事由等がお客様に認められる場合はこの限りではありません。」と定める解約禁止条項、また、本件条項 2 は、「お客様が、第三者にチケットを転売したり、転売のために第三者に提供することは、営利目的の有無にかかわらず、すべて禁止します。」と定める転売禁止条項である。

　X は、本件条項 1 について、①チケット購入契約が準委任契約に該当し、また、委任契約に該当しなくとも役務提供契約の受け皿規定である準委任契約に準じ、いずれにしても委任者の任意解除権（民法 656 条・651 条 1 項）の規定が適用されるから、消契法 10 条にいう「公の秩序に関しない規定」（以下、任意規定）の適用による場合に比して消費者の権利を制限する条項である旨、また、②代金全額を返還しないとするのは、契約を解除してもチケット代金全額を損害金又は違約金として徴収するのと同じことであるから、消契法 9 条 1 号にいう「解除に伴う損害賠償の額を予定し、又は違約金を定める条項」である旨を主張した。

　また、X は、本件条項 2 について、チケットの転売は Y から役務の提供を受ける権利の譲渡で、債権譲渡と捉えるべきであるところ、債権譲渡の自由（民法 466 条 1 項）を制限するもので、任意規定の適用による場合に比して消費者の権利を制限するものである旨を主張した。

◆判　旨◆

請求棄却（控訴）。

1　チケット購入契約の法的性質

　「Y から提供を受けるサービスの内容等に鑑みると、チケット購入契約は、民法に規定のない無名契約である」。

2　本件条項 1 の消費者契約法 10 条違反

(1)　前段要件

　ア）「Y が提供する役務は……当該顧客のみならず不特定多数の顧客にも同時に Y が予め定めた役務を提供するもので、個々のチケット購入契約の購入者と当該役務の内容との関連性は希薄である上、上記購入者から Y に対する何らかの特定の事実行為の委託等の要素は見出すことができず……Y が一定の役務を提供するという側面があったとしても、この点をもって準委任契約ないしこれに準ずるものと捉えるのは困難である。」

　イ）「任意解除権（民法 656 条、651 条 1 項）が認められている趣旨は、これらの契約が当事者間の人的信頼関係に基づく点に求められ、かかる人的信頼関係が一旦破壊された場合には、かかる契約関係を維持させることが相当でないことにあり、一般的に認められる契約の拘束力の例外としての機能を有するものであるところ、上記でみたチケット購入契約においては、USJ の顧客の関心事は USJ を運営する法人が誰かではなく USJ で体験等できることが何かであるなど、USJ への入場等を希望する不特定多数の顧客と Y との間には人的信頼関係に基づく契約関係の締結及びその履行という側面を認めることはできないもので、これに基づき当事者間に任意解除権を認めた同条の趣旨があてはまるような契約類型と捉えることもまたできない。」

　ウ）「〔消契〕法 10 条にいう任意規定に一般的な法理等も含まれると理解したとしても……USJ と同じく大

型娯楽施設……のテーマパークにおいても顧客からの任意のキャンセルを認める条項は定められておらず、テーマパークとその入場者との間のチケット購入契約において購入者からのキャンセルを認める契約慣行等が存在しているとは認められず、上記の一般的な慣習や沿革を含む一般的な取扱いが存在していると認めることはできない」。

　(2)　後段要件

　ア)「チケット価格の高額化を防ぐという本件条項1の趣旨及び目的は合理的なものであり、現時点においてもこれを維持する必要性は否定されないこと〔①〕、本件条項1により顧客である消費者には本件条項2とも相まって一定の不利益が及ぶものではあるが、同時に顧客に〔チケット転売者から高額化したチケットを入手しなくとも、正規の販売価格でチケットを入手してUSJに入場可能な〕利益となる側面も有するものであること〔②〕、顧客による誤購入がないよう一定の配慮がされ、本件各条項の内容も複数回にわたって表示されるなど顧客もその内容を十分に認識して契約しているといえること〔③〕、一部のチケットでは顧客の予定変更等に伴う日程の変更にも応じられていること〔④〕など上記で説示した各事情に照らせば、本件条項1は、消費者である本件チケットの購入者と事業者であるYとの間の情報や交渉力等についての一般的な格差を考慮しても、信義則に反する程度に当事者間の衡平を害するものということはできず、したがって、信義則に反して消費者の利益を一方的に害するものということはできない。」

　イ)「Xは、解除時期に応じたキャンセル料の取得や高額転売のみの禁止によってもチケット価格の高額化の防止という本件条項1の目的は達成できる旨の主張をする。」

　「しかし、かかる方法はチケット価格の高額化を防止するための一つの方策であるとは考えられるものの、消契法1条及び10条等の趣旨目的に照らしてもみても、事業者において、消費者との間で消費者契約を締結するにあたっては、常に、消費者に生じ得る不利益が少ない、より制限的でないその他の手段や方法を講じることが求められているとまで解することはできないことに加えて……一定の対策を講じたとしても、高額化させたチケットの転売を防止することは必ずしも容易なものではないことがうかがわれることに照らすと、Xの上記主張を採用することはできない。」

　ウ)「アトラクション等への優先入場が可能となるエクスプレス・パス及び期間限定のイベントへの入場が可能となるなどのその他チケットについては日付変更をすることができないが……これらのチケットの販

売数はスタジオ・パスよりも少なく……特にチケットの転売を目的とする者の標的となりやすいと考えられることのほか、日付変更についても、当初予定された入場日以外の日にも当該エクスプレス・パス等の対象となるアトラクションないしイベント等が実施されているのかという問題もあり、日付変更が認められないエクスプレス・パス等について、日付変更が認められないことをもって、不合理な制約であるということはできない。」

3　本件条項1の消費者契約法9条1号違反

　「〔解約を禁じる〕本件条項1が〔契約解除時の損害賠償を制限する消契〕法9条1号の条項にあたるとのXの主張は、本件条項1及び法9条1号の文理解釈として無理」である。

4　本件条項2の消費者契約法10条違反

　(1)　前段要件

　ア)「チケットの購入者には、手荷物検査、分煙、撮影、危険物等の物品の持込み禁止等のUSJの園内における各種制約等も遵守することが求められ……チケットの転売には、債権譲渡に還元できない要素があり、Yとチケット購入者との間の複合的な権利義務関係としての法的地位の移転を伴うものとして、契約上の地位の移転とみるべきである。」

　イ)「他のテーマパーク……においても、チケットの転売は禁止ないし転売されたチケットは使用できないとされているところであり、本件チケットについて、慣習法ないし事実たる慣習により転売権が認められているということはでき……ない。」

　(2)　後段要件

　上述2(2)ア)と同旨を判示。

◆研　究◆

　本判決は、テーマパークのチケット購入契約における解約禁止条項(本件条項1)及び転売禁止条項(本件条項2)が有効であると判断した。紙幅の都合、以下では、専ら本件条項1が消契法10条に違反しないとした判断(判旨1・2)について、前段要件(1)、後段要件(2)の順に分析し、最後に若干の考察(3)をすることにしたい。

1　10条前段要件

　本件条項1について消契法10条前段要件を満たすに必要な任意規定とXにより主張されたのが民法651条である。しかし、本判決は、チケット購入契約が個人の特定の事務処理を委託する内容の契約ではないか

ら準契約に当たらず無名契約で、同条の適用はないこと（判旨1・2(1)ア）、さらに、無名契約であるチケット購入契約には民法651条の適用を正当化する個人的な信頼関係が当事者間に存在しておらず、同条の準用を認めるべき理由もないことを判示している（判旨2(1)イ）。

本判決によれば、個人的な信頼関係のある相手方に個人の特定の事務処理を委託する契約だからこそ適用されるのが民法651条で、チケット販売契約は、同条が適用されるような類型の契約でも、個別の内容を伴う契約でもないと評価されるべきものである。本判決が役務提供契約であれば直ちに準委任と扱って同法651条の適用を認める（東京地判平15・11・10判時1845号78頁〔学習塾の契約に定められた解約禁止条項は民法651条から乖離して消契法10条に反すると判示〕参照）としなかったのは、債権法改正において、役務提供契約に共通する一般規定を明文化しようとされたが、全ての役務提供契約に任意解除権が認められるとは限らないとの指摘を受け、最終的に成案に至らなかった（山本豊編『新注釈民法(14)債権(7)』（有斐閣、2018）361頁〔山本豊〕参照）のと同じことであろう。

実際、消契法10条前段要件を満たすに必要な任意規定には明文の規定のみならず一般法理等も含まれるとされるから（最二判平23・7・15民集65巻5号2269頁）、民法651条の適用が否定されるとしても、役務提供契約には任意解除権が当然に認められるとの確立した一般法理等があれば足りるが、現状ではそれは難しい。

第1に、判例上、無名契約であっても在学契約には任意解除権が認められるが（最二判平18・11・27民集60巻9号3732頁）、学生の意思を尊重すべきであるからこそ専ら学生の任意解除権が認められるとされるので、チケット購入契約はじめ、そのような事情の存しない在学契約以外のその他の無名の役務提供契約にも任意解除権が同様に認められるとの確立した一般法理があるとは言えない。

第2に、特定商取引に関する法律（特商法）49条により、エステティックその他7つの特定継続的役務提供契約には任意解除権が認められるが（同法41条・特商令25条）、効果があるかを予め役務受領者が判断することが困難な継続的契約だからこそ任意解除権が認められるとされるので、そのような事情が存せず、継続的契約でさえないチケット購入契約はじめ、特定継続的役務提供契約以外のその他の無名の役務提供契約にも任意解除権が同様に認められるとの確立した一般法理があるとは言えない。

第3に、Xは、テーマパークのチケット購入契約に

は任意解除権を認める慣行が確立していると主張したが、本判決は、そうした慣行の存在は認められないとした（判旨2(1)ウ）。

本件条項1について、本判決が消契法10条の前段要件を充足しないと判断したのは、以上の次第と考えられる。

2 後段要件

本判決は続けて、本件条項1について、転売によるチケットの高額化の防止という解約禁止の目的の合理性（判旨2(2)ア①②）、条項の適切な表示（同③）、解約制限の不都合に対する手当て（同④）を理由に、消契法10条後段要件も充足しないと結論づけている。しかし、その判断には、次の2つの問題が潜んでいる。

第1は、理由の1つに、条項の表示の仕方が挙げられた点である（判旨2(2)ア③）。確かに、消契法10条後段の判断にあたって、契約締結過程の事情も考慮されるから（前掲最二判平成23年参照）、条項が適切に表示されていたか否かも個別訴訟では考慮要素となりうる。しかし、同法12条において、想定される判決による禁止対象が所定の内容の条項を用いた事業者による意思表示の一律の禁止で、特定の状況下での意思表示の禁止ではないとすると、契約締結過程の事情を考慮することはそもそも予定されていないと言えそうである。そうすると、10条後段の考慮要素は、同法12条の場合にも個別訴訟の場合と果たして同じで良いのか、制度上、専ら条項の内容の不当性を根拠に判断すべきものではないのか、問題となる（関連する議論について、山本豊「契約条項の内容規制における具体的審査・抽象的審査と事後的審査・事前的審査」松本恒雄先生還暦記念『民事法の現代的課題』（商事法務、2012）53頁以下参照）。

第2は、上述のように、本判決は、消契法10条前段要件が充足されないと判断したにもかかわらず、「この点を措くとしても……法10条後段該当性を認めることもできない」と続けて判断を示した点である。一般に、10条は、任意規定からの乖離を求める前段要件と、一方的な利益の制限や負担の加重を求める後段要件の2つの独立した要件から成り立つと考えられており、前段要件が充足しなければ、本来、もはや後段要件を検討する必要はないはずである。にもかかわらず本判決が後段要件についても判断したのは、前段要件に該当しないとの自らの判断に異論もありうることを想定し、念には念を入れたと言えそうである。しかし、ここには、前段要件と後段要件の関係について、さらに検討すべき問題がある。

消契法10条は、原案では後段に該当する要件しかなかったが、制定過程で判断基準の明確化を理由に前

段要件を付け加え、現在の形となった（山本敬三「消費者契約立法と不当条項規制」NBL686 号（2000）17 頁参照）。この前段要件の付加に対し、不当条項規制の範囲が不当に限定されかねないとの批判があり、判例は既に紹介したように、前段要件にいう任意規定に、明文規定にとどまらず、確立した一般法理等も含まれるとして、その内容を拡張するに至っている。

しかし、任意規定の内容を拡張したところで、明文規定と同じ程度に確立した一般法理等しか含まれないとすれば、チケット購入契約のように新たな無名契約については、任意解除権が認められるか否かについて見解に争いがある限り、消契法 10 条違反と評価することはできない。その結果、民法 90 条を用いれば専ら内容が不当であることを理由に問題の条項を無効としうるのに、消契法 10 条を用いると内容が不当で後段要件を充足するだけでは足りず、前段要件を満たすに必要な一般法理等が確立していなければ無効とすることができない——その結果、同法 12 条も適用できない——ことになって、消契法上無効となる範囲が民法より狭くなる逆転現象さえ起きかねない。

以上に照らすと、消契法 10 条前段と後段を 2 つの独立した要件というより、前者が後者を判断する一指標としての意味しか持たないものと捉え、後段要件さえ充足すれば同条違反と評価しうるとする見解（例えば、四宮和夫＝能見善久『民法総則〔第 9 版〕』（弘文堂、2018）287 頁以下）こそ、実際的で説得的な解釈に思われる。本判決は、消契法 10 条について、前段要件と後段要件の 2 要件から成り立つとする一般的な見解に立ち、後段要件のみの 1 要件から成り立つとする見解に与するものではないが、少なくとも後段要件に前段要件以上の意味を与え、前段要件についての判断の弱さを後段要件についての判断の強さで相関的に補ったものと評価できよう。

3　若干の考察

ところで、本判決は、本件条項 1 が合理的にもチケットの高額な転売の防止を目的とし（**判旨 2 (2)ア**）①②）、その目的達成の手段として Y の裁量で選択可能なものと評価している（同イ）。同一の目的から、スポーツ観戦等のチケット販売者の中には、正規の転売サイトをもうけ、購入者が購入済チケットを適正価格で転売できるようにしている例もあるが、システム構築に費用が必要なことを考えれば、Y にも目的達成のためにそのような手段しか認められないとすべきでないのは当然である。もっとも、果たして Y が目的達成の手段を選択するうえで裁量を適切に行使したと言えるか

は、疑問の余地がある。

そもそも契約が有体物を対象とする場合、不要となった物自体を転売することで、支出した代金を相応に回復しうるから、買主等に任意解除権は不要であるが、契約が無形の役務を対象とする場合、不要な役務自体を事後に転売することはできず、支出した代金を回復することができないから、役務受領者に任意解除権を認める意味は大きい。民法 651 条の委任解除権は、その適用が認められる限りで、役務の性質から生じる代金回復不能のリスクを役務受領者が回避することを可能にするもので、請負や雇用で認められる任意解除権（同法 641 条・627 条 1 項・628 条）にも同様の意義が見出せる。

実は、この役務受領者のリスクに配慮すべく、やはり役務を契約の対象とするスポーツ観戦等のチケット購入契約については、むしろチケットの転売を見越し、その適正化を図るために「特定興行入場券の不正転売の禁止等による興行入場券の適正な流通の確保に関する法律」（チケット不正転売禁止法、平成 30 年法律第 103 号）が制定されている。同法の適用を受けないテーマパークのチケット購入契約についても、役務提供契約の性質上、こうした役務受領者の負うリスクに一定の配慮がされて然るべきである。

本件の Y も、スタジオ・パスについて日付変更を認めて役務受領者のリスクに配慮するが、エクスプレス・パス等については日付変更を認めていない（**判旨 2 (2)ア**）④・ウ））。本判決はそれに理由があるとするが（**判旨 2 (2)ウ**）、購入希望者にチェック欄で解約禁止であることの理解を確認する仕組みが、Web 上、スタジオ・パスについては用意されている一方、エクスプレス・パス等については**判旨 2 (2)ア**）④にもかかわらず用意されておらず、その種のパスがより高額であることに鑑みれば、十分な配慮がされているとは言い難い。もっとも、上述したように、こうした条項の提示の仕方は、仮に消契法 12 条では同法 10 条後段要件の考慮要素にならないとすれば、個別訴訟で問題とせざるを得ない。

本判決を契機に、第 1 に、消契法 12 条には、契約締結過程の事情である条項の提示の仕方が同法 10 条後段要件の考慮要素にならないとの制度上の限界があるのか、第 2 に、同法 10 条は、前段要件にいう任意規定の内容を拡張しても残る制約に鑑み、前段と後段の 2 つの別個の要件から成り立っていると言うべきものか、それぞれ問題が顕在化した。これらの問題の解決には、立法論と解釈論の双方において議論がなお必要である。

（さいぐさ・けんじ）

第 2 部　最新民事判例

金融・担保裁判例の動向

下村信江　近畿大学教授

民法（財産法）部会

はじめに

　貸付や預金に関する裁判例がみられるものの、担保に関する裁判例は、相変わらず多くはない。

　唯一の最高裁判例である［8］最二判令 5・11・27 判タ 1519 号 162 頁（民集 77 巻 8 号 2188 頁）は、抵当権にもとづく物上代位と相殺の優劣に関する判例として注目される（評釈で取り上げる）。また、［10］札幌高判令 4・5・19 判タ 1516 号 125 頁は、連帯しない共同保証人の分別の利益に関する裁判例であり、耳目を集めていた事例の控訴審判決である。以下では、他のパートと重複するものもあるが、今期の裁判例を概観する。

1　貸　付（消費貸借）

　［1］東京地判令 6・1・24 金判 1693 号 46 頁〔請求棄却（確定）〕は、銀行の融資担当者が資料の偽装による不正融資を看過した場合に、不正融資に加担した顧客との関係で銀行が不法行為責任を負うものではないとされた事例である。

　投資用不動産（いわゆるシェアハウス）の購入資金として、銀行 Y から融資を受けた X が、Y は売主の不動産業者が行った X の資産や不動産評価に関する偽装工作を知りながら、又は、過失によりこれを看過して高額の融資を実行し、売買代金（2 億 4287 万円）と本来の価値（7639 万円）の差額（1 億 6648 万円）相当額の損害を X に生じさせたものであるとし、X が Y に対し、不法行為又は使用者責任に基づく同額の損害賠償請求権を有し、これと上記融資に係る Y の貸金債権（残元本 2 億 2915 万 2429 円）とを、融資元本が合計 1 億 0300 万円となるよう対当額で相殺すると主張して、同額を超える貸金債務が存在しないことの確認を求めた事案である。本判決は、X が、自ら本件偽装工作に加担し、本件偽装工作によって、本来は、Y の融資審査を通らない過大な融資が実行されることを認識して融資の申込みをし、Y の融資担当者が本件偽装工作を看過したために本件融資が実行された場合に、本件融資の申込

みをした X との関係で、Y が不法行為責任を負うものではないとして、X の請求を棄却した（詳細な内容は、「不法行為裁判例の動向 1」［4］を参照されたい）。本判決は、Y の不法行為責任を否定するが、具体的に不法行為責任のどの要件が否定されたのか明白ではないとの指摘がある（上田純＝森佳介・金法 2243 号（2024）5 頁）。

　本判決は、投資用不動産の購入資金の融資が金融機関による不正融資であった場合に、融資を受けた顧客に対する関係における当該金融機関の不法行為責任の成否が問題とされたものであり、不正融資に関わる金融機関の責任に関する裁判例に一事例を加えるものである。なお、「2　預　金」で取り上げる［7］東京高判令 6・1・25 金判 1692 号 32 頁も、本件と同様に、投資用不動産のための融資が不正融資であった事案に関する裁判例であり、不正融資を行った金融機関は同じであるとみられており（本判決の紹介コメント（金判 1693 頁 48 頁）を参照）、今後も、関連する裁判例が現れる可能性があると思われる。

2　預　金

　預金者の認定が問題とされた裁判例として、［2］及び［3］がある。

　まず、［2］東京地判令 5・2・16 金法 2229 号 54 頁〔請求一部認容（確定）〕は、X が、銀行 Y に対し預金（普通預金）払戻請求を行ったところ、Y が応じなかったとして、①主位的に不法行為による損害賠償を請求するとともに、②予備的に預金契約に基づく預金払戻及び遅延損害金の支払を求めた事案である。

　X が払戻を請求した口座（本件口座）は、「G 名義」（男性）であったが、X は、本件口座を開設したのは、X の母 A であり、遺産分割により本件口座に係る預金債権が X に帰属すると主張して Y に対して預金の払戻請求を行ったが、Y はこれに応じなかった。そこで、本件では、まず、A が預金者であったといえるかが争点となった。本判決は、A が本件口座を開設し、本件口座の通帳や印象を管理していたこと、また、名義が G

であることについては、本件口座が財産隠しの目的で開設されたものと推認されることから、本件預金の預金者がAであることを認めた。そのうえで、本判決は、Aが預金者であると判断することが困難な事情があったことを理由に、Yが預金者不明を理由に払戻を認めなかったことについて注意義務違反があったとはいえないとして、Yの不法行為責任を否定した。また、払戻請求を受けたYがいつの時点から債務不履行責任を負うか、という問題について、本判決は、信義則を根拠として、判決確定日の翌日を遅延損害金の起算日とした。金融機関において払戻請求を受けた時点で払戻を請求した者が正当な払戻権限を有するか否かを確認するために必要かつ相当と認められる期間については、その払戻を留保することに正当な理由がある場合には金融機関は履行遅滞責任を負わないとの見解がある（磯村保編『新注釈民法(8)債権(1)』（有斐閣、2022）223頁〔潮見佳男〕）。この見解は、「調査・確認のために相当な期間の経過時＝判決の確定時」という一般法理の定立については否定しており（磯村編・前掲書223頁）、遅滞となる時期については個別の事案によるものと考えられる。例えば、大阪高判平10・2・13金判1049号19頁は、訴状送達の翌日を遅延損害金の起算日としており、判決確定時よりも早い時点である。本判決は、信義則を理由に、判決確定日の翌日を起算日としたものである。本件では、財産隠しの目的で架空人名義の口座が開設されたことにより預金者が不明確となっており、預金者の認定が困難であったと考えられる。したがって、調査・確認のために必要かつ相当と認められる期間が判決確定時であったと判断することもありえたのではないかと思われる。なお、今日では、架空人名義の口座が開設される機会は少なくなっていると思われるが、本件事案のように、かつて開設された口座が相続された場合には本件と同様の問題が生じる可能性がある（浅井弘章・銀法913号（2024）66頁）。

［3］東京地判令5・7・18判タ1519号228頁〔本訴請求認容、反訴請求認容（確定）〕は、成年被後見人名義の普通預金及び外貨定期預金にかかる預金債権が、その子に帰属するとされた事例である。本判決については、「契約裁判例の動向2」［2］で紹介されるほか、詳細は、石田剛教授による「注目裁判例研究　契約1」を参照されたい。

［4］東京高判令5・8・3金判1687号34頁〔控訴棄却（確定）〕は、犯罪利用預金口座等に係る資金による被害回復分配金の支払等に関する法律（「振り込め詐欺救済法」）所定の分配金支払手続の公告の求めにつき金融機関が預金保険機構に提出した書類中、対象預金口座の名義人の表示に誤記があった場合に、当該誤記により被害者の受領すべき分配金の額が減少したため、金融機関が当該被害者との関係で不法行為責任を負うか否かが争われた事例である。Xは、Bらから詐欺による被害を受け、B名義のY信用金庫の預金口座に合計378万5000円を振り込んだところ、振り込め詐欺救済法に基づくYの求めによる預金保険機構に対する公告が「B'」と誤記されていたことから、被害回復分配金支払申請書の提出を取りやめた。その後、振込先名義人をBに訂正して公告がされたので、Xは上記申請書を提出し、63万9230円の被害回復分配金を受領した。本件は、Xが、Yが預金保険機構に対する公告の求めにおいて対象預金口座の名義人の氏名を誤って記載したこと（本件誤記）により申請が遅れた結果、他の被害者からの申請が行われ、Xの受領すべき分配金の額が減少したとして、不法行為に基づく損害賠償請求として、その差額及び弁護士費用（合計170万8743円）及びこれに対する遅延損害金の支払を求める事案である（Xは、予備的に、X・Y間で被害回復分配金支払申請手続に関する委任契約が締結されたと主張して、Yに対し、委任契約上の善管注意義務違反を理由として債務不履行に基づく損害賠償も求めたが、この請求も否定されている。ただし、この点については省略する）。第1審判決（東京地立川支判令4・12・23金判1687号39頁）は、Yの不法行為責任を否定して、Xの請求を棄却したため、Xが控訴した。

本判決は、1回目の公告における支払申請期間内に被害回復分配金の支払申請を行うことができた被害者と推定される者が9名存在しており、1回目の公告に誤記がなくても、X以外にも支払の決定を受ける者があった可能性があったことから、「本件誤記がなければ、Xが被害回復分配金として対象預金債権の全額である219万2973円の支払を受けることができたと認めることはできず、他の被害者が正当な権利行使をした結果としてXに対し支払われた被害回復分配金の額が63万9230円となったことをもって、Xの権利又は法律上保護される利益が侵害されたということはできない」とした。

振り込め詐欺救済法に関する裁判例は、金融機関の取引停止措置を問題とするものが多かったとされる（津田慧「裁判例からみた振り込め詐欺救済法の現在地」金法2171号（2021）19頁以下）。これらとは異なり、本件は、預金保険機構に対する公告の求めにおいて、金融機関が誤記をしたことの責任の成否を問題とするものである。なお、本件については、「不法行為裁判例の動向1」［7］及び「不法行為裁判例の動向2」［14］も参照されたい。

［5］東京高判令5・8・8金判1684号34頁〔控訴

棄却（確定）〕は、Xが、第1審被告Y1に、X名義のY2銀行における預金口座から出金された1000万円及び現金500万円（本件委託金）を預けたところ、Y1によりXの委託の趣旨に沿わない使用をされたなどと主張し、Yらに対し、不法行為に基づく損害賠償請求等を行った事案である。事案の概要は次のとおりである。

Xは、医師であり、美容整形外科クリニック等を運営しており、第1審被告Y1は、Xから、Xが経営する医療法人のコンサルタント業務及び経理業務の依頼を受け、医療法人の事務長として業務を行っていた。Xは、Gに対する未払債務の支払をY1に委託した。Y1は、Y2銀行α支店において、X名義の定期預金口座から1000万3792円の払戻し（本件解約）を行い、この払戻金（本件払戻金）は、X名義の普通預金口座に入金され、このX名義の普通預金口座から1000万0864円が払い戻された（本件出金）。そして、株式会社E名義で、株式会社F名義の他行の預金口座に1000万円が振り込まれた（本件振込み）。本件振込みの原資は、本件出金であった。これらの処理について、Y2の担当者であるAとその上司であるBは、Xに対して電話連絡を行い、意思確認を行い、解約後の振込先等の説明を行ったところ、Xは、Y1の指示に従って実行して構わない旨を述べた。Y1は、Xからの委託の趣旨に反し、Gへの支払をしなかった。その後、Y1は、債務整理の手続を開始し、本件委託金が未払債務の弁済に使用される見込みも返済される見込みもないことが判明した。そこで、Xは、Y1に対して、本件委託金の横領等を主張し、不法行為に基づく損害賠償請求を行い、また、Y2に対しては、Xが意図していない預金口座に振込送金されたことについて、主位的に不法行為に基づく損害賠償を請求し、予備的に、預金契約上の善管注意義務違反を理由とする債務不履行に基づく損害賠償を請求した。

原審（東京地判令4・12・23金判1684号40頁）は、XのY1に対する不法行為に基づく損害賠償請求を認容し、XのY2に対する損害賠償請求を棄却した。このため、Xが控訴したのが本件である（なお、Y1に対する判決は原審で確定している）。控訴審において、Xは、本件普通預金からの本件出金が無効であることを前提に、Y2銀行との間の預金契約の払戻請求権に基づき1000万0864円及びこれに対する遅延損害金の支払請求を追加した。

本判決は、「本件振込みについては、Y2担当者であるBが、本件振込みに先立ち、Xに電話により振込先も含めて説明し、確認しており、Xの承諾が得られているから、本件振込みについてXに対する不法行為が成立するとは認められない」とした。また、本件振込みについては、Xの承諾が得られているから、Y2に、預金契約上の善管注意義務違反があったとは認められないとして、Y2の債務不履行責任を否定した。さらに、本件振込みについてはXの承諾が得られており、本件普通預金からの本件出金は有効であるとして、本判決は、Xの普通預金契約に基づく払戻請求も認められないと判断した。

本件は、預金者の代理人が預金を払い戻した後に、その払戻金を委託の趣旨に反して送金した場合における金融機関の責任が争われたものであり、権限のある者による払戻しがされたが、その後の送金について金融機関の責任が問われた点で珍しい事案であると思われる（本判決の「匿名コメント」参照）。また、預金者本人に電話で意思確認が行われる場面において金融機関に求められる注意義務の内容について実務上参考になるものと考えられる。

[6]名古屋高金沢支判令5・8・23金判1685号16頁〔控訴棄却（上告・上告受理申立て）〕は、差押債権の特定、識別ができず、預金債権について差押命令の効力が及んでいないとされた裁判例である。

Aに対する執行力ある債務名義（執行受諾文言付公正証書）を有するX（農業協同組合）は、AのY銀行に対する預金債権について差押命令を申立て、金沢地裁は、Aを債務者、Yを第三債務者とし、XのAに対する保証債務履行請求権2942万6276円等を請求債権として、AのY（α支店扱い）に対する預金債権及び利息債権を差し押さえる旨の差押命令（本件差押命令）を発令し、本件差押命令の正本は、Y、Aにそれぞれ送達された。本件差押命令正本の当事者目録には、Aの住所として、現住所及び債務名義上の住所が記載されているが、その前住所及び前々住所並びに生年月日の記載はなかった。他方、上記送達時の、Yの顧客情報ファイル（CIF）に登録されているAの住所は、Aの前々住所であった。

そこで、Yは、本件差押命令に係る預金債権等が存在しない旨を回答し、これを受けて、Xは、本件差押命令に係るAの住所に、前住所及び前々住所を付加する旨の更正の申立てをし、その旨の更正決定がされ、Y、Aにそれぞれ送達された。この間に、A名義のY（α支店）の預金口座（本件預金口座）から、Aにより180万円が払い戻された。そのため、Xは、差押えが効力を生じた時における残高である185万2626円から取立済みの額等を控除した180万円及びこれに対する遅延損害金の支払を求めた。

本件の争点は、本件差押命令の効力が同命令正本のY送達時に存在した本件預金口座に係る本件預金債権に及ぶか否かである。原審（金沢地判令5・2・16金判1685号19頁）がXの請求を棄却したので、Xが控訴した。

本判決は、債権差押命令の申立てにおける差押債権の特定の有無の判断基準を示した最三判平23・9・20民集65巻6号2710頁にしたがって、「特定の債権に差押命令の効力が及ぶというためには、同命令の送達を受けた第三債務者において、直ちにとはいえないまでも、差押えの効力が上記送達の時点で生ずることにそぐわない事態とならない程度に速やかに、かつ、確実に、当該債権が上記差押命令に表示された差押債権と同一のものであることを識別することができなければならないと解するのが相当である」とし、本件において、本件差押命令に表示された債務者Aの住所は、当時YがAに関する情報として把握していた住所と異なっており、かえって、債務名義上の住所は、別人（Aと同姓同名の者）に関してYが把握していた住所と字まで一致していたこと、また、本件差押命令の申立てに先立って行われた弁護士法23条の2第1項に基づく照会により得た情報を保存し、後に速やかに検索することができるようにする業務体制を有していなかったことを認め、当時のYにとって、債務者がAを指すのか、あるいは同姓同名の者を指すのかを速やかに特定することが困難であったことはもちろん、いずれを指すものであるかを速やかに推測することも容易ではなかったということができるなどとして、Xの控訴を棄却した。本件は、預金債権を差押債権とする旨の差押えが求められた場合における差押債権の特定のあり方を考えるうえで参考になるものと思われる（本件に関するものとして、三苫裕＝杉本直之・ビジネス法務2024年7月号（2024）12頁がある）。

投資用不動産に係る融資に関する［1］東京地判令6・1・24金判1693号46頁と同様に、投資用不動産に係る融資をめぐる問題に関連する裁判例として、［7］東京高判令6・1・25金判1692号32頁〔控訴棄却（確定）〕がある。本件は、X（不動産管理会社）が銀行YにおけるA（Xの管理するアパートのオーナー）名義の普通預金口座（本件口座）に、誤振込をしたところ、YがAに対する貸金債権（本件融資）の弁済に充当（本件充当）したことについて、①主位的に、本件充当は、Yに対する行政処分及びこれに対する改善計画等からYが債権回収を行わないであろうというA及びXの合理的期待に反するものであったと主張して、不法行為に基づき、本件振込金額、弁護士費用及び慰謝料の合計118万4808円及びこれに対する遅延損害金の支払いを求め、②予備的に、Yは、誤振込を奇貨として債権回収を図ったなどと主張して、不当利得に基づき、本件振込金額（80万4808円）及びこれに対する遅延損害金の支払いを求める事案である。事案の概要は次のとおりである。

Xは、Aから共同住宅（本件アパート）の管理の委託を受け、賃料の受領等業務を担っており、本件アパートの住民から受領した賃料等の預り金を、Yに開設されたA名義の本件口座に送金していた。Aは、Yとの間で金銭消費貸借契約（本件金銭消費貸借契約）を締結し、本件融資を受けていたところ、その返済は、本件口座からの自動引落により行われるものとされていた。Yは、平成30年10月、投資用不動産融資に関する不正等を理由に、金融庁から行政処分を受けた。その後、Aは、Y銀行不正融資被害弁護団（本件弁護団）に加入し、Yに対し、本件融資に係る返済を一時停止すること等を要請し、Xに対し、本件アパートに係る預り金について、今後、Yとは別の金融機関の口座に送金先を変更するように求め、Xは、これに応じ、送金先の変更について合意した。しかし、Xは、経理の不注意により本件口座に本件アパートに係る預り金80万4808円を送金した（本件振込み）。Yは、これと同時に、システム上自動的に、その一部を本件融資の弁済に充当した。なお、Yが本件振込時点において、本件融資が不正融資であると明確に認識していたとは認められず、Aからの返済停止の要請に応じる意思を示していたとも認められないとされている。

原審（静岡地沼津支判令5・7・13金判1692号37頁）は、Xの請求（上記の①及び②）をいずれも棄却したため、Xが控訴したのが本件である。本判決は、以下のとおり、原判決を引用して、Xの請求をいずれも棄却した。

まず、①については、本件の事実関係の下では、Aが、Yとの交渉継続中は、Yによる一方的な弁済充当など顧客の意に反した債権回収は実現されないであろうと認識・期待しえたとしても、そのような認識・期待を法的に保護しなければならないほどの事情がY側にあったとは認められず、Yが本件充当を行うことが、社会通念に照らし著しく相当性を欠くものともいえず、Aの認識・期待に反する行為をすべきではないといった不法行為上の注意義務があったとは認められないこと、しかも、X自身は、投資用不動産融資の顧客でもなく、単に本件口座に振込みをした第三者であって、Yに対し何らかの具体的な期待を有する立場にもないから、YがXに法的な注意義務を負うと解するのは一層困難であることを理由に、YのXに対する不法行為責任の成立を否定した。

次に、②については、Xは、名古屋高判平27・1・29金判1468号25頁に依拠して、不当利得が成立すると主張していたが、本判決は、本件の事実関係においては、Yによる本件充当が、Xに対する関係において、正義、公平の観点から法律上の原因を欠くものとして

不当利得になると解すべき事情があるとは認められないとした。原判決及び本判決が、このような判断の基礎とするのは、次のような事情である。本件充当は、本件口座への振込みと同時に、システム上自動的にその一部を本件融資の弁済に充当する形で行われたものであり、従前の態様と異なるものではなかったこと、Yは、本件充当時点までに、AとXとの間で送金先の変更の合意がされたことを認識していなかったこと、Yは、本件振込時点で、本件融資に不正があったと認識していたとは認められないこと、Yは、Aから返済停止等の申入れを受けたものの、同申入れ以前に本件弁護団から同様の要請を受けた際、これに応じない旨の回答をしており、Aに対してもAの要請に応じる旨の意思を表示しておらず、Aが返済を停止した場合には、信用情報機関への登録等がされる状況にあったこと等である。本判決は、このような状況下では、本件充当時点で、Yが、本件振込が誤振込であると認識していたとは認められず、本件充当について、YがAに対する貸金債権を回収するために、誤振込を奇貨として行ったものであると評価することができないと判断している。

振込依頼人から受取人の銀行の普通預金口座に振込みがあったときは、振込依頼人と受取人との間に振込みの原因となる法律関係が存在するか否かにかかわらず、受取人と銀行との間に振込金額相当の普通預金契約が成立し、受取人が銀行に対して同金額相当の普通預金債権を取得すると解されている（最二判平8・4・26民集50巻5号1267頁）。そこで、被仕向銀行に対する振込依頼人からの不当利得返還請求が認められるか、被仕向銀行が誤振込により成立した預金債権と受取人に対する貸金債権を相殺して貸金債権を回収することができるかが問題とされている（潮見佳男『基本講義 債権各論Ⅰ契約法・事務管理・不当利得〔第4版〕』（新世社、2022）379～382頁を参照）。そして、下級審裁判例では、組戻しの依頼がされ、受取人が誤振込を認めて返還を承諾している場合には、被仕向銀行の振込依頼人への不当利得返還義務を認めるものがある。

Xが依拠する上記名古屋高判平27・1・29は、誤振込により成立した受取人の預金債権を、受取人に対する貸金債権と相殺した被仕向金融機関の債権回収が振込依頼人との関係で不当利得になることを認めたものである。名古屋高判平27・1・29の事案では、被仕向金融機関は、振込みが誤振込であると認識しており、振込依頼人や受取人に対し、誤振込みか否かを確認して組戻しの依頼を促すなど対処すべきであったのに、事実上回収不能な受取人に対する貸金債権等を回収するために、あえて支払差止め設定を一時的に解除して

振込みを完了させて、直ちに相殺を行っており、そのことが振込制度における被仕向金融機関としては不誠実な対応であったとの評価がされている。そして、そのような事実関係の下では、正義、公平の観点から、被仕向金融機関が、事実上の回収不能な受取人に対する貸金債権等を相殺により回収して、振込金相当額について振込依頼人の事実上の損失の下に利得することは、振込依頼人に対する関係において、法律上の原因を欠いて不当利得になると判断したものである。これに対して、本判決の事案では、被仕向金融機関は、本件充当時点において誤振込であることを認識しておらず、本件口座への振込（誤振込）と同時に、システム上自動的にその一部が本件融資の弁済に充当されており、本件充当が従前の態様と異なるものではなかったことから、本判決は、被仕向金融機関が貸金債権を回収するために誤振込を奇貨として本件充当を行ったものではないと判断している。したがって、本件は、名古屋高判平27・1・29とはかなり事案を異にするといえ、このため、本判決は、被仕向金融機関の相殺による債権回収について、振込依頼人との関係で不当利得の成立を否定したものと考えられる。

* 東京地判令5・9・6判タ1520号228頁は、振り込め詐欺救済法25条に該当するか否か等が争われた事例であるが、すでに民事判例28「取引裁判例の動向」[30]で紹介済みである。

3　抵当権

[8]　最二判令5・11・27判タ1519号162頁（民集77巻8号2188頁）〔破棄自判〕は、建物の根抵当権者であり、物上代位権を行使して賃料債権を差し押さえたXが、賃借人であるYに対して賃料債権の未払分の支払を求める事案である。本判決は、抵当不動産の賃借人は、抵当権者が物上代位権を行使して賃料債権を差し押さえる前に賃貸人との間でした、抵当権設定登記の後に取得した賃貸人に対する債権と上記の差押えがされた後の期間に対応する賃料債権とを直ちに対当額で相殺する旨の合意をしたとしても、当該合意の効力を抵当権者に対抗することはできないと判示した。抵当権に基づく物上代位権の行使としての賃料債権の差押えと賃借人による賃料債権を受働債権とする相殺の優劣について、最三判平13・3・13民集55巻2号363頁は、抵当権者が物上代位権を行使して賃料債権の差押えをした後は、抵当不動産の賃借人は、抵当権設定登記後に賃貸人に対して取得した債権を自働債権とする賃料債権との相殺をもって抵当権者に対抗することはできないと判断していた。本判決は、賃料債権に対する物上代位権行使としての差押えと相殺の優劣

に関し、残されていた問題について、最高裁として初めて判断を示したものであり、理論的にも実務的にも重要な意義を有すると思われる。本判決は、評釈で取り上げており、詳細は評釈を参照されたい。

4　その他の担保

債権譲渡担保に関する裁判例として、[9] 東京地判令5・9・29金判1690号40頁〔否認請求認容決定認可（確定）〕がある。本件は、会社更生法86条の3第1項1号イに基づく債権譲渡の否認の請求を認容した原決定の取消しを求めるものである。

更生会社A株式会社の管財人であるY₁は、更生会社Aが銀行Xに対する貸付債務の担保の供与を目的として第三債務者に対する売掛債権をXに譲渡した行為（本件債権譲渡）につき、更生会社Aが支払不能になった後にされたものであり、Xは本件債権譲渡当時、更生会社Aが支払不能であったこと又は支払の停止があったことを知っていた旨を主張して、会社更生法86条の3第1項1号イに基づき、本件債権譲渡の否認の請求をし、Xに対し、①Xが上記売掛債権の一部に基づき第三債務者から弁済又は供託を受けた各金員（合計6億8967万2029円）及び各金員に対する遅延損害金の支払、②更生会社Aが上記売掛債権のうち上記①の弁済又は供託を受けたもの以外の売掛債権を有することの確認並びに③本件債権譲渡に係る債権譲渡登記の否認登記手続を求める請求をしたところ、東京地裁は、令和4年10月14日、これらの請求を全部認容する決定（原決定）をした。そこで、Xが、Yら（破産管財人）に対し、原決定の取消し及び否認の請求の棄却を求めて、原決定に対する異議の訴えを提起したのが本件である。

本件の争点は、更生会社Aが支払不能になった時期はいつか（争点1）、Xは、本件債権譲渡当時、更生会社Aが支払不能であったこと又は支払の停止があったことを知っていたか（争点2）、本件債権譲渡が有害性を欠くか（争点3）、本件債権譲渡が不当性を欠くか（争点4）である。

本判決は、争点1から4について、次のような判断をして、Yらが本件債権譲渡を否認できるとし、原決定を認可した。

争点1について、更生会社Aが全取引金融機関に対し借入債務の元本につき返済猶予を申し入れて、その同意を取得したが、その後、変更された返済期限からさらに返済猶予の申入れをしたものの、それが認められない状況にあったことから、変更された返済期限の時点で支払不能に陥り、本件債権譲渡がされた時点でもその状態が継続されていたとした。争点2について

は、更生会社Aからの返済猶予の要請があったことや本件債権譲渡当時、取引金融機関による支援について同意を得られていないといった事情をXが認識していたことから、Xは、本件債権譲渡がされた時点において更生会社が支払不能であったことを知っていたと認めた。争点3の本件債権譲渡の有害性について、Xは、本件債権譲渡は、既存の担保（Xが本件貸付債権と相殺することができた預金払戻請求権）との付替えであり、既存の担保の範囲においては他の債権者が自己の債権の引当てとすることができなかったものであることを理由に、有害性を欠く旨を主張し、これに対して、Yは、本件債権譲渡当時、会社更生法49条1項3号によりXが相殺できなかったから既存の担保は存在しないと主張した。この点につき、本判決は、次のような判断をしている。更生会社Aは、本件第三債務者ら（Aの取引先）に対して売掛金の入金先をXのA名義の口座（本件口座）に変更するように依頼したが、売掛金の入金先は、更生会社Aが、本件第三債務者らからの了承のみで変更が可能であったこと、本件口座に入金される前の売掛債権自体については法的な担保に供されていたものではなく、売掛債権が本件口座に係る預金払戻請求権に転化することが確実であったものでもなく、X以外の総債権者からみても、自己の債権の引当てとなる責任財産に含まれることを期待するのが合理的であったことなどから、売掛債権の入金先を本件口座に変更したことをもって、本件預金払戻請求権を受働債権とする相殺への合理的な期待をXに生じさせる程度の直接的な債務負担の原因とはいえず、Xにおいて、当該相殺の担保的機能に対する一定の期待を有していたとしても、そのような期待が他の更生債権者との公平の観点から保護に値する合理性を有するものとは認められないとして、本件預金払戻請求権に係るXの債務は、Xが更生会社Aにつき支払不能であったこと又は支払の停止があったことを知った時よりも前に生じた原因に基づくものとは認められないと判断した。そして、「Xは、本件債権譲渡の時点において、そもそも本件貸付債権と本件預金払戻請求権の大部分とを相殺することができる地位にはなかったものであるから、このことをもって、本件第三債務者らに対する将来10年以上にわたって発生する本件売掛債権について譲渡担保権を設定するという本件債権譲渡が有害性を欠くとは認められない」とした。そして、争点4の本件債権譲渡の不当性については、Xが、本件債権譲渡（譲渡担保権の設定）と引換えに本件口座からの引出しを認めたことをもって、更生会社Aが本来事業資金として用いることができなかった金員を利用可能としたものということはできず、同時交換的取引と評価すること

はできないから不当性を欠くとは認められないと判断した。

　本判決は、会社更生法における否認について判断したものであり、会社更生手続における有害性を判断するものとして、今後の参考になるものと考えられる（会社更生法における否認の一般的要件につき、伊藤眞『会社更生法・特別清算法』（有斐閣、2020）399 以下を参照。なお、本判決の評釈として、山木戸勇一郎・新判解 Watch 倒産法 No.76（2024）1 頁がある）。

5　保　証

　[10] 札幌高判令 4・5・19 判タ 1516 号 125 頁〔原判決変更、一部棄却（確定）〕は、連帯しない共同保証人の分別の利益については、単純保証人の主張を要せず、そのことを知らずに単純保証人がその負うべき分割後の保証債務額（負担部分）を超えた弁済をしたときは、その超えた額について不当利得が成立するとした事例である。

　本件は、Y（日本育英会・その承継人である日本学生支援機構。被告・控訴人）から第 2 種奨学金を借り受けた元奨学生 A の単純保証人であった X₁（原告・被控訴人）と、Y から第 2 種奨学金を借り受けた元奨学生 B の単純保証人であった亡 C の相続人である X₂（原告・被控訴人）が、それぞれ、他に共同保証人が存在したから、分別の利益により、その保証債務額は各奨学金返還残債務の 2 分の 1 であったのに、Y の請求により、これを超える金額の支払を余儀なくされたと主張して、Y に対し、それぞれの主張する保証債務額を超えて支払った金員について、Y は同額の受領につき悪意の受益者であるなどとして、不当利得返還請求権に基づき、同額並びに民法 704 条に基づき、それぞれ各受領日の翌日から Y に対して返還請求をした日までの利息の返還及び返還請求をした日の翌日からの遅延損害金の支払を請求するとともに、Y による上記請求が不法行為に当たり、これにより精神的苦痛を被ったとして、慰謝料及び訴状送達の日の翌日からの遅延損害金の支払を求める事案である。

　原審（札幌地判令 3・5・13 法ニュース 129 号 192 頁）は、民法 465 条の規定する分別の利益について、その効果は保証人の分別の利益の主張により効力を生じるものではなく、保証人の頭数に応じて当然に分割されるとし、保証人が分別の利益を知らずに、自己の負担部分を超える部分を自己の保証債務と誤信して債権者に対して弁済をした場合には、この超過部分に対する弁済は、保証債務を負っていないのに、錯誤に基づき自己の保証債務の履行として弁済したといえるから、非債弁済であり、無効となるため、保証人は債権者に

対して不当利得返還請求権を有すると判断した。そして、このような場合における不当利得の成否については様々な見解が対立し、裁判例においても明確ではなかったから、Y は、原判決の言い渡し日まで善意であったとした。また、単純保証人は、自己の負担部分を超える部分について弁済することを選択できる立場にあるから、Y の単純保証人に対する全額の請求が不法行為に当たるとはいえず、Y が X らに対して分別の利益についての説明義務を負っていたともいえないとして、原判決は、X らの請求のうち、不当利得の元本の返還と、原判決言渡日からの遅延利息の請求を認容し、その余の請求を棄却した（原判決の評釈として、茂木明奈・法セミ 802 号（2021）125 頁、大澤慎太郎・新判解 Watch 民法（財産法）No.228（2022）1 頁がある）。

　これに対して、Y が、X らの請求の全部の棄却を求めて控訴し、X らが原審の棄却した部分の請求の認容を求めて附帯控訴したのが本件である。

　本判決は、原判決と同様に、分別の利益には単純保証人の主張を必要とせず、保証債務が保証人の頭数によって分割されること、分別の利益を超える部分の弁済については、保証債務が存在しないのにこれが存在すると誤信して弁済した場合には、事務管理とはならず、非債弁済となるとした。そして、本判決は、原判決とは異なり、次のように認定して、Y が民法 704 条の「悪意の受益者」であると判断した。本判決は、X らが保証債務の履行として弁済したことや他に連帯保証人がいることを知っていて不当利得が発生する根拠となる事実関係について、Y が知悉していたこと、「Y が、分別の利益は保証人の主張を要すると考えて、保証人の弁済が保証債務の履行として有効であると認識していたとしても、これは事実についての誤認ではなく、法律上の誤解であることに加え、分別の利益を有する共同保証人が存在する場合、当該共同保証人は、何らの行為の必要もなく当然に分割された額についてのみ保証債務を負うことは、」X₁らの各支払の当時、通説であってほぼ異論をみないこと、「Y は、保証人を付して全国で多数の学生に対して奨学金の貸与等を行っている公的な団体であることからすると、分別の利益について保証人の主張を要するとの認識を有したことについてやむを得ないといえる特段の事情があるとはいえない」ことを認定し、X₁らから「それぞれ本来の保証債務を超えた部分の支払を受けた時点において、不当利得の発生について民法 704 条の『悪意の受益者』であるというべきである」とした。また、本判決は、原判決と同様に、Y の不法行為責任は成立しないとしている。

　本判決は、共同保証人の分別の利益について、保証

人からの主張を必要とせず、保証人の頭数に応じて、保証債務が当然に分割されることを明らかにした公刊裁判例として意義があるものと解される（保証人の分別の利益の主張立証責任については、山野目章夫「保証人に対する権利行使とその訴訟構造」中田裕康先生古稀記念『民法学の継承と展開』（有斐閣、2021）352〜361頁に詳細な分析がある）。また、分別の利益を超える弁済につき不当利得となることを判示した点も重要である。

本判決は、原判決とは異なり、分別の利益を超える弁済を受けた債権者であるYを悪意の受益者であるとした。「悪意の受益者」とは、法律上の原因のないことを知りながら利得した者をいうとされる（最三判昭37・6・19集民61号251頁）。そして、判例は、悪意の受益者であるか否かについては、法律上の誤解をしたことについて「やむを得ない特段の事情がある」か否かを考慮して判断している（最二判平19・7・13民集61巻5号1980頁等）。具体的にどのような場合がこれに当たるかについては、「ある法律問題について解釈上の争いがあって、判例及びこれを支持する見解と反対する見解が相半ばしているような場合を想定することができる」とされていた（和久田道雄・最判解民事篇平成19年度556頁）。原判決は、分別の利益を有する保証人から負担限度を超える支払を受けた場合、無効な弁済であり法律上の原因を欠くものとして不当利得になるか否かについては種々の見解の対立があり、裁判例上も明らかでなかったとしていた。これに対して、本判決は、分別の利益を有する保証人が存在する場合、当該共同保証人は何らの行為の必要もなく当然分割された額についてのみ保証債務を負うことは保証人の支払の当時、通説であってほぼ異論をみないと認定している。このような学説の状況に関する理解の相違から、利得者の悪意性の判断が異なったのではないかと思われる（なお、本判決の評釈等として、谷本誠司・銀法911号（2024）68頁、西内康人・リマークス66号（2023）18頁がある）。

6　相　殺

[11]　東京高判令5・5・17金判1685号26頁〔控訴棄却（確定）〕は、銀行による相殺が破産法71条1項2号に規定する場合に当たるかが争われた事例である。事案の概要は次のとおりである。

Y銀行から住宅ローンの実行を受けた破産会社Zの顧客から、YのZ名義の普通預金口座（「本件普通預金口座」。本件普通預金口座に係る債務を「本件普通預金債務」という。）に振込入金がされた後、Yが、Zとの合意（本件合意）に基づき、本件普通預金口座から別段預金に振り替え、また、同別段預金の一部をZ名義の定期預金口座（本件定期預金口座）に振り替えた。その後、Yは、Zに対する貸付債権を自働債権とし、上記普通預金債権及び定期預金債権等を受働債権として対当額で相殺するとの意思表示を行った（本件相殺）。Zの破産管財人であるXが、Yに対し、Zとの間の預金契約に基づく預金払戻請求をしたところ、Yが本件相殺を主張したので、Xは、本件相殺は破産法71条1項2号に違反する無効なものである旨主張した。

原審（東京地判令4・11・9金判1666号23頁）は、Xの請求を棄却したので、Xが控訴した（原判決の評釈等として、水野信次・銀法901号（2023）66頁がある）。本件の争点は、本件相殺が破産法71条1項2号の定める場合に該当し、無効となるか否かである。

本判決は、原判決と同様に、本件相殺は、破産法71条1項2号に規定するものに当たらず、本件相殺は有効であるとした。本判決の判断の概要は、次のとおりである。

まず、「本件合意に基づき行われた本件振替行為は本件普通預金口座に係る預金の一部を本件別段預金へと振り替えるものであり、取引条件等を変更することにより本件普通預金口座に係る預金の拘束性を高めるものであるから、本件合意は取引条件等の変更に関する財産処分契約に当たると解する余地のあるもの」とした。しかし、本件普通預金口座には、平時における取引と同様に、Yから住宅ローンの実行を受けた顧客からの請負代金の支払としての振込入金があり、同振込入金が本件普通預金債務の負担原因となっているものであって、本件合意については、Yが負担した本件普通預金債務について、その取引条件等を変更して預金の拘束性を高めるものではあるものの、「上記顧客からの請負代金の支払としての本件普通預金口座への振込入金という債務の負担原因についてまで変更されたものと解することは困難であるといわざるを得ず、したがって、本件合意が財産処分契約に該当すると解したとしても、本件別段預金は顧客からの振込入金によってYが負担した本件普通預金債務の取引条件等が変更されたものにすぎないから、Yが本件合意をすることにより破産会社に対して債務を負担したものとみることはできず、本件合意については、破産法71条1項2号に規定する場合には当たらないというべき」であり、本件相殺は、有効であると判断した。

破産債権者が破産者に対する債務を負担したときは、相殺の担保的機能により破産債権に担保が設定されたに等しいことになる。そこで、破産法71条1項2号から4号は、破産債権者が危機時期に債務者に対する債務を負担した場合に、相殺を禁止している（竹下守夫編代『大コンメンタール破産法』（青林書院、2007）307

頁〔山本克己〕）。破産法71条1項2号の要件のなかで「破産者の財産の処分を内容とする契約」（財産処分契約）の意義については、議論があるとされる（伊藤眞ほか編『新破産法の基本構造と実務』（有斐閣、2007）472頁以下を参照）。学説には、破産債権者全体の満足に充てられるべき破産者の財産の形態を契約によって変更し、特定の破産債権者による相殺権の行使を許すことによって独占的満足を与える行為は財産処分行為に当たるとするものがあり、この見解によれば、普通預金を定期預金や別段預金に変更することは財産処分契約にあたる（伊藤眞「倒産法関係の諸問題を想う――近時の6題」金法2205号（2023）10頁）。本判決は、この学説と同様の考えに立つと思われるが、「財産処分契約に当たると解する余地のあるもの」と判断するにとどめている。また、財産処分契約に該当すると解したとしても、債務の負担原因についてまで変更されたものと解することは困難である（本件合意により新たに債務を負担した場合にはあたらない）ことを理由に、結論としては、破産法71条1項2号該当性を否定して、相殺を認めている。本判決は、同号該当性の判断につき実務上、重要な意義を有すると思われる（本判決の評釈等として、水野信次・銀法912号（2024）66頁、浅野雄太・新判解Watch倒産法No.75（2024）1頁がある）。

[12] 大阪高判令5・12・19金判1692号44頁〔控訴棄却（上告・上告受理申立て）〕は、停止条件付債務を受働債権として再生債権者がする相殺の可否が問題となった事例である。株式会社X（原告・被控訴人）は、協同組合Y（被告・控訴人）の組合員であったところ、令和2年1月に民事再生手続の開始決定を受け、同年9月にYを脱退する旨の意思表示をした。本件は、Xが、Yに対し、XのYに対する出資金501万円に係る返戻請求権（本件出資金返戻請求権）は、脱退の効力が発生する令和3年3月末の事業年度の終了日において組合財産が存在することが同年6月のYの総代会において確認されたことにより停止条件が成就した旨を主張して、本件出資金返戻請求権に基づき、出資金501万円及び遅延損害金の支払を求める事案である。Xの請求に対し、再生債権者であるYは、債権届出期間の満了前である令和2年2月5日頃、Xに対し、事業年度の終了に係る停止条件不成就の利益を放棄して、YがXに対して有していた貸金債権（本件再生債権）を自動債権とし、本件出資金返戻請求権を受働債権として、対当額で相殺する旨の意思表示をした（本件相殺）と主張し、本件出資金返戻請求権が民事再生法92条1項に基づく本件相殺により消滅した旨を主張した。そこで、本件相殺が民事再生法92条1項によって許容されるか否か等が争点となった。

原審（大阪地判令4・11・24判タ1515号184頁、民事判例28「担保裁判例の動向」[5]で紹介済み）は、Yの相殺の抗弁を認めず、Xの請求を認容したため、Yが控訴した。

本判決は、原判決と同様に、「本件出資金返戻請求権が停止条件付債権である以上、①本件再生手続開始当時本件出資金返戻請求権が既に発生していたと解したとしても、②民事再生法92条1項にいう『債務』に未成就停止条件付債務は含まれておらず、③債務者が停止条件不成就の利益を放棄することによっても同項の要件を満たすとはいえないことからすると、①の点を判断するまでもなく本件相殺は同法92条1項により許容されるとはいえず、効力を有さない」として本件相殺の効力を否定した。本判決は、民事再生法92条1項にいう「債務」に未成就停止条件付債務が含まれるか否かについて、再生債権者の相殺の担保的機能への期待と再生債務者の事業の再建との調整を図るという同項の趣旨に鑑み、「同項により再生債権者がすることが許される相殺における受働債権に係る債務は、再生手続開始当時少なくとも現実化しているものである必要があり、将来の債務など当該時点で発生が未確定な債務は、特段の定めがない限り、含まれない」との判断を示している。

また、債務者が停止条件不成就の利益を放棄することにより、債権届出期間内の相殺適状を要件とする民事再生法92条1項を満たし得るか否かについては、本件相殺が、Xの除名事由が発生した時期、Xの自由脱退の意思表示及び除名決議が行われた時期よりも前であり、「本件の個別具体的な事情の下で、再生手続開始時に本件出資金返戻請求権が現実化していないことは明らか」であり、本件相殺の効力を認めることが、同項の趣旨に反すると判断している。

また、「ほかに民事再生法上、本件相殺が許容されると解すべき根拠はなく、かえって停止条件付債務について民事再生法93条1項1号にいう『債務を負担した』といえるのは停止条件成就時であるところ（最高裁昭和45年（オ）第449号昭和47年7月13日第一小法廷判決・民集26巻6号1151頁参照）、本件出資金返戻請求権の停止条件が成就したのは、前記前提事実のとおり組合財産の存在が確定した事業年度の終了日である令和3年3月末日であり、本件再生手続開始後であることは明らかであるから、これを受働債権とする本件相殺は同号の相殺禁止に該当する」とする。

なお、停止条件不成就の利益の放棄に関し、原判決は、「仮に届出期間内に停止条件を放棄することにより民事再生法92条1項の要件を満たしている旨のYの主張によったとしても、そもそも民法上期限の利益

を放棄することができる（民法136条2項）期限付債務と異なり、停止条件付債務については実体法上も債務者が一方的に債務を放棄することが一般に認められているとはいえない。実質的にも、期限と異なり、条件は成就するかどうかが不確定なものであること等からすると、債務の性質にかかわらず債務者に一方的に不成就を確定させ、履行を選択することを当然に許してよいとは考え難い。加えて、少なくとも本件出資金返戻請求権のような出資金返戻請求権については、出資金の返還という債務の履行が組合員の地位と密接に結びついており、組合たる債務者が一方的に条件を放棄することを認めることは、債権者である組合員の地位を一方的に奪うに等しく、実体法上認められるとはいえないし、債務者の事業の再生を目的とする再生手続においてもこれを阻害するものとして認められない」としていた。これに対して、本判決は、「Yの主張は、停止条件を放棄したことによって本件出資金返戻請求権が無条件の債務となり、同項の『債務』に含ま

れる旨の主張を含むものと解する余地がないではないが、停止条件という合意による付款を一方的に放棄することにより無条件の債務とすることができると解することには疑問があるし、その効力に当然に遡及効があるとも解し難い」としている。

破産法67条2項後段が条件付債務についても相殺が認められる旨を定めていることから、このような規定のない民事再生法上、停止条件付債務を受働債権とする相殺が認められるかについては議論がある（伊藤眞『破産法・民事再生法〔第5版〕』（有斐閣、2022）1004頁、伊藤眞「続・倒産法関係の諸問題を想う——近時の3題」金法2229号（2024）20〜27頁）。本判決は、破産手続とは異なるとして、民事再生手続においては停止条件付債務を受働債権とする相殺は許されないとするものである（なお、原判決を分析する民事判例28「担保裁判例の動向」[5]では、本件においてYの相殺が認められる余地はないとされている）。

（しもむら・としえ）

第 2 部　最新民事判例

注目裁判例研究

金融・担保
抵当権に基づく賃料債権への物上代位と賃借人による相殺の優劣

最二判令 5・11・27
令和 3 年（受）第 1620 号、取立金請求事件
民集 77 巻 8 号 2188 頁、判時 2599 号 26 頁、判タ 1519 号 162 頁、金法 2233 号 48 頁、金判 1691 号 28 頁・1699 号 13 頁、裁判所 HP
第一審：大阪地判令 3・1・15
控訴審：大阪高判令 3・7・9

下村信江　近畿大学教授

民法（財産法）部会

◆事案の概要◆

　A 株式会社（本件賃貸人）は、2017 年 1 月、Y 株式会社（被告・被控訴人・被上告人）との間で、A 所有の建物（本件建物）を賃料月額 198 万円、期間を 10 年として、Y に賃貸する旨の契約（本件賃貸借契約）を締結し、同年 10 月 1 日、本件建物を Y に引き渡した。2017 年 9 月、Y は、A に対し、弁済期を 2018 年 4 月 30 日として、990 万円を貸付けた（この貸付けに係る債権を「本件 Y 債権 1」という）。

　A は、2017 年 10 月 26 日、X 信用金庫（原告・控訴人・上告人）のために、本件建物について極度額 4 億 7400 万円とする根抵当権（本件根抵当権）を設定し、その旨の登記をした。

　2017 年 11 月、Y は、A に対し、弁済期を 2018 年 4 月 30 日とする 4000 万円の連帯保証債権（本件 Y 債権 2。以下、本件 Y 債権 1 とあわせて「本件各 Y 債権」という）を取得した。

　Y は、2018 年 4 月 30 日、本件各 Y 債権について、A から 10 万円の弁済を受け、A との間で残債権合計 4980 万円の弁済期を 2019 年 1 月 15 日に変更する旨合意した。

　Y は、2019 年 1 月 15 日、A との間で、本件賃貸借契約における 2019 年 4 月分から 2022 年 2 月分までの賃料のうち、4980 万円の賃料債務について、期限の利益を放棄した上で、この債務に係る債権（本件賃料債権）を本件各 Y 債権と対当額で相殺する旨の合意（本件相殺合意）をした。

　2019 年 8 月 7 日、X は、大阪地裁に対し、本件根抵当権に基づく物上代位権の行使として、本件賃貸借契約に係る賃料債権のうち、差押命令の送達時に支払期にある分以降 4000 万円に満つるまでの部分を差押債権とする差押命令の申立てをした。同月 9 日、上記申立てに基づき、差押命令（本件差押命令）が発せられ、同月 14 日、本件差押命令が Y に送達され、同年 12 月 9 日、A に送達された（本件差押命令により差し押さえられた賃料債権を「本件被差押債権」という）。

　2021 年 5 月 19 日までに、Y は、X に対し、本件被差押債権の一部の弁済として、1210 万円を支払った。

　そこで、X は、本件差押命令により、本件賃料債権のうち、本件差押命令が Y に送達された後の期間に対応する 2019 年 9 月分から 2021 年 5 月分のうち合計 4000 万円を差し押さえたと主張して、Y の支払分を控除した部分（本件将来賃料債権）の賃料 2790 万円の支払を求めて本件訴訟を提起した。これに対して、Y は、本件相殺合意の効力を X に対抗することができると主張した。

　第一審（大阪地判令 3・1・15 民集 77 巻 8 号 2214 頁）および控訴審（大阪高判令 3・7・9 民集 77 巻 8 号 2223 頁）は、抵当権者の差押え前に相殺がされた場合には相殺の効力が否定されることはないとして X の請求を棄却した。Y が上告受理申立て。

◆判　　旨◆

　破棄自判。

　「抵当不動産の賃借人は、抵当権者が物上代位権を行使して賃料債権の差押えをする前においては、原則として、賃貸人に対する債権を自働債権とし、賃料債権を受働債権とする相殺をもって抵当権者に対抗することができる。もっとも、物上代位により抵当権の効力が賃料債権に及ぶことは抵当権設定登記によって公示されているとみることができることからすれば、物

上代位権の行使として賃料債権の差押えがされた後においては、抵当権設定登記の後に取得した賃貸人に対する債権（以下「登記後取得債権」という。）を上記差押えがされた後の期間に対応する賃料債権（以下「将来賃料債権」という。）と相殺することに対する賃借人の期待が抵当権の効力に優先して保護されるべきであるということはできず、賃借人は、登記後取得債権を自働債権とし、将来賃料債権を受働債権とする相殺をもって、抵当権者に対抗することはできないというべきである。このことは、賃借人が、賃貸人との間で、賃借人が登記後取得債権と将来賃料債権とを相殺適状になる都度対当額で相殺する旨をあらかじめ合意していた場合についても、同様である（以上につき、最高裁平成11年（受）第1345号同13年3月13日第三小法廷判決・民集55巻2号363頁参照）。」

「そして、賃借人が、上記差押えがされる前に、賃貸人との間で、登記後取得債権と将来賃料債権とを直ちに対当額で相殺する旨の合意をした場合であっても、物上代位により抵当権の効力が将来賃料債権に及ぶことが抵当権設定登記によって公示されており、これを登記後取得債権と相殺することに対する賃借人の期待を抵当権の効力に優先させて保護すべきといえないことは、上記にみたところと異なるものではない。そうすると、上記合意は、将来賃料債権について対象債権として相殺することができる状態を作出した上でこれを上記差押え前に相殺することとしたものにすぎないというべきであって、その効力を抵当権の効力に優先させることは、抵当権者の利益を不当に害するものであり、相当でないというべきである。」

「したがって、抵当不動産の賃借人は、抵当権者が物上代位権を行使して賃料債権を差し押さえる前に、賃貸人との間で、登記後取得債権と将来賃料債権とを直ちに対当額で相殺する旨の合意をしたとしても、当該合意の効力を抵当権者に対抗することはできないと解するのが相当である。」

本件については、「本件相殺合意の効力がYに対する本件差押命令の送達前に生じたか否かにかかわらず、本件相殺合意により本件将来賃料債権と対当額で消滅することとなる対象債権が本件根抵当権の設定登記の後に取得された本件Y債権2であるときは、Yは、本件相殺合意の効力をXに対抗することはできない」とし、「Yは、物上代位権を行使して本件将来賃料債権を差し押さえた根抵当権者であるXに対し、本件相殺合意の効力を対抗することはできない」として、Xの請求を認容した。

なお、三浦守裁判官の補足意見と草野耕一裁判官の意見がある。

◆研　究◆

1　問題の所在と本判決の意義

抵当権不動産の賃借人は、賃貸人に対して有する債権を自働債権とし、賃料債権を受働債権とする相殺をもって、賃料債権を抵当権に基づく物上代位により差し押さえた抵当権者に対抗できるか。この問題については、本判決[1]も引用する最三判平13・3・13民集55巻2号363頁（以下、「平成13年最判」という）が「抵当権者が物上代位権を行使して賃料債権の差押えをした後は、抵当不動産の賃借人は、抵当権設定登記の後に賃貸人に対して取得した債権を自働債権とする賃料債権との相殺をもって、抵当権者に対抗することはできない」と判示していた。平成13年最判は、「登記後取得債権と将来賃料債権とを相殺適状になる都度対当額で相殺する旨をあらかじめ合意していた」事案であったので、本件のように「登記後取得債権と将来賃料債権とを直ちに対当額で相殺する旨の合意」がされた場合に、これを抵当権者に対抗できるか否かは、残された問題となっていた[2]。

本判決は、平成13年最判以来、残されていた問題につき最高裁として初めて判断を示したものであり、理論上も実務上も重要な意義を有すると思われる。

2　先例・学説

(1)　先　例

本判決の争点につき先例となる判例としては、平成13年最判に加え、最二判平21・7・3民集63巻6号1047頁（以下、「平成21年最判」という）がある。平成21年最判は、抵当権に基づく担保不動産収益執行と相殺の問題について判断するものであるが、賃料債権に対する物上代位について展開された判例法理は、基本的に、担保不動産収益執行にも妥当すると考えられている[3]。

これらの判例（平成29年民法改正前）の判断枠組みはおおむね次のように整理することが可能である[4]。まず、①賃借人の自働債権が抵当権設定登記の前に取得した賃貸人に対する債権（以下、「登記前取得債権」という）であるときは、賃借人は、相殺をもって、抵当権者に対抗することができる（相殺の時期が差押えの前後のいずれでも抵当権者に対抗できる）、次に、②賃借人の自働債権が登記後取得債権であるときは、(i)賃借人は、相殺をもって抵当権者に対抗することができないが、(ii)登記後取得債権であっても、抵当権者が物上代位にもとづき差押えをする前であれば、賃借人は何らの制限を受けずに、相殺をすることができる。(ii)の場合に

は、抵当権に基づく物上代位権行使としての差押え前に、「払渡し又は引渡し」(372条・304条1項ただし書)があったと解することになろう。

(2) 学 説

平成13年最判以前は多様な見解の対立があったが[5]、近時は、平成13年最判の判断枠組みを支持する見解が増えていると評されている[6]。他方、平成13年最判以後も、賃借人は差押えの時までに取得していた反対債権をもって差し押さえられた賃料債権と相殺することができるとする見解もある[7]。

3 検 討

(1) 抵当権にもとづく物上代位権と賃借人の相殺に対する期待の調整

抵当権にもとづく物上代位と相殺の関係について、判例は、抵当権の物上代位権行使による優先弁済権と賃借人の相殺に対する期待の調整の問題として捉えているものと考えられる[8]。そして、優劣を判断する基準時としては、物上代位権の行使としての差押えがされた時ではなく、抵当権設定登記がされた時としていることになる。平成13年最判は、「物上代位により抵当権の効力が賃料債権に及ぶことは抵当権設定登記により公示されているとみることができる」とする[9]。抵当権設定登記により対抗力が認められる権利については、「『自ら差押えをすることにより、抵当権設定時に設定され、かつ、対抗要件を備えた質権となるような権利』が抵当権設定登記によって公示されている」と説明される[10]。そして、抵当権設定登記を基準時とするのは、自働債権を有する賃借人を第三者として位置づけ[11]、物上代位権を行使する抵当権者と相殺権者(賃借人)との関係をいわば対抗関係として扱っていると考えられる[12]。

このような考え方に立って判断するのであれば、本件についても、平成13年最判(および平成21年最判)と同様の判断枠組みを用いることになろう。平成13年最判の事案は、「賃借人が登記後取得債権と将来賃料債権とを相殺適状になる都度対当額で相殺する旨をあらかじめ合意していた場合」であり、相殺の効力が生じるのは抵当権者の差押え後であるから、判例の判断枠組みで考えると相殺合意の効力を抵当権者に対抗できないことになる[13]。これに対して、本件事案は、「差押えがされる前に、賃貸人との間で、登記後取得債権と将来賃料債権とを直ちに対当額で相殺する旨の合意をした場合」である。本件において差押え前に相殺の効力が生じていると捉えるならば、抵当権者に対抗しうることになりそうである。そして、実際に、本判決の第一審・原審は、「登記によって公示された権利

は、いわば『自ら差押えをすることによって物上代位をすることができる権利』であって、いまだ賃料についての優先弁済請求権が現実化されていたわけではない」として、相殺合意による相殺が有効であると判断していた。しかし、判例の判断枠組みでは、抵当権設定登記により抵当権の効力が将来賃料債権に及ぶことは公示されており、登記後取得債権による相殺は抵当権に基づく物上代位に劣後することになると考えられる。そうすると、登記後取得債権による相殺については、差押え前であっても賃借人の相殺に対する期待が保護されない場合がありうるとも考えられる。また、本件事案のような相殺が抵当権にもとづく物上代位に優先するならば、抵当権者が差押えをする前に登記後取得債権と将来賃料債権とを相殺することによって、賃料債権に対する物上代位を免れうることになるが、そのような結論は「抵当権者の利益を不当に害するもの」となろう。したがって、登記後取得債権である本件Y債権2を自働債権とする相殺[14]を抵当権者に対抗できないとする本判決の結論自体は首肯しうるものと思われる[15]。

(2) 将来の賃料債権の相殺

本件相殺合意は、期限の利益の放棄[16]によって将来賃料債権を差押え前に発生させ、これと本件Y債権1(登記前取得債権)および本件Y債権2(登記後取得債権)を直ちに対当額で相殺する旨の合意である[17]。本判決は、本件相殺「合意は、将来賃料債権について対象債権として相殺することができる状態を作出した上でこれを上記差押え前に相殺することとしたものにすぎないというべき」とするが、本件については「本件相殺合意の効力がYに対する本件差押命令の送達前に生じたか否かにかかわらず」と述べており、将来賃料債権の相殺の効力がいつ生じるかについては明示していない。本件のような将来の賃料債権の相殺については、相殺適状にするためには、期限の利益の放棄では足りず、条件不成就の利益の放棄による相殺といった法律構成の必要が生じることが指摘されている[18]。

ところで、本件とは異なり、差押え前にすでに相殺適状が生じていたが、賃借人が相殺の意思表示をしたのが差押え後である場合にはどのように考えるのか。この点につき平成13年最判は明らかにしていない[19]。この場合については、①民法304条1項ただし書が差押え前の相殺の意思表示を必要とする趣旨の規定であると理解して相殺は対抗できないとする、②相殺が相殺適状時点に遡及するとの規律(民法506条2項)を考慮して、相殺が優先し賃借人は相殺を抵当権者に対抗しうるとする考え方があることが示されている[20]。物上代位にもとづく差押え前の段階での相殺権者の相殺

に対する期待の保護を重視し、このような相殺の意思表示を実質的には差押え前の相殺と同様のものと考えるならば、相殺を対抗しうると解することになろう。

(3) 賃借人の自働債権の性質

賃借人の自働債権[21]が必要費償還請求権（民法608条1項）の場合には、相殺を優先させて賃借人を保護する必要があるのではないかが論じられている。賃借人の敷金返還請求権に関しては、敷金の当然充当[22]（による賃料債権の消滅）を理由として一定の範囲で賃借人が保護されているといえる。そこで、必要費償還請求権についても、相殺を優先させて賃借人を保護する必要性があることが説かれている[23]。抵当権設定登記後に賃借人が必要費償還請求権を取得した場合には、判例の判断枠組みによれば、抵当権者が物上代位にもとづき差押えをした後は、賃借人は相殺をすることができないことになる。そこで、賃貸人が修繕義務を履行しないため目的物が使用収益に適する状態に回復しない間は、賃借人は賃料支払を拒絶できるとする判例（大判大10・9・26民録27輯1627頁）を参照し、このようなときには抵当権者の賃料債権への物上代位に対して、賃借人は賃料の支払いを拒むことができると解されることから、必要費償還請求権と賃料債務との相殺を、賃料債権に物上代位権を行使した抵当権者に対抗できるとする見解がみられる[24]。また、以下の(4)でみるとおり、平成29年改正後の債権譲渡と相殺に関する民法469条2項2号の類推適用により、相殺が認められる可能性があるとする見解もある[25]。

(4) 平成29年民法（債権関係）改正の影響

本判決については、相殺に関し、現行民法は適用されていないと思われる[26]が、平成29年改正により、民法511条2項が新設され、相殺への合理的期待が保護される場面が拡張された。そこで、この改正は、物上代位と相殺の優劣に関する判例法理にも影響を及ぼし、自働債権が抵当権設定登記「前の原因に基づいて生じた」ものであるときには、相殺権者が相殺をもって抵当権者に対抗することができると考えられることになる[27]。

現行民法469条は、債権譲渡と相殺について、債務者が債務者対抗要件の具備時に有する相殺への期待が保護される範囲を、差押えと相殺の場面と同様とし（469条1項、2項1号）、さらに、拡張している（同条2項2号）[28]。そこで、民法469条2項2号を同一の契約にもとづいて生じた債権の牽連性を維持することを目的とする規定であると捉え、この考え方を差押えと相殺についても妥当とし、そうすると、抵当権にもとづく物上代位としての差押えをした抵当権者にもあてはまるとする見解がある（469条2項2号類推適用説）[29]。この説によれば、賃借人の自働債権が登記後取得債権である場合に、(i)その債権が抵当権設定登記「前の原因に基づいて生じた」ものであるときには、賃借人は相殺をすることができ、(ii)その債権が抵当権設定登記後の原因に基づいて生じたものであるときには、その債権が抵当権にもとづく物上代位の目的「債権の発生原因である契約に基づいて生じた債権」であれば、賃借人は相殺をすることができる、と考えることになる。そして、この説に立てば、自働債権が必要費償還請求権であるときには、同一の賃貸借契約から生じたものであると考えられるから[30]、賃借人は、賃料債権を受働債権とする相殺をもって、物上代位権を行使する抵当権者に対抗できることになろう。

（しもむら・としえ）

---

1) 本判決の解説として、川崎直也・ジュリ1602号（2024）115頁がある。また、本判決の評釈等として、谷本陽一・法セ833号（2024）120頁、河津博史・銀法907号（2024）68頁、本村健ほか・商事2354号（2024）50頁、小笠原奈菜・法教523号（2024）102頁、田中貴一・金法2226号（2024）4頁、岩川隆嗣・金法2233号（2024）38頁、川村英二・JA金融法務648号（2024）50頁、吉田純平・判例秘書ジャーナル・文献番号HJ100200（2024）、深川裕佳・法セミ835号（2024）110頁、小山泰史・金判1700号（2024）12頁、白石大・新判解Watch民法（財産法）No.261（2024）1頁等がある。

2) 白石大「平成13年最判判批」潮見佳男＝道垣内弘人編『民法判例百選I〔第9版〕』（有斐閣、2023）173頁を参照。なお、岩川・前掲注1）40頁は、平成13年最判の事案における合意を停止条件付相殺契約とするが、小山・前掲注1）17頁は、狭義の相殺予約とする。

3) 松岡久和『担保物権法』（日本評論社、2017）90頁。

4) このような整理については、川崎・前掲注1）115頁、水津太郎「抵当権にもとづく物上代位と相殺」秋山靖浩ほか編著『債権法改正と判例の行方』（日本評論社、2021）219頁を参照。

5) 平成13年最判以前の学説については、松岡久和「賃料債権に対する抵当権の物上代位と賃借人の相殺の優劣(1)〜（3・完）」金法1594号60頁以下、1595号33頁以下、1596号66頁以下（すべて2000）において詳細な整理と分析がされている。

6) 松岡・前掲注3）73頁。

7) 石田穣『担保物権法』（信山社、2010）333、334頁、白石大「債権の発生時期に関する一考察（6・完）」早法89巻2号（2014）48頁。また、生熊長幸『担保物権法〔第2版〕』（三省堂、2018）139頁は、「第三債務者保護説を前提としても、抵当権に基づく賃料債権への物上代位を、保証金返還請求権と賃料債務との相殺に優先させるべきかは疑問といわざるを得ない」とする。

8) 白石・前掲注2）173頁は、抵当権者と賃借人が債権の回収を相争う関係にあると指摘する。また、潮見佳男『新債権総論II』（信山社、2017）318頁は、ここで問題とされているのは、抵当権者と一般債権者の優劣であり、「相殺の担保的機能自体が抵

権（そして、これに基づく物上代位）による優先的価値支配に劣後する」と述べる。

9）抵当権設定登記により物上代位権が公示されているとする考え方は、抵当権に基づく賃料債権と債権譲渡の優劣が争点となった最二判平10・1・30民集52巻1号1頁が示したものである。最二判平10・1・30は、民法304条1項ただし書の差押えの趣旨・意義につき、第三債務者保護説を採用し、抵当権設定登記後に第三者対抗要件を備えた債権譲渡は、304条1項ただし書の「払渡し又は引渡し」に含まれず、抵当権者の物上代位権行使が優先するとした。

10）杉原則彦・最判解民事篇平成13年度（上）264、265頁。

11）白石・前掲注2）173頁参照。

12）岩川・前掲注1）44頁参照。なお、物上代位権の第三者に対する対抗としてみるのではなく、抵当権設定登記時を、瑕疵・抗弁が受働債権に付着する基準時とみる理論構成が成り立つことについては、岩川・前掲注1）43頁参照。

13）水津太郎「物上代位と相殺」千葉恵美子ほか編『Law Practice 民法I【総則・物権編】〔第5版〕』（商事法務、2022）327頁は、平成13年最判は、相殺合意の効力を抵当権者に対抗できる範囲は、法定相殺をもって抵当権者に対抗できる範囲を超えてはならないとしたものであるとする。

14）本件Y債権1が全部消滅しており、本件相殺合意の効力によって本件賃料債権と対当額で消滅することになる対象債権が本件Y債権2のみであることについては、三浦守裁判官の補足意見を参照。なお、岩川・前掲注1）44、45頁は、本件Y債権1と本件賃料債権との相殺に関する本件合意の抵当権者に対する対抗が認められる理由として、両債権の弁済期が差押え前であり、差押え前に相殺適状にあることを指摘する。

15）吉田・前掲注1）7頁は、平成13年最判を前提とすれば、本判決の判示内容は当然とする。小山・前掲注1）15頁も本判決の結論を妥当とする。

16）本件において相殺適状にするためには期限の利益の放棄では足りず、条件不成就の利益の放棄を必要とすると考える可能性があることについては、川﨑・前掲注1）118頁、岩川・前掲注1）45頁を参照。

17）白石・前掲注2）173頁は、このような合意は、実質的にみれば、賃料の前払いと同視すべきものであるとする。賃料の前払いの意義については、森田宏樹編『新注釈民法⒀I債権⑹』（有斐閣、2024）453頁〔森田宏樹〕参照。

18）田中秀幸・最判解民事篇平成21年度（下）514、515頁、川﨑・前掲注1）118頁、岩川・前掲注1）45頁注21）等を参照。

19）松岡・前掲注3）73頁。

20）松岡・前掲注3）73頁。

21）田髙寛貴『クロススタディ物権法』（日本評論社、2008）228頁は、自働債権の性質を見極める必要性を説く。草野耕一裁判官の意見においても、「敷金返還請求権のように賃貸借契約の重要な部分といえる合意から生じた債権」については相殺が優先することを認める場合がありうることが示されている。

22）最一判平14・3・28民集56巻3号689頁は、抵当権者が物上代位権行使として賃料債権を差し押さえたとしても、敷金返還請求権に関しては、物上代位による差押えと相殺の優劣の問題ではなく、敷金を未払賃料に充当することによる賃料債権の消滅（物上代位の目的債権の消滅）の問題としている。

23）この点を本判決後の残された問題として指摘するものとして、田中・前掲注1）5頁、小笠原・前掲注1）102頁、吉田・前掲注1）7頁、岩川・前掲注1）47頁がある。

24）生熊・前掲注7）139頁。

25）水津・前掲注4）230、231頁、岩川・前掲注1）47頁。

26）改正法附則26条3項。岩川・前掲注1）43頁注11）参照。

27）潮見・前掲注8）318頁、中井康之「相殺をめぐる民法改正――差押えと相殺・債権譲渡と相殺」今中利昭先生傘寿記念『会社法・倒産法の現代的展開』（民事法研究会、2015）731頁。また、平成29年改正民法が物上代位と相殺の優劣に関する判例法理に与える影響については、水津・前掲注4）225頁以下、同・前掲注13）327頁以下に詳細な検討がある。

28）水津・前掲注4）226頁。

29）水津・前掲注4）229頁、岩川・前掲注1）47頁。この説に対し、今尾真「抵当権の物上代位と相殺――改正民法の規律が物上代位の判例法理に及ぼす影響と相殺の担保的機能について」宮本健蔵先生古稀記念『民法学の伝統と新たな構想』（信山社、2022）477頁は、物上代位と相殺の場面に469条2項2号を類推することについて類推の基礎を欠くとし、さらに、類推した結果の妥当性についても疑問を呈する。

30）潮見・前掲注8）449頁。

物権・不動産取引裁判例の動向

水津太郎　東京大学教授

民法（財産法）部会

1　はじめに

今期の物権・不動産取引についての判例・裁判例は、最高裁判例3件（[2][7][12]）、高裁判例6件（[4][5][6][9][10][14]）、地裁判例4件（[1][3][8][11]）、家裁審判1件（[13]）の合計14件である。これらの判例・裁判例が扱った問題からみると、不動産の物権変動と登記に関するものは、4件（[1]～[4]）、不動産の売買・請負等に関するものは、7件（[5]～[11]）、不動産の担保に関するものは、1件（[12]）、不動産の相続に関するものは、2件（[13][14]）となる。

もっとも、今期の物権・不動産取引についての判例・裁判例は、契約、金融・担保、不法行為または家族のパートと重なるものが少なくない。物権・不動産取引固有の問題を扱ったものとして注目されるのは、最高裁判例として、1筆の土地の一部についての登記請求権と処分禁止の仮処分を扱った[2]、高裁判例として、山門一体型商業施設の敷地についての固定資産税を扱った[4]、フルベース基礎についての建築基準法施行令79条1項の「立上り部分」の解釈を扱った[9]、相続回復請求権と所有権の取得時効を扱った[14]（後で述べるとおり、上告審の判決が言い渡された）、地裁判例として、送水管地役権の設定についての民法177条の「第三者」等を扱った[1]（脱稿後、控訴審の判決が言い渡された）、変則型登記がされている土地についての所有権確認請求を扱った[3]、区分所有法26条4項の「区分所有者のために」の解釈を扱った[8]である。

2　不動産の物権変動と登記

⑴　送水管地役権の設定についての民法177条の「第三者」等

[1]　大分地判令5・3・17判タ1515号115頁（控訴）は、送水管地役権の設定を承役地の所有権の譲受人に対抗することができるかどうかや、所有権にもとづく送水管の撤去請求が権利濫用にあたるかどうかな

どが争われた事件である。本判決は、通行地役権の設定を承役地の所有権の譲受人に対抗することができるかどうかについて判示した最二判平10・2・13民集52巻1号65頁のルールの射程などを検討したものであり、注目される。本判決は、「注目裁判例研究　物権・不動産取引1」〔武川幸嗣〕で取り上げられている。脱稿後、控訴審の判決が言い渡された（福岡高判令5・11・15LEX/DB25620619）。

⑵　1筆の土地の一部についての登記請求権と処分禁止の仮処分

[2]　最三決令5・10・6民集77巻7号1631頁（破棄差戻し）は、Xが、いずれも1筆である各土地（以下「本件各土地」という）について、その各一部分の所有権を時効により取得したなどと主張して、本件各土地の所有権の登記名義人であるYらに対し、その各一部分についての所有権移転登記請求権を被保全権利として本件各土地の全部について処分禁止の仮処分命令の申立て（以下「本件申立て」という）等をした事件を扱ったものである。原々審および原審は、保全の必要性があるとはいえないとして、本件申立てを却下した。Xが抗告許可の申立てをおこない、これが許可された。

本決定は、1筆の土地の一部分についての所有権移転登記請求権を被保全権利とするその土地の全部についての処分禁止の仮処分命令は、「原則として当該一部分を超える部分については保全の必要性を欠く」としつつ、「当該債権者において上記分筆の登記の申請をすることができない又は著しく困難であるなどの特段の事情が認められるとき」は、その仮処分命令は、次の理由にもとづいて、ただちに保全の必要性を欠くものではないとした。すなわち、その一部分について処分禁止の登記がされるためには、その前提としてその一部分について分筆の登記がされる必要がある。上記の登記請求権を有する債権者がその分筆の登記の申請をすることができるかどうかは、「当該債権者が民事保全手続における密行性や迅速性を損なうことなく不動産登記に関する法令の規定等に従い当該申請に必要な事項としての情報を提供することの障害となる客観

的事情があるか否かに左右される」から、その債権者がその申請をすることができない、または著しく困難であるときがあることも、否定することができない。この場合には、その債権者は、上記の登記請求権を保全するため、その土地の全部について処分禁止の仮処分命令を申し立てるほかない。この申立てにより仮処分命令がされた場合において、債務者がその一部分を超えてその土地についての権利行使を制約されることとなる不利益の内容や程度は、その申立てについての決定をするにあたって別途考慮される。具体的には、「当該債務者において当該権利行使を過度に制約されないと認められるだけの事情がない場合」は、その申立ては、却下される。本決定は、以上のとおり判示したうえで、原決定を破棄し、上記の特段の事情の有無等についてさらに審理を尽くさせるため、本件を原審に差し戻した。

(3) 変則型登記がされている土地についての所有権確認請求

［3］東京地判令4・4・15判タ1514号224頁（確定）は、登記の表題部および権利部甲区欄に所有者が明記されておらず、権利部乙区欄にX₁およびX₂が地上権者として記載されている土地について、Y（国）がもと所有者であることを前提としつつ、所有権の取得を主張して、Yに対し、Xらが本件土地につき各2分の1の共有持分権を有することの確認を求めた事件について、Xらの訴えを却下したものである。本判決は、表題部所有者不明土地の登記及び管理の適正化に関する法律にもとづく登記官による所有者等の探索（同法3条以下）や、令和3年法律第24号による改正後の民法のもとでの所有者不明土地管理制度（民法264条の2以下）の利用等についても言及しており、注目される。本判決は、「注目裁判例研究　物権・不動産取引2」〔田中淳子〕で取り上げられている。

(4) 山門一体型商業施設の敷地についての固定資産税

［4］大阪高判令5・6・29判タ1515号30頁（上告・上告受理申立て）は、山門一体型商業施設の敷地についての固定資産税および都市計画税（以下「固定資産税等」という）が問題となった事件についての判決である。宗教法人であるXは、本堂と主要街路との間の土地（以下「本件土地」という）を所有し、これを敷地として会館を建築し、所有していたものの、この会館は、建物の老朽化にともない、閉館となった。Xは、Aとの間で、定期借地契約（以下「本件借地契約」という）を締結し、上記の会館が取り壊された後、Aは、本件借地契約にもとづいて、地下1階・地上17階の賃貸用商業施設である建物（以下「本件建物」という）を建築した。本件建物は、上記の主要街路から上記の本堂へ

と参拝するための唯一の参道として使用するため、1階から3階までの中央部が空洞となっている。Y（大阪市）の処分行政庁は、Xに対し、本件土地について合計7600万円強の固定資産税等を賦課することを内容に含む令和2年度の固定資産税等の賦課決定をおこなった。

地方税法348条2項柱書本文は、「固定資産税は、次に掲げる固定資産に対しては課することができない。」とし、同項3号は、「宗教法人が専らその本来の用に供する宗教法人法第3条に規定する境内建物及び境内地」を非課税固定資産としている。もっとも、同項柱書ただし書によれば、「固定資産を有料で借り受けた者がこれを次に掲げる固定資産として使用する場合には、当該固定資産の所有者に課することができる。」とされる。また、同法702条の2第2項は、同法348条2項の規定により「固定資産税を課することができない土地又は家屋に対しては、都市計画税を課することができない。」としている。Xは、本件土地のうちの通り抜けをすることができる部分（以下「本件対象地」という）は、宗教施設にあたるため、非課税とすべきであるとして、所定の手続を経て、上記の賦課決定の一部の取消しを求めて訴えを提起した。

原審は、Xの請求を棄却した。原審によれば、本件対象地は、参道として地方税法348条2項3号の「境内地」にあたるものの、同号の宗教法人が「専ら」その本来の用に供するものにあたらないものとされる。これに対し、本判決によれば、土地を「平面的」ではなく、「立体的」にとらえるならば、参道として同号の「境内地」にあたる本件対象地の上の空間に商業施設に供される建物が存在する場合であっても、空洞となっている部分は、同号の宗教法人が「専ら」その本来の用に供するものであるといえるとされる。また、本件借地契約は、参道である部分を賃貸するものではないため、同項柱書ただし書の規定も、適用されない。そのうえで、本判決は、本件土地についての固定資産税等のうち、容積率面積で算定した非課税用途に供されている部分が非課税になるとして、原判決を変更し、上記の賦課決定の一部を取り消した。

3　不動産の売買・請負等

(1) 売買の目的物の引渡債務の履行遅滞と将来の給付を求める訴え

［5］東京高判令5・8・23判タ1519号198頁（取消差戻し）は、売買の目的物の引渡債務の履行遅滞と将来の給付を求める訴えが問題となった事件である。本判決については、「契約裁判例の動向2」［1］〔中野邦保〕にゆだねる。

(2) 建設コンサルタントの説明義務

[6] 大阪高判令4・9・29判時2573号58頁（確定）は、原審である大阪地判令3・3・26判時2500号75頁（民事判例25〔取引[22]・不動産[11]・不法行為[33]〕および民事判例26〔不法行為[33]〕において紹介済み）の控訴審である。本件は、X（大阪府）から地下トンネル設計業務の委託を受けた建設コンサルタントであるYについて、説明義務違反等による不法行為責任（使用者責任）が成立するかどうか等が争われたものである。本判決は、原判決と同じように、Yの担当者に設計した構築物の安全性に関する説明義務違反があったとして、Yの不法行為責任（使用者責任）が成立するとした。他方で、過失相殺については、原判決がX8：Y2の割合で過失相殺をしたのに対し、本判決は、X4：Y6の割合で過失相殺をした。本判決は、「注目裁判例研究　不法行為1」〔石井正人〕で取り上げられている。

(3) 第三者による請負代金債権侵害

[7] 最一判令5・10・23判タ1519号169頁（破棄自判）は、第三者による請負代金債権侵害について、本件の事実関係のもとでは、請負人が期待していた方法によって請負代金債権を回収する利益は「単なる主観的な期待にすぎない」として、第三者の行為は、その利益を侵害するものとして請負代金債権を違法に侵害する行為にあたらないとしたものである。本判決は、「契約裁判例の動向2」[4]〔中野〕および「不法行為裁判例の動向1」[6]〔前田太朗〕で取り上げられている。

(4) 建物としての基本的な安全性を損なう瑕疵等にかかわる問題

以下の4件の裁判例は、建物としての基本的な安全性を損なう瑕疵やこれについての最二判平19・7・6民集61巻5号1769頁のルール等がかかわったものとして、大きくまとめることができる。もっとも、各裁判例が扱った問題は、それぞれ異質なものである。

(a) 区分所有法26条4項の「区分所有者のために」の解釈

[8] 仙台地判令5・2・20判タ1515号143頁（棄却）は、マンション（以下「本件マンション」という）の管理組合の理事長であり、本件マンションの管理者であるXが、本件マンションの分譲業者であるY₁、本件マンションの設計者・監理者であるY₂および本件マンションの施工業者であるAから事業譲渡を受けたY₃に対し、共用部分について建物としての基本的な安全性を損なう瑕疵があると主張して、不法行為による損害賠償およびその債務の遅延損害金の支払を連帯してするよう求めた事件を扱ったものである。本判決は、

①Xの当事者適格を認めたものの、②平成29年法律第44号による改正前の民法724条後段に規定する除斥期間を適用して、Xらの請求を棄却した。②については、「不法行為裁判例の動向1」[2]〔前田〕にゆだね、以下では、①を取り上げる。

建物の区分所有等に関する法律（以下「区分所有法」という）26条4項の規定によれば、管理者は、規約または集会の決議により、共用部分等について生じた損害賠償金等の請求および受領について、「区分所有者のために」、訴訟追行をすることができるものとされる。もっとも、本件では、Xによる訴訟提起の前後に、一部の区分所有者が区分所有権を売却していた。そのため、同項の「区分所有者のために」の解釈が問題となった。この問題について、本判決は、東京地判平28・7・29LEX/DB25536804と同じように、同項の「区分所有者のために」とは、「区分所有者全員のために」を意味すると解釈したうえで、共用部分について建物としての基本的な安全性を損なう瑕疵があることを理由とする不法行為による損害賠償請求権は、区分所有者の共有持分に応じて分割的に帰属するものの、区分所有者が変動したときは、新区分所有者は、「瑕疵の存在を知りながら、これを前提として区分所有権を買い受けたなどの特段の事情がない限り」、上記の請求権を有するものとする。この新区分所有者の扱いは、前掲最二判平19・7・6を参照したものである。本判決によれば、本件では、上記の特段の事情が認められないため、上記の請求権は、本件マンションの区分所有者全員にその共有持分に応じて分割的に帰属する。そのため、Xは、上記の請求権にかかる請求および受領について、同項の規定にもとづいて、区分所有者全員のために訴訟追行をすることができるものとされる。

前掲東京地判平28・7・29や本判決の理解によれば、区分所有者が変動した場合において、共用部分等にかかる請求権が旧区分所有者に属するときは、その旧区分所有者がわずかであったとしても、管理者は、その請求権にかかる請求および受領について訴訟追行をすることができなくなってしまう。この問題に対応するため、「区分所有法制の見直しに関する要綱」（令和6年2月15日）では、区分所有法26条の規定について、次の改正が予定されている。すなわち、上記の要綱の第1・6②③によれば、共用部分等にかかる請求権が旧区分所有者に属する場合であっても、管理者は、規約または集会の決議により、その請求権を有する者のために、その請求権にかかる請求および受領について訴訟追行をすることができる。もっとも、この規律は、管理者に対して書面または電磁的方法により別段の意思表示をした旧区分所有者には適用しないものと

される。

　(b)　フルベース基礎についての建築基準法施行令79条1項の「立上り部分」の解釈

　［9］東京高判令5・2・28判タ1514号39頁（上告・上告受理申立て）は、XとYとの間で、Xを注文者とし、Yを請負人とする木造2階建ての戸建て住宅を新築する工事の請負契約が締結され、Yがこの契約にもとづいて新築した建物（以下「本件建物」という）をXに引き渡したものの、Xが、本件建物の基礎等について建物としての基本的な安全性を損なう瑕疵があり、その解体と再築を免れないと主張して、Yに対し、主位的には、不法行為による損害賠償およびその債務の遅延損害金の支払を、予備的には、平成29年法律第44号による改正前の民法634条に規定する瑕疵担保責任による損害賠償およびその債務の遅延損害金の支払を求めた事件を扱ったものである。原審がXの請求をいずれも棄却したのに対し、Xが控訴した。本判決は、その控訴を棄却したものである。

　本件の主たる争点は、建築基準法施行令79条1項の「立上り部分」の解釈である。同項によれば、「鉄筋に対するコンクリートのかぶり厚さは、……布基礎の立上り部分にあつては4センチメートル以上、基礎（布基礎の立上り部分を除く。）にあつては捨コンクリートの部分を除いて6センチメートル以上としなければならない。」ものとされている。関係法令等では、同項の「立上り部分」の定義は、定められていない。布基礎（【図1】〔外周部〕）であれば、フーチング（基礎底面の広がり部分）があるため、その上の部分が同項の「立上り部分」であると理解することができる。これに対し、本件建物について使用されたフルベース基礎（【図2】〔外周部〕）は、フーチング（基礎底面の広がり部分）がないため、どの部分を同項の「立上り部分」と理解すべきかが問題となる。

　Xの主張によれば、本件建物で使用されたフルベース基礎の外周部では、【図2】の㋐㋑㋒㋓㋐各点を順次直線で結んだ範囲が建築基準法施行令79条1項の「立上り部分」にあたり、【図2】の㋑㋒㋓㋔㋕㋖㋗㋘㋑の各点を順次直線で結んだ範囲は、同項の「立上り部分」ではなく、同項の「基礎（布基礎の立上り部分を除く。）」にあたる。この理解によれば、基礎底盤の外側側面（【図2】の㋑㋒の各点を直線で結んだ部分をいう。以下同じ。）は、かぶり厚さが60 mm以上必要となるはずである。しかし、実際には、基礎底盤の外側側面のかぶり厚さは、49 mmまたは40 mmしかなかった。そのため、Xは、法令違反の瑕疵があると主張した。

　これに対し、本判決は、「フルベース基礎（外周部）の内、基礎底盤の外側側面については、立上り部分に該当し、かぶり厚さは40 mm以上と解するのが相当である。」とした。そのうえで、本判決は、本件建物については、Xが主張するかぶり厚さの不足は認められないから、Xが主張する瑕疵は認められないとした。

　本判決は、建築に関する文献、日本建築学会への質問に対する回答および日本建築センターへの調査嘱託の結果にもとづいて、上記の解釈を根拠づける一方で、上記の解釈と建築基準法施行令79条1項の規定の趣旨との関係について、次のとおり述べている。すなわち、同項のかぶり厚さの規制において、「コンクリート及び鉄筋の劣化を防止する観点」からは、建築部材が土に接しているかどうかは、重要な要素である。フルベース基礎の外周部の基礎底盤の外側側面を立上り部分と理解すると、直接土に接する部分であるにもかかわらず、かぶり厚さは、40 mm以上で足りることとなる。もっとも、同項の規定は、立上り部分について、GL（グランドレベル）以下であってもかぶり厚さ40 mmの部分が存在することを予定している。そうであるとすれば、「フルベース基礎（外周部）の基礎底盤の外側側面について立上り部分であると解し、そのかぶり厚さを40 mm以上としたとしても、それをもって建築基準法施行令79条1項の趣旨に反するとはいえない」。

【図1】（別紙図面1 ①を参考に作成）

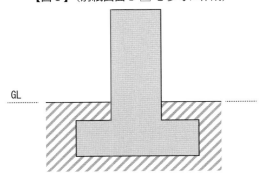

【図2】（別紙図面2を参考に作成）

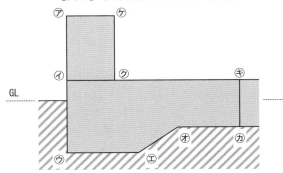

（c） 建物としての基本的な安全性を損なわない瑕疵と不法行為による損害賠償

[10] 東京高判令5・3・15判タ1517号92頁（上告・上告受理申立て）が扱った事件は、次のとおりである。Yが Aとの間で、Yの取締役 Bが起案した契約書を用いて、Yが建物を建築し、住居用に内装や設備を施した建物（以下「本件建物」という）等をAに売る旨の売買契約を締結し、また、XがAとの間で、Bが起案した契約書を用いて、XがAから本件建物等を7年間借りる旨の定期賃貸借契約および同契約の終了後に本件建物等を買う旨の売買契約をそれぞれ締結した。Yが建築した本件建物がYからAへ、AからXへと引き渡され、Xは、本件建物を転貸していたものの、本件建物に使用された鋼材に問題があった。そこで、XがYに対し、①建物としての基本的な安全性を損なう瑕疵のある本件建物を建築したことなどを理由とする不法行為による損害賠償およびその債務の遅延損害金の支払、②X、AおよびYの三者を当事者とする共同事業に関する契約がされていることを前提とする債務不履行による損害賠償およびその債務の遅延損害金の支払、③Xが支障なく賃貸事業を営むことができる建物を建築してAに提供すべき信義則上の義務を怠ったことを理由とする不法行為による損害賠償およびその債務の遅延損害金の支払を求めた。

　原審は、本件建物について建物としての基本的な安全性を損なう瑕疵があるとは認められないとして、請求①を棄却し、X、AおよびYの三者を当事者とする共同事業に関する契約がされているとは認められないとして、請求②を棄却する一方で、請求③の一部を認容した。YとAとの双方が控訴したのに対し、本判決は、いずれの控訴も棄却した。

　Yが、当審において、建物としての基本的な安全性を損なう瑕疵がないにもかかわらず、Yの不法行為責任を認めるのは、前掲最二判平19・7・6に反すると主張したのに対し、本判決は、Yは、本件建物の設計・建築をするだけでなく、AがYから買い受けた本件建物についてXが賃貸事業を営むという一連のビジネススキームの立案や構築について主導的な役割を果たすとともに、その維持にもかかわっていたこと（本判決のコメントによれば、Xは、「実質的には、Y、A及びXの三者間の合意がされていることを踏まえて、……債務不履行に基づく請求に代えて、信義則上の義務を怠ったという不法行為に基づく請求をしている」ものとされる）と、Xの被侵害利益も、上記の賃貸事業を営むのに適した建物の提供を受けるという具体的な事業上の利益であることとを指摘して、「注意義務の根拠となる行為者の属性や先行行為、被侵害利益」の観点から、請求③を

認容することが前掲最二判平19・7・6に反するとはいえないとした。本判決は、「契約裁判例の動向2」[3]〔中野〕で取り上げられている。

（d） マンションに設置された機械式駐車装置の安全性

[11] 東京地判令3・12・24判時2574号37頁（控訴）は、マンションの団地管理組合法人であるXが、そのマンションに設置された機械式駐車装置（以下「本件装置」という）について、利用者の生命、身体、財産を危険にさらすことがないような安全性を備えているべきであるにもかかわらず、その安全性を備えていないなどと主張して、本件装置を設置したYに対し、不法行為による損害賠償およびその債務の遅延損害金の支払を求めた事件を扱ったものである。本判決は、本件装置がその利用者の生命、身体、財産を危険にさらすことがないような安全性を備えていないということはできないなどとして、Xの請求を棄却した。本判決のコメントは、当事者から本件装置が建物にあたるとの主張はされていないと考えられるため、「建物の基本的安全性について説示した最高裁判例〔前掲最二判平19・7・6〕の射程は問題とならなかったと思われる。」としている。本判決は、「不法行為裁判例の動向1」[1]〔前田〕で取り上げられている。

4　不動産の担保

[12] 最二判令5・11・27判タ1519号162頁（民集77巻8号2188頁）（破棄自判）は、抵当権にもとづく物上代位と相殺についての新たな最高裁判例である。本判決については、「金融・担保裁判例の動向」[8]および「注目裁判例研究　金融・担保」〔下村信江〕にゆだねる。

5　不動産の相続

(1)　遺産分割の審判による配偶者居住権の取得

[13] 福岡家審令5・6・14判タ1519号252頁（確定）は、被相続人の妻 Y_1 の子であって被相続人の養子（養女）であるXを申立人とし、Y_1 および被相続人と Y_1 との間の子である Y_2 を相手方とする遺産分割の審判事件において、家庭裁判所が、被相続人の財産に属した建物に相続開始の時に居住していた Y_1 がその建物について配偶者居住権の取得を希望する旨を申し出ており、配偶者居住権が設定されたその建物の取得を Y_2（判タ1519号255頁の記号は、誤記である）が了解していることからすると、Y_2（判タ1519号255頁の記号は、誤記である）の受ける不利益の程度を考慮してもなお、Y_1 の生活を維持するためにとくに必要があると認められるとして、民法1028条1項1号・1029条2号の規定

にもとづいて、Y₁にその建物について存続期間を同人の終身の間とする配偶者居住権を取得させ、Y₂にその建物等の所有権を取得させるなどの方法によって被相続人の遺産を分割したものである。本判決は、「家族裁判例の動向」[19]〔山口亮子〕および「注目裁判例研究　家族2」〔水野貴浩〕で取り上げられている。

(2)　相続回復請求権と所有権の取得時効

[14] 東京高判令4・7・28判タ1518号113頁（上告・上告受理申立て）が扱った請求および争点のうち、不動産に関する部分は、次のとおりである。本判決は、「契約裁判例の動向1」[12]〔原田昌和〕および「家族裁判例の動向」[16]〔山口〕で取り上げられている。被相続人であるAの養子であり、唯一の相続人であるXは、被相続人が死亡した平成16年2月14日以降、相続財産に属する不動産（以下「本件不動産」という）を所有の意思をもって善意無過失で占有し、同年3月、本件不動産について相続を原因とする所有権移転登記を備えた。もっとも、いずれもAの甥または姪であるY₁、Y₂およびXに被相続人の遺産を等しく分ける旨の自筆証書遺言書の存在が明らかになり、平成30年8月、その検認がされた。そこで、Xは、本件不動産にかかる所有権の取得時効を援用したとして、Yらに対し、本件不動産についての持分移転登記請求権が存在しないことの確認を求めた。

上記の遺言書にかかる遺言による包括受遺者であるYらは、相続回復請求権の請求権者にあたる。そのため、相続回復請求権の消滅時効が完成する前に、表見相続人が遺産に属する不動産を時効により取得することができるかどうかが問題となる。大審院判例は、昭和22年法律第222号による改正前の民法のもとでの家督相続制度（以下「家督相続制度」という）における相続回復請求権について、上記の問題を否定する考え方（以下「否定説」という）をとっていた（大判明44・7・10民録17輯468頁〔遺産相続〕、大判昭7・2・9民集11巻192頁〔家督相続〕）。これに対し、原審が上記の問題を肯定する考え方（以下「肯定説」という）をとり、Xの請求を認容したため、Yらが控訴した。本判決は、原審の判断を維持して、控訴を棄却した。

本判決は、肯定説を次の根拠によって正当化している。すなわち、①相続回復請求権の消滅時効の趣旨は、相続権の帰属およびこれにともなう法律関係を早期にかつ終局的に確定させることにある。そのため、相続回復請求権の消滅時効と所有権の取得時効とは、一般法と特別法の関係になく、むしろ、別の制度であるものととらえるべきである。また、②所有権にもとづく返還請求権等の個別的請求権またはその集合である相続回復請求権について、相続財産に属する財産にかかる所有権の取得時効の成立を排除する特別な効力等を認めることはできない。さらに、③否定説をとるならば、共同相続人の相続権を侵害している共同相続人について、その相続権侵害の開始時点において、他に共同相続人がいることを知らず、かつ、これを知らなかったことについて合理的な事由（以下「善意かつ合理的事由」という）が認められるときは、民法884条の規定が適用されるため（最大判昭53・12・20民集32巻9号1674頁、最一判平11・7・19民集53巻6号1138頁）、民法162条の規定による所有権の取得時効を援用することができない一方で、善意かつ合理的事由が認められないときは、民法884条の規定が適用されないため、民法162条の規定による所有権の取得時効を援用することができることとなってしまい、均衡を失する。

肯定説は、通説となっている（潮見佳男編『新注釈民法(19)〔第2版〕』〔有斐閣、2023〕70頁〔潮見〕等）。また、令和3年法律第24号の立案過程では、新たな規定を設けることは見送られたものの、立案担当者により、民法884条に規定する相続回復請求権の存在は、時効による所有権の取得を妨げないとする旨の肯定説に従った提案がされていた（「民法・不動産登記法（所有者不明土地関係）等の改正に関する中間試案」〔令和元年12月3日〕第1部第4-4③）。本判決については、上告受理の申立てにより事件が受理され、上告審の判決が言い渡された（最三判令6・3・19民集78巻1号63頁）。上告審の判決は、本判決の判断を維持して、上告を棄却した。

本判決は、前掲大判明44・7・10および前掲大判昭7・2・9との関係について、「これらの判決の解釈は、家督相続制度を採用していた明治民法下においては妥当する解釈であったといえるのであるが、今日において維持するのは困難であり、先例としての意義を失ったものというべきである。」としている。また、上告審の判決によれば、前掲大判明44・7・10および前掲大判昭7・2・9は、「家督相続制度を前提とする相続回復請求権に関するものであって、〔肯定説に従った〕上記判断は、上記各大審院判例に抵触するものではない。」とされる。もっとも、家督相続制度における相続回復請求権についても、否定説に対しては、肯定説からの批判が強かった（我妻栄「判批」同『民法判例評釈Ⅲ』〔コンメンタール刊行会、1966〕85-86頁〔初出1934〕等）。家督相続制度における相続回復請求権について否定説が正当であったかどうかについては、別途検討が必要であるものと考えられる。

（すいづ・たろう）

第 2 部　最新民事判例

注目裁判例研究

物権・不動産取引 1
地下用水地役権に関する承役地の譲受人の「登記の欠缺を主張する正当な利益」の有無

大分地判令 5・3・17

平成 31 年（ワ）第 90 号、送水管撤去等請求事件

判タ 1515 号 115 頁

武川幸嗣　慶應義塾大学教授

民法（財産法）部会

◆事実の概要◆

　A 社は、昭和 26 年 12 月～28 年 5 月頃にかけて、S 市に工場（以下、「S 工場」という）を建設するとともに、B 川から S 工場まで工業用水を取水・引水するための送水管（以下、「本件送水管」という）を地下に埋設し（全長 6982.9 m、内径約 1.2 m、埋設予定地 2 万 3566 坪、地下 1～1.5 m）、使用を継続している。その後 A 社の事業は会社分割により、平成 24 年 11 月に Y$_1$（脱退被告）、さらに本訴提起後の同 31 年 4 月に Y$_2$ へと順次承継された。本件送水管の設置後に本件土地 1 ～ 9（以下、これらを総称するときは「本件各土地」という）を買い受けて各々所有するに至った X$_1$～X$_9$ は、同 30 年末、Y$_1$ に対して、本件送水管が本件各土地に埋設されている事実が土地所有権の侵害にあたるとして、所有権に基づく妨害排除請求として本件送水管の撤去、並びに、撤去に至るまでの地代相当額の損害賠償を求めて、本訴を提起した。本訴においては、Y$_2$ が承継参加を申し立て、これをうけて Y$_1$ は X らの承諾を得て脱退した。

　本件の争点は多岐にわたるが、主なものは、①本件各土地の地下における本件送水管の設置・利用のための地下用水地役権（以下、「本件地役権」という）の存否、②Y$_2$ が本件地役権を登記なくして X らに対して対抗することの可否、③X らの妨害排除請求に関する権利濫用の有無である（その他の争点については割愛する）。

　とくに②については、承役地譲受人が通行地役権に関する登記の欠缺を主張することが信義に反すると認められるための要件を説示した最高裁判決（最二判平 10・2・13 民集 52 巻 1 号 65 頁（以下、「平成 10 年判決」として引用））があるが、Y$_2$ は同判決を引用して次のように主張した。すなわち、地役権者による承役地利用の事実が客観的明白性に欠ける場合であっても、譲受人において認識可能であったと認められるときは、同人は 177 条の第三者に当たらないと解すべきであり、

本件地役権については、本件送水管の存在及び位置は、地域の諸事情や周辺状況等により、地元住民にとっては周知の事実であって、X らは本件各土地を取得するに際して容易に知ることができたはずであるから、登記の欠缺を主張することは信義に反して許されない。

◆判　旨◆

　一部認容（控訴）。

　本判決はまず、本件各土地（X$_6$ 所有の本件土地 6 を除く）に本件送水管が埋設され、その設置・利用のために必要な本件地役権設定契約が、X らの前主等と A 社間において明示又は黙示に締結されたこと、及び、本件地役権が未登記であることを認定した上で、X らが登記の欠缺を主張することが信義に反すると認められるか否かにつき、平成 10 年判決を引用しつつ、上記の Y$_2$ の主張に対して次のように判示した。「承役地が要役地の所有者によって継続的に使用されていることが客観的に明らかであるとはいえないような場合に、地役権に関し善意の承役地の譲受人についても、同人において承役地が要役地の所有者によって利用されている旨を認識し得たという事情をもって、地役権設定登記の欠缺を主張することが信義に反すると認めるのは、不動産が重要な財産であることに鑑み、その物権変動を対外的に認識させ取引の安全を図るために、善意悪意といった主観的要件を問題とすることなく公示手段として登記を要求した民法 177 条の文理及び趣旨にもとることとなりかねないのであって、……前記譲受人について、地役権設定登記の欠缺を主張することが信義則に反する事由があると認められるのは、前記譲受人が承役地を取得した時点で、承役地が要役地の所有者によって継続的に使用されていることが客観的に明らかな場合に限られると解するのが相当である。」

　本件においては、本件送水管の設置・利用が客観的に明らかであったとはいえないと認定した上で、さら

にXら（X₆を除く）に関する背信的悪意の有無について検討し、Xらは本件各土地の取得時において、本件地役権及び本件送水管の存在を認識していたとは認められないとして、民法177条の第三者に該当するとの判断を示した（ただし、X₈を除く）。

このように本判決はY₂による本件地役権の主張を否定したが、他方においてXらの本件送水管撤去請求については、①莫大な費用負担に加えて事業の継続が著しく困難に至るなど、これを認めることによるY₂の不利益が重大であること、②本件送水管埋設地は広範にわたり、利害関係人が多数存する上、地番が確定していない土地が含まれていたことから、本件地役権に関する登記を具備しなかったことが非難に値しないこと、③本件送水管の存置によりXらが蒙る不利益は①に比して重大でないことに照らせば、権利濫用にあたるとして、これを斥けた。

さらに本判決は、所有権に基づく妨害排除請求が権利濫用にあたるとしても、このことは不法行為に基づく損害賠償請求を妨げるものではないとして、Xらの地代相当額の賠償請求を認容した。

◆研　究◆

1　問題の所在

未登記地役権の対抗力について本判決が引用する平成10年判決は、通行地役権につき、①承役地の譲渡時において、要役地の所有者が承役地を継続的に通路として使用している事実が土地の物理的状況から客観的に明らかであり（客観的要件）、②承役地譲受人がそのことを認識していたか又は認識可能であったときは（主観的要件）、通行地役権設定について善意であったとしても、特段の事情がない限り、かかる地役権につき譲受人は登記の欠缺を主張する正当な利益を有しない旨を示した。同判決の意義は、譲受人が背信的悪意とはいえないときであっても、登記の欠缺を主張することが信義に反すると認めるべき場合がある旨を明示した点にある。その根拠は、同判決からは明らかでないが、次のような地役権の特殊性に求められる。①地役権設定の有無・内容が曖昧な場合が多いため、悪意の認定が困難であり、かつ、登記手続になじまないことから未登記に対する非難が小さい、②地役権は生活・事業にとって必要不可欠である場合が多く、地役権者の要保護性が高い、③承役地の利用は非排他的・共用的なものにとどまるため、所有権に対する負担が小さい上、通行地役権の場合は通路としての使用の事実が土地の外形上明らかであれば、何らかの通行権の存在が推認されるため、譲受人の取引安全が不当に害

されるおそれはない。これが本件地役権にも妥当するのであれば、その対抗力の有無につき特別な考慮が必要になる。

もっとも、上記の要件構成は「表現地役権」の典型である通行地役権を念頭に置いたものであり、「不表現地役権」に分類される本件地役権のような地下用水地役権にあてはめると、多くの場合は客観的要件を充足せず、譲受人が背信的悪意でない限り、未登記地役権の対抗力が否定されることとなりかねない。そこで、未登記の不表現地役権の要保護性及び、譲受人の取引安全との調和のあり方につき、通行地役権とは別個の判断枠組みの要否が問題となる。

2　未登記地役権の承役地の譲受人に対する対抗可能性

(1)　平成10年判決の判断枠組みに関する従来の議論状況

平成10年判決が説示した要件構成については、客観的要件と主観的要件のいずれを重視すべきかをめぐり理解が分かれている。客観的要件それ自体は第三者の地位ないし態様を示すものではないため、177条の第三者の範囲を制限する法律構成に拠る限り、主観的要件は理論上必要であろうが、その要件判断に関する実質的な問題関心は、主として客観的要件に加えて主観的要件を課すことの積極的意義の有無及び大小にあった。すなわち、地役権者による承役地の利用が土地の物理的状況から客観的に明らかであれば、譲受人はその事実について少なくとも認識可能であったと認められるのが通常であるから、客観的要件を充足する場合は原則として主観的要件もあわせて満たされ[1]、主観的要件を加重する意義に乏しい[2]、あるいは、特段の事情を留保する根拠として意味があると解するのか[3]、さらには、客観的要件が満たされている場合であっても、譲受人が認識可能でなかったと認められる余地がなお一定程度あり得る[4]と読み込むのかについては、必ずしも見方が一致していない。

いずれにせよ、表現地役権である通行地役権を対象とする従来の議論においては、少なくとも客観的要件の充足を前提として、地役権者による継続的利用が土地の外形上明らかであることから譲受人の高度な認識可能性が導かれる場合に限り、背信的悪意者排除論の例外が正当化されるという共通理解が形成されているように見受けられる。そのため、客観的明白性を欠く場合であっても、他の事情により知り得たといえれば足りるかについては、とくに問われていなかった。

そこで、本件地役権のような不表現地役権が未登記の場合において、承役地譲受人が背信的悪意でない場

合であっても、登記の欠缺を主張することが信義に反するというためには、上記の要件構成の見直しが求められ、その当否が問題となる。

下級審裁判例には、下水道設備[5]や導水用水路管[6]の設置・利用のための未登記地役権の対抗力を認めたものがあるが、客観的明白性が認定されたケースであったため、本件とは事案を異にする。

(2) 本判決における Y_2 の主張

平成10年判決が示した要件構成の理解に関する Y_2 の主張は、地役権の性質に応じた柔軟な解釈として検討に値しよう。その概要は以下の通りである。

第1に、両要件のうち主観的要件が主たる要件であり、客観的要件はこれを基礎づける事実として解されるべきであって、客観的明白性はその一要素にすぎず、これに限定することなく広く柔軟に認定すべきである。そのため、客観的要件は、第三者による土地利用の事実を認識できるような客観的事実の存在を指し、主観的要件は、その利用状態が承役地譲受人に認識可能であることを意味する。

第2に、主観的要件に重点を置くと、譲受人の認識可能性ひいては調査確認義務の程度が問われるが、①地役権者及び譲受人が蒙る不利益の衡量及び調査確認に要する負担の程度、②未登記に対する非難の有無を考慮して決すべきである。

とりわけ、地下利用を目的とするにとどまる本件地役権は、通行地役権に比して承役地所有権に対する制約が小さいため、未登記であってもその対抗力が広く認められてよい。

(3) 考 察

本判決はこのような Y_2 の主張を採用せず、平成10年判決の射程を通行地役権以外の地役権に及ぼしつつ、客観的要件の意味については客観的明白性が認められる場合に限定されるべき旨を判示した。

そもそも、公示がない未登記物権変動の有無に関する調査確認義務は存しないのが原則であって、不表現地役権を含む地役権の取得も登記を要する物権変動である以上、その特殊性を考慮する必要があるとしても、例外を認めるに際しては慎重を期すべきであろう。平成10年判決がいう「認識可能性」は、利用権の負担を前提として承役地を取得したとみるのが通常であると評価できるほどに高度な認識可能性を指しており、そのためには、登記簿に加えて現況確認すべきことを前提として、利用権の存在を土地の外形から推認し得る程度に、地役権者による利用事実が明らかであることが必要であり、登記簿上にも土地の外形上にも現れない利用権の有無について、その存在可能性を示唆する他の事情が存するからといって、調査確認しないこと

が未登記の主張を許さない程に非難に値するとはいえないのではないか。

不表現地役権については外部からの認識困難という特殊性が加わるが、そのリスクに対しては、調査確認義務の加重ではなく、背信的悪意の認定、さらには177条の枠外（権利濫用法理）において個別に手当てすべきことになろう。

(4) 背信的悪意の意義

客観的明白性が認められない場合であっても、背信的悪意者排除によって地役権の対抗力が肯定される余地がある。

本判決は、X_8 につき、本件土地8の取得に際して、同地所有者とA社の合意による本件送水管の埋設について記載された重要事項説明書が交付され、かつ、S工場の工場長から書面による説明を受けたことに照らせば、本件地役権を承認しながら登記の欠缺を主張することは信義に反すると判断した。

少なくとも譲受人が悪意であったというためには、地役権設定に関する具体的認識を要しよう。しかしながら、地役権の有無及び内容が不明確であることから悪意の認定が困難であるのに対して、これを認めることによる承役地所有権の負担が少ないことにかんがみれば、悪意の意義を緩和するとともに、取引態様の違法性を問わずに背信的悪意の認定を柔軟に行うべきあろう。本件においては、X らが本件送水管の存在を知り、その維持継続を前提として本件土地を取得したと評価すべき場合は、登記の欠缺を主張することが信義に反するといえよう。

3 民法177条と権利濫用法理との関係

(1) 従来の議論状況

判例には、借地借家法10条（旧建物保護法1条）所定の建物登記がない借地権の対抗力を否定しながら、土地譲受人の借地人に対する建物収去土地明渡し請求が権利濫用に当たると構成したものがある[7]。あわせて判例は、これにより対抗要件を備えていない借地権に基づく占有が適法化されるわけではないため、譲受人による損害賠償請求を妨げない、との見方を示した[8]。本判決の法律構成もこれに依拠する。

これに対して学説は、このような不安定な権利関係を継続させるのではなく、権利濫用法理による利益調整を背信的悪意者排除の一環として対抗問題に取り込み、借地権の対抗力を認めるべき旨を指摘する[9]。

(2) 地役権の対抗力の有無と権利濫用

本判決は、X らが本件送水管の存在を知らなかったとしても、登記具備の困難性及び、X らと Y_2 が蒙る不利益の衡量に基づいて、X らの本件送水管撤去請求が

権利濫用にあたると判断し、承役地譲受人が地役権に関する登記の欠缺を主張することが信義に反するとはいえない場合であっても、所有権の行使が権利濫用に当たり得る旨を示した。本判決のようにXらの主観的態様を問わずに権利濫用を認めるとしても、客観的明白性に欠ける未登記地役権につき、承役地の利用事実に関する譲受人の認識ないし認識可能性の有無を問うことなく対抗力を認めるのは、177条の解釈として困難であり、登記の欠缺を主張することの当否と、妨害排除請求の可否を個別に問うこととを区別すべき場合があるのはやむを得ないといえようか。

4　本判決の意義と課題

本判決の意義は、通行地役権以外の不表現地役権に対しても平成10年判決の要件構成を維持してその対抗力を否定しつつ、地役権の特殊性を反映する具体的事情を177条の枠外において考慮し、権利濫用法理による利益調整を図った点にある。その結果、地役権者から未登記地役権を主張することはできず、承役地譲受人の妨害排除請求も認められないが、地役権者は地代相当額の損害賠償責任を免れない、という解決に至った。

未登記地役権の対抗力については、不表現地役権を含む地役権の特殊性、平成10年判決の意義と射程、背信的悪意の意義、権利濫用法理や不法行為責任などとの関係、他の対抗関係との異同など、検討課題が多いが、詳細については別稿に譲りたい。

〔追記〕脱稿直前に本判決の控訴審判決[10]に接した。控訴審は、損害賠償額の算定に関して本判決を補正したほか、Xら及びY₂の控訴を棄却した。とくにXらが177条の第三者に当たるか否かについては、次のように判示してY₂の主張を斥けた。第1に、本件送水管設置・利用のための本件各土地の継続的使用に関する客観的明白性は認められない。第2に、Y₂が主張する平成10年判決の要件解釈の当否については判断を留保しつつ、「少なくとも本件では、第三者による土地利用の事実を認識できるような客観的事実があり、利用状況がXらに認識可能であるとはいえず、また、……Y₂が、Xらの本件各土地取得時点までに登記を具備しなかったことにやむを得ない事情があったとはいえない」。

1）近藤崇晴「判解」最判解民事篇平成10年度上104頁、松岡久和「判批」セレクト'98（法教222号別冊付録）14頁。
2）岡本詔治『通行権裁判の現代的課題』（信山社、2010）144頁。
3）野澤正充「判批」リマークス18号（1999）24頁、道垣内弘人「判批」法協135巻8号（2018）2057頁。
4）横山美夏「判批」平成10年度重判解（ジュリ1157号、1999）64頁。
5）東京地判平16・4・26判タ1186号134頁。
6）東京地判令2・3・31 LEX/DB25584798。
7）最二判昭38・5・24民集17巻5号639頁、最三判昭43・9・3民集22巻9号1817頁、最三判平9・7・1民集51巻6号2251頁など。
8）最三判昭43・9・3民集22巻9号1767頁。
9）幾代通「地震売買と権利の濫用」判評34号（判時247号、1961）15頁、広中俊雄『借地借家判例の研究〔補訂版〕』（一粒社、1965）179頁、石田喜久夫「判批」民商60巻5号（1969）702頁、星野英一「判批」法協87巻1号（1970）103頁、谷口治平＝石田喜久夫編『新版注釈民法(1)総則(1)〔改訂版〕』（有斐閣、2002）186頁〔安永正昭〕、山野目章夫編『新注釈民法(1)総則(1)』（有斐閣、2018）227頁〔平野裕之〕など。
10）福岡高判令5・11・15 LEX/DB25620619。

第 2 部　最新民事判例

注目裁判例研究

物権・不動産取引 2
所有権の登記名義人未記載の土地の地上権者から国に対する所有権確認請求が却下された事案

東京地判令 4・4・15[1]

平成 31 年（ワ）第 6071 号、所有権確認請求事件

判タ 1514 号 224 頁、訟月 68 巻 6 号 519 頁

田中淳子　愛知学院大学教授

民法（財産法）部会

◆事実の概要◆

　本件は、登記の表題部及び権利部甲区欄に所有者が明記されておらず、権利部乙区欄に X_1・X_2（原告ら）が地上権者（持分各二分の一の割合で準共有）として記載されている土地（以下「本件土地」という）につき、本件土地がかつて横浜に存在した外国人居留地の一部であり、明治 8 年に横浜にある外国人居留地を Y（被告・国）が一括して買い上げたことにより所有権者になったとして、昭和 52 年より本件土地を共同占有している X_1・X_2 から、Y に対し土地所有権の確認を求めた事案である。X らは、本件訴訟前の令和 2 年 7 月 2 日、横浜地方法務局に対し、本件土地の表題登記の申請を行ったところ、同年 8 月 3 日、同地方法務局は、本件土地の表題登記が既に登記されているとして不動産登記法（以下「不登法」という）25 条 3 号に基づき同申請を却下した。そのため、X らは、同法 74 条 1 項 2 号規定の「所有権を有することが確定判決によって確認された者」であることをもって所有権の保存登記を行いたいと考え本件訴訟を提起した。

　X らは、①X らが本件土地購入時の登記簿には、明治 40 年 11 月 26 日、外国人 E が、本件土地の当時の所有者に対し、地代の一括払として 758 円を支払い、本件土地につき存続期間を 1000 年間とする地上権の設定を受けた旨の記載があり、明治 40 年に E が取得した地上権はいわゆる永代借地権であり、昭和 17 年 3 月 28 日勅令第 272 号「永代借地権ノ整理ニ関スル件」によって所有権に転換した、②X らが本件土地を昭和 52 年 3 月 7 日の購入以後の自主占有によって時効取得した、③本件土地周辺の土地所有権は、Y が買い上げて外国人に貸し与えた山手外国人居留地の一部であり所有権者は Y である、仮に買い上げの事実がないとしても、④表題部及び権利部甲区に所有権の記載がない本件土地は無主の不動産（民法 239 条 2 項）とし

て国庫に帰属している、⑤本件のような事案では、国である Y を被告として所有権確認訴訟を提起する以外に所有権の保存登記をする手段が存在しないため、確認の利益が認められるべきである旨主張した。

　これに対し、Y は、そもそも本件土地の所有権を取得していないため、X らと所有権の帰属を争う関係にない。したがって、X らによる Y を被告とする本件訴えは確認の利益を欠くと主張し、仮に本件訴えを適法な訴えであると解したとしても、X らが本件土地所有権の共有持分権を有するとは認められない、仮に認められなくても表題部所有者不明土地法の所有者探索制度のほか令和 5 年 4 月 1 日に施行される改正民法 264 条の 2 によって所有者不明土地の管理について利害関係を有する者からの申立てにより裁判所による管理命令の発令及び管理人の選任が可能となるため、本件土地につき所有名義を取得する手段がないとも認められないと主張して、原告 X らの請求の棄却を求めた。

◆判　旨◆

　X らの訴え却下。

1　確認の訴えの利益の存否について

　確認の訴えにおける確認の利益は、「判決をもって法律関係の存否を確定することが、その法律関係に関する法律上の紛争を解決し、当事者の法律上の地位の不安、危険を除去するために必要かつ適切である場合に認められる」。

　しかしながら、本件土地の地理的状況、横浜市の市史に関する資料等から本件土地が外国人居留地であったとは認められず、また、本件土地の登記簿の甲区欄に所有者の記載がないことについては、以前地上権を設定した所有者が存在したが、戦災、震災等によって甲区欄が滅失したままになってしまった可能性が十分考えられる[2]ことからすると、「本件全証拠によっても、

66　第 2 部　最新民事判例

本件地上権登記による権利を設定した所有者及びその承継人が存在しないとまでは認められず〔下線 a（引用者による）〕、本件土地が無主物として民法 239 条 2 項により国庫に帰属したということはできない」。

以上のとおり、本件では Y が「本件土地の所有者であると主張しておらず、Y が本件土地のかつての所有者であったとも認められないことからすると、X らと Y との間には本件土地の所有権をめぐる紛争が存在せず、本件訴えが X らの法律上の地位の不安、危険を除去するために必要かつ適切であるとは認められないというべきである」。

2 不登法 74 条 1 項 2 号の「確定判決」該当性

不登法 74 条 1 項 2 号所定の「確定判決」に該当するといえるためには、「当該判決が、申請者と自己の利益を奪われることのないように防御活動を尽くすことが通常期待される者との間で確定された判決である必要があるというべきである」。しかしながら、Y は、本件土地につき所有権等の法律上の利益の存在を主張しておらず、本件土地のかつての所有者であったとも認められないことからすると、被告は、本訴において、自己の利益を奪われることのないように防御活動を尽くすことが通常期待される者ということはできないため、同号の確定判決には該当しない。

3 表題部所有者不明土地法・改正民法 264 条の 2 による解決の可能性

「表題部所有者不明土地法によれば、本件土地について登記官が所有者等の探索を行う制度が定められており（3 条）」、仮に「本件土地が上記所有者等探索制度の対象地域に選定されなかったとしても、令和 5 年 4 月 1 日に施行される民法等の一部を改正する法律（令和 3 年法律第 24 号）による改正後の民法 264 条の 2 第 1 項、4 項は、所有者を知ることができず、又はその所在を知ることができない土地について、裁判所は、利害関係人の請求により、所有者不明土地管理人を選任してその土地の管理を命ずる処分（以下「所有者不明土地管理命令」という。）をすることができることとされ、同法 264 条の 4 は、所有者不明土地管理命令が発せられた場合には、所有者不明土地管理命令の対象となる土地に関する訴えについては、所有者不明土地管理人を原告又は被告とする旨を定めている」。

「したがって、原告らは、本件土地につき、上記施行日である令和 5 年 4 月 1 日が到来すれば、所有者不明土地管理命令を経て所有者不明土地管理人を被告として所有権の確認を求める訴えを提起することができ、その勝訴判決によって不動産登記法 74 条 1 項 2 号に

より所有権保存登記をする余地があるものといえ〔下線 b（引用者による）〕、上記施行日までの期間が 1 年程度であることを考えると、同施行日を待つことが原告らにとって酷に過ぎるとまではいえない。」

◆研 究◆

1 確認の利益と所有権の確認

確認の利益について、判例は「被告において原告の権利を否認する結果、原告の権利者としての地位に危険、不安定等なんらかの不利益を及ぼす虞が現に存在する場合であることを要するものと解すべきである」との立場に立つ[3]。本件でも判旨 1 にあるように従来の判例の立場を踏まえた判断であるといえる。

本件は所有権の登記名義人未記載の場合の所有権確認に関する訴えの利益の可否が問題となっている。この点に関する同種の裁判例は既に公表されている本判決の七戸評釈において参照することができる[4]。その事案の整理を通じ、例えば登記記録が存在しなくなった原因や理由が公的な資（史）料や訴訟等を通じて明らかであり、不動産所有の占有・利用実態等からも訴えが認められる関係性の存在が証明できる場合には確認の訴えが認められているように思われる[5]。他方、このような証明がない場合には訴えは認められていない[6]。登記の真実性の低下につながり真の所有者の権利利益を不当に侵害することになるからであろう。前掲の判旨下線 b の説示内容から本件 Y が所有権者だとする主張（事実関係の①③④）が証明できていないため、これまでの同種の裁判例の判断枠組みを踏まえた判断であると考えられる。

2 最判平成 23 年事案との関係性

本件 X らは時効取得を原因に所有権確認の利益がある旨主張（事実関係の②）をしていることから、表題部所有者の登記及び所有権の登記がない土地を時効取得したと主張する者から所有権者であるとされた国に対する土地所有権の確認の可否について判断した最高裁判決（最二判平 23・6・3 判時 2123 号 41 頁。以下「最判平成 23 年事案」とする。）を引用し、〔1〕国は、同土地が国の所有に属していないことを自認していること、〔2〕国は、取得時効の起算点よりも前に同土地の所有権を喪失しており、登記記録上も同土地の表題部所有者でも所有権の登記名義人でもないこと、〔3〕原告が同土地につき自己を表題部所有者とする登記の申請をした上で保存登記の申請をする手続を尽くしたにもかかわらず所有名義を取得することができなかったなどの事情もうかがわれないことが理由となり確認の利益

が否定されているとし、Xらは、本件においては、Y
は永代借地権の設定当時及び永代借地権が所有権に転
換した当時本件土地の所有者であったから、最判平成
23年事案とは〔2〕の事情が異なる。また、〔3〕の
事情についても、本件土地については、本訴訟の判決
なくして保存登記の申請ができないことは明らかであ
り、本件は、確認の利益が否定された上記判例とは事
案を異にすると主張した。しかし、本判決は、1でも
示したようにYが所有者であるとの証明もできていな
いこと以外にも、〔3〕について確認の利益が認められ
なければ所有権を主張するXらが同土地の所有名義を
取得する手段がないわけではない（本件では、「表題部
所有者不明土地の登記及び管理の適正化に関する法律」［制
度①］による探索と一年後に施行予定であった改正民法
264条の2［制度②］の適用の余地等がある）としてXら
の請求を却下した。本判決について、最判平成23年事
案の〔3〕の事情の扱いについては若干問題が残る（後
述）が、何より〔1〕〔2〕の事情からYが本件土地の
かつての所有者であったことが認められない以上訴え
を認めることができないとした判断はこれまでの同種
の裁判例の判断基準とも整合的といえる[7]。

3　不登法74条1項2号の「確定判決」

不登法74条1項2号の「確定判決」は、申請者と
自己の利益を奪われることのないように防御活動を尽
くすことが通常期待される者との間で確定された判決
であることが前提であると理解されている。また、所
有権の保存の登記は、権利部甲区に初めて所有者（共
有者）を記録する登記であることから、すべての権利
に関する登記の起点となり、真実の所有者が登記され
るよう申請適格者に関する規定が置かれている。所有
権の保存の登記の申請は、原則として、その登記をす
ることにより、登記上、直接に利益を受ける者である
登記権利者（同法2条12号）と登記上直接に不利益を
受ける登記名義人である登記義務者（同法2条13号）
とが共同で行う必要がある（同法60条）。所有権を有す
ることが確定判決[8]によって確認された者（同法74条
1項2号）であれば、「真実の所有者である蓋然性が高
い」ことから、同法60条の登記の申請人になることが
認められていると考えられるからといえる[9]。本件Y
側が自己の所有権を主張しておらず、他にYを所有者
と認める証拠もない以上、仮に原告らが被告を相手
として本訴で勝訴したとしても、その勝訴判決は同法74
条1項2号所定の確定判決には該当しないことにな
る。そうであれば本件原告らは、同勝訴判決をもって
同号により本件土地の所有権保存登記をすることはで
きない。登記の真実性の確保の必要性から表題部の所

有者に既判力が及ぶものでなければならない（民事訴
訟法143条1項関連）とすれば、本判決も登記の真実性
確保のため「確定判決」の該当性を厳格に判断する立
場であると理解できる。

4　表題部所有者不明土地法［制度①］・改正民法264条の2［制度②］による解決の可能性

所有者が明らかでないために登記を備える手段がな
い場合に対し、本判決はYからの［制度①・②］[10]の利
用が可能である旨の主張を入れ、不登法74条1項2
号より所有権保存登記をする余地があると判断した。
［制度①］は、自治体主導で公共事業等を進める際に
「対象地域」を選定[11]して所有者等を探索・調査する場
合に利用[12]される。探索対象地域（土地）に含まれてい
ない場合（本件もそのようである）は、［制度②］のみ利
用の余地があるといえる。
［制度②］は、所有者不明土地が管理されずに放置さ
れ、周囲に悪影響を及ぼしている事態を解消するため
に創設された。所有者の利益と利害関係人の利益とを
調整し、土地を円滑にかつ適切に管理することを目
的[13]とする。適正な管理の実現は外部不経済を根拠に
所有権の内在的制約に関することがらであり、円滑な
利用の実現は所有権の帰属に関することがらでありその
内容は慎重に検討すべきでもある[14]。「適正な管理」
は多義的で「危険害悪の防止以外の他には、なお十分
に解明されていない」との指摘もあった[15]。そのため
近隣住民全体の害悪防止の必要性がない、純粋な土地
の利活用（買受けができる状態にする等）も「適正な管
理」に該当するかについては争いなかったわけではな
い[16]。本制度が土地の利用促進にも主眼があるとすれ
ば、時効取得を主張する者も「利害関係人」[17]に該当し
本制度を利用することができる可能性があるとの見解
も示されてきた[18]。すなわち、物理的管理不全ではな
い場合であっても所有権が誰に帰属するか不明という
状況が法的管理不全の状態であり、適切な管理が「必
要な場合」も該当するといえる[19]。物理的管理不全で
ない状態であっても、Xらの権利行使に法的害悪が及
んでおり、その除去のために本制度の利用の「必要性」
を認め、管理人が選任され訴訟で認容判決がなされれ
ば所有権移転登記ができることになろう[20]。本件は予
定された運用の1つの可能性を示したといえる。

5　本判決の評価と今後の実務への影響

本判決を通じて、一般的、形式的ではあるが民法
264条の2に関する具体的適用事例の1つが明らかに
されたもといえる。Xらにおいて所有者がYであるこ
とが証明できない以上、最判平成23年事案の〔1〕

〔2〕、1で示した同種の裁判例の判断基準に従えばXらの訴えは認められないことが理解できる。しかし、最判平成23年事案の〔3〕が示す、判決によらなければ所有権の登記を実現する手段がないという事情が存在する本件に対し、実質的には施行前の［制度②］による救済の余地があるとしてXらの訴えの利益を否定することは「酷に過ぎるとはいえない」（酷であることは否定していない）との判断したことに疑問がないわけではない。最判平成23年事案でも登記の手段がない場合の対応までは直接判断していない[21]。この点について［制度①・②］による救済の「可能性」を示して請求を却下した点が「上策であろう」と評される所以

でもあろう[22]。本判決は最判平成23年事案の判断枠組みを変更したわけでもなく、不動産登記の表題部及び権利部甲区欄に所有者が明記されていないあらゆる事案が民法264条の2以下によって解決できると判断したものでもない。同種の問題を抱えた利害関係人が本制度に期待するところであるが[23]、所有者の探索調査が充分でないと評価された最判平成23年事案が本件事案と同様の調査を行うことで民法264条の2の適用による解決が可能になるのかも含め、今後は申請手続[24]や所有者の探索[25]や登記に至る手続[26]に関する運用実務上の問題を注視していきたい。

（たなか・あつこ）

1）評釈として、七戸克彦・新判解Watch35号（2024）61頁以下がある。
2）なお、権利部甲区のみ滅失し、乙区は滅失しなかった事例が複数存在するとの判決の説示は「いかにも不自然」とするのが七戸・前掲注1）64頁。
3）最二判昭35・3・11民集14巻3号418頁。その他、最大判昭45・7・15民集24巻7号861頁、最三判平17・11・8判時1915号19頁等も同様の立場。
4）七戸・前出注1）は、①福岡地小倉支判昭37・6・25下民集13巻6号1284頁、②最三判昭38・2・26集民64号679頁、③前橋簡決昭40・1・25下民集16巻1号83頁、④福岡高判昭49・12・23訴月21巻4号770頁、⑤東京地判昭50・8・29下民集26巻5＝8号725頁、⑥東京高判昭52・5・31東高民時報28巻6号118頁、⑦広島高判昭62・10・16訴月34巻7号1405頁、⑧仙台地判平22・4・8平成21年（ワ）第480号、⑨横浜地判令元・12・11訴月66巻4号446頁（控訴審：東京高判令3・2・9）を紹介し、詳細に分析している。
5）前掲注4）の①、⑥、⑧が該当すると思われる。
6）前掲注4）の②、③、④、⑤、⑦、⑨が該当すると思われる。
7）最判平成23年事案と本件の評価について七戸・前掲注1）64頁。
8）所有権保存登記の申請の場合は、申請人が確実に権利者であることを認めることができれば差し支えない（大判大15・6・23民集5巻536頁等）、林久「所有権保存登記(1)申請人」林良平＝青山正明編『注解不動産法6不動産登記法〔補訂版〕』（青林書院、1992）670頁。
9）宮本俊忠「所有権に関する登記」鎌田薫ほか編『新基本法コンメンタール不動産登記法〔第2版〕』（日本評論社、2023）236頁以下。表示の登記のない不動産及び表示の登記はあるが権利の登記がない不動産を問わない（林・前掲注8））。
10）表題部所有者不明土地の登記及び管理の適正化に関する法律（令和元年法律第15号）が令和元（2019）年制定されて以降も所有者不明土地の解消に向けた民基本法制の見直しが続き、令和3（2021）年には、所有者不明土地の発生予防と既発生の所有者不明土地の利用の円滑化の両面から総合的に民事基本法を見直すことを内容とする「民法等の一部を改正する法律（令和3年法律第24号）」と「相続等により取得した土地所有権の国庫への帰属に関する法律（令和3年法律第25号）」が令和3年4月21日に成立し、同月28日に公布され、令和5年4月以降順次施行されている。
11）［制度①］の探索の対象地域の選定基準については令和元年10月17日法務省民二第253号法務省民事局長通達により地方公共団体等の要望を踏まえ適切な措置を講ずるとしている。
12）国土交通省「所有者不明土地ガイドブック」（令和4（2022）年3月）によれば、旧土地台帳と不動産登記簿の一元化の際に登記簿の表題部所有者欄の氏名・住所が正常に記録されていない登記のままの土地（表題部所有者不明土地）が全国に50万筆調査の結果、約1％存在するとのことである。
13）村松秀樹＝大谷太編著『Q&A令和3年改正民法・改正不登法・相続土地国庫帰属法』（金融財政事情研究会、2022）167頁。吉田克己『法律学の森　物権法Ⅰ』（信山社、2023）367頁。
14）吉田・前掲注13）364頁。
15）秋山靖浩「新たな土地管理制度と土地所有権に対する制約──『土地を使用しない自由』を出発点として」同編著『新しい土地法──人口減少・高齢化社会の土地法を描く』（日本評論社、2022）179頁、特に190頁。
16）髙秀成「所有者不明土地・建物管理制度」山野目章夫＝佐久間毅編『解説　民法・不動産登記法（所有者不明土地関係）改正のポイント』（有斐閣、2023）203頁。
17）村松＝大谷・前掲注13）では管理不全土地により不利益を被るおそれがある隣接土地所有者、不明共有者が存在する土地・建物の共有者、民間の土地購入希望者等。
18）松尾弘『物権法改正を読む──令和3年民法・不動産登記法改正等のポイント』（慶應義塾大学出版会、2021）63〜64頁。
19）吉田・前掲注13）367頁。
20）村松＝大谷・前掲注13）173頁、髙・前掲注16）211頁。吉田・前掲注13）377頁は「便法」とした上で認める。
21）判タ1514号224頁以下の解説は、最判平成23年事案が〔3〕を直接判断していないとする（226頁）。
22）七戸・前掲注1）4頁。訴月68巻6号519頁以下の解説では、本件が〔1〕・〔3〕の事情をあてはめ、特に〔3〕の事情を検討

する際、確定判決の意義を踏まえ、登記について他の救済手段の可能性を示している（523頁）と評価する。なお本判決の評価について研究会において貴重なご教示をいただいたことに感謝したい。

23）ちなみに最高裁のHPによれば、令和4年1月から12月までの期間で所有者不明土地の利用の円滑化等に関する特別措置法42条1項に基づく財産管理人選任事件の新規受件数は103件。

24）申立てには、予納金の準備、土地等所有者の探索等に関する報告書、登記事項証明書、固定資産評価証明書、不登法14条1項の地図又は同条4項の地図に準ずる図面の写し、当該土地に適切な管理が必要な状況にあることを裏付ける資料その他参考となる資料、専門家への依頼や管理人が選任された後の報酬（前払いが通常）等が必要。

25）所有者不明と評価されるための探索の程度、方法等について現時点において直接の規定はない。判例実務では、申請人に高度な証明情報を取得させるのは問題だとの指摘がある（鈴木泰介「土地表題登記申請に添付する所有権証明情報について」加藤新太郎ほか編代『実務に活かす 判例登記法』（金融財政事情研究会、2021）223頁。

26）令和5年3月28日法務省民二第533号法務省民事局長通達において管理命令が出された際の裁判所の職権でなされる所有権の保存登記記録例が示されている。

第 2 部　最新民事判例

不法行為裁判例の動向 1

前田太朗　中央大学教授

民法（財産法）部会

はじめに

　不法行為法の概観は、今回から、一般不法行為と特殊不法行為に分けられ、当期は後者の領域で多くの裁判例が取り上げられる状況となり、前者を対象とする本稿は 18 件を対象とする（なお、不法行為全体としてみて、60 件弱であることから、極端に裁判例の数が減ったわけではないと考えられる）。

　2 件の最高裁判決があり、とくに、[6] 判決は、債権回収の期待が、民法 709 条の権利・法律上保護される利益となるか、その侵害が違法なものとなるかについて、重要な判断を示したものと考えられる（とくに、「契約裁判例の動向 2 」[4] 判決として詳細に取り上げられるため、判決の存在を示すにとどめる）。また、[13] 判決は、人身傷害保険の支払いにおいて、人傷一括払の合意がなされた時の自動車保険約款の解釈を踏まえて、判断したものであり、自賠責保険実務上重要な判断を示したものと考えられる。

　当期の対象外であるが、当期対象の下級審との関係で、重要な最高裁判決についても一言触れておきたい。最大判令 6・7・3 裁時 1843 号 1 頁は、旧優生保護法について違憲判断を示し、あわせて、最一判平元・12・21 民集 43 巻 12 号 2209 頁が示した、裁判所は当事者の主張がなくとも除斥期間の経過により損害賠償請求権が消滅したと判断すべきであり、民法旧 724 条後段除斥期間の主張が信義則違反又は権利濫用である旨の主張は、主張自体失当であるという法理について、判例変更を行い、除斥期間の不法行為をめぐる法律関係の速やかな画定という趣旨を踏まえても、本件の様な事案では、著しく正義・公平の理念に反し、到底容認することのできない結果をもたらすことになりかねず、除斥期間の主張が信義則違反又は権利濫用とされる場合は極めて限定されると解されるものの、そのような場合があることを否定することは相当ではないというべきとした（詳細な紹介は次号となろう）。当期ではこの判決に先んじて、[17] 事件が同様の事件に関して、民法旧 724 条後段の期間制限を、令和 6 年判決よりも

積極的に、消滅時効と解し、その援用について、信義則違反又は権利濫用とし、あるいは、除斥期間と解するとしても、同様に一般条項により除斥期間の効果を否定したことが理論的にも実務的にも目を引くものである。

1　故意・過失

⑴　建物の基本的安全性を損なうことがないよう配慮する義務

　最二判平 19・7・6 民集 61 巻 5 号 1769 頁及び同判決の差戻上告審である最一判平 23・7・21 判時 2129 号 36 頁で示された建物の基本的安全性を損なうことがないように配慮する義務と関係するものとして、2 件の下級審がある。

　まず、[1] 東京地判令 3・12・24 判時 2574 号 37 頁（請求棄却、控訴）について。マンションの管理組合法人 X が、機械式駐車装置を設置したところ、当該設備の設計・製造販売等を行う業者 A において、設計ミスがあり、また、それを OEM 契約により当該設備を販売・設置した業者 B に注意義務違反があったなどとして、これを原因として、当該設備が安全性を欠き、利用者の生命・身体等が危険にさらされており、そうした安全性を回復するための費用の賠償を、B から事業譲渡を受けた Y に対し求めた（「物権・不動産取引裁判例の動向」[11] 判決及び「不法行為裁判例の動向」[19] 判決でそれぞれ取り上げられるところも参照）。

　本判決は、仮に A に設計ミスがあるとしても、OEM 契約により販売した B については、注意義務がなく、また、A についても、そもそも当該機械式駐車装置がその利用者の生命、身体、財産に対する安全性を欠いていないなどとして、不法行為責任を否定する。さらに、X は、B に対し、各種法令違反も指摘するものの、X により挙げられる各種法令が基本的安全性の保護を目的としていないことなどから、この点でも B の注意義務違反はないことなどを指摘し、X の請求を退けた。

　次に、[2] 仙台地判令 5・2・20 判タ 1515 号 143 頁（請求棄却）について。マンションの管理組合の管理

者Xが、マンションの共用部分について設計上及び施工上の瑕疵があることから基本的安全性を欠くとして、マンションの分譲業者Y₁、設計者兼管理者Y₂及びY₃に対し、当該マンションの建替費用などの損害賠償を求めた（「物権・不動産取引裁判例の動向」[8]判決及び「不法行為裁判例の動向」[16]判決として取り上げられるところも参照）。

本判決は、Xが原告適格を有することを前提に（この点について詳細は、「物権・不動産取引裁判例の動向」参照）、そして、Xの主張する設計上の瑕疵として、保有水平体力の不足、基礎梁の短期部材体力の不足などがあり、施工上の瑕疵として、コンクリートの強度不足、鉄筋のかぶり厚さ、大針の貫通孔、鉄筋の切断などがあり、これらの瑕疵はマンションの完成までに生じたことから、建物としての基本的安全性が欠けることのないよう配慮すべき注意義務違反があるとしており、上記欠陥について、最二判平19・7・6民集61巻5号1769頁の法理に基づいて認めたものと考えられる。しかし、Yらの不法行為責任については、後記の通り、民法旧724条後段の除斥期間にかかることを認め、Yらの責任を否定した。

なお、地下トンネル工事に関する説明義務違反などについて判断した大阪高判令4・9・29判時2573号58頁について、「注目裁判例研究　不法行為1」参照。

(2) 金融機関の注意義務

金融機関による金融商品の販売及び融資における注意義務等が問題となった裁判例として、次の2件がある。

まず、適合性原則、説明義務、不当勧誘が問題となったものとして、[3]東京地判令5・11・22金判1690号26頁（請求棄却、控訴）がある。ここでは、仕組債の購入に関する金融機関の適合性原則違反、説明義務及び不当勧誘が不法行為にあたるかが問題となった。本判決は、当該仕組債の金融商品としての適格性があることを前提に、購入者の取引経験や資産状況などを踏まえて、適合性原則違反を否定した。また、説明義務についても、購入者の取引経験や、契約時の交付書面のやり取りを通じ当該仕組債の仕組み、リスクなどについて、説明がなされていたこと、不当勧誘についても、購入者は相場観や見通しを有し、金融機関の従業員の説明をうのみにしてなかったと考えられることなどから、金融機関の勧誘方法のしつこさはあるものの、これによって購入者の自由な意思決定が妨げられていなかったなどとして、不当勧誘を否定した。

次に、融資契約において不動産評価の偽装工作に対応する義務が問題となったものとして、[4]東京地判令6・1・24金判1693号46頁（請求棄却、確定）があ

る（「不法行為裁判例の動向」[15]判決として取り上げられるところも参照）。ここでは、Xは、金融機関Yから、投資用不動産の購入資金に関する融資（以下、「本件融資」とする）を受け、しかしその返済をおこなうことができなかった。YがXに対し、その返済を求めたのに対し、Xが売主Aから投資用不動産を購入する際、AがXの資産や不動産評価に関する偽装工作（以下、「本件偽装工作」とする）をおこなっていることについて、Yの従業員が知っていたまたは過失によりそれを看過し、融資を実行したとして、XがYに対し、不法行為損害賠償債権を有するとし、これを自働債権として、融資との相殺を主張した。

本判決は、Yの従業員が本件偽装工作を認識していたとはいえないとし、さらに、その者が本件偽装工作を看過したことについて過失を構成するかという問題についても、Xが本件偽装工作に加担しており、本来であれば、Yの融資審査を通らない過大な実行がなされることを認識しながら、本件融資の申し込みをしたとし、Yの従業員が本件偽装工作を看過したことが、本件融資の申し込みをしたXとの関係で、注意義務違反があり、過失があるとはいえないとして、Yに不法行為責任が成立しないことを確認し、Xの請求を退けた。

(3) 著作権侵害に基づく削除請求に関する申告者の調査義務

SNSの技術発展及び展開により、企業のプロモーションのみならず、個人でも動画を編集して、情報発信が可能となった半面、個々の発信者間での法的トラブルも生じやすくなっている。動画配信のプラットフォーマーは後述の事件の通り、著作権を保護するための申告制度を設けているものの、実質的判断をプラットフォーマーが行うことができないため、当該制度の濫用による法的紛争も生じると考えられる。こうした問題を判断したのが、[5]大阪高判令4・10・14判タ1518号131頁（一部認容、上告・上告受理申立て）である。ここでは、XがYouTubeに編み物に関する動画をアップロードしたところ、Y₁が著作権侵害通知（以下、「本件侵害通知」とする）をおこない、最終的に、当該動画は削除され、Xは異議申し立てなどの対応を余儀なくされたことや、この通知との関係で、Y₁がY₂とともにXの動画に対し、著作権侵害であることに起因する不当な圧力ともとれるメッセージやコメントをおくったことによって、Xが広告収入の減少による損害賠償及び精神的苦痛を被ったことに対する慰謝料を求めた。原審（京都地判令3・12・21LEX/DB25591894）はXの請求一部認容一部棄却、Y₁ら控訴。

本判決は、法律上保護される利益について、You

Tube での動画の投稿は、投稿者の表現の自由という人格的利益にかかわるものであり、また、動画投稿による収益を得られることからも、投稿者には著作権侵害その他の正当な理由なく当該投稿を削除されないことについて、法律上保護される利益があるとする。次に、YouTube の著作権侵害上記通知制度を踏まえた過失・違法性判断について、この通知の制度に関して、実体的判断を YouTube が行うことが想定されていないことや、この通知において通知者が、著作権者等に当たり、その通知が正確であることが求められ、この制度を不正使用するとアカウント停止や法的問題が発生することが YouTube により注意されており、制度の濫用的な使用への対応がなされていることなどを確認しこうした制度の理解を踏まえ、「著作権侵害通知をする者が、上記のような注意義務を尽くさずに漫然と著作権侵害通知をし、当該著作権侵害通知が法的根拠に基づかないものであることから、結果的に YouTube をして著作権侵害に当たらない動画を削除させて投稿者の前記利益を侵害した場合、その態様如何によっては、当該著作権侵害通知をした行為は、投稿者の法律上保護される利益を違法に侵害したものとして、不法行為を構成するというべきである」とした。そして、本件での Y1 ら過失及び違法性判断について、X の投稿した動画に対する本件侵害通知については、著作権侵害に当たらない動画に対するものであって、法的根拠に基づかないものであること、それにもかかわらず、Y1 らは、自らの動画投稿において、先行してアイディア等が示されたら、それを見ていないとしても確認不足であり、必要に応じて法的措置をとるなどと述べ、Y1 らによる侵害通知に対し、X からの問い合わせがあったにもかかわらず、十分に答えず、Y2 と一緒になって、警察の介入や裁判の手続きによるよりも示談を迫るなどなどのメッセージを送信し、コメントを書くなどしており、Y1 は、著作権侵害通知制度を利用して編み物動画をアップロードする競業者ともいえる X に対し不当な圧力をかけようとしていたとさえ認められるとし、Y らは、本件侵害通知を YouTube に提出するに際して、「自らが著作権者であることや、著作権侵害通知の内容が正確であることについて何ら検討することなく漫然と法的根拠に基づかない本件侵害通知を提出したという点で必要な注意義務を怠った過失があるといえるばかりか、前記のとおり著作権侵害通知制度を濫用したものということさえできるのであって、これにより本件侵害通知の対象動画の投稿者である X の法律上保護される利益を侵害したもの」として、Y1 が本件侵害通知を提出した行為について、X の法律上保護される利益を違法に侵害するものとしたとした。

Y2 についても、上記内容のメッセージやコメントの書き込みなどの行為が認められること、Y1 の侵害通知を知らなかったとはいえないことなどから、共同不法行為の成立を認めた。

以上の判断を踏まえ、X の損害として、広告収益の一部減少につき、1 万 8000 円弱を、慰謝料として 20 万円をそれぞれ認めた。

2　因果関係

当期は該当裁判例なし。

3　権利利益侵害

[6] 最一判令 5・10・23 判タ 1519 号 169 頁（破棄自判）は、請負報酬債権の回収の期待の法益性について判断した。本判決の詳細な紹介は、「契約裁判例の動向 2」[4] 判決に委ねる。さらに、「物権・不動産取引裁判例の動向」[7] 判決として取り上げられるところも参照。本判決について権利・法律上保護される利益の侵害要件に関し、債権または債権の回収の期待との関係で重要な判断を示したものと考えられるものの、短いコメントを付すことでかえって適切な評価を示すことが難しいと考えられるため、筆者の課題として他日に期したい。

次に、適切な公告により振込詐欺被害の救済金をより多く受けられたであろう利益の法益性について判断した [7] 東京高判令 5・8・3 金判 1687 号 34 頁（控訴棄却）について。ここでは、振り込め詐欺の被害者である X は、振り込め詐欺救済法に基づく被害回復配分金にあたり、金融機関である Y が、預金保険機構に公告する際、X の氏名を誤っていたため（以下、「本件誤記」とする）、その誤記に対応して、X が上記配分金の申請をしたところ、Y の指摘で本件誤記が訂正されて再度公告をし、X も申請をやり直して、63 万円余りの配分を得た。しかし、X は、本件誤記がなければ、X は上記配分金を 220 万円ほど得られたであろうとして、その差額である 155 万円余りの賠償を Y に求めた（本件は、「金融・担保裁判例の動向」[4] 判決及び「不法行為裁判例の動向 2」[14] 判決として取り上げられるところも参照）。

原審（東京地立川支判令 4・12・23 金判 1687 号 39 頁）は、X の主張する本件誤記がなければ申請したことで得られたであろう配分金は、その手続において取消される可能性があり、他の申請者の状況で変動するため、確定されたものではないことなどから、法益性を否定し、また、本件誤記と、損害との間の相当因果関係も否定し、X の請求を退けた。X 控訴。

本判決は、本件誤記がなかったとしても、X 以外に

も他の申請者が配分金の支払いを受ける可能性を否定できないとして、Xの主張する配分金を得られたと認められることはできず、他の被害者が正当な権利行使をした結果、Xの主張する配分金よりも実際に支払われた金額が少ないことをもって、Xの権利または法律上保護される利益が侵害されたということはできないことから、Yの不法行為責任を否定した。

4　人格的利益

名誉毀損について、つぎの3件が示されている。[8]判決、[9]判決及び[10]判決（プライバシー侵害も問題となっている）はいずれも、従前の判例法理にしたがった判断を示したものと考えられる。また[10]判決は、裁判官分限法による分限処分を受け、最終的に弾劾裁判により罷免された元裁判官が、これら一連の処分及び罷免の端緒となったSNS上での性犯罪による殺人事件に関連する複数の投稿に関して、その一部について名誉毀損を認めたものであり、社会的に注目されるものと考えられる。

[8]東京高判令4・10・27判タ1515号50頁（原判決変更、上告受理申立て（後棄却、不受理））は、出版社Yは、国会議員XがBが経営する会社の青色申告承認の取り消し処分に関し、Xの右腕とされる人物Aを介し、国税当局へ口利きをすることを依頼し、Xがその対価を受け取ろうとしたなどとする記事を掲載した。Xは、当該記事がXの名誉を毀損するものとして、Yに損害賠償を求めた事例である。

原審（東京地判令3・12・27LEX/DB25602551）は、当該記事について、名誉毀損の成立を認め、真実性はないものの、Yにより裏付けがあり、関係者の取材が得られていることなどから、真実相当性を認め、Xの請求を棄却した。X控訴。

本判決は、原審と同じく、名誉毀損の成立を認めたが、本件記事の裏付けとされる金銭授受に関する書面の形式や証言をした者の金銭授受の経緯及びスケジュールへの疑義、記事にあるような国税当局への口利きで、青色申告承認取消処分が覆る可能性が低いこと、このことについてXは、元大蔵官僚であり知悉していたと考えられること、こうした口利きによる行為などから公職者あっせん利得罪等の犯罪にあたることはXに認識できたことなどとして、他の証言者がXに対し悪感情を有しており不利な証言をしたと考えられることなどを考慮して、真実性及び真実相当性を否定した。本件記事による慰謝料として、Xの国会議員としてその当時唯一の女性閣僚であり相応の注目と社会的評価を受けたこと、本件記事により金銭授受により税務行政をゆがめたという印象を与え、Xの社会的評

価を低下させたこと、Yの発行する雑誌媒体の社会的影響の大きさなどを考慮して、300万円を認めた。

[9]東京地判令5・1・17判タ1514号204頁（一部認容、控訴）は、日本政府における脱炭素政策や、それに関連する企業活動に関連することを報道した新聞社Xに対し、誤報であるとか、脱炭素ビジネス向けの新聞広告の受注を狙ってある会社にこびたという趣旨の論評をインターネット上に公開した出版社Yに対し、いずれもXの名誉毀損が成立するとして、損害賠償を求めた事例である。

本判決は、名誉毀損における社会的評価の判断基準（最二判昭31・7・20民集10巻8号1059頁など）、真実性及び真実相当性の判断基準（最一判昭41・6・23民集20巻5号1118頁など）、そして意見または論評における名誉毀損の判断基準に関し、先例を明示はしていないが従前の判例法理と同旨のものに依拠し（最三判平9・9・9民集51巻8号3804頁）、本件記事はいずれも当該新聞社の社会的信用を低下させるものであって、かつ、いずれの記事に関しても真実性及び真実相当性が認められないことから、名誉毀損の不法行為が成立するとし200万円（さらに弁護士費用20万円）の賠償を認めた。そのうえで謝罪広告について、当該新聞社の報道姿勢への疑問から本件記事が制作されたことや、新聞社自ら新聞やウェブサイトを通じて名誉回復措置をとれることなどを踏まえ、これを認めなかった。

次に、[10]東京地判令5・1・27判タ1517号133頁（一部認容・一部棄却、控訴）について。現職の裁判官Yが17歳の被害者が性犯罪にあい、殺害された刑事事件における記事のSNS上での投稿について、刑事事件の被害者遺族Xらが、被害者の名誉等が毀損されたとして損害賠償を求めた事例である。

Yは、刑事事件を扱った記事をSNS上で投稿するに際し、「首を絞められて苦しむ女性の姿に性的興奮を覚える性癖を持った男」などと紹介文をつけたこと（本件投稿1）、Xらの抗議に対し、因縁などと投稿したこと（本件投稿2）、さらに、Xらが東京高裁などに洗脳されている（本件投稿3）などと投稿した。

本判決は、刑事事件に関する記事の投稿であって、刑事事件の被害者遺族Xらは、当該刑事事件が好機の目にさらされ、これ以上被害者の尊厳が傷つけられないように、願うのは当然であるということを確認し、Xらが被害者の尊厳やXらの心情に対する配慮を欠くものとして抗議等を行い、Yが裁判官とし、本件投稿をしたことで裁判官分限法に基づいて東京高裁長官により厳重注意を受けたことも、同様の理解に基づくとした。しかし、Yの上記注意を受けたことは、裁判官としての職責に由来する公法上の義務違反であって、

裁判官の地位にあるとしても、SNS等での表現の自由は保障され、私法上高度な注意義務が課されることはないとする。そして本件投稿1について、本件刑事事件の性的・猟奇的側面を取り上げ、表現の自由を逸脱して、いたずらに閲覧者の性的好奇心をあおり、被害者の尊厳やXらの心情を傷つけるものといい難いなどとして、被害者の尊厳やXの心情への配慮を欠いたものであるが、不法行為を構成するものではないとした。

本件投稿2に対し、因縁などと投稿した行為が、原告の抗議活動に向けられていないとして、不法行為とならないとした。

本件投稿3については、一般読者の普通の注意と読み方を基準とすると、洗脳という用語が用いられる文脈や、否定的な評価が下される可能性から、社会的な評価を低下させ、名誉を違法に毀損しているとし、さらに、Xらは本件投稿1をうけて、自己の主体的意思に基づいて抗議等を行っており、本件投稿3は、こうした主体的判断やその人格的意思を否定するといえ、本件投稿3はXらに対する侮蔑的表現であり、Xらの名誉感情をその受忍限度を超えて侵害するとした。

以上の判断を踏まえて、Xらの被った精神的苦痛に対する慰謝料は、40万円あまりを認め（弁護士費用4万円もみとめ）、Xらの請求を一部認容した。

なお、控訴審である東京高判令6・1・17裁判所HPは、本件投稿1についても、Yの不法行為を認めており、しかし消滅時効にかかっているとした。本件投稿1に対する不法行為責任の判断について、本判決と控訴審とで判断を異にしており、Xが裁判官であることを明らかにしたそれまでのSNS上での活動や言動、そしてこれに対応するそれまでの社会的耳目の引きかたを踏まえ、Xの責任を厳格に判断したものと考えられる。当期の検討対象外に公刊された判決であるため、次号に紹介をゆだねたい。

[11] 東京地判令5・7・7金判1681号46頁（請求棄却、控訴）について。Xは、かつて旧証券取引法での風説の流布の罪により逮捕・起訴され有罪判決をうけていた。雑誌媒体等で、Xに関し、実名が挙げられ、上記前科に関する事実及び反社会的勢力とつながりがあることなどを指摘する記事が繰り返し公刊されていたところ、かつて経営に関与していたなどXと関係性が深いA社が、Yの筆頭株主となったことから、Yは、A会社とのやり取りをウェブサイトで公表した。この際、この株式取得には上記前科がある旨報道されている件についてXが関与し、さらに株式の取得に当たり反社会的勢力が資金源となった旨（本件摘示とする）もウェブサイトで公表されていた。

これに対し、Xは、名誉毀損及びプライバシー侵害を主張し、Yに対し損害賠償請求を行った。

本判決は、名誉毀損に関して、Yは、A社による株式の大量保有報告書等が提出されて初めて、A社がYの筆頭株主となったことを受け、その意図等確認するやりとりの中で、本件摘示を記載した。Yがこのやりとりをウェブサイトで公表したことは、Yが上場会社であり、株主を含む機関投資家その他市場関係者に情報公開に十全を期すことが期待されており、Yはその期待に応えるものであったと考えられることや、本件摘示は、Xの前科に関する報道がなされている事実を適示するものであって、こうした記事を読んだ一般読者においては、Xの前科に関する報道があるという以上に、当該報道内容が真実であるという印象を抱くとまでは認められないことから、Xの社会的評価の低下は認められないとする。

次に、プライバシー侵害に関して、最三判平6・2・8民集48巻2号149頁（いわゆるノンフィクション「逆転」事件）を踏まえて、前科に関する事実を公表する法的利益と、これを公表されない法的利益との比較により、プライバシー侵害を判断するところ、Xの前科に関する報道は繰り返しなされており、前科の事実ともにXの実名を挙げたことで、Xに実害が生じたとは認められずまた減に実害が出たことの主張立証もないこと、Xの氏名を入力すると本件ウェブサイト以外にも複数表示される状況であり、本件ウェブサイトでの公表にあたりXの氏名を匿名化しても、それ以外の内容からXの氏名を確認することが困難であったと認められないこと、Xの前科に関する報道を行ってきた雑誌媒体は16年にわたり発行が続いており、その期日の内容からその信用性を一律に否定できるものではなく、YがA社とのやり取りを株主や投資家その他の市場関係者に公開して情報を提供することの必要性は高かったことを踏まえると、Xが実際にA社などによるY株式の大量取得に関与しているかどうかにかかわらず、Xの前科に関する事実について、公表しない法的利益が、それを公表する法的利益よりも優越するとは認められないとし、プライバシー侵害を否定した。なお、本判決は、最二判令4・6・24民集76巻5号1170頁について、インターネット上の匿名の書き込みの削除に関して判断したものであって、本件では直接に適用されるものではないと留保しつつ、同判決で前提となるプライバシーの要保護性に言及する部分は本件とも関連するが、これを踏まえてもこの判断は覆らないとする。

控訴審判決である東京高判令6・1・17金判1694号8頁も、ほぼ本判決の判断を維持し、Xの控訴を棄却している。本件について、Xが上告受理申立てをし

ている。

5 損害

(1) 自賠責保険

　人傷一括払の合意がある場合に関して、最一判令4・3・24民集76巻3号350頁があり、同判決の意義を確認する意味でも、当期は2つの判決が出されていることが重要と考えられる。まず、**[12]最一判令5・10・16判タ1519号177頁**（破棄自判）について。本判決が問題となった事案では、交通事故の被害者Aの相続人Xらが、交通事故の加害者Yらに対し、民法709条及び民法719条に基づいて損害賠償を求めた。本件では、Aが保険会社Bとの間で自動車保険契約を締結しており、この契約では人身傷害条項のある普通自動車保険約款の適用されるものであった。BがXらに保険給付を行ったところ、XらとBとの間で、人傷一括払合意を締結しており、この合意に基づいて、BがXらに行った給付に自賠責保険給付が含まれていると解し、こうした給付を、XらからYらへの損害賠償請求の額において、全額控除すべきかが問題となった。

　本件では、BからXらへまず、9000円弱が支払われ（給付1とする）、その約3か月後に2991万円余りが給付され（給付2とする）、その際に、協定書が取り交わされ、この保険給付が、自賠責保険の保険金額を含むこと、この給付を受領することで、XらがYらに対し有する損害賠償請求権が、保険給付の範囲でBに移転することを承認することなどの内容が記載されていた、人傷一括払合意を締結した。そして、その半年後に、Bが、Yらの自賠責を締結する保険会社から、3000万円の自賠責保険の給付がなされて、そこからさらに半年後に、BがXらに3000万円を給付し（給付3とする）、その際、給付1及び給付2の際に取り交わされた協定書と同内容の協定書が交付されたという経緯がある。

　原審（東京高判令3・11・17交民56巻5号1149頁）は、BがXら支払った保険給付に、自賠責保険給付も含まれており、給付した合計額が、人身傷害保険金額を超えるものであり、さらに、BがYらの自賠責保険から損害賠償額の支払として、BがXらへの各支払と同額を受領したことや、Bの内部処理の状況を踏まえて、BのXらへの各支払は、人身傷害保険金としてではなく、自賠責保険からの損害賠償額の支払いの立替払として支払われた、として、XからYらへの損害賠償請求権の額から、BからXらへの各支払金の全額を控除するとした。Xらが上告受理申立て。

　最高裁は、保険会社が保険金請求者に人傷保険給付を義務付けられている場合に、人身傷害保険金額に相当する額を支払ったならば、人傷一括払の合意があ

るとしても、「保険会社が支払った金員は、特段の事情のない限り、その全額について、上記〔人身傷害〕保険契約に基づく人身傷害保険金として支払われたものというべき」として、その理由として、「保険金請求権者としては上記保険会社が給付義務を負う人身傷害保険金が支払われたものと理解するのが通常であり、人傷一括払合意をしていたということだけで、上記金員に自賠責保険からの損害賠償額の支払分が含まれているとみるのは不自然、不合理であ」るとし、最一判令4・3・24民集76巻3号350頁を引用する。そのうえで、「上記金員に自賠責保険からの損害賠償額の支払分が含まれていると解すると、保険金請求権者の有する損害賠償請求権の額から控除される額に差異が生ずる結果、遅延損害金等の額において保険金請求権者に不利益が生じ得ることをも考慮すると、上記金員は、他にその支払の趣旨について別異に解すべき特段のない限り、人身傷害保険金として支払われたものと解するのが当事者の合理的意思に合致するものというべきだからである。このことは、上記保険会社が、保険金請求権者に対し、当初、上記人身傷害保険金額に相当する額を支払い、その後、自賠責保険から損害賠償額の支払を受けて追加で金員を支払ったことにより、人身傷害保険金額を超える額の金員を支払うに至ったからといって、上記の当初支払分について、異なるものではない。」

　以上を踏まえて、本件では、給付1及び給付2は、その額は、人身傷害保険の金額に相当し、その給付の際に交付された仮協定書では、Bが保険代位する旨の記載もあるが、Bが人身傷害保険金の支払いで、この条項に基づいて保険代位することを承認する趣旨と解され、給付1及び給付2の支払いについて、自賠責保険からの損害賠償額の立替払であることを確認しあるいは合意する趣旨を含むと解されず、ほかにそうした趣旨を含む記載がうかがわれないことや、Bの内部処理の状況を踏まえるなどしても、これら給付金について、自賠責保険の立替払と解すべき特段の事情はないとした。したがって、給付1及び給付2については、人身傷害保険金としての支払いであるから、Bが保険代位できる範囲で、XらのYらに対する損害賠償請求権を取得し、これによりXらは、損害賠償請求権をその範囲で喪失することになる。これに対し、給付3について、Bは、人身傷害保険金額を超えて人身傷害保険金を払う義務はないことから、この給付は人身傷害保険金として支払われたものではないことは明らかであり、本件事情においては自賠責保険からの損害賠償額の支払いの立替払であるから、XらからYらに対する損害賠償請求権の額から、全額について控除される

とする。本判決はこうした判断に基づき、本件では、A に過失があることから、それに基づいて取得する X ら の損害賠償請求権と給付 1 及び給付 2 との合計額が、A に過失がない場合の損害賠償額を上回ることから、その分について、B が保険代位できるとする。

次に、[13] 東京高判令 5・9・20 金判 1690 号 16 頁（控訴棄却、上告受理申立て）について。ここでは、人傷一括払において、人傷社 A が交通事故の被害者の相続人 X らに支払った保険給付が自賠責保険の立替払いであり、X らの加害者 Y に対する被害者の過失相殺後の損害賠償請求から、上記保険給付を控除できるかが問題となった。原審（水戸地下妻支判金判 1664 号 40 頁）は、被害者の過失分から上記保険給付を控除するとし、X らの請求を一部認容した。Y が控訴。

本判決は最一判令 4・3・24 民集 76 巻 3 号 350 頁と同旨の判断を示し、人傷一括払の合意により支払われた保険金について、人傷保険金ではなく自賠責保険金そのものとして、その全額について、被害者の過失相殺後の加害者に対する損害賠償責任に填補すべきとすることは、当事者の合理的意思に合致しないとし、上記保険金は被害者の過失相当分から充当されるべきとした。

なお、障害を抱える児童の死亡逸失利益が問題となった大阪地判令 5・2・27 判タ 1516 号 198 頁については、前号対象であるが、当期対象の判タ 1516 号に登載されており、「注目裁判例研究 不法行為 2」で取り上げられる。

(2) 休車損害

交通事故により毀損したバスについて、その休車損害の算定アプローチが問題となったのが [14] 名古屋地判令 5・6・28 判タ 1517 号 127 頁である。ここでは、観光バス乗務員 Y の事故（以下、「本件事故」とする）により X 所有の観光バス（以下、「本件観光バス」とする）が使用できなくなったことから、休車損害の賠償を X が Y に求めた事例（「不法行為裁判例の動向 2」[22] 判決として取り上げられるところも参照）。

本判決では、本件観光バスにおける休車損害の発生及びその額について、X の主張する休車機関の運行状況を仔細に検討する必要性があったことが、その分量の膨大さと営業秘密にかかる記載があったこと、さらに多数の関係者がいることから、書証として提出し、主張立証を行うことが困難であったとし、「当事者間で資料を提供し、差支えのない範囲で書証化することで主張立証を重ねることとし、損害の発生が立証できた場合の損害額の算定については、本来であれば伝票等を子細に精査する必要があるが、その困難さやコスト等も踏まえ、民訴法 248 条を適用することを提案し

たところ、当事者は、この進行に同意した」として、同条の趣旨について、損害発生が認められることを前提に、「損害の性質上その額を立証することが極めて困難であるときは、裁判所が、弁論の全趣旨及び証拠調べの結果に基づき、相当な損害額を認定することができるとするものであるが、これは、あくまでも原告が損害額の立証責任を負うことを否定するものではなく、同条が適用されない場合、たとえ損害の発生が認定できても損害額の主張立証不十分として請求を棄却すべきこととなる。一方、『立証することが極めて困難』というのは、損害の費目が何であるかはもちろん、立証という訴訟活動に伴う有形無形のコストも踏まえ、当事者に対し、詳細な立証を尽くさせることが困難であるかも踏まえて検討することが相当」とする。

本件観光バスについて、本件事故がなくともいつ運行の用に供するか仮定を置くこと自体が困難とし、損害額の立証が困難な事案にあたるとする。そして具体的に損害の発生とその額について、まず、本判決は、本件事故前 1 年の保有車両の売上高、本件事故前の車両の稼働率、当該年度のバス収入を踏まえ、発注が重複するときや喫煙車両でなければならないときにかぎって、本件観光バスの代替車両がないこととなり、その場合に休車損害の発生があるとする。そして、休車損害の額として、上記限定的な状況で発生するものであることを踏まえて、17 万円弱になるとした。

(3) 慰謝料

[15] 仙台高判令 4・11・25 判時 2583 号 12 頁（原判決変更、上告・上告受理申立て（後取下げ））について。福島第一原発事故により、居住地域から避難を余儀なくされたとし X ら（避難指示解除準備区域に居住する者と緊急時避難準備区域に居住する者とがいた）が Y（東京電力）に対し、原賠法などに基づいて、放射線被害の具体的危険に直面し、住み慣れた生活を失って非難せざるを得なくなった精神的苦痛、長期間にわたる避難による苦痛、故郷が変容し、地域社会の共同生活を失ったことによる苦痛について、慰謝料を求めた。

原審（福島地いわき支判令 2・11・18LEX/DB25568641）は X らのうち一部のものについて、上記苦痛に基づく慰謝料を一部認容し、それ以外の者の請求を退けた。X ら控訴。

本判決は、原審で請求が退けられたものを含めて、X らが被った上記苦痛について、避難指示解除準備区域から避難していた者については、一律 1100 万円の慰謝料を、緊急時避難準備区域から避難した者については、一律 300 万円の慰謝料を認め、それぞれ既払金 850 万円、180 万円を控除した額を損害として認め、また、それぞれの者について弁護士費用も認めた）。

6 過失相殺・損益相殺

当期は該当裁判例なし。

7 期間制限

期間制限について、旧724条後段の長期の期間制限について、以下の4つの判決が示された。とくに、[17]判決は、この期間制限について、判例と異なり、消滅時効と解し、一般条項による主張制限を正面から認めていることが注目される。

まず、[16]東京高判令3・8・27判時2578号9頁（原判決変更、確定）について。冤罪事件（布川事件）において、Xが強盗殺人を理由とする逮捕・拘留・起訴から刑の実行を受け仮釈放までの期間身体を受けたことについて、Y_1（県）及びY_2（国）に対し損害賠償を求めた事例（違法性評価について、「不法行為裁判例の動向2」[41]判決として取り上げられているところも参照）。

原審（東京地判令元・5・27判時2578号45頁）は、XのY_1らの身体的拘束について違法性があることなどを認め、また、民法旧724条後段の除斥期間についても、最新判決の確定した時として、除斥期間の効果を否定し、請求の一部を認容した。Y_1ら控訴。

本判決は、強盗殺人を理由とする逮捕による身体的拘束、Y_1（県）との関係で違法となり、その後起訴されて以降の身体拘束についてはY_2（国）との関係で違法となるとし、刑の執行釈放を受けてから仮釈放までの期間までにおいて、他の余罪等による取り調べの期間、これらの罪により想定される懲役期間を踏まえても、Y_1らによる違法な身体拘束の期間は、合計28年余りとし、その期間の逸失利益、慰謝料さらに仮釈放後も強盗殺人の殺人犯とされたため就労の機会が喪失していたことからその逸失利益を認めた。

また、民法旧724条後段の除斥期間について、Xは、Y_1らによる逮捕・拘留から起訴、公判を経て判決が確定し、刑の執行を受けたことから、Xに対し、「国家刑罰権を実行するための一連一体の手続が行われた結果、居住、移転の自由及び名誉等の権利、利益が侵害され続けた」とし、除斥期間の起算点である「不法行為の時」とは、「確定した刑の執行の根拠である有罪判決の効力が覆された時、すなわち、再審による無罪判決が確定した時であり、その時点をもって除斥期間の起算点とすべき」とし、本件での除斥期間の経過を否定した。

次に、[2]判決について。すでに「1 故意・過失」でもみたように、建物の基本的安全性を欠くことから、Y_1らの不法行為責任の成立を認めたうえで、民法旧724条後段に基づいて、損害賠償債権は除斥期間により消滅しているとして、Xの請求を退けた。すなわち、同規定の期間制限は、判例の立場に基づいて、除斥期間であるとし、消滅時効とは解されないとする。まず、XのY_1らに対する損害賠償請求は、建物の基本的安全性を損なわないように配慮すべき注意義務に違反したことで生じたマンションの建て替え費用相当額を請求するものであるとし、損害賠償請求権の内容を確認する。そのうえで、除斥期間の起算点である不法行為の時について、建物の基本的安全性を損なう瑕疵について、マンション完成時までに生じていたと考えられ、Y_1らが建物の基本的安全性を損なうことがないよう配慮すべきであったのは、Y_1がマンション施工業者からマンションの引き渡しを受けた平成9年9月下旬であったことから、Xの損害賠償請求の除斥期間の起算点は、同年9月30日であるとする。そしてXの本件提訴は、平成30年9月6日であることから、民法724条後段に基づいて、その損害賠償債権は消滅しているとする。これに対し、Xは、平成16年判決を踏まえて、建物の欠陥は、生命・身体に重大な危険があり、またこの欠陥は、潜伏型の健康被害と同じく、被害者は重大な権利侵害の事実に通常は気づきえず、加害者・被害者の社会的地位や能力を考慮すると、この欠陥を発見することが困難であり、この欠陥について加害者が責任を免れることは信義則に反すると考えられるならば、損害の顕在化時点で除斥期間の起算点とすべきとする。しかし、本判決は、本件欠陥に基づく立替費用相当額などの損害は、Y_1らの加害行為により本件欠陥が生じた時点で発生したことが明らかとし、平成16年判決とは事案を異にするとする。そのうえで、本判決は、除斥期間の起算点は、区分所有権の移転があっても左右されないとし、また、除斥期間の趣旨が、一定の時の経過による法律関係の確定に求められることから、裁判外での権利行使のみならず、この期間中に裁判上の権利行使をする必要があるとする。また除斥期間の効果を妨げる事情についても、本判決は判例に倣い、信義則違反及び権利濫用による主張は、主張自体失当であるとする。また、Y_1らがマンションに関する構造設計書を秘匿し、Xとの間で交渉を続ける中で、Xの権利行使を妨害したことについても、そもそもマンションに関する構造設計書の秘匿の事実がなく、さらに、Xはマンションのこの欠陥を認識していたことなどから、除斥期間の経過によりY_1らが損害賠償義務を免れる結果となっても、著しく正義・公平の理念に反するとするのは困難とした。またY_1らにより、除斥期間の利益の放棄もなかったとした。

本判決では、除斥期間に係ることもあってか、マンションの基本的安全性を欠く状況が明確には判断され

ていない。また除斥期間の経過との関係で、当事者間で交渉がなされており、Y₃から、迷惑料・保証金や修繕対応が示されているなどの状況から、こうした経緯を除斥期間との関係で考慮しなくてよいか、さらに、除斥期間とXの権利行使の程度について、裁判外とどまらず、訴えの提起までを求めることが適切かなど、こうした事情がある場合において、最大判令6・7・3が示された状況にあって、控訴審の判断が待たれる。

そして、[17] 仙台高判令5・10・25判時2579号64頁（控訴棄却、上告受理申立て）について。旧優生保護法により強制優生手術を受けたXらが、Y（国）に対し、同法が制定当初から憲法違反であり、上記手術前に同法を改廃しなかった違法があるとし、国賠法1条に基づき損害賠償を求めた事例である（評釈として、大橋真由美「判批」法教521号120頁。国賠法上の違法性判断の詳細な紹介について「不法行為裁判例の動向2」[30] 判決及び「医事裁判例の動向」[30] 判決も参照）

原審（仙台地判令5・3・6判時2579号73頁）は、国の違法性を認め、民法旧724条後段の期間制限についても、判例が除斥期間と考えることを前提にしつつ、時効の停止が認められることもあることから、民法旧160条の趣旨を踏まえ、被害者において、権利行使を客観的に不能または著しく困難とする事由が解消した時から6か月以内に権利行使をしたなどの特段の事情があるときは、除斥期間の効果が生じないとして、本件での事情に照らして、民法旧724条後段の規定にかかわらず、Xらの損害賠償請求権は消滅しないとした。Y控訴。

本判決も、原審同様に、国の違法性を認めたうえで、民法旧724条後段について、消滅時効の期間と解し、旧優生保護法下での優生手術が有する障碍者に対する基本的人権の侵害の深刻さ、と、こうした政策の継続性による障害者に対する差別・偏見の正当化・肯定化に対し、障害者が基本的人権の侵害を認識し、損害賠償請求などの権利行使が著しく困難となったこと、強制優生手術を受けた者のうち98パーセントは、同法の改正により当該手術に関する規定が削除された平成8年改正までの時点で、すでに20年が経過しており、民法旧724条後段の20年の期間制限から、権利行使をすることは実際上不可能であった。そして、Yの違法な立法とこれに基づく政策の推進で、Xらが、Yに対し損害賠償を求めることは、客観的に見ても不能または著しく困難な状況であったのであり、これに対し、Yが、Xらに対して重大な人権侵害の政策を遂行しながら、旧民法724条後段の期間経過による損害賠償請求の消滅を主張することは、民法2条の個人の尊厳という解釈基準や法の基本原則である正義・公平の観点

からみても、信義則違反・権利濫用に当たるとして、Xの損害賠償請求は、民法旧724条後段によっても消滅しないとする。さらに、同規定の期間制限を判例の理解する除斥期間と解さず消滅時効と解さないことについて、損害の公平な分担という不法行為制度の究極的目的に照らし、当該不法行為の内容・結果、当事者の相当の社会的・経済的地位や能力、その他当該事案における諸般の事情を考慮して、損害賠償請求の消滅が上記公平の理念に反するならば、期間制限のみで損害の公平な分担の実現を妨げるべきではなく、なお権利行使を許すべきとする。また、文理上も消滅時効と解することに障害はないし、消滅時効と解することで、信義則違反や権利濫用によって、消滅時効の主張を否定することが可能となり、当該事案に応じた社会的に妥当な解決を導出できるとする。

そして、仮に、民法旧724条後段について、除斥期間と解しても、損害の公平な分担という目的を達成するためには上述の諸事情を考慮し、期間の経過の一事を以て権利者の権利行使を妨げるべきでなく、当該事案における諸事情を考究して具体的正義と衡平にかなう解決に努めるべきであり、除斥期間の適用を否定すべき特段の事情が認められる場合があるとする。本件では権利行使が不能または著しく困難な事情があり、こうした事情が解消してから6か月以内に権利行使をしていることから、除斥期間の適用は制限されるとする。

また平成8年改正により優生手術に関する規定が削除され、その理由等が国会で説明されていたとしても、それまでの優生手術の違憲性を認め、人権侵害があったことまでを認めたわけではないため、Xらが当該手術を受けたことに対する救済をYに求めることは、客観的に不能または著しく困難とする事由が解消したとは認められない。またYからの優生手術を受けた者らに対する一時金の支給も、これらの者に対し一定の救済は計られるが、Xらは、この一時金の支給に関する法律の前に本件提訴を行っており、少なくとも同法の制定前に訴えを提起したXらに対する関係では、同法を制定したことをもって、民法旧724条後段の規定に基づく損害賠償請求権の消滅の主張が権利濫用に当たるという判断を左右するものではないとした。

このように期間制限について判断し、Xらの請求を一部認容した。

最後に [18] 大阪地判令5・9・27判時2587号5頁（一部認容・一部棄却、控訴）について。不知火海沿岸及びその周辺地域に居住し、水俣病にり患したと診断された患者及びその承継人のXらが、メチル水銀化合物を含む排水を行った企業Y₁に対し民法709条な

どに基づく損害賠償請求を、国 Y_2 及び熊本県 Y_3 に対し、規制権限の不行使に基づく国賠 1 条に基づく損害賠償請求を、それぞれ行った。水俣病にり患した者に対し、公害健康被害の補償等に関する法律（公健法）や国・県の水俣病発生に対する権限不行使の違法性が問われた最二判平 16・10・15 民集 58 巻 7 号 1802 頁を受けた水俣病被害者の救済及び水俣病問題の解決に関する特措法により、（一定の）救済が図られる一方で、こうした救済スキームによってもなお救済を受けられない者に対し、不法行為法（民法 709 条・国賠法 1 条）が重要な機能を担う。この際問題となるのは、過失・違法性判断とともに、旧民法 724 条後段の期間制限により、Y_1 らの不法行為責任が消滅してしまう可能性である（Y_2、Y_3 の権限不行使については「不法行為裁判例の動向 2」[37] 判決として取り上げられるところ参照。本判決の評釈として、島村健「判批」新判解 Watch34 号 305 頁がある）。

　本判決は、同規定の期間制限を、最一判平元・12・21 民集 43 巻 12 号 2209 頁及び最二判平 10・6・12 民集 52 巻 4 号 1087 頁に基づき、除斥期間と解し、そのうえで起算点である不法行為の時について、最三判平 16・4・27 民集 58 巻 4 号 1032 頁に基づき、当該不法行為により発生する損害の性質上、加害行為が終了してから相当の期間経過後に損害が発生する場合には、当該損害の全部または一部が発生した時が除斥期間と解するのが相当とし、本件で問題となる水俣病について、メチル水銀が、身体（脳）に蓄積することで、一定の潜伏期間経過後に発病するという特性があることから、当該損害の全部または一部が発生した時が除斥期間の起算点となるとする。

　本件で問題となる水俣病では X らが、自覚症状を持っていたとしても、一般健常者でもみられるものであること、公健法のもと、自覚症状だけで水俣病と診断されることを想定しえないことをふまえ、神経学的検査等に基づいて水俣病と診断された時、本件では、X らが属する患者団体（不知火患者会）の共通診断書検診が行われた時が、不法行為の時とした。そのため、本件では、この検診から訴えの時までの間に、20 年を経過した者がいなかったことから、民法旧 724 条後段の除斥期間の経過も認められないとした。また、民法旧 724 条前段についても、上記検診より前に、損害の全部または一部が発生したと認められないことから、X らが、損害及び加害者を知ったことも認められないとして、Y 側の消滅時効の請求も否定した。

　なお、先行して行われたノーモアミナマタ第一次訴訟において、その原告と Y_1 との間で和解が行われ、Y_1 はこの訴訟での原告ら加算金も支払うこととなり、その際、関係する訴訟が取り下げられ水俣病の被害に関するすべての紛争を終了させ、今後関係訴訟等を行わず、水俣病被害に係るすべての紛争を行わない不起訴の合意がなされていた。加算金は当該訴訟での原告らに支払われ、当該訴訟での原告らの属する不知火患者会にそれ以降入会する者らに配分されるものでなかったこと、不起訴合意の主体も当該訴訟の原告とされ、X らが所属する不知火患者会ないしその会員の言及がないことなどから、この訴訟当時同会に所属していたことが認められない X らは、この和解を知悉していたとしても、本件訴えの提起は、訴権の濫用に当たらないとした。

（まえだ・たろう）

第2部 最新民事判例

不法行為裁判例の動向2

白石友行 千葉大学教授

民法（財産法）部会

はじめに

今期の裁判例を通覧したときに注目される点としては、建設アスベスト訴訟大阪2陣・3陣（[2]）及びノーモア・ミナマタ第2次近畿訴訟（[37]）の第一審判決が出されたことのほか、立法行為や立法不作為が問題とされた事案（[30]から[36]まで）や多くの注目を集めた事件（[2][7][8][25][30][31][32][37][47]）を扱う裁判例が多かったことが挙げられる。不法行為法の視点からみると、最高裁判所の判決が2件あること（[28][29]）に加えて、民法719条1項の類推適用又はその法意に照らした判断をした裁判例（[2][3]）、取引的不法行為における幇助について判断を示した裁判例（[4]）、弁護士法23条の2第2項に基づく照会に応じた者の不法行為責任の成否について判断を示した裁判例（[5]）等があることが注目される。

1 責任能力・監督義務者責任

今期の対象裁判例で、「責任能力・監督義務者責任」を主要な争点とするものは存在しなかった。

2 使用者責任

[1] 東京高判令4・5・31判時2576号67頁（上告受理申立て）は、公益財団法人Y₁及びY₂の各千葉県本部に所属する会員Xらが、同本部における平成31年度の役員選出に際し、その候補者となったものの、役員としての資格要件を審査する同本部の資格審査委員会において不適任とされ、同年度の役員に選出されなかったことを受けて、Xらが役員に選出されなかったのは、資格審査委員会がその権限を濫用し所定の手続に反した違法な決議を行った結果であり、Yらは当該不法行為につき使用者責任を負うと主張した事案である。まず、[1]は、資格審査委員会の委員長Aの不法行為について、当時の資格審査委員会規程12条によれば、資格審査事項の決定は出席委員の3分の2に当たる特別多数による決議で行うこととされている

ところ、千葉県本部における役員選任手続の流れに照らすと、この決議は、各支部による選出の段階で一定の審査を受けた役員候補者をなお役員として不適格であるとして候補者から除外するものであるから、同条については、役員候補者が役員として不適任であることにつき特別多数による決議を要することを定めたものとして理解すべきであるにもかかわらず、Aは、同条について役員候補者が役員として適任であることにつき特別多数による決議を要することを定めたものと解釈し、この誤った解釈に基づき、Xらについて役員として適任であることにつき特別多数による決議が得られなかったとして、Xらを候補者として報告せず、また、その後、顧問弁護士の指摘により上記の解釈が誤っていることを認識した以上、正しい解釈を前提としてXらにつき再度資格審査をやり直すべきであったのにこれをしなかったとして、その成立を認めた。次に、[1]は、AとYらとの間の使用関係について、民法715条の「ある事業のために他人を使用する者」とは、「事実上の指揮監督の下に他人を仕事に従事させることを意味し、『他人を使用する』というためには、必ずしも契約関係にあることは必要ではない」と述べ、AとYらとの間に委任関係がないことは直ちに使用者責任を否定する理由にならないとしたうえで、Yらの地方本部の組織及び運営に関する規則によれば、地方本部の本部長は、Yらの理事会が定める基準に従い地方本部組織運営細則を定め、これにつきYらの理事会の承認を得なければならないとされていること、Yらの理事長は、本部長に対し地方本部の組織及び事業活動の状況に関し必要な報告を求めたり、Yらの理事や職員に当該地方本部事務所に立ち入り検査をさせたりすることができること、そして、Yらの理事長は、必要があると認めるときは、理事会の決議を経て、地方本部に対し、勧告、命令その他の必要な措置をとることができるとされていること等からすれば、Yらは、地方本部の組織である資格審査委員会に対しても指揮監督権限を有し、Aは、千葉県地方本部の理事でもあり、Yらから直接に指揮監督を受ける立場にあったと

して、これを肯定した。［1］で示された使用者責任の成否に関する判断枠組みについては、基本的にこれまでの判例の立場に沿ったものと評価することができる。

3 土地工作物責任

今期の対象裁判例で、「土地工作物責任」を主要な争点とするものは存在しなかった。

4 共同不法行為

民法719条1項後段の類推適用を認めた又はその法意に照らして判断をした裁判例が2件（［2］［3］）、同条2項の適用を否定した裁判例が1件（［4］）、同項の適用を肯定した裁判例が1件ある（［6］）。ただし、事案の性質に鑑み、［6］は、「6　専門家責任」で扱われる）。

⑴　民法719条1項後段の類推適用

［2］大阪地判令5・6・30判タ1518号171頁（次期の対象登載誌であるが、判時2591号41頁）（建設アスベスト訴訟大阪2陣・3陣。控訴）は、建設作業等に従事し、石綿関連疾患にり患したと主張する者又はその承継人らが、石綿含有建材を製造及び販売したメーカーらに対して、石綿含有建材から生ずる粉じんに曝露すると石綿関連疾患にり患する危険があること等を表示することなく石綿含有建材を製造及び販売したことが不法行為に該当するなどと主張し、損害賠償等の支払を求めた事案である。

まず、［2］は、①石綿含有建材を製造及び販売するメーカーは、建設作業従事者が当該建材から発散される石綿粉じんに曝露し石綿関連疾患にり患する危険を具体的に予見することができた場合には、当該建材に内在する危険の内容及び回避手段につき、建設作業従事者に対し警告すべき義務を負うとしたうえで、メーカー12社との関係でこの義務違反を認めた。①との関連では、以下の3点が注目される。第1に、類似の事案を扱う裁判例では、警告義務の始期が昭和50年頃とされることが多かったのに対し、［2］は、これを昭和49年1月1日とし、また、吹付石綿及び吹付ロックウールを製造及び販売していたメーカーに対する関係では、これを昭和46年4月1日とした。第2に、［2］は、建設作業現場で外装材を使用した者との関係では、最一判令3・5・17判時2498号52頁（建設アスベスト訴訟京都1陣）及び最一判令3・5・17判時2500号49頁（建設アスベスト訴訟大阪1陣）で示された判断に従い、メーカーらにおいてその者が当該外装材から発散される石綿粉じんに曝露し石綿関連疾患にり患する危険を具体的に予見することができたと直ちに認めることはできないとして、被災者3名との関係でメーカーらの警告義務違反を否定したが、屋内

で加工作業がされる場合の例外を承認した。第3に、［2］は、解体作業従事者との関係では、最二判令4・6・3判時2543＝2544号55頁（建設アスベスト訴訟神奈川2陣）で示された判断に従い、解体作業従事者が石綿粉じんに曝露する危険を回避するための警告情報の表示方法として実効性の高い表示方法があったとはいえないこと、メーカーらは建物の解体に関与する立場になく、解体作業は解体事業者等において必要な対策をとって行われるべきものであること等を挙げ、被災者3名との関連でメーカーらの警告義務の存在それ自体を否定した。

次に、［2］は、②警告義務違反者の特定及び石綿含有建材の建設現場への到達について、諸状況を踏まえ被災者が石綿粉じんに曝露する原因となった種類の石綿含有建材（［2］はこれを「特定種類主要原因建材」と呼ぶ）を特定したときには、その後、被災者が作業建設現場に到達した石綿含有建材を製造及び販売したメーカーらを特定することができなくても、特定種類主要原因建材のシェア、各被災者の作業建設現場に到達した蓋然性の高さを考慮して、各被災者との関係で警告義務に違反したメーカーらが製造及び販売した石綿含有建材が各被災者の作業建設現場に到達したかどうかを判断すべきであると判示し、各被災者につき、警告義務に違反したメーカーらが製造及び販売した石綿含有建材が各被害者の作業建設現場に到達したと認められるかどうか（［2］はこれらを「特定主要原因建材」及び「特定主要原因企業」と呼ぶ）を検討した。そして、［2］は、被災者3名との関連で、特定主要原因建材及び特定主要原因企業が明らかでないとした。②は、最一判令3・5・17民集75巻6号2303頁（建設アスベスト訴訟東京1陣）が「相応の合理性を有し、これにより特定の石綿含有建材について建材現場到達事実が立証されることはあり得る」とした立証方法を基礎にしていると考えられる。

そして、［2］は、③「本件各被災者ごとに……認定した種類の石綿含有建材は、それぞれ本件各被災者が稼働する建設現場に相当回数にわたり到達し、その建設現場で用いられたこと、本件各被災者は上記認定に係る石綿含有建材を扱うなどし、石綿粉じんにばく露したこと、しかし、上記認定に係る石綿含有建材が個別に本件各被災者の石綿関連疾患の発症に与えた影響の程度は必ずしも明らかではなく、本件各被災者においてこれを明らかにすることは著しく困難であること、本件各被災者ごとに上記各欄で認定した種類の石綿含有建材が、各被災者が稼働する建設現場へ複数回到達した場合、回顧的に見ればそれぞれの被災者との関係では、上記石綿含有建材の各製造・販売行為には共通

性があるといえること、上記石綿含有建材の各製造・販売行為は、客観的には、石綿関連疾患を発症する危険を包含する行為であったことをも併せ考えれば、被害者保護の見地から、民法719条1項後段が適用される場合との均衡を図って、同項後段を類推適用し、それぞれの被災者が稼働する建設現場に到達した上記石綿含有建材の各製造・販売行為と本件各被災者の石綿関連疾患の発症との間の因果関係が推定される」。「もっとも、上記石綿含有建材を製造・販売した者の過失については別途検討すべき事項であるところ」、特定主要原因企業に該当するメーカーらは、警告義務を負っていたにもかかわらず、その義務を履行していたと認めるに足りないのであるから、「上記石綿含有建材のうち本件各被災者ごとに認定された特定主要原因建材を製造・販売した特定主要原因企業は、同項後段の類推適用により損害賠償責任を負うことになり、その特定主要原因企業が複数である場合には、複数の特定主要原因企業に該当する被告らの寄与度（いわゆる集団的寄与度……）に応じた範囲で、その被告らは連帯して損害賠償責任を負う」と判示した。こうして、[2]は、被災者73名のうち64名との関連でメーカーの責任を肯定した。その表現は異なるものの、③は、最一判令3・5・17民集75巻5号1359頁（建設アスベスト訴訟神奈川1陣）で示された判断を基礎にしていると考えられる。

(2) 民法719条1項後段の類推適用又はその法意に照らした判断

[3]長崎地判令4・11・7判時2577号11頁（控訴）は、Yが設営する造船所でYの労働者もしくはYの下請会社（孫請会社を含む）の労働者として労務に従事していた者又はその承継人らが、船舶建造又は修繕の労務の際の粉じん曝露に起因してじん肺や肺がん等にり患したなどと主張して、Yに対し、安全配慮義務違反の債務不履行又は不法行為に基づき損害賠償等の支払を求めた事案である。まず、[3]は、労働者らのうち11名について、Yの造船所における粉じん作業経歴が長く、累積した大量の粉じんが主たる要因となって、じん肺、じん肺に準じた健康被害、続発性気管支炎、続発性気管支炎に類する症状、肺がん等が生じたと推認されるため、これらとYの造船所における粉じん作業との間の因果関係が認められ、また、Yには粉じん対策措置が不十分であったという点で安全配慮義務違反があるとし、これらの者の請求を一部認容した。次に、[3]は、労働者らのうち3名について、平成初期までにYの造船所で粉じん作業に従事し、その際の粉じんの曝露と、それぞれ他の事業所における粉じん曝露の影響が相まって、じん肺、続発性気管支炎、原発

性肺がんにり患しており、事実の経緯や各粉じん作業履歴の期間等に照らすと、その寄与度は、それぞれ5分の3、4分の1、5分の4と認められ、また、Yには粉じん対策措置が不十分であったという点で安全配慮義務違反があったと認められるから、「Yは、上記3名に対して、安全配慮義務に違反したと認められ、民法719条1項後段を類推適用し（不法行為の場合につき、最高裁令和3年5月17日第一小法廷判決・民集75巻5号1359頁参照）又はその法意に照らして、それぞれ、各寄与度の割合に応じた損害賠償責任を負うと解するのが相当である」と判示した。[3]は、安全配慮義務違反という債務不履行との関連で、民法719条1項後段の法意に照らして、Yの寄与度の割合に応じた損害賠償責任を認めたものである。

(3) 取引的不法行為と幇助

[4]東京高判令4・4・12判時2586号17頁（確定）は、金融商品取引等を装った詐欺の被害に遭ったと主張するXらが、IP電話サービスの提供等を行うYに対して、本件各詐欺にはYが提供する電話転送サービスが使用されており、Xらが被害に遭ったのは、Yが犯罪による収益の移転防止に関する法律（以下「犯収法」という）所定の本人確認義務又は条理上の本人確認義務等を怠り電話転送サービスを提供したことで、本件各詐欺の実行を容易にしたからであって、Yは本件各詐欺の実行犯を過失により幇助したなどと主張して、民法719条2項に基づき損害賠償等の支払を求めた事案である。Yは、通信キャリア各社や電気通信役務提供契約を締結している業者らから電話番号を買い受け、中間業者Aらとの間で、OEM基本契約を締結した。Aらは、この基本契約に基づき、Yから発着転送サービスやユニークを利用した発着信サービスの提供を受け、これらのサービスに独自の名称を付与し、規約を設けたうえで、Yから購入したユニークや電話番号とともにこれらのサービスを顧客に提供していた。Xらが被害を受けたと主張する金融取引等を装った詐欺では、これらのサービスが利用されていた。

まず、[4]は、Yはこれらのサービスを提供する際に犯収法4条1項1号により顧客の本人確認義務を負うところ、ここでいう顧客とは特定取引に係る役務の直接の受け手である契約の相手方を意味するため、Yがエンドユーザーの本人確認をしなかったとしても、Yらに犯収法上の本人確認義務違反があったということはできないとした。次に、[4]は、幇助による不法行為について、以下の3つの規範を提示した。①Yは、これらのサービスに関しては特殊詐欺等に悪用される抽象的な危険性があるため、取引の相手方である中間業者等について本人確認義務を負い、これを怠った結

果、特定することができないエンドユーザーによって電話番号が特殊詐欺等に利用された場合には、欺罔行為を容易にしたものとして幇助による不法行為責任を負う。②Yは、特定の電話番号について、解約依頼を伴う捜査関係事項照会や特定の犯罪に使用されていることを明記した弁護士会照会がされること等により、その電話番号が何らかの犯罪に利用される具体的な危険性を認識することができたときには、当該電話番号の役務提供契約の解約等の措置を講ずる義務を負い、これを怠った結果、電話番号が特殊詐欺等に利用されたときには、欺罔行為を容易にしたものとして幇助による不法行為責任を負う。③平成25年4月1日の犯収法改正後においては、中間業者が電話番号について契約相手方に対する本人確認義務を怠り、エンドユーザーによって電話番号が特殊詐欺等に利用された場合に、Yにおいて中間業者が本人確認義務を怠っていることを予見することができ、かつ、取引に基づく権利義務関係を適切に行使することで、特殊詐欺等に利用された電話番号の使用を未然に防止することができたときには、Yは、中間業者による顧客の本人確認義務が履行されているかどうかを調査し、本人が特定されない電話回線について取引を停止するなどの条理上の注意義務を負い、Yがこれを怠った結果、エンドユーザーにより電話番号が特殊詐欺等に利用され、詐欺被害が発生した場合には、加害者を不特定にすることによって特殊詐欺を幇助したといえ、幇助による不法行為責任を負う。そのうえで、[4]は、各原告が主張する被害ごとに、①については、Yに義務違反がなかったこと、②については、Yにおいて電話番号が何らかの犯罪に利用される具体的な危険性を認識することができるような事情はなかったこと、③については、犯収法改正前の事案であること、又はYに義務違反がなかったことを理由に、幇助による不法行為の成立を否定した。

違法な詐欺行為等をした者に対して場所や設備等を提供した者の責任に関しては、違法な投資勧誘業務のために事務所を使用させた行為について民法719条2項の適用を認めた事例(東京高判平29・12・20判時2384号20頁)、詐欺行為に利用された私書箱の提供者がその利用者に漫然と宅配物を交付した行為について会社法429条の責任の成立を認めた事例(東京地判平26・12・10先物取引裁判例集72号170頁)、違法な詐欺行為等に利用された預貯金口座のキャッシュカード等を提供した行為について民法719条2項の適用を認めた事例(東京地判令5・2・22判時2592号101頁)等がある。[4]では、これらの事例とは異なり、IP電話サービスの直接の契約相手方でない者による違法な詐欺行為

との関連で同サービスの提供者について同項の適用が問題となり、その判枠枠組みが示されている。

5 製造物責任

今期の対象裁判例で、「製造物責任」を主要な争点とするものは存在しなかった。

6 専門家責任

(1) 弁護士法23条の2 第2項に基づく照会への応答

弁護士法23条の2 第2項に基づく照会(以下「23条照会」という)に応じた医療機関の不法行為責任の成否が問題となった裁判例として、[5] 東京地判令4・12・26判時2587号137頁(控訴)がある。[5]は、守秘義務違反の観点から「契約裁判例の動向1」の[6]でも取り上げられているため、以下では、事案の紹介等を省略し、不法行為法の視点から[5]で示された上記問題に関する判断枠組みに言及する。

[5]は、最三判平28・10・18民集70巻7号1725頁を引用し、23条照会を受けた団体は正当な理由がない限り照会された事項について報告する義務を負うこと、23条照会の適切な運営を図るために照会権限が弁護士会に付与され、個々の申出が適切であるかどうかの判断も弁護士会に委ねられていることを述べたうえで、「それにもかかわらず、23条照会を受けた団体において、当該照会の必要性やこれに応ずることの相当性について積極的に調査をすべき義務を負うとすると、同団体は、23条照会の申出をした弁護士が受任している事件の内容等を調査した上で、当該事件における要証事実等との関係で、真に当該照会が必要なものであるか否かを判断し、さらに、同団体が23条照会に応じた場合に紛争の相手方や第三者の権利との抵触が生ずる事案においては、当該照会に応ずることによって得られる利益とこれを拒絶することによって保護される利益のいずれを優先させるべきかといった難しい法的判断を迫られることになり得るが、同団体に上記のような調査権限ないし調査義務を定める根拠規定は存在せず、また、前記の23条照会の制度趣旨に照らしても、このような重い負担を同団体に課したものとは解されない。」「Y〔医療機関——筆者注〕が本件報告をしたことにつき守秘義務違反を問われるのは、本件照会を受けたYにおいて、本件照会に係る照会事項の形式的記載内容等のほか、Yが元々保有している情報等を加味して、照会権限を有する東京弁護士会が行った本件申出の適否に関する判断が明らかに合理性を欠くと判断できるような特段の事情が認められる場合に限られる」と判示した。そして、[5]は、本件事案において

上記特段の事情は認められず、Yに守秘義務違反は存在しないとして、不法行為の成立を否定した。

［5］が提示した判断枠組みは（これに近い判断枠組みを示した裁判例として、鳥取地判平28・3・11金法2040号94頁がある）、前掲・最三判平28・10・18が出される前の裁判例である大阪高判平26・8・28判時2243号35頁で示されていた判断枠組みとは異なる。この裁判例は、23条照会には公共的性格があるとする一方で、照会事項に特段の定義や限定はなく、紹介先も広範囲であるため、事案によっては、照会を受けた者が照会事項について報告することが個人のプライバシーや職業上の秘密等の権利利益を侵害するおそれもあることからすれば、23条照会を受けた者は、「正当な理由がある場合には、報告を拒絶でき」、「正当な理由がある場合とは、照会に対する報告を拒絶することによって保護すべき権利利益が存在し、報告が得られないことによる不利益と照会に応じて報告することによる不利益とを比較衡量して、後者の不利益が勝ると認められる場合」をいうとしたうえで、税理士が23条照会に応じて保管中の嘱託者であった納税義務者に係る確定申告書や総勘定元帳の写しを送付したことにつき、税理士において報告を拒絶すべき場合に当たり、当該事案で税理士には守秘義務に違反する違法な行為があったとして、納税義務者に対する関係で不法行為の成立を認めていた。前掲・最三判平28・10・18が示した23条照会の制度趣旨等に照らせば、23条照会に応じた者の不法行為の成否に関しては、前掲・大阪高判平26・8・28の理解よりも［5］の理解の方が適切である（この点については、民事判例15に掲載されている前掲・最三判平28・10・18に関する筆者の評釈も参照）。

(2)　土地家屋調査士法44条1項に基づく措置申立て等

事実上又は法律上の理由のない土地家屋調査士法44条1項に基づく措置申立て等について、不法行為の成否が問題となった裁判例として、［6］名古屋高金沢支判令4・3・23判時2582号20頁（確定）がある。［6］は、県公共嘱託登記士土地家屋調査士協会Y_1に所属する土地家屋調査士であったX_1及びX_2が、Y_2からY_6まで（Y_2からY_4まではY_1の副理事長、Y_5はY_1の理事長、Y_6はY_1の理事の各地位にあった者である）が①Y_1の理事会を経ることなく事実上又は法律上の理由がないのに同項に基づきX_1及びX_2に関する措置申立てを行うとともに、②Y_1の臨時社員総会でXらの名誉を毀損する発言をしたことが共同不法行為に当たるなどと主張して、Y_2からY_6までに対しては民法709条及び同719条に基づき、Y_1に対しては一般社団法人及び一般財団法人に関する法律（以下「一般法人法」という）78条に基づき、損害賠償等の支払を求めた事案である。

［6］は、上記①及び②の判断に関しては、原審である福井地判令3・4・14判時2582号26頁をそのまま引用している。まず、［6］の原審は、①について、「土地家屋調査士法44条1項に基づく措置申立てを行う者は、措置申立てを受ける対象者の利益が不当に侵害されることがないように、対象者に懲戒事由があることを事実上又は法律上裏付ける相当な根拠について調査、検討をすべき義務を負う。そして、同項に基づく措置申立てが事実上又は法律上の根拠を欠く場合において、請求者が、そのことを知りながら又は通常人であれば普通の注意を払うことによりそのことを知り得たのに、あえて措置申立てをするなど、措置申立てが懲戒制度の趣旨目的に照らし相当性を欠くと認められるときには、違法な措置申立てとして不法行為を構成する」と判示したうえで、Xらに対する措置申立ては事実上又は法律上の根拠を欠き、Y_1の執行部であったY_2からY_5までは事情を確認していればそのことを知り得たとして、Y_2からY_5までの責任を認めた。また、［6］の原審は、Y_6に関して、申立人でない以上、調査義務違反等の責任を問うことはできないとして、X_1との関係では不法行為の成立を否定する一方で、X_2に係る申立ては報告書を前提としており、この報告書はY_6が担当者に強く迫り作成させY_2からY_5までに提供されたもので、Y_2からY_5まではY_6の上記行為により初めて申立てをすることが可能になったといえ、Y_6はY_2からY_5までによる申立てを幇助したと評価することができるとして、X_2との関係で民法719条2項に基づく共同不法行為の成立を認めた。次に、［6］の原審は、②について、Y_3はY_1の臨時社員総会でXらの社会的評価を低下させる発言をしているところ、この発言は、執行部の報告事項としてされ、Y_2からY_5までの意思決定に基づくものであるとして、Y_3との関係では不法行為の成立を、Y_2、Y_4、Y_5との関係では共同不法行為の成立を認める一方で、Y_6に関しては、執行部が上記の発言をすることにつき具体的な関与はなかったとして、共同不法行為の成立を否定した。さらに、［6］の原審は、①及び②との関連で、一般法人法78条にいう「職務を行うについて」に当たるかどうかは、代表者の職務に関連した行為であるかどうかによって判断されると判示し、Y_5による上記各行為はその職務に関連した行為であると評価して、同条に基づくY_1の責任を肯定した。

(3)　日本ボクシングコミッションによるライセンス更新の不許可

一般財団法人日本ボクシングコミッションY_1がし

たライセンス更新を不許可とする処分について、不法行為の成否が問題となった裁判例がある。[7]東京高判令4・2・24判タ1514号72頁（確定）は、元及び現役のプロボクサーであるX₁からX₃まで並びにX₁からX₃までによるプロボクシングの試合を興行するX₄が、Y₁によりX₁からX₃までが所属していたプロボクシングジムの会長のクラブオーナーライセンス及びプロモーターライセンス並びに同ジムのマネージャーのマネージャーライセンスについての更新を不許可とする違法な処分がされた等と主張して、Y₁及びY₁の理事長や理事等の地位にあった者Y₂からY₈まで（Y₂はY₁の理事長及び資格審査委員会兼倫理委員会の委員長、Y₃は同委員会の委員及びY₁の事務局長代行、Y₈はY₁の理事及び事務局長の各地位にあった者である）に対し、（共同）不法行為又は役員等の第三者に対する責任（一般法人法198条による117条1項の準用）による損害賠償等の支払を求めた事案である。

まず、[7]は、規程ではライセンスの次年度の更新は特別の事情がない限り許容されると規定され、この特別の事情については委員会が一定の裁量をもって判断することができるが、ライセンスの更新不許可はそのジムに所属するボクサーが日本で試合をすることができなくなるという重大な不利益をもたらす処分であること等に鑑みると、その裁量には一定程度の制約があり、処分が客観的にみて合理的な理由を欠き、社会通念上相当であると認められない場合には、裁量権を逸脱・濫用したものとして当該処分は違法になると判示したうえで、具体的な事実関係を詳細に検討し、本件各処分について裁量権を逸脱・濫用するもので違法であるとして、このことを前提に、Y₁、Y₂、Y₃、Y₈の責任を認めた。そして、[7]は、原審である東京地判令2・1・31判タ1495号228頁で示された、「ある違法行為により、その直接の名宛人でない第三者が損害を被った場合であっても、その違法行為を行った者は、当該違法行為と当該損害との間に相当因果関係がある限り、当該第三者に対し不法行為責任を負う」という理解を前提として、本件処分により、X₁からX₃までは日本でプロボクシングの試合を行うことができずファイトマネーを得られなくなり、X₄はこれによる興行収入を得られなくなったとしたうえで、諸事情を考慮し、具体的損害額を算定した（X₁について2640万円、X₂について1650万円、X₃について2420万円、X₄について3300万円である。原審の前掲・東京地判令2・1・31から損害賠償額が増額されている）。

(4) その他

その他、「専門家責任」に関わるものとして、以下の各裁判例がある。「不法行為裁判例の動向2」ではその概要だけを示し、詳細な紹介については他のパートに譲る。

まず、業務委託契約の受任者等の責任との関係で、[8]東京地判令4・6・8判タ1515号194頁（確定）がある。[8]は、公益財団法人と業務委託契約を締結していた会社の代表取締役で同法人の顧問の地位にあった者による業務委託の趣旨に反する行為等について、不法行為の成立を認めた事例である。[8]の詳細は、「契約裁判例の動向2」の[5]で紹介されている。

次に、医療従事者等の責任に関わる裁判例として、[9]東京地判令5・9・29判タ1514号185頁（確定）及び[10]札幌高判令5・3・28判タ1516号102頁（上告、上告受理申立て）がある。[9]は、医師について、ワーファリンを継続的に服用していた患者にその服用を中止する指示をしてから遅くとも5日以内には血液凝固能検査をし、血液凝固能が治療域の下限を下回ったことを確認した場合には、可及的速やかにイグザレルトの投与を処方する義務の違反を認め、クリニックの使用者責任を肯定した事例である。また、[10]は、敗血症にり患しこれを原因として横紋融解症及び急性腎不全の状態にあった患者に対し、造影剤及び大量の輸液を投与したことについて、病院の責任を否定した事例である。[9]及び[10]の詳細は、「医事裁判例の動向」の[15]及び[17]で紹介されている。

また、金融機関等の責任に関わる裁判例として、[11]東京地判令5・2・16金法2229号54頁（確定）、[12]東京高判令5・8・8金判1684号34頁（確定）、[13]東京高判令6・1・25金判1692号32頁（確定）、[14]東京高判令5・8・3金判1687号34頁（確定）、及び[15]東京地判令6・1・24金判1693号46頁（確定）がある。[11]は、銀行が預金を相続により取得したと主張する者からの預金の払戻請求に応じなかったことが当該具体的事実関係のもとでは不法行為に該当しないとした事例である。[12]は、預金者の預金がその意に反して第三者名義の口座に振込送金されたことについて、振込みに先立って銀行の担当者から預金者に対し説明と確認がされ、預金者の承諾が得られていたという事情のもとでは、不法行為は成立しないとした事例である。[13]は、銀行がA名義の口座に誤って振り込まれた預金をAに対する貸金債権の弁済に充当したことについて、誤って振込みをした者との関係で不法行為の成立を否定した事例である。[14]は、振り込め詐欺の被害者が犯罪利用預金口座等に係る資金による被害回復分配金の支払等に関する法律に基づく被害回復分配金の支払申請をするに際して、信用組合が預金保険機構に対する公告の求めにおいて対

象預金口座名義人を誤って記載したことにより申請が遅れたこととの関連で、信用組合につき不法行為の成立を否定した事例である。最後に、[15]は、投資用不動産の購入資金を融資した銀行について、融資を受けた者の資産や不動産評価に関する不動産業者による偽装工作を看過したことにつき過失があるとはいえないとして、不法行為の成立を否定した事例である。[11]から[13]までの詳細は、「金融・担保裁判例の動向」の[2][5]及び[7]で紹介されている。また、[14]は権利又は法律上保護される利益の内容に、[15]は故意又は過失に関わるため、これらの詳細は、「不法行為裁判例の動向1」の[7]及び[4]で紹介されている。

さらに、建物や設備等の施工者、設計・管理者等の責任に関わる裁判例として、[16]仙台地判令5・2・20判タ1515号143頁、[17]東京高判令5・2・28判タ1514号39頁（上告、上告受理申立て）、[18]東京高判令5・3・15判タ1517号92頁（上告、上告受理申立て）、[19]東京地判令3・12・24判時2574号37頁（控訴）、及び[20]大阪高判令4・9・29判時2573号58頁（確定）がある。[16]は、マンションの管理組合が、建物としての基本的な安全性が欠けることがないよう配慮する義務の違反を理由に、同マンションの施工を発注した者、設計・管理者、施工者から営業譲渡を受けた者に対してした損害賠償請求について、民法旧724条後段により同請求権が消滅したとされた事例である。[17]は、戸建て住宅につき建物としての基本的な安全性を損なう瑕疵はなく、その請負人について不法行為の成立を否定した事例である。[18]は、建築基準法令に適合しない建物を建築して販売した者が、当該建物の購入者から賃借した後に購入した者に対し、賃貸事業を営むことができる建物を建築して提供すべき信義則上の義務に違反したことを理由とする不法行為責任を負うことを認めた事例である。[19]は、マンションの機械式駐車装置について、その利用者の生命、身体、財産を危険にさらすことがないような安全性を備えていないということはできないなどとして、同装置を製造者から購入し設置した者につき不法行為の成立を否定した事例である。最後に、[20]は、大阪府から地下トンネル設計業務の委託を受けた建築コンサルタントについて、設計義務違反を認めた事例である。[16]から[20]までの詳細は、「物権・不動産取引裁判例の動向」の[8][9][10][11]及び[6]で紹介されている。また、[16]及び[19]の詳細は、「不法行為裁判例の動向1」の[2]及び[1]で、[18]の詳細は、「契約裁判例の動向2」の[3]でも紹介されている。なお、[20]は、「注目裁判例研究　不法行

為1」の対象になっている。

* 統合失調症の治療のため精神科病院に任意入院者として入院した患者が無断離院をして自殺した場合において、上記病院の設置者に無断離院の防止策についての説明義務違反があったとはいえないとされた事例である最二判令5・1・27判時2578号5頁は、すでに民事判例27の「医事裁判例の動向」[19]と同28の「取引裁判例の動向」[24]で紹介済みである。

7　交通事故

[21]旭川地判令5・3・16判時2580＝2581号229頁（確定）は、信号機のない十字路（以下「本件十字路」という）で、優先道路を走行していた普通乗用自動車の左側面にタクシーが衝突する事故が生じ、双方の自動車が損傷したため、普通乗用自動車の所有者Aがタクシーの運転者Dに対して損害賠償等の支払を求める一方（第1事件）、タクシーの所有者Cが普通乗用自動車の運転者Bに対して損害賠償等の支払を求めた事案（第2事件）である。[21]は、本件十字路の角に自動車が駐車されていたため、本件十字路は互いの進行方向側の見通しが悪い状態にあり、D及びBにはいずれも左右から進行してくる車両の動静を十分に確認する義務があったのにこれを怠った過失があったとし、BとDの過失割合を50対50とした。その際、[21]は、道路の幅員に大きな差はなく、事故当時は道路脇の雪の堆積のため幅員の判断はより困難であったこと、タクシー側の本件十字路の入口にある停止線は積雪により確認することができず、タクシー側の本件十字路の入口に設置されていた標識は表面に雪が付着して表示内容を確認することができない正三角形のもので、その形状から一時停止が要求されていると推認することができるものではなかったこと等を挙げ、Dが、道路の幅員や標識の設置状況からタクシーの進行する道路が優先関係において劣後することを認識することはできなかったとして、この点にDの過失はないとした。

その他、交通事故に関わる裁判例として、[22]名古屋地判令5・6・28判タ1517号127頁（控訴）がある。[22]は、いわゆる休車損害について民事訴訟法248条を適用して損害額を認定した事例であり、損害に関わる。そのため、[22]の詳細は、「不法行為裁判例の動向1」の[14]で紹介されている。

* 両側感音性難聴を有していた11歳の女性が交通事故により死亡した事案でその逸失利益の算定が問題となった大阪地判令5・2・27判タ1516号198頁（控訴）については、すでに民事判例28の「不法行為裁判例の動向」[5]で紹介済みであるが、今期の対象となっている裁判例登載誌にも掲載されており、「注目裁判例研究　不法行

為2」で取り上げられている。

8　学校事故

運動会における事故に関わる裁判例、部活動における事故に関わる裁判例、部活動の一環としての活動における事故に関わる裁判例、幼稚園における食事中の事故に関わる裁判例がそれぞれ1件ずつあるほか、教諭の行きすぎた指導又は暴言等に関わる裁判例が1件ある。

(1)　運動会における事故

[23] 広島地福山支判令5・4・26判時2590号70頁（確定）は、国立大学法人Yが設置運営する幼少中一貫校に在籍していた14歳のAが、運動会における組体操のプログラムで実施された騎馬の演技に参加し、その2日後に脳内出血を発症し死亡したことから、Aの両親 X_1 と X_2 及びAの弟 X_3 と X_4 が、Aは騎馬の演技の際に頭部に外力を受ける事故に遭いこれにより脳内出血を発症して死亡したのであり、Yの教諭らには①安全配慮義務違反及び②調査報告義務違反があったと主張し、Yに対して、損害賠償等の支払を求めた事案である。[23] は、騎馬の解体時にAの頭部に外力が加わる現象が生じた可能性を否定することはできないものの、その際の具体的状況に照らしてその外力の程度は強度なものとは認められず、また、その外力により脳内出血を生じてAが死亡したと認めるのは困難であると判示して、①に基づくXらの請求を認めなかった。また、[23] は、YがXらからの調査要求に応じて適時に合理性のある調査を行いその結果をXらに報告していたとして、②に基づくXらの請求も認めなかった。

(2)　部活動における事故

[24] 京都地判令5・2・9判時2585号51頁（控訴後和解）は、京都府立高校の1年生で自転車競技部の部員であった X_1 が、入部から約1か月後に、同部の活動として、上級生らとともに国道の下り坂（以下「本件道路」という）を走行中に、右曲がりのカーブ（以下「本件カーブ」という）を曲がりきることができずにガードレールに衝突し、側溝に転落して、両下肢全廃等の後遺障害を負ったことから、 X_1 及びその父 X_2 が、顧問の教諭Aに注意義務違反があったなどと主張し、京都府Yに対して、損害賠償等の支払を求めた事案である。[24] は、Aは、本件道路において X_1 を上級生らとともに走行させれば、 X_1 が上級生らに合わせて走行し、本件カーブを曲がりきることができずに転倒等してしまう可能性があることを予見することができたのであるから、 X_1 に対し、上級生らに合わせて走行する必要はないと指導したり、上級生らに対し、 X_1 がグループ

に加わることから自分たちの普段の練習より遅い速度で走行するよう指導したりするなど、 X_1 を上級生らとともに走行させることに伴う特別な指導を行うべき注意義務を負っていたにもかかわらず、部員らに対して、「ここからの下りは練習ではない、下りるだけ。」などと指導しただけで、上記のような特別な指導を行わなかったのであるから、Aには上記の義務違反があったと判示し、Xらの請求を一部認容した。なお、[24] は、過失相殺に関して、 X_1 が転倒しない速度について指導されていなかったことや、転倒しない速度の感覚をつかむ練習をする機会を与えられていなかったことから、 X_1 が転倒しない速度を維持することができなかったことをもって X_1 の過失とみることはできず、また、 X_1 が道路交通法について指導を受けたとは認められないとして、 X_1 が車間距離を詰める必要があるという道路交通法上のルールに反する認識を有していたことをもって X_1 の過失とみることはできず、さらに、事故前において X_1 に相当の疲労があったことはAにとって明らかであったため、 X_1 があらかじめ疲労を申告しなかったことをもって X_1 の過失とみることはできないとして、これを否定した。

(3)　部活動等の一環としての活動における事故

[25] 宇都宮地判令5・6・28判タ1516号188頁（確定）は、栃木県高等学校体育連盟 Y_1 が主催する春山安全登山講習会に県立高等学校の部活動の一環として参加していた生徒及び教師が雪崩に巻き込まれて死亡したことから、これらの者の父母等（以下「Xら」という）が、県 Y_2 の公務員で講習会の講師であった Y_3、 Y_4 及び Y_5、並びに Y_1 のほか、 Y_2 に対して、損害賠償等の支払を求めた事案である。まず、[25] は、 Y_3 から Y_5 までについては、「公権力の行使に当たる国又は公共団体の公務員が、その職務を行うについて、故意又は過失によって違法に他人に損害を与えた場合には、国又は公共団体がその被害者に対して賠償の責に任ずるのであって、公務員個人はその責を負わない」として、これらの者に対するXらの請求を棄却した。次に、[25] は、 Y_1 及び Y_2 について、XらがYらにおいて「遅くとも27日〔雪崩が起きた日──筆者注〕の朝の時点で……付近の気象情報や雪崩注意報等の発令の有無などを確認し、雪崩が発生する危険性を想定して本件講習会を中止すべき義務があったにもかかわらず、これを怠って漫然と本件講習会を続行し、それによって本件事故が発生したと主張するところ、 Y_2 及び Y_1 は、 Y_3 ら及び Y_1 の注意義務違反（違法性ないし過失）を争うことを明らかにしない。」「よって、 Y_2 は国賠法1条1項に基づき、 Y_1 は民法709条に基づき、本件事故により本件被災者ら及びXらに生じた損害について賠償責任を負

う。」と判示して、Y₁及びY₂に対するXらの請求を認容した。

(4) 幼稚園における食事中の事故

[26] さいたま地判令5・3・23判時2584号89頁（控訴）は、Y₁が経営する幼稚園の園児X₁が同幼稚園で昼食をとっていた際にウインナーを喉に詰まらせ医療機関に救急搬送されたものの、低酸素性虚血性脳症等の後遺症を負ったことについて、X₁、その父X₃、母X₄及び姉X₂が、①X₁の意識喪失後に直ちに心肺蘇生法を実施しなかったこと、②適時に適切な異物除去を実施しなかったこと、③園児の安全を管理する体制を構築しなかったことに過失又は安全配慮義務違反があったなどと主張し、Y₁、その理事長Y₂、園長Y₃及び教諭Y₄に対して、損害賠償等の支払を求めた事案である。[26] は、①について、本件事実関係のもとでは、Y₃による背部叩打が終わった時点で、X₁の周辺にいたY₃らには直ちにその場で心肺蘇生法を講ずる注意義務があったのに、これが講じられなかった点において、Y₁からY₃までには過失又は安全配慮義務違反が認められるとしたうえで（なお、Y₄については、過失又は安全配慮義務違反が否定されている）、仮にこの時点でX₁に心肺蘇生法が実施されていたとしてもX₁に重篤な後遺症が残らなかった高度の蓋然性は認められないが、X₁に重篤な後遺症が残らなかった相当程度の可能性はあったとして、その侵害を肯定し、X₁について、500万円の非財産的損害の賠償を認めた。その際、[26] は、Xらは相当程度の可能性の侵害による損害を主張していないが、重大な後遺症による損害を主張した場合、後遺症が生じたことによる精神的苦痛と後遺症が生じなかった相当程度の可能性を侵害されたことによる精神的苦痛とは包含関係にあると解されるから、Xらの本訴請求はこのような請求をも包含するものと解されると判示している。しかし、その死亡の時点においてなお生存していた相当程度の可能性や重大な後遺症が残らなかった相当程度の可能性が生命又は身体とは別の法益であるという理解と、損害賠償請求権は被侵害利益ごとに成立するという理解（最三判令3・11・2民集75巻9号3643頁及び民事判例25に掲載されている同判決に関する筆者の評釈を参照）を前提とすれば、上記のような考え方には疑問が残る。他方で、[26] は、②及び③については、本件事実関係のもとでは、Yらに過失又は安全配慮義務違反は認められないとした。また、[26] は、X₂からX₄までの請求については、損害の不存在を理由に棄却している。なお、特別養護老人ホームに入所していた者の食事中の事故に関わる事案として、名古屋地判令5・2・28判時2582号64頁があり、「契約裁判例の動向1」の [11] で紹介されてい

る。

(5) 小学校教諭の行きすぎた指導又は暴言等

[27] 熊本地判令5・2・10判時2588号21頁（確定）は、市立の小学校に通う小学生Xが、クラス担任であった教諭Aから、①腕を強く掴み正面から首元を掴んで教室壁方向に押しやる行為を受けたこと、②クラス全員の前で、Ⓐ「お前ははっきり言ってクソだ。」、Ⓑ「もう学校に来なくていい。」、Ⓒ「もうXとは話すな。」、「もうXとは関わるな。」、「友達を選びなさい。本当にこの人といたら楽しい、安心できるという友達と過ごしなさい。」、Ⓓ「親に言っても無駄だ。俺は撤回しないから。」と言われたことが、いずれも違法な行為に当たるなどと主張し、熊本市Yに対して、損害賠償等の支払を求めた事案である。①は、Xがクラスの児童全員に課された目標枚数の折り鶴のうち3羽を折らず帰宅しようとしたため、その帰宅を阻止する目的でされたものであり、②は、Aが女子児童らをバレーボールの遊びから仲間外れにしたのはXであると判断したうえで、Xを含むクラス全員の前でされたものであった。[27] は、①について、目的自体は指導の一環として不合理ではないが、当該時点において当該行為をしなければならない必要性や相当性は乏しく、行き過ぎたもので、教諭が児童に対して行うことが許される教育的指導の範囲を逸脱していると判示した。また、[27] は、②について、その内容がXを侮辱するもの（Ⓐ）、Xを学校生活から排除するもの（ⒷⒸ）、親権者への口封じをするもの（Ⓓ）であることに照らせば、Aの感情の赴くままにされたもので、その目的自体が不合理であること、及び各発言がXに及ぼす不利益は非常に大きなものであったことからすると、教諭が児童に対して行うことが許される教育的指導の範囲を逸脱していると判示した。そして、[27] は、Yに対して、非財産的損害の賠償として11万円等の支払を命じた。

9 国家賠償法

(1) 最高裁判所の判決

最高裁判所の判決が2件ある。

* 行政機関、地方公共団体その他の行政事務を処理する者が行政手続における特定の個人を識別するための番号の利用等に関する法律に基づき特定個人情報の収集、保管、利用又は提供する行為と国家賠償法1条1項の違法に関する最一判令5・3・9判時2574号5頁（民集77巻3号627頁）は、すでに民事判例28の「不法行為裁判例の動向」[13] で紹介済みである。

(a) 憲法53条後段の規定による臨時会招集決定の遅滞等

[28] 最三判令5・9・12民集77巻6号1515頁は、

日本国憲法（以下「憲法」という）53条後段の規定により内閣に対し国会の臨時会の召集を決定することを要求した国会議員が、内閣による上記決定の遅滞を理由として国家賠償法1条1項に基づく損害賠償請求をすることができるかどうかが問題となった事案である。[28] は、以下のように判示して、これを否定した。憲法53条は「国会と内閣との間における権限の分配という観点から、内閣が臨時会召集決定をすることとしつつ、これがされない場合においても、国会の会期を開始して国会による国政の根幹に関わる広範な権能の行使を可能とするため、各議院を組織する一定数以上の議員に対して臨時会召集要求をする権限を付与するとともに、この臨時会召集要求がされた場合には、内閣が臨時会召集決定をする義務を負うこととしたものと解されるのであって、個々の国会議員の臨時会召集要求に係る権利又は利益を保障したものとは解されない。」。「所論は、国会議員は、臨時会が召集されると、臨時会において議案の発議等の議員活動をすることができるというが、内閣は、憲法53条後段の規定による臨時会召集要求があった場合には、臨時会召集要求をした国会議員が予定している議員活動の内容にかかわらず、臨時会召集決定をする義務を負い、臨時会召集要求をした国会議員であるか否かによって召集後の臨時会において行使できる国会議員の権能に差異はない。そうすると、同条後段の規定上、臨時会の召集について各議院の少数派の議員の意思が反映され得ることを踏まえても、同条後段が、個々の国会議員に対し、召集後の臨時会において議員活動をすることができるようにするために臨時会召集要求に係る権利又は利益を保障したものとは解されず、同条後段の規定による臨時会召集決定の遅滞によって直ちに召集後の臨時会における個々の国会議員の議員活動に係る権利又は利益が侵害されるということもできない。」。

なお、[28] には宇賀克也裁判官の反対意見が付されている。同裁判官は、適法に臨時会が召集されなかった期間は国会議員としての活動が妨げられたことになり、損害の発生が認められるところ、この損害が法的保護に値するかどうかが問題となるが、個々の国会議員は国会の審議に参画して表決に加わる権利を有することからすれば、結論としてこれを肯定してよいとする。その際、同裁判官は、臨時会の召集が遅滞した場合には、臨時会召集要求に加わった議員のみならず、全ての議員が審議に参画して表決に加わることができないことになるものの、臨時会召集要求に加わらなかった議員は、早期に臨時会で審議に加わることを欲していなかったと考えられるので、臨時会の召集が遅滞したとしても、法的に保護される利益が侵害された

とはいえないのに対して、臨時会召集要求に加わった議員は、臨時会で審議に加わることを望んでいたにもかかわらず、それを妨げられたのであるから、その場合に法的に保護される利益が侵害されたとして、両者を区別することには合理性があると述べている。

 (b) 刑事施設の被収容者が収容中に受けた診療に関する保有個人情報の全部不開示決定等

[29] 最一判令5・10・26判時2589号5頁は、東京拘置所に未決拘禁者として収容されていたXが、令和3年法律第37号による廃止前の行政機関の保有する個人情報の保護に関する法律（以下「旧行政機関個人情報保護法」という）に基づき、東京矯正管区長に対し、Xが収容中に受けた診療に関する診療録に記録されている保有個人情報（以下「本件情報」という）の開示を請求したところ、同法45条1項所定の保有個人情報に当たり、開示請求の対象から除外されているとして、その全部を開示しない旨の決定（以下「本件決定」という）を受けたことから、本件決定は違法であると主張して、国Yを相手に、その取消しを求めるとともに、国家賠償法1条1項に基づく損害賠償の支払等を求めた事案である。第1次上告審判決（最三判令3・6・15民集75巻7号3064頁）は、刑事施設に収容されている者が収容中に受けた診療に関する保有個人情報（以下「被収容者診療情報」という）は旧行政機関個人情報保護法45条1項所定の保有個人情報に当たらないとし、同法12条1項の規定による開示請求の対象になると判示した。これを受けて、東京矯正管区長は、本件決定を全部取り消すとともに、本件情報の一部を開示する旨の決定をした。

[29] は、以下のように判示して、Xの損害賠償請求を一部認容した原審を破棄した。「本件決定は、本件情報に係る開示請求を受けた東京矯正管区長において、行政機関個人情報保護法45条1項の解釈を誤り、被収容者診療情報は同項所定の保有個人情報に当たるとの見解に立脚して行ったものであるが、そのことから直ちに、本件決定につき国家賠償法1条1項にいう違法があったとの評価を受けるものではなく、東京矯正管区長が本件決定をする上において、職務上通常尽くすべき注意義務を尽くすことなく漫然と判断したと認め得るような事情がある場合に限り、上記評価を受ける」。本件決定当時、公開されていた裁判例や情報公開・個人情報保護審査会の答申は、いずれも被収容者診療情報が旧行政機関個人情報保護法45条1項所定の保有個人情報に当たるとの見解をとっており、第1次上告審判決が判示した理由と同旨の解釈を示す文献等があったことはうかがわれないこと、被収容者診療情報について、刑事事件に係る裁判の内容の実現等に

付随する作用に関するものとみる余地はあり、上記見解が同項の文理に反するとまではいえないこと、第三者による前科等の審査に用いられるなどの弊害の発生を防止するという同項の趣旨に照らしても、被収容者診療情報が開示されることになれば収容中に診療を受けた事実、ひいては前科等の存在が明らかになることからすると、上記見解が不合理であるとまではいえない。従って、本件決定当時、東京矯正管区長が立脚した上記見解に相当の根拠がなかったとはいえず、東京矯正管区長が本件決定をするに際して、職務上通常尽くすべき注意義務を尽くすことなく漫然と判断したと認めるような事情があるとはいえない。

(2) 立法行為又は立法不作為

立法行為（[30]〔31〕〔33〕）又は立法不作為（〔33〕〔34〕〔35〕〔36〕）の違法が問題となった裁判例が6件ある。

*　香川県ネットゲーム依存症対策条例を定めること及び同条例を改廃しないことは国家賠償法1条1項の適用上違法であるとはいえないとした高松地判令4・8・30判時2589号90頁は、すでに民事判例28の「不法行為裁判例の動向」〔33〕で紹介済みである。また、国会が同性間の婚姻を可能とする立法措置を講じないことが国家賠償法1条1項の適用上違法であるとはいえないとした東京地判令4・11・30判タ1515号157頁は、すでに民事判例27の「不法行為裁判例の動向」〔42〕及び「家族裁判例の動向」〔2〕で紹介済みである。

(a) 旧優生保護法における強制優生手術に関する規定についての立法行為

〔30〕仙台高判令5・10・25判時2579号64頁（上告受理申立て）は、旧優生保護法に基づく優生手術を受けたX₁及びX₂（いずれも男性）が、また、〔31〕大阪高判令4・2・22判タ1514号83頁（上告受理申立て）は、同手術を受けたX₃とX₄（いずれも女性）及びX₄の夫X₅が、それぞれ、国Yに対して、国家賠償法1条1項に基づき損害賠償等の支払を求めた事案である。なお、〔31〕については、すでに民事判例26の「不法行為裁判例の動向」〔41〕で紹介されているものの、〔30〕と〔31〕を合わせて整理することにより、〔30〕及び〔31〕と後掲の最大判令6・7・3裁時1843号1頁（令和5年（受）第1319号）との間に看取される微妙な差異を浮き彫りにすることができると考えたため、今期でも重ねて言及している。また、〔30〕のうち民法旧724条後段に関わる部分については、「不法行為裁判例の動向1」の〔17〕で紹介されている。

〔30〕及び〔31〕ともに、Xらの請求を一部認容した。両者において、細部に相違はあるものの、結論を導くための理由づけはほとんど同じである。まず、①立法

行為が国家賠償法1条1項の適用上違法の評価を受けるかどうかについては、従前の判例（最大判平17・9・14民集59巻7号2087頁、最大判平27・12・16民集69巻8号2427頁等）に従って、「国会議員の立法行為又は立法不作為が国家賠償法1条1項の適用上違法となるかどうかは、当該立法の内容又は立法不作為の違憲性の問題とは区別されるべきであり、仮に当該立法の内容又は立法不作為が憲法の規定に違反するものであるとしても、直ちに違法の評価を受けるものではない」が、「その立法の内容又は立法不作為が国民に憲法上保障され、又は保護されている権利利益を違法に侵害するものであることが明白な場合や、国民に憲法上保障されている権利行使の機会を確保するために所要の立法措置をとることが必要不可欠であり、それが明白であるにもかかわらず、国会が正当な理由なく長期にわたってこれを怠る場合などには、国会議員の立法又は立法不作為は、例外的に、国家賠償法1条1項の規定の適用上、違法の評価を受ける」という枠組みにより判断されることが示されている（〔31〕。〔30〕は、この枠組みを明示していないが、当然の前提としていると考えられる）。

そのうえで、②旧優生保護法の強制優生手術に関する規定が、昭和23年7月13日の立法当時から、憲法13条、14条1項、24条2項（ただし、〔31〕は、同24条2項の違反には言及していない）に違反していることが明らかにされる。「特定の疾患に罹っているからといって、そのことのみで『その疾患の遺伝を防止するため優生手術を行うことが公益上必要である』という理由を付けて、優生手術（生殖を不能にする手術）を受けることを強制するのは、そのような制度の目的が、個人の尊重という日本国憲法の基本理念に反し、不合理であることは明白であって、その手段も、都道府県優生保護審査会の審査による適否の決定という行政の決定に基づく公権力の行使により、本人の同意を得ないまま、高度の身体的侵襲を伴い、不可逆的に生殖を不能にする優生手術を強制するのであるから、手段の合理性もないことが明らかである。」（〔30〕。表現は異なるが〔31〕でもほぼ同じことが述べられている）。このような旧優生保護法の強制優生手術に関する規定は、子を産み育てる自由（〔30〕）又は子を産み育てるか否かについて意思決定をする自由（〔31〕。〔31〕は、子を産み育てるか否かは、個人の生き方及び身体の健康に関わるだけでなく、これを希望する者にとっては、子をもうけることによって生命をつなぐという人としての根源的な願い、すなわち、個人の尊厳と密接に関わる事柄であるとも述べている）及びその意思に反して身体への侵襲を受けない自由（〔30〕〔31〕）を侵害するものであって、特

定の疾患を持つ者との関係で、憲法13条により保障される自由及び幸福追求権を侵害したものであり、明白に同条に違反している（[30] [31]）。また、旧優生保護法の強制優生手術に関する規定は、特定の疾患に罹っている者に対し、そのことのみを理由として法的な差別的取扱いをしたものであって、その区別が事柄の性質に応じた合理的な根拠に基づくとは到底認められないから、法の下の平等の原則に反する差別をしたものであり、明白に憲法14条1項に違反している（[30] [31]）。さらに、旧優生保護法の強制優生手術に関する規定は、特定の疾患を有する者に対し、合理的な根拠なく優生手術を強制して生殖を不能にし、子を産み育てる機会を強制的かつ不可逆的に失わせるものであり、国会の合理的な立法裁量の範囲を逸脱し、家族に関する事項に関して、個人の尊厳に立脚しない法律を制定したものであって、憲法24条2項にも明白に違反している（[30]）。

　最後に、①と②により、旧優生保護法の強制優生手術に関する規定は、その内容に照らして明らかに憲法13条、14条1項（及び24条2項）に違反しているのであるから、当時の時代状況を踏まえてもなお、国会議員による旧優生保護法の強制優生手術に関する規定に係る立法行為は、当該立法の内容が国民に憲法上保障されている権利を違法に侵害するものであることが明白であるにもかかわらずこれを行ったものとして、国家賠償法1条1項の適用上違法の評価を受けるという結論が導かれている。なお、[30]の原審である[32]仙台地判令5・3・6判時2579号73頁は、旧優生保護法の強制優生手術に関する規定が違憲であり、対象者の憲法上保障されている権利を違法に侵害することが明白であることを踏まえると、旧優生保護法に係る行政事務を分掌していた厚生大臣としては、本件優生手術が実施されないように、本件優生手術の実施までに旧優生保護法の改正案の提出や都道府県優生保護審査会の監督等の事務に関する都道府県知事に対する指揮監督の各権限を行使すべき注意義務があったにもかかわらず、同大臣は、そのような権限を行使しなかったとして、[30]とは異なり、厚生大臣の義務違反とその権限不行使に国家賠償法1条1項の適用における違法性を認めていた。

　ところで、次期の対象登載誌に掲載されることが想定される前掲・最大判令6・7・3は、類似の事案で、上記の諸点につき、以下のように判示している。「憲法13条は、人格的生存に関わる重要な権利として、自己の意思に反して身体への侵襲を受けない自由を保障しているところ……、不妊手術は、生殖能力の喪失という重大な結果をもたらす身体への侵襲であるから、不

妊手術を受けることを強制することは、上記自由に対する重大な制約に当たる。したがって、正当な理由に基づかずに不妊手術を受けることを強制することは、同条に反し許されないというべきである。」。「本件規定の立法目的は、特定の障害等を有する者が不良であり、そのような者の出生を防止する必要があるとする点において、立法当時の社会状況をいかに勘案したとしても、正当とはいえないものであることが明らかであり、本件規定は、そのような立法目的の下で特定の個人に対して生殖能力の喪失という重大な犠牲を求める点において、個人の尊厳と人格の尊重の精神に著しく反するものといわざるを得ない。」。「したがって、本件規定により不妊手術を行うことに正当な理由があるとは認められず、本件規定により不妊手術を受けることを強制することは、憲法13条に反し許されないというべきである。」。また、憲法14条1項は、「事柄の性質に応じた合理的な根拠に基づくものでない限り、法的な差別的取扱いを禁止する趣旨のものである」ところ、「本件規定は、①特定の障害等を有する者、②配偶者が特定の障害等を有する者及び③本人又は配偶者の4親等以内の血族関係にある者が特定の障害等を有する者を不妊手術の対象者と定めているが、上記のとおり、本件規定により不妊手術を行うことに正当な理由があるとは認められないから、上記①から③までの者を本件規定により行われる不妊手術の対象者と定めてそれ以外の者と区別することは、合理的な根拠に基づかない差別的取扱いに当たるものといわざるを得ない。」。「以上によれば、本件規定は、憲法13条及び14条1項に違反するものであったというべきである。そして、以上に述べたところからすれば、本件規定の内容は、国民に憲法上保障されている権利を違法に侵害するものであることが明白であったというべきであるから、本件規定に係る国会議員の立法行為は、国家賠償法1条1項の適用上、違法の評価を受けると解するのが相当である」。本判決と[30]及び[31]とにおいて、結論及びこれを導くための基本的な判断枠組みは共通しているものの、旧優生保護法の強制優生手術に関する規定により侵害されたと評価されている「国民に憲法上保障されている権利」の内容には微妙な差異がある。というのは、憲法13条との関連で、本判決では、少なくとも判決文のうえでは「自己の意思に反して身体への侵襲を受けない自由」のみが想定されているのに対し、[30]及び[31]では、上記の自由に加えて、子を産み育てる自由又は子を産み育てるか否かについて意思決定をする自由も想定されているからである。なお、同日に下された最大判令6・7・3法ニュース141号138頁（令和4年（受）第1050号）は、

[31]の上告審であり、Yからの上告を棄却している。

（b）警備業法における被保佐人を欠格事由とする規定についての立法行為又は立法不作為

[33]名古屋高判令4・11・15判タ1514号54頁（次期の対象登載誌であるが、判時2593号27頁）（上告、上告受理申立て）は（原審である岐阜地判令3・10・1判時2530号63頁は、民事判例26の「家族裁判例の動向」[18]で紹介済みである）、Xが成年被後見人及び被保佐人を警備業者及び警備員の欠格事由としていた警備業法旧14条及び旧3条1号の規定（以下「本件規定」という。なお、本件規定は、その後、成年被後見人等の権利の制限に係る措置の適正化等を図るための関係法律の整備に関する法律により削除されている）が、憲法14条1項、22条1項等に違反しており、国Yが本件規定を改廃せず存置し続けたことは違法行為に当たるなどと主張し、Yに対して、国家賠償法1条1項に基づき損害賠償等の支払を求めた事案である。Xは、警備会社Aと雇用契約を締結し交通誘導警備業務に従事していたところ、雇用契約で警備員としての欠格事由の発生が解除条件とされていたことから、保佐開始の審判を受けたことにより、Aから解除条件の成就を理由に雇用契約の終了を伝えられ、Aを退職した者であった。なお、[33]は、「人」の側面から、「契約裁判例の動向1」の[2]でも取り上げられている。

[33]は、本件規定の憲法適合性について、本件規定による規制は、あらかじめ警備業務の適正な実施を期待することができない類型の者を欠格事由として定め警備業務から排除し、警備業務の実施の適性を図ることにより、国民の生命、身体、財産等に対する危険を防止するという目的のために必要かつ合理的な措置であるとはいえないほか、より緩やかな規制によってはこの目的を十分に達成することができないとは認められず、また、民法上の保佐や成年後見と警備業法における規制とではその趣旨が大きく異なるため、本件規定による規制の基準を他の制度から借用してくることについて、立法府に広範な裁量が与えられているとは認め難く、立法府の判断が合理的裁量の範囲にとどまっていたとはいえないなどと判示して、本件規定はその制定当初（昭和57年）から、憲法14条1項に反するものであったとした。また、[33]は、本件規定が、警備業務を適正に実施するに足りる能力を備えた者のうち、成年被後見人又は被保佐人である者のみを区別して警備員から排除する規定であること等を指摘して、その制定当初から、同22条1項に反するものであったとした。

そして、[33]は、立法行為又は立法不作為が国家賠償法1条1項の適用上違法の評価を受けるかどうかについて、[31]が提示したのとほぼ同じ判断枠組みを示した。そのうえで、[33]は、準禁治産者であることを警備員の欠格事由とする規定を設けた昭和57年改正に係る立法行為については、憲法22条1項に違反する状態であったことが国会にとって明白であったとはいえないとして、また、精神病者に係る欠格事由を相対的欠格事由に改正する一方で本件規定を存置した平成14年改正に係る立法行為については、少なくとも被保佐人のうち警備業務遂行能力を備えた者の職業選択の自由を合理的な理由なく制約するものであることが国会にとって明白であったとはいえないとして、国家賠償法1条1項の違法を否定する一方で、Xの退職時点（平成29年3月20日）までに本件規定を改廃しなかった立法不作為については、成年被後見人等の欠格事由に関する議論の進展を踏まえると、遅くとも平成22年7月頃（最高裁判所事務総局、厚生労働省、法務省が構成員として参加していた成年後見制度研究会が発表した研究報告において、成年後見等が開始したとしても、その余の能力が直ちに欠如しているとはいえず、各法令において成年被後見人等に関する資格制限を設ける場合又はそれを維持する場合には、必要な能力の性質やノーマライゼーションの理念に照らしその必要性等を慎重に検討する必要があるとの検討結果が示された頃）には、本件規定が被保佐人の職業選択の自由を合理的な理由なく制約していることが国会にとっても明白となっており、Xが退職した平成29年3月まで約6年8か月にわたって本件規定を改廃しなかったことは、国家賠償法1条1項の適用上違法であり、その違法性は大きいとした。なお、[33]は、慰謝料の額について、本件規定が職業選択の自由そのものを規制し制限するもので、Xに対する保佐開始の審判が確定すると直ちに雇用契約が終了するに至っており、これによってXが受けた影響は大きいなどとして、原審の認容額10万円から増額して、50万円とした。

（c）親と子、祖父母と孫の面会交流に関する規定についての立法不作為

[34]東京地判令4・11・28判タ1518号149頁（控訴）は、夫婦が婚姻中に別居したことにより、又は離婚したことに伴って別居したことにより、未成年の子と自由に面会することができなくなった親と祖父母、及び両親の別居や離婚に伴い別居親と自由に面会することができなくなった子の立場にある者、又はそのような立場にあった者（以下「Xら」という）が、親と子、祖父母と孫の面会交流権について具体的に規定を設ける立法措置をとらなかったことが憲法13条、14条1項、24条2項等に違反し、違法であると主張し、国Yに対して、国家賠償法1条1項に基づき損害賠償等の

支払を求めた事案である。まず、[34] は、立法不作為が同項の適用上違法の評価を受けるかどうかについて、[31] が提示したのとほぼ同じ判断枠組みを示した。そのうえで、[34] は、第1に、親子間の面会交流権が別居親又は子の個人の人格権や幸福追求権として保障されているとみることに疑問があるほか、仮にこれを認めたとしても、こうした自由権は私人相互の関係を直接規律することを予定するものではないなどとして、憲法13条違反を否定し、第2に、同居親と別居親で法的な差別的取扱いがされているわけではないなどとして、同14条1項違反を否定し、第3に、面会交流を私法上の権利として構成せず、子の扶養や監護に第一次的義務を負う父母の協議により定めるとしたことは合理性を欠く制度ではなく、現行法の規定が裁量を逸脱しているとはいえないなどとして、同24条2項違反を否定し、親と子、祖父母と孫の面会交流権について具体的に規定が設けられていないことは、上記の基準に照らして違法ではないとした。なお、控訴審である東京高判令5・8・31判タ1525号87頁（上告受理申立）は、Ｘらの控訴を棄却している。また、[34] は、「家族」の側面から、「家族裁判例の動向」の [14] でも取り上げられている。

(d) 一方の親による子の連れ去りを防ぐための規定についての立法不作為

[35] 東京地判令5・1・25判タ1519号234頁（控訴）は、配偶者及び子と別居している者（以下「Ｘら」という）が、国会が婚姻中の一方親による他方親の同意を得ない未成年の子の連れ去り（引き離し）を防ぐための立法措置を正当な理由なく長期にわたり怠っていることにより、親権、監護権等が不当に制約されたなどと主張して、国Ｙに対して、国家賠償法1条1項に基づき損害賠償等の支払を求めた事案である。まず、[35] は、立法不作為が同項の適用上違法の評価を受けるかどうかについて、[31] が提示したのとほぼ同じ判断枠組みを示した。そのうえで、[35] は、現時点で子の連れ去りを防ぐ法規制は存在せず、Ｘらがいう立法不作為は認められるものの、親権（面会交流権を含む）は、親権者に対して子の利益となる監護及び教育という利他的な行為を要求し、その中で、親権者には、監護及び教育の内容について一定程度の裁量が与えられているにすぎず、その営みが親権者自身の自己実現に資するものであったとしても、親権が憲法上保障された人権であると解することはできないこと、また、仮に、Ｘらがいう立法不作為がＸらの憲法上保障されている権利利益を制約するとしても、憲法の規定に違反することが明白であるとはいえないことを述べ、その違法性を否定した。なお、控訴審である東京高判令5・9・27LEX/DB25596462は、Ｘらの控訴を棄却している。また、[35] は、「家族」の側面から、「家族裁判例の動向」の [15] でも取り上げられている。

(e) 親権の行使等に関する規定についての立法不作為

[36] 東京高判令4・12・13判タ1516号112頁（上告、上告受理申立て）は、配偶者Ａ及びその監護者がＡとされた子Ｘ₂と別居していたＸ₁が、自己の名及びＸ₂の法定代理人として、共同親権を有する父母の間で親権行使に関する意見対立が生じ、子が憲法上保障されている幸福追求権、生存権及び教育を受ける権利を実質的に行使することが困難となっている場合において、子の利益のために必要な決定を司法機関等が代わって行うための制度が存在しないこと、父母が別居し、その子が一方の親と同居している場合に、他方の親がその子に対する親権の行使に関する意思決定から事実上排除された場合であっても、これについて救済を求める制度が存在しないことが、憲法24条2項、14条1項に違反しており、違法な立法不作為があると主張し、国Ｙに対して、国家賠償法1条1項に基づき損害賠償等の支払を求めた事案である。まず、[36] は、立法不作為が同項の適用上違法の評価を受けるかどうかについて、[31] が提示したのとほぼ同じ判断枠組みを示した。そのうえで、[36] は、父母の間に親権の行使に関する意見対立があり、円滑に共同で親権を行使することができない場合や、父母が別居し親権の行使につき子と同居していない親の意向が事実上反映されない場合には、父母の婚姻中も民法766条を類推適用して一方を監護者と定めることができること等を踏まえると、直ちに子の憲法上保護された権利が侵害される状況にはないため、父母の意見対立を調整し、非監護親の意向を反映させるための制度を設けるかどうかは、多方面にわたる総合的な検討と判断に基づく国会の立法裁量に委ねられており、Ｘ₁がいう立法不作為は憲法24条2項に違反しないこと、また、父母の間に意見対立がある場合に親権の共同行使に支障が生ずるのは法律の規定によるものではないため、Ｘらがいう立法不作為は同14条1項に違反しないことを判示し、本件立法の不作為に違法はないとした。なお、「不法行為裁判例の動向2」の対象からは外れるが、[36] は、Ｘ₁がＡの同意なく単独でＸ₂の法定代理人としてした訴えの提起が適法な代理権を欠き不適当となると判示している。この点も含めて、[36] は、「注目裁判例研究　家族1」及び「家族裁判例の動向」の [13] で扱われている。

(3) 行政の規制権限不行使

行政の規制権限不行使の違法が問題となった裁判例

として、［37］大阪地判令 5・9・27 判時 2587 号 5 頁
（次期の対象登載誌であるが、判タ 1520 号 83 頁）（ノーモ
ア・ミナマタ第 2 次近畿訴訟。控訴）がある。［37］は、不
知火海沿岸地域又はその周辺地域にかつて居住し、共
通診断書検診によって水俣病にり患していると診断さ
れた者又はその承継人ら（以下「Ｘら」という）が、メ
チル水銀化合物を含む廃水により汚染された上記地域
の魚介類を窃取したことにより水俣病にり患したとし
て、Ｙ1社に対しては、不法行為に基づき、国Ｙ2及び熊
本県Ｙ3に対しては、各規制権限を行使して水俣病の発
生及び拡大を防止し、又は水俣病に関する健康調査を
実施すべき義務があったのにこれを怠ったとして、国
家賠償法 1 条 1 項に基づき損害賠償等の支払を求め
た事案である。なお、［37］のうち、Ｙ1の責任及び民法
旧 724 条後段に関わる部分については、「不法行為裁
判例の動向 1」の［18］で紹介されている。また、［37］
は、民事判例 28「環境裁判例の動向」の［1］でも紹
介されている。

　水俣病関西訴訟判決（最二判平 16・10・15 民集 58 巻
7 号 1802 頁）後も水俣病の救済が進まなかったことを
受けて、未認定患者らは、平成 17 年 10 月に、Ｙ1から
Ｙ3までに対して、損害賠償等の支払を求める訴訟（ノー
モア・ミナマタ訴訟）を提起した。この訴訟は、平成 23
年 3 月 25 日までに、熊本、東京、大阪の各地方裁判所
で、訴訟上の和解により終結した。他方で、平成 21 年
7 月 8 日には、水俣病被害者の救済及び水俣問題の解
決に関する特別措置法（以下「特措法」という）が成立
した。これにより、公害健康被害の補償等に関する法
律では救済を受けることができなかった「過去に通常
起こり得る程度を超えるメチル水銀のばく露を受けた
可能性があり、かつ、四肢末梢優位の感覚障害を有す
る者及び全身性感覚障害を有する者その他の四肢末
梢優位の感覚障害を有する者に準ずる者」（特措法 5 条
1 項）が救済の対象とされた。しかし、この特措法に
よる救済を受けることができる者の範囲については、
住んでいた地域や生年月日等による限定がされていた。
また、国は、平成 24 年 7 月末で、特措法の申請受付を
締め切った。このような状況を受け、特措法による救
済を受けることができなかった患者らが提起したのが、
本件訴訟である。

　まず、［37］は、前掲・最二判平 16・10・15 をほぼ
そのまま踏襲する形で、Ｙ2が昭和 35 年 1 月以降水質
二法に基づく規制権限を行使しなかったこと、及びＹ3
が昭和 35 年 1 月以降県漁業調整規則 32 条に基づく規
制権限を行使しなかったことは、国家賠償法 1 条 1 項
の適用上違法であるとする一方、Ｙ2及びＹ3が食品衛生
法上の規制権限を行使しなかったことについては違法

とはいえないとした。次に、［37］は、水俣病の病像及
び診断基準について、以下のように判示した。「疫学的
因果関係は、疾病を発症した個人が曝露の原因を創出
した者の不法行為責任を問うための要件としての法的
因果関係とは異なるものである」が、「信頼できる疫
学的研究によって、曝露と疾病との間の疫学的因果関係
を示す指標である寄与危険度割合ないし相対危険
度……が高いことが認められる場合には、当該曝露を
受けた個人であって当該疾病を有する者の多くが、当
該曝露がなければ当該疾病を発症していなかったこと
が科学的に示されることになるから、上記疫学的因果関
係が認められることは、法的因果関係を判断する上
で重要な基礎資料となるというべきである。そして、
寄与危険度割合等の程度を踏まえた上で、本件患者そ
れぞれの曝露の内容・程度、症候の内容（寄与危険度
割合等の算定の対象となった中核的な症候以外に、当
該曝露を受けた者に典型的に生じる症候の有無を含
む。）、発症に至る経過、他原因の可能性の有無等を総
合的に考慮して、本件患者それぞれについて法的因果関
係の有無を判断すべきものである。」。「メチル水銀
曝露と四肢末梢優位の感覚障害又は全身性感覚障害と
の間には、高い寄与危険度割合等により明らかな疫学
的因果関係が認められることから、個別の本件患者が
水俣病に罹患しているか否かを判断するに当たっては、
メチル水銀曝露の事実が認められ、かつ、上記各症候
のいずれかが認められること……を前提とした上で、
他の症候（舌の二点識別覚異常、口周囲の感覚障害、求
心性視野狭窄、運動失調、構音障害又は難聴等）の有
無、発症に至る経過、他原因の可能性の有無等の個別
的事情を総合的に考慮するのが相当である。」。その後、
［37］は、曝露の判断基準について、「Ｘらは、本件患
者らがメチル水銀で汚染された魚介類を摂食すること
によって水俣病を発症し得る程度にメチル水銀を摂取
した事実（曝露の事実）について立証責任を負うと解
されるところ、曝露があったとされる時期における患
者本人及び家族の毛髪や臍帯の水銀値は測定されてい
ないことが多いから、そのような場合には、患者らの
居住歴及び当該地域の汚染状況、患者ら及びその家族
による魚介類の入手及び摂食状況、同居親族内の水俣
病患者の有無等の事情を基に、上記曝露の事実を推認
できるかを検討する必要がある。」としたうえで、「毛
髪水銀値や、魚介類の水銀値等に照らし、メチル水銀
による汚染は不知火海沿岸地域に広範囲に広がってい
たと認められ、各地域や家庭における魚介類の漁獲・
流通状況及び魚介類の摂食習慣によっては、水俣病を
発症し得る程度にメチル水銀を摂取した事実（曝露の
事実）が推認されるといえる。また、排水停止後の昭

和44年以降であっても、少なくとも昭和49年1月まで
の時期に水俣湾又はその近くで獲られた魚介類を多
食した者は、曝露の事実が推認されるといえる」とし
た。そして、[37] は、個別の本件患者についてのり患
の有無を検討し、本件患者128名全員が水俣病に罹患
しているとして、Xらの請求を一部認容した。

⑷　公文書公開請求に対する決定及び対応等

公文書公開請求に対する決定や対応等の違法が問題
となった裁判例として、[38] 大津地判令4・3・17
判時2582号72頁（確定）及び [39] 大阪地判令5・
2・28判タ1516号156頁（確定）がある。

> ＊　内閣官房内閣総務官が行政文書の開示請求につき開示
> 決定等の期限を延長したことが国家賠償法1条1項の適
> 用上違法であるとはいえないとした大阪地判令5・2・
> 21判時2584号73頁は、すでに民事判例28の「不法行為
> 裁判例の動向」[29] で紹介済みである。

⒜　公文書公開請求に対する決定や対応等

[38] は、Y市の職員で同職員Aに対する強制わい
せつ事件で公訴を提起されたがその後に無罪の宣告を
受けたXが、上記事件に関わってXがした公文書公開
請求との関連でYの市長又はその担当職員がした決定
や対応等、並びに上記事件との関連でYの市長又はそ
の担当職員がした対応等に違法があると主張し、Yに
対して、国家賠償法1条1項に基づき損害賠償等の支
払を求めた事案である。[38] は、①Yの市長や担当職
員において、人事課ファイルが人事課内における組織
共用性のある文書であると解することは比較的容易で
あるにもかかわらず、そのような検討をせず、単に文
書が存在しないと回答して、その存在等を明らかにし
ない対応をした点には、適切な公文書の管理を怠り、
その公開請求者の権利を尊重し保護しなかった点に国
家賠償法上の違法性を基礎づける過失がある、②Yの
市長が、審査会に提出した非公開理由説明書において、
そのような事実がないにもかかわらず、Xが確かに加
害者であると自認していると記載したことは、Xの名
誉や名誉感情を毀損する違法行為に当たる（ただし、こ
の点については、消滅時効の完成が認められている）、③Y
の市長及び副市長が、Xが示談する意思がないことを
伝えていたにもかかわらず、6、7回にわたって示談
の促しをしていたことは、その促しを拒んだときに人
事上の不利益が生ずるのではないかとの危惧を抱かせ、
法的紛争について裁判で正当に争う権利の行使を萎縮
させるものであり、違法であるとして、Xの請求を一
部認容した。

⒝　公文書開示決定の期限の徒過

[39] は、Xが、行政機関の保有する情報の公開に関
する法律（以下「情報公開法」という）に基づき、厚生

労働大臣及び文部科学大臣に対し、新型コロナウイル
ス感染症対策の一環として配布されたマスクに関する
行政文書の開示請求をしたところ、各大臣から一部不
開示決定を受けたため、①布製マスクの単価金額及び
数量等を不開示としたことは違法であるとして、各大
臣による各決定のうち不開示とした部分の取消し及び
開示決定の義務付けを求めるとともに、②厚生労働大
臣が開示決定等の延長後の期限を約2か月にわたり徒
過したことは違法であるなどとして、損害賠償等の支
払を求めた事案である（以下では、②のみを扱う）。[39]
は、「情報公開請求を受けた行政機関の長が情報公開
法10条所定の期限内に開示決定等をしなかったから
といって、そのことから直ちに国家賠償法1条1項に
いう違法があったとの評価を受けるものではなく、行
政機関の長ないしその補助職員が当該開示請求に係る
開示決定等又はそのために必要な準備行為を行うに当
たって、職務上通常尽くすべき注意義務を尽くすこと
なく、漫然と開示決定等を長期間遅延せしめ、その遅
延が社会通念上一般人において受忍すべき限度を超え
ることにより開示請求権者の人格的な利益を侵害する
程度に至っていると認め得る事情がある場合に限り、
国家賠償法上違法の評価を受ける」と判示したうえで、
本件開示請求から決定までの期間は、開示請求を担当
する経済課が極めて多忙な状況にあり、本件開示請求
を含む情報公開請求よりも優先して対応せざるをえな
い事務が多数存在したこと、本件開示請求の内容等に
照らせば、その対象となる文書の特定作業等に相当な
手間や時間を要するものであったこと、経済課からX
に対して遅延に係る状況の説明等が行われていたこと
を挙げて、上記の事情は認められないとし、②に係る
Xの請求を棄却した。

**⑸　刑事事件の取調べ、捜査、公訴の提起、拘置所
　　における取扱い等**

刑事事件の取調べに際しての当番弁護士派遣要請の
通知の遅滞（[40]）、刑事事件の捜査や公訴の提起等
（[41]）、拘置所における書籍等の閲覧制限等（[42]）に
ついて、これらの違法が問題となった裁判例として、
次のものがある。

> ＊　刑務作業中の受刑者が負傷した事案で刑務所職員らに
> 安全指導義務違反があるとして国の責任を認めた仙台高
> 判令4・8・31判タ1517号98頁は、すでに民事判例28
> の「不法行為裁判例の動向」[36] で紹介済みである。警
> 察署に勾留されていた被勾留者が脚気にり患したことに
> ついて食事提供担当者に注意義務違反があるとして県の
> 責任を認めたさいたま地判令5・6・16判タ1514号
> 196頁は、すでに民事判例28の「不法行為裁判例の動向」
> [34] で紹介済みである。

(a) 当番弁護士派遣要請の通知の遅滞

[40] 大阪地判令4・12・23判時2583号25頁（確定）は、建造物侵入の被疑事実で現行犯逮捕され大阪府Yに設置された警察署で警察官による取調べを受けていたXが、遅くとも令和元年10月31日午後1時15分までの間に警察官に対して当番弁護士の派遣を要請したにもかかわらず、その報告を受けた別の警察官が留置主任者に対して当番弁護士の派遣要請があった旨を引き継ぐことを失念したため、大阪弁護士会に派遣要請が通知されたのが早くても同日の午後6時30分となったことから、Yに対して、国家賠償法1条1項に基づき損害賠償等の支払を求めた事案である。[40]は、大阪府警察では、逮捕された被疑者から当番弁護士の派遣要請があった場合には私選弁護人選任の申出があったものとみなし、できる限り速やかに弁護士会に派遣要請を通知する取扱いをしていたところ、この取扱いは、憲法34条後段が弁護人選任権を保障する趣旨に沿い、刑事訴訟法78条の規定に整合するものであることに照らすと、逮捕された被疑者から当番弁護士の派遣要請を受けた大阪府警察の警察官はできる限り速やかにその旨を通知する義務を負うと判示したうえで、本件事実関係において大阪府警察の警察官は過失によりこの義務に違反し、Xの弁護人選任権を侵害したとして、Xの請求を一部認容した。

(b) 警察官及び検察官による捜査、検察官による公訴の提起等

[41] 東京高判令3・8・27判時2578号9頁（布川事件国家賠償訴訟。確定）は、強盗殺人事件について逮捕及び勾留されたうえで公訴を提起され有罪判決を受けて服役し、その後に再審において無罪判決の宣告を受けたXが、検察官及び茨城県警所属の警察官による捜査、検察官による公訴の提起、検察官及び警察官の公判における活動並びに検察官の再審請求及び再審における活動に違法があったなどと主張し、国Y₁及び茨城県Y2に対して、国家賠償1条1項に基づき損害賠償等の支払を求めた事案である。[41]は、Xの請求を一部認容した。まず、[41]は、Xに対する警察官による取調べについて、この取調べは、Xに自白させるため、虚偽の事実を述べて強い心理的動揺を与えるもので、Xは、この心理的動揺のもと、虚偽の自白をしたものと推認されること、担当警察官は、Xに対するポリグラフ検査の結果、Xの供述は全て嘘であると判明したとの虚偽の内容をXに伝えており、これによりXが受けた心理的動揺は非常に強いものであったと推認されること等を述べたうえで、このような警察官の取調べは社会的相当性を逸脱して自白を強要する違法な行為であり、国家賠償法上の不法行為を構成すると

判示した。次に、[41]は、検察官による取調べについて、この取調べは、アリバイに関してXが主張する出来事は不可能であることを自分が現地で確認したという虚偽の事実を述べるなどして、Xに高圧的な態度で自白を迫ったもので、これにより、Xは絶望的な心理状態となり犯行を自白するに至ったこと、担当検察官は、これを利用して、自己の意図するまま、警察官が録取した取調べの内容では客観的に整合しない部分について供述を変えさせたり、Xがそれまで詳細に供述していた調書をあいまいな内容に変えさせたりして、Xの自白供述を客観的事実と矛盾がないようにしたこと等を述べたうえで、Xを自白させた検察官の取調べは、社会的相当性を逸脱して自白を強要する違法な行為であり、国家賠償法上の不法行為を構成すると判示した。なお、[41]のうち、民法旧724条後段に関わる部分については、「不法行為裁判例の動向1」の[16]で紹介されている。

(c) 拘置所における書籍等の閲覧制限等

[42] 名古屋地判令5・4・18判タ1516号150頁は、①拘置所長が、Xが差入れを受けたパンフレットについて、その一部の記載を閲覧させることにより刑事施設の規律及び秩序を害する結果を生ずるおそれがあると判断し、Xに対して、当該部分の抹消に同意するのであればこれを抹消したうえで閲覧させるが、そうでなければ閲覧させないと告知し、Xの同意を得てその一部を抹消したうえでXに閲覧させたこと、②拘置所長が、Xに対して郵送で差し入れられた書籍等の包装物の閲覧を不許可としたことが違法であると主張し、国Yに対して、国家賠償法1条1項に基づき損害賠償等の支払を求めた事案である。[42]は、①について、最大判昭58・6・22民集37巻5号793頁を引用し、刑事収容施設及び被収容者等の処遇に関する法律（以下「被収容者処遇法」という）69条、73条2項等の趣旨に鑑みれば、「自弁の書籍等の閲覧を禁止することができる事由としての『刑事施設の規律及び秩序を害する結果を生ずるおそれがあるとき』とは、当該書籍等を閲覧することにより刑事施設の規律及び秩序が害される一般的、抽象的なおそれがあるというだけでは足りず、被収容者の性向、行状、刑事施設内の管理、保安の状況、当該書籍等の内容その他の具体的事情の下において、その閲覧により刑事施設内の規律及び秩序の維持上放置することのできない程度の障害が生ずる相当の蓋然性があると認められ、かつ、その閲覧を禁止することが上記障害発生の防止のために必要かつ合理的である場合」をいい、その有無を判断するに当たっては、「刑事施設内の実情に通暁し、刑事施設の規律及び秩序の維持その他適正な管理運営の責務を負う

刑事施設の長による個々の場合の具体的状況の下における裁量的判断にまつべき点が少なくないため、上記の『おそれ』があるとした刑事施設の長の認定に合理的な根拠があり、その防止のために当該書籍等の閲覧を禁止する措置が必要であるとした判断に合理性が認められる限り、当該措置は適法として是認」されると判示したうえで、本件抹消部分の内容を精査し、拘置所長の判断に上記の合理的な根拠はなく、本件抹消措置は国家賠償法上違法であるとした。これに対して、[42]は、②については、被収容者処遇法の定めによれば、被収容者以外の者が使用し又は送付した金品であっても、「被収容者に交付するために」持参し又は送付したものでなければ、当該被収容者がその引渡しを受けるべき地位にあるとはいえず、本件包装物は「被収容者に交付するために」送付された物品には当たらないとして、その違法性を否定した。

(6) 議会又は裁判所における措置等

地方議会（[43]）又は裁判所（[44]）における措置等の違法が問題となった裁判例として、次のものがある。

(a) 市議会の決議、同決議の広報誌への掲載等

[43] 大阪地判令5・7・14判タ1515号72頁（控訴）は、泉南市Yの議員であるXが、Y市議会から定例会の一般質問における発言について謝罪及び反省を求める旨の決議（以下「本件決議」という）を受けたことから、Yに対して、本件決議の取消しを求めるとともに、①本件決議並びに②Y市議会の広報誌への本件決議の掲載及び同広報誌の頒布により名誉を毀損されたなどと主張し、国家賠償法1条1項に基づき損害賠償等の支払を求めた事案である。まず、[43]は、①について、最一判平31・2・14民集73巻2号123頁を引用し、「普通地方公共団体の議会の議員に対する懲罰その他の措置が当該議員の私法上の権利利益を侵害することを理由とする国家賠償請求の当否を判断するに当たっては、当該措置が議会の内部規律の問題にとどまる限り、議会の自律的な判断を尊重し、これを前提として請求の当否を判断すべき」であると述べ、本件決議は、懲罰ではなく、Y市議会がした事実上の意思決定としての決議にすぎず、内部規律の問題にとどまるとして、国家賠償法上の違法性を否定した。次に、[43]は、②についても、広報誌は、本件決議に関して、何ら評価等を加えることなく、当該決議そのものを、各議員の代表質問等の概要等の後ろに、ごく一部の紙面を利用して掲載しているにすぎないことに照らせば、Y市議会編集委員会が、Xの社会的評価を低下させるなどの態様や方法により、広報誌に本件決議を掲載し、広報誌を頒布したとは認められないとして、その違法性を否定した。

(b) 法廷警察権に基づく裁判長の措置

[44] 大阪地判令5・5・31判タ1517号121頁（控訴）は、大阪地方裁判所堺支部で審理された別件訴訟の被告X₁とその支援者X₂及びX₃が、同訴訟の口頭弁論期日に係る出廷や傍聴券発行手続に際し、同支部の支部長で同訴訟の裁判官が、Xらが着用するブルーリボンバッジ（以下「本件バッジ」という）を取り外すよう要請し、取り外さなければ入廷を認めないとの措置をとったことが違法であると主張し、国Yに対して、国家賠償法1条1項に基づき損害賠償等の支払を求めた事案である。別件訴訟は、X₁が代表取締役を務めるA社の従業員であり大韓民国国籍を有するBが、人種差別や民族差別を内容とする政治的見解が記載された文書が職場で大量に配布されその閲覧を余儀なくされたとして、A及びX₁に対し損害賠償等の支払を求めた事案であり、その過程で、Bの支援者が「STOP！ HATE HARASSMENT」の文字等がデザインされた缶バッジを着用し、A及びX₁の支援者がこれに対応して富士山と太陽が描かれた缶バッジを着用したことから、双方の支援者による主義主張の対立がバッジの着用という方法で顕在化し、一定のいさかいも生じていた。[44]は、最大判平元・3・8民集43巻2号89頁を引用し、「法廷警察権は、各場面において、その都度、これに即応して適切に行使されなければならないことに鑑みれば、その行使は、当該法廷の状況等を最も的確に把握し得る立場にあり、かつ、訴訟の進行に全責任を持つ裁判長の広範な裁量に委ねられて然るべきものというべきであるから、その行使の要否、執るべき措置についての裁判長の判断は、最大限に尊重されなければならない。したがって、法廷警察権に基づく裁判長の措置は、それが法廷警察権の目的、範囲を著しく逸脱し、又はその方法が甚だしく不当であるなどの特段の事情のない限り、国家賠償法1条1項の規定にいう違法な公権力の行使ということはできない」と判示したうえで、口頭弁論期日の開廷前や傍聴券発行場所で本件バッジの着用を許せば、BとX₁らの支援者の間で更なるいさかいに発展し、傍聴券の発行が円滑に行われず、ひいては別件訴訟の進行に支障をきたす可能性、また、Bの支援者に対し裁判所の中立性や公平性に対して疑念を抱かせる可能性があったと述べ、上記の判断枠組みに照らし、本件要請が違法な公権力の行使ということはできないとした。

(7) その他の行政処分等

その他、行政処分等の違法が問題となった裁判例として、次のものがある。

[45] 東京地判令4・12・13判時2584号61頁（控訴）は、国YがXらを漁業従事者と認めず、沖縄県尖

閣諸島周辺での漁業の操業を行おうとしていた船舶（以下「本件船舶」という）に乗船させないようにしたとして、Xらが、Yに対して、国家賠償法1条1項に基づき損害賠償等の支払等を求めた事案である。[45]は、政治目的を共有していたXらのいずれかが本件船舶に乗船して出航した場合には、本件船舶は、漁ろうのみならず漁ろう以外の目的をもって航海を行っていることとなり、そうである以上、船舶安全法に照らし、出発地である石垣島の海岸から20海里を超えては適法に航海することができなかったこととなるため、出発地から90海里に位置する地点まで航海する操業計画のもとで、海上保安庁職員が、船舶安全法違反に問われる可能性があることを考慮するなどして、Xらについて漁業従事者と認めないと回答したことに違法はないと判示して、Xらの請求を棄却した。

[46]東京地判令4・12・1判時2582号49頁（確定）は、健康保険組合Yの組合員で被保険者であるXが、届出をしていなかったにもかかわらず、Xと別居し妻Aと同居している子Bら3名をXの被扶養者から外す旨の処分を受けたことから、本件処分が違法であると主張し、Yに対して、国家賠償法1条1項に基づき損害賠償等の支払を求めた事案である。[46]は、被扶養者の認定については、被保険者からの届出の有無にかかわらず、保険者が職権で行うことができること、本件被扶養者の認定基準はいずれも合理的なものであることを判示し、Bらがその条件を満たしていない以上、本件処分は適法であるとして、Xの請求を棄却した。

（8）SACO見舞金の不支給

SACO見舞金の不支給の違法が問題となった裁判例として、[47]那覇地判令4・7・14判時2579号42頁（控訴）がある。沖縄に駐留するアメリカ合衆国の軍隊に所属するアメリカ合衆国の国籍を有する兵2名（以下「Bら」という）による強盗傷害事件の被害者であるAの妻X$_1$及び子X$_2$は、Aの死亡後に、Bらに対して合計2642万6814円（このうち、損害金元金が1737万6666円、確定遅延損害金が905万0148円である）の支払を命ずる判決を得て、沖縄防衛局に対し、合衆国軍隊等の行為等による被害者等に対する賠償金の支給等に関する省令4条1項前段の規定に基づき、上記金額等を請求額とする損害賠償請求書を提出し、アメリカ合衆国政府から146万1600円（以下「米国見舞金」という）の支払を受けた。その後、Xらは、沖縄防衛局の担当者から、確定判決の認容額から米国見舞金の額及

び確定遅延損害金部分を差し引いた残額1591万5066円の支給を求める旨が記載されたSACO見舞金支給申請書の文案を提示されたが、確定遅延損害金部分を差し引くことはできないとして、沖縄防衛局長に対し、確定判決の認容額から米国見舞金の額を差し引いた残額2496万5214円を支給することを求める旨が記載されたSACO見舞金支給申請書を提出した。これに対し、沖縄防衛局長は、Xらに対し、1591万5066円を支給する旨を回答し、このSACO見舞金を受け取ることを受諾し今後いかなる申し立てもしないことを約束する旨が記載されたSACO見舞金受諾書を提出するよう求めた。Xらは、これを拒み、SACO見舞金受諾書を提出せず、SACO見舞金を受け取らなかった。このような事実関係のもと、Xらは、沖縄防衛局長が確定判決の認容額から米国見舞金を差し引いた額を支給する手続をしなかったことが違法な公権力の行使に当たると主張し、国Yに対して、国家賠償法1条1項に基づき損害賠償等の支払を求めた。

[47]は、①国は米国軍隊の構成員又は被用者がした公務外の行為によって第三者に生じた損害を賠償する法律上の責任を負わないものの、被害者救済の趣旨から見舞金を支給するものとしているのであり、被害者等に生じた損害のうちどの部分又はどの程度のものを救済する趣旨で見舞金を支給するか、いかなる基準及び手続によって見舞金を支給するかは、国の広範な裁量に委ねられているところ、SACO見舞金支給制度の内容は、国が有する裁量権の範囲を逸脱し又はこれを濫用したものとは認めがたいこと、②国が被害者等に対してSACO見舞金を支給することの法的性質は、国が国と被害者等との間で締結された見舞金を贈与する旨の契約に基づき同契約によって負う債務を履行することであり、被害者がSACO見舞金受諾書を提出して初めて国と被害者等との間でSACO見舞金に係る贈与契約を締結する旨の合意が成立するため、国はこの合意が成立する以前においてはSACO見舞金を支給することに法律上の義務を負わないことを判示して、沖縄防衛局長がXらの主張するSACO見舞金を支給しなかったことが国家賠償法上違法な行為であるとはいえないとした。なお、控訴審である福岡高那覇支判令5・9・14賃社1851号46頁（令和4年（行コ）第10号）（上告受理申立て）は、Xらの控訴を棄却している。

（しらいし・ともゆき）

第2部　最新民事判例

注目裁判例研究

不法行為1　公共工事における専門業者の説明義務違反と過失相殺

大阪高判令4・9・29

令和3年（ネ）第1121号、同第1414号、

損害賠償・委託代金支払請求控訴、同附帯控訴事件

判時2573号58頁

第一審：大阪地判令3・3・26

石井正人　弁護士

民法（財産法）部会

◆事実の概要◆

1　本件は、原告の大阪府（X）が、都市計画道路の地下トンネル工事を計画、実施するにあたり、建設コンサルタントである被告会社（Y）に対して立坑を含むトンネルの一部の設計等を委託し、Yの設計で立坑が構築されたが、施工業者が立坑間の開削工事を進めたところ、立坑が滑動・転倒するおそれが生じ、多額の費用を要する追加工事を実施することになった事案である。

2　問題となった立坑は、地下トンネル工事で構築された4つの立坑のうちの2つ（本件各立坑）であったが、Xは、本件各立坑及びその構築方法の設計をYに委託（契約金額2803万5000円）（本件委託契約）した一方、本件各立坑間の開削区間（本件開削区間）の道路構造物等の設計は別事業者（A）に分離して委託した。また、Xは本件各立坑の構築工事及び本件開削区間の開削工事を4社からなる共同事業体（常磐東JV）に発注した。

　Yが作成し、Xに提出した文書や設計成果品には、本件各立坑の浮上りや滑動のおそれについて問題ない旨の記載があった。

　常磐東JVは、Yの成果品では浮力等が考慮されていないため立坑の滑動・転倒のおそれを再確認する必要がある旨を指摘した。しかし、Xからそのことを伝えられたYは、本件各立坑は連続地中壁（本件連壁）及び開削区間の底版があるため浮力等を考慮する必要はない旨を回答した。

　他方、Aも、Xに対して本件各立坑を本件連壁のみでは支えることができないことを既に伝えていると述べていた。

　その後に開催された4者（X、Y、A、常磐JV）会議では、出席者間で本件各立坑は単体では滑動するものであるとの認識が共有された。また、本件各立坑が滑動・転倒を開始した場合に本件連壁に作用する軸力についてAが検証することとされた。

　4者会議後、Xの担当者2名は、Yが設計変更を必須のものであるとは説明していなかったことを理由に追加費用をかけて設計変更する妥当性及び必然性がないと判断し、設計変更しないで進めることとし、報告書を作成せず、X内部で情報共有も行わなかった。

　4者会議の結果を踏まえて検証を担ったAは、本件各立坑のいずれも本件連壁にかかる土圧が許容応力度を超え本件各立坑が滑動・転倒を開始した場合に本件連壁が破壊されるおそれがあるとの検討結果をXに報告したが、Xから確認を求められたYは、滑動・転倒のおそれについて問題ない旨を回答した。

　その後、Xは、常磐東JV担当者らとの会議で、文化財調査等が遅れた影響で工期に約11か月の遅れが生じていたため工期の短縮の検討・工夫を求めた。

　結局、常磐東JVは支保工事を行わない当初の計画どおり、本件連壁を設置する工事を開始した。

　そして、その後に行われた学識経験者も交えた技術検討において、本件各立坑の滑動・転倒による荷重を本件連壁のみによって支保することは不可能である旨の指摘がなされ、追加の支保工事が実施されることになった。

3　Xは、Yに対して、①滑動・転倒しない立坑を設計すべき注意義務を怠った過失、②立坑の最適な構築工法を提案すべき注意義務を怠った過失、③設計した立坑が滑動・転倒するおそれがあることを説明すべき義務を怠った過失、④基本的な安全性を欠く立坑を設計した過失があったと主張し、不法行為（使用者責任）に基づく損害賠償請求として、実際の工事費と、より適切な工法を実施した場合の工事費との差額61億8967万7396円及び遅延損害金の支払を求めて訴訟提起した。

訴訟における主な争点は、(i)不法行為の成否、(ii)過失相殺、(iii)損害及び因果関係であった。

原判決は、争点(i)について、Xの各主張のうち、①、②、④を否定し、③について肯定した。③の説明義務違反については、Yの文書や設計成果物の記載、メール等の回答が、Xに対して、「本件連壁で支保されていれば、それ以外に支保工事を行わなくとも……滑動・転倒はしないと認識を抱かせる」から、本件各立坑の安定性に関する誤解を与えるものであったとし、立坑の安定性は、「本件各立坑そのものの安全性にも関わる重大な事柄」であるから、「誤解を解消するのに足りる説明」、すなわち、「本件連壁による支保のみでは十分ではないことを明確に説明すべき信義則上の注意義務が生じ」、説明義務違反について不法行為責任が成立するとした。

争点(ii)については、「本件各立坑に対する支保工事の要否及び方法を検討・設計する業務は、Aの業務」であった、Xは「支保工事が必須であるか否かについて」関係者間で「見解が一致しているわけではないことを認識していたか、又は容易に認識し得た」、本工事が「極めて危険性の高い工事」であり「慎重で漏れのない対応を行うことが強く求められていた」、Xは設計を「分離して発注しており」、「認識や理解の調整・すり合わせ」が必要だが、「各事業者が互いに問題点を指摘する場合もXを介して連絡が取られ」ていた、Xは「監督職員を置き」、「業務に関する指示をする権限を有していた」、「必要な人的体制」も整備されていた等の事情から、Xは、「相互の認識や理解の調整・すり合わせを行い、開削工事の安全性に万全を期すべき注意義務」に違反しており、Xの役割、各事業者からの再三の指摘、危険の大きさ、役割を果たすことは困難ではなかった等の事情を総合考慮すれば、「注意義務違反の程度は重大」で「損害発生への寄与度は明らかに大きい」として8割の過失相殺を認めた。

争点(iii)については、損害額を9億7147万6593円とした(過失相殺及び相殺後の認容額は確定遅延損害金含め2億2074万3719円)。

◆判　旨◆

一部変更、附帯控訴棄却(確定)。

1　争点(i)(不法行為の成否)について

Yは「滑動・転倒の有無及び程度を検討すべき義務を負っていたところ、同義務の履行としてXに提出された」文書や設計成果物は、Xをして「開削しても本件各立坑は滑動せず……支保工事は不要であると認識

させる」もので、本件各立坑が滑動した場合、「工事関係者等の生命・身体を危険にさらす」ことを踏まえると「委託契約上の義務に違反するものであると同時に、不法行為法上も違法」と評価できる。契約終了後のYの行為に着目しても、「Yは、本件委託契約の履行の過程で自らが犯した上記技術的誤りを訂正し……Xの誤解を解消するに足りる説明を行うべき信義則上の義務」を負っていたにもかかわらず、「誤解を解消するに足りる説明を行うことはなく」、むしろ、メールや回答書にて「滑動のおそれを検討する必要はない」、「問題ない」等と伝え、これによりXは「支保工事が不要であると誤解し続けた」のであるから、Yには「立坑の滑動のおそれ及び支保工事の要否についてXに誤解を生じさせる説明をした過失及びこの点の誤解を解消するに足りる説明をすべき信義則上の義務を怠った過失」があり、不法行為責任(使用者責任)を負う。

2　争点(ii)(過失相殺)について

Xの過失としては、XがAから「滑動する可能性」及び「支保工事を行う必要があることについて繰り返し指摘を受けていた」、Xは各事業者に「指示を行う権限を有するなど、同工事全般に責任を負う立場」にあった、Xの「担当者は土木工事に関する相応の知識・経験を有していた」、本件各立坑は「巨大な鉄筋コンクリート製の直方体であり、その滑動・転倒」等の事態が生じれば「工事関係者等の生命、身体に危険を及ぼす可能性があった」、常磐JVやAは「専門業者」であったから、各事業者の「見解のいずれが正しいのかの判断が付きかねた」のであれば、「連絡・調整を図った上……それでも解決しなければ第三者の専門家の意見を聞く」ことも考えるべきだった(現に後に「学識経験者を交えた技術検討会を開催している」)、にもかかわらず、Xは各事業者の「指摘が正しいかの検討を尽くすことなく、本件トンネル工事を進めていったという過失があり、その過失は損害の発生に相当程度寄与した」。

しかし、Xの「部署に……大規模な開削や大型立坑の構築を伴う工事を担当したことがある者はおらず」、Xは「自ら設計を行うことが技術的に困難であったため、相当額の対価を支出……して、その設計業務を委託」しており、Yは「受託業務を完成するために必要な一切の手段をその責任において定めることが求められていた」、Yは「高度の専門性を有する建設コンサルタント」で設計担当者も経験を有する技術者であり、XがYの「示す見解を信頼し、これに基づいて行動したのも無理からぬ面があった」、Yの「業務範囲には……滑動・転倒の有無及び程度の検討が含まれていた以上、

その検討に技術的誤りが含まれていたことにより発生
した損害については、Yが第一義的責任を負う」、Yは
Xから「複数回にわたり」A等による「指摘に対する
見解を求められ」、「その都度、自らの技術的誤りを是
正し、説明義務を果たす機会があったにもかかわらず、
むしろ上記指摘を否定する旨の回答」をした等の事情
から、Xの「責任がYの責任を上回るものと評価する
のは相当ではな」く、「各事情を総合考慮し、損害の公
平な分担という見地から判断」し、過失割合はX4割、
Y6割とするのが相当である。

3 争点(iii)（損害及び因果関係）について

原判決が認めた損害の一部について相当因果関係を
否定した（損害額は6億5760万5013円、過失相殺及び相
殺後の認容額は確定遅延損害金を含め6億2369万9650
円）。

◆研　究◆

1 説明義務違反

(1) 専門家の説明義務

説明義務の成否・内容にかかる判断要素としては、
情報・説明内容の性質（重要性等）、情報格差・交渉力
格差に起因して当事者間の対等性が定型的に認められ
ないときかどうか、専門家との間の信認関係、当事者
の先行行為、保護対象の成熟度、強固性等が挙げられ
る[1]。

また、説明義務が「専門家」の責任として論じられ
る場面では、医師、弁護士等の特別の業法に基づいて
業務を行う者を対象とすることが多いが、社会・経済
活動の高度化・複雑化に伴う各分野の専門化により、
専門分野の知識・技能を備えた職業人とそうでない者
との間に知見や能力に大きな格差が生じることはあり、
特別の業法に基づく業務に限る必要はない。加えて、
専門家責任としての説明義務が専門家の有する専門的
知見・能力に対する信頼保護の必要性を考慮している
ことからすれば、説明義務を負う相手方は非専門家に
限られるものでもない[2]。

こうした観点からみれば、本件も専門家責任として
の説明義務の一場面と解することができる。また、本
件では委託契約履行過程における誤った説明という先
行行為が存するため、当該先行行為が説明義務違反の
発生根拠になっているとみることもできる。

(2) 判決の分析

本件委託契約の履行過程におけるYの言動について、
原判決はその法的位置づけについてまでは踏み込んで
いないが、本判決は、滑動した場合の関係者の生命身

体の危険等の事情を踏まえ、Xに「誤解を生じさせる
内容」の行為につき、委託契約上の義務違反に加え不
法行為法上の違法性を認めている。

契約終了後については、両判決とも、先行行為とし
て過失ないし誤った説明が存することから、それに
よって生じたXの誤解を解消するに足りる説明をYが
しなかったとして信義則を根拠に説明義務違反を認定
している。

本判決が、委託契約履行過程の専門家の説明義務違
反について不法行為責任を認めつつ、さらに契約終了
後の説明義務違反をも認定したのは、本件の経緯を踏
まえると、前者のみではX主張の損害との関係で相当
因果関係を肯定するには不十分と捉えたためであろう。

なお、契約終了後の説明義務違反に関しては、契約
の余後効[3]という観点から整理することもできる[4]。

2 過失相殺

(1) 過失相殺（民法722条2項）は裁判所の自由裁量
によって行われる（最一判昭34・11・26民集13巻12号
1562頁）ものの、裁量の範囲を逸脱した場合には違法
となる（最一判昭50・10・9集民116号279頁、最三判平
2・3・6判時1354号96頁）。

過失相殺は、その趣旨が「損害の公平な分担」にあ
ることに争いはないが、その「公平」の具体的内容や
過失相殺の判断枠組みについては、交通事故等の一部
分野を除いて定まったものはなく、裁判官の（総合考
慮名下の）裁量で決まることもあり、従来それほど学
問的研究の対象にはされてこなかったといわれる[5]。

(2) 判決の分析

原判決は、Xが開削区間と立坑の設計を分離発注し
ており整合性検討が必要だった、Xを通じて連絡が取
られ各事業者が自由に調整を行える状況にはなかった
等の事情から、調整等を主導できる者はX以外にいな
かったにもかかわらず、XがYの意見のみに依拠し、再
度の協議・検証の機会を設けなかった点をXの注意義
務違反の程度に影響する事情として挙げている（これ
らの事情は、公共工事でみられる発注者主導の体制を前提
にした事情といえるため、「公共工事の特殊性」と表現する）。

他方、本判決は、過失相殺の判断において、Aの業
務範囲や、Xによる分離発注、各事業者が「直接自由
に調整を行える状況にはなかった」という事情は考慮
事情として挙げず、設計の専門性やYの建設コンサル
タントとしての立場に対するXの信頼といったYの責
任を重視すべき事情を挙げてXの責任がYの責任を上
回るものではないとしている。

そうすると、原判決と本判決で過失相殺の判断が分
かれたポイントは、専門家の責任と公共工事の特殊性

のどちらをより重視したかという点にあったということができる。

確かに、YとXとの間に専門性に関する知見や能力に格差があり、その格差ゆえに専門家として高度な注意義務が要求され、顧客が誤った判断をするおそれがある場合に、それを正して適正な判断に導くといった専門家としての責任を重視すれば、本件では、立坑が滑動する事態になれば関係者等の生命身体に対する危険が生じていた上、Yは何度も再検討する機会があったにもかかわらず誤った回答をし続けていたのであるから、専門家であるYの責任が重大とみることにも一定の合理性は認められよう。また、発注者と受注者という立場から考えたときには、一般的には受注者側の責任が大きいと判断されることが多いともいえる[6]。

もっとも、本件において発注者・受注者という立場の違いからみたときの「第一義的責任」は、支保工事の要否・方法の検討業務を担当したAに求めることになるはずで、分離発注における事業者間の調整不備や、AではなくYの見解をとり入れた（Aの指摘を受け入れなかった）ことの責任を、発注者・受注者という立場からみた一般論で処理することには違和感を抱かざるを得ない。

また、Xが設計変更をしないまま工事を進行させた本件の経緯においては、文化財調査等による工期の遅れや、4者会議の結果についてX内部で情報共有しなかった等の、専門家への信認や依拠という観点からは説明が困難な事情も存する。

さらに、本件では、発注者であるXが、自ら分離発注、指名競争入札方式で受注者を決定し、監督職員を置き、業務に関する指示をする権限をもち、Xが業務内容を主導的に決する体制を選択・構築していたにもかかわらず、Xが、自らが設定した重要かつ決定的な役割を果たしていなかったとみざるを得ない事情も存する。

本判決でも指摘はなされているが、Xにおいて自ら設定した役割を実現する体制が整っていなかった（専門分野に対処できるだけの担当者の技術や経験が不足して

いた）のであれば、例えば、学識経験者や有資格者をアドバイザーに委嘱する等して主導的役割を担える体制を構築すべきであったし、Xにとってそれは可能であった。そうすると、本件では、Xの担当者の技術や経験が不足していることは、Xの過失を減じる方向に作用する要素とはならない（むしろ増大させる）とも評価できる。

こうしてみると、Xに自ら設定した主導的役割に対応する主導的責任を認めるべきという原判決の価値判断には十分な合理性を見い出すことができるのであって、（過失割合8割はやや行き過ぎの感が否めないものの）Xにより大きな責任を認めたという点で、原判決の方が、損害分担のあり方についての判断としてはより説得力をもつように思われる。

いずれにせよ、本件は、判断権者が「公平」の内容をどう捉えるかによって過失割合が大きく変わったケースとして実務上参考になる。

3　おわりに

公共工事においては、受注機会拡大等の観点から、分離・分割発注が行われるケースが少なくないが、（本件ほど極端なケースは稀としても）必ずしも業者間や発注者・受注者間の意思疎通ないし連携が十分とはいえない場面も見受けられる。

公共工事における発注者の課題として、「従来、我が国の公共工事入札・契約制度は、発注者が万能であることを前提としてきた」[7]ものの、「発注者側の技術体制が不十分なために、受注者への適切な指示や日常発生する様々な課題解決に必要な技術判断が十分行えない」[8]おそれの指摘もなされているところであり、高度な専門性を求められる分野の公共工事において、実情として発注者側と受注者側で専門性に関する知見の格差が生じているにもかかわらず、発注者側の万能性を前提とした監督・指示体制が維持されているのであれば、実情をふまえた権限・責任の明確化や制度設計の見直しが求められよう。

（いしい・まさと）

1）光岡弘志「説明義務違反をめぐる裁判例と問題点」判タ1317号（2010）28頁。

2）横山美夏「説明義務と専門性」判タ1178号（2005）22頁。

3）河上正二「『専門家の責任』と契約理論」法時67巻2号（1995）10頁参照。

4）契約の余後効に関する裁判例としては、大阪高判平19・4・13判時1986号45頁がある。

5）能見善久「過失相殺の現代的機能」森島昭夫教授還暦記念『不法行為法の現代的課題と展開』（日本評論社、1995）131頁、張韻琪『過失相殺の原理と社会』（信山社、2022）48頁参照。

6）発注者・受注者に関する裁判例としては、東京地判令元・6・7判時2450＝2451号34頁（過失割合4割）、津地判令2・1・16LEX/DB25564888（内部負担割合発注者2割、受注者8割）等参照。

7）公益社団法人土木学会　建設マネジメント委員会　公共工事発注者のあり方研究小委員会「公共工事発注者のあり方研究小委員会報告書」（2016年10月）24頁。

8）公益社団法人土木学会　建設マネジメント委員会　公共工事発注者のあり方研究小委員会・前掲注7）1頁。

第 2 部　最新民事判例

注目裁判例研究
不法行為 2　年少障害者の逸失利益の算定

大阪地判令 5・2・27
令和 2 年（ワ）第 494 号、損害賠償請求事件
判時 2572 号 71 頁、判タ 1516 号 198 頁、
交民 56 巻 1 号 261 頁、自保 2138 号 19 頁

竹村壮太郎　青山学院大学准教授

民法（財産法）部会

◆事実の概要◆

　Y₁の従業員である Y₂が、Y₁の業務の執行中に小型特殊自動車を運転していたところ、てんかんの発作により意識喪失の状態に陥り、その車両を歩道に向けて暴走させ、歩道上に立っていた A（事故当時 11 歳）に衝突した。これにより、A は脳挫傷等の傷害を負い、死亡した。このことにつき、A の両親 X らが、Y₂に対して民法 709 条に基づき、Y₁に対しては民法 715 条に基づき、X らが相続した A の被った損害と、X ら固有の慰謝料等の損害賠償を請求した。

　Y₂及びその使用者である Y₁の責任については、争いはない。ここでの主な争点は、A の損害、とりわけ逸失利益の算定についてである。すなわち、A は先天性の両側感音性難聴があり、本件事故当時、B 聴覚支援学校に通学していた。この点、X は、A には他の年少者と同様に様々な可能性を有していたこと、障害者法制の整備やテクノロジーの発展といった障害者を取り巻く環境も改善されていることなどから、A の基礎収入を、賃金センサス平成 30 年の全労働者平均賃金に基づいて算定した 497 万 2000 円とするのが相当であると主張した。これに対して被告らは、A の有する障害は自賠責保険の後遺障害等級でみると 4 級相当であり、純粋な聴覚能力について 92 パーセントの労働能力喪失と評価されることから、基礎収入の認定にあたってこの点を斟酌すべきであるなどと主張した。

◆判　旨◆

　一部認容、一部棄却（控訴）。

　裁判所は、A の逸失利益の算定につき、年少者の逸失利益の算定に言及した最三判昭 39・6・24 民集 18 巻 5 号 874 頁（以下、昭和 39 年判決）を引用しつつ、次の①〜④の諸点を挙げ、A の基礎収入を、賃金センサス平成 30 年の全労働者平均賃金の 85％に相当する、422 万 6200 円とするのが相当であるとした。

　すなわち、①「A には、勉学や他者との関わりに対する意欲と両親による支援が十分にあり、年齢相応の学力や思考力を身に付けていく蓋然性があったといえ、A には、将来様々な就労可能性があった」。②他方、「聴力障害は、労災保険法施行規則や自賠法施行令別表第 2 においてその程度に応じて後遺障害の等級が定められ……これは聴力障害によって就労の上で他者とのコミュニケーションが制限され、その結果、労働能力が制限されることを前提としたものと認められ……聴力障害が労働能力を制限し得る事実であること自体は否定することができない」。③また、「障害者雇用実態調査における平成 30 年の聴覚障害者（週所定労働時間が 30 時間以上である者）の平均収入は、同年の全労働者平均賃金の約 7 割であり……A の死亡時において、聴覚障害者の収入が全労働者平均賃金と同程度であったとはいえない」。④もっとも、「死亡時に 11 歳であった A が将来就労したであろう時期においては、聴覚障害者の大学等への進学率の向上及び同年における聴覚障害者の若年層の雇用者の年齢の上昇による聴覚障害者の平均収入の上昇を予測でき、また、法律等の整備を前提とする就労機会等の拡大やテクノロジーの発達によるコミュニケーション手段の充実により聴力障害が就労に及ぼす影響が小さくなっていくものと認められ……A について、その聴力障害が労働能力を制限する程度のものではあるものの、手話だけでなく環境によっては口話も可能であったことに加え、年齢に応じた読み書き能力を習得していて、勉学や他者との関わりに対する意欲を十分に有していたことに照らせば、将来において自ら様々な手段や技術を利用して聴力障害によるコミュニケーションへの影響を小さくすることができた」。

◆研　究◆

1　本判決[1]の意義

　損害賠償の対象となる損害とは、伝統的な判例、通説である、いわゆる金額差額説の立場によれば、加害行為がなかったとしたならばあるべき財産状態と、加害がなされた現在の財産状態の差であると定義される。そして、あくまで被害者の現実に生じた損害のみを賠償させるという実損主義のもと、治療費などの積極的損害、逸失利益といった損害項目ごとに、具体的な損害計算が行われている[2]。ここでは、損害額は事実認定の問題として位置付けられ、原告が、証拠をもってその額を証明しなければならない。

　このなかで年少者の逸失利益については、あらゆる証拠資料に基づいて「できうるかぎり蓋然性のある額を算出するよう努め」つつ、その蓋然性に疑義がある場合には「被害者側にとつて控え目な算定方法……を採用する」ものとされる（昭和39年判決）。ただし、実務上は、賃金センサスに基づく学歴計、男女別あるいは全労働者の全年齢平均賃金を基準として、ほぼ一律に算定がなされている[3]。この点で、いわゆる抽象的な損害計算が採用されているものとも解しうるが、通説、判例の立場からすれば、それは年少者一般にその平均賃金を得られるものという蓋然性が認められるからに過ぎない[4]。

　ところで、近年、その年少者が先天的な障害を有していた場合、どのように逸失利益の算定を行うか、その方法をめぐって議論が盛んになっている[5]。それというのも、以上の通説、判例を前提とすれば、そうした年少障害者は、その障害ゆえに平均賃金までを得られる蓋然性が認められず、逸失利益が十分に認められないおそれがあるからである。

　この点をめぐる裁判例は既にいくつかあったものの、そのなかで本判決は、これまで少なかった聴覚障害を有する年少者、しかも低年齢の者が被害者となった事案として、注目を集めたものである。同時に、判例、通説の枠組みの限界を改めて示唆している点でも、意義が認められよう。そこで以下では、その枠組みとの関係を中心にしながら、本判決の分析、検討を試みることとしたい。

2　これまでの議論状況

　本判決以前にも、年少障害者の逸失利益の算定方法が問われた例がいくつかある。かつては、その障害ゆえに就業することが困難であったなどとして逸失利益の賠償を認めない例（例えば、千葉地松戸支判平4・3・

25判時1438号107頁）があった。しかしながら、自閉症の年少者が被害者となった事案についての東京高判平6・11・29判時1516号78頁が、県の最低賃金での逸失利益の算定を認めて以降、次第に賃金センサスに基づく男女別、あるいは全労働者の平均年収をもとに算定する例が多くなった（最近の例に、本件と同じ聴覚障害者が被害者（18歳）となった、名古屋地判令3・1・13日交民54巻1号51頁がある。このほか、広島高判令3・9・10判時2516号58頁、など）。このことは、同高判が提起した、あまりに低廉な逸失利益では「一人の人間の生命の現価」を評価するのに適当ではない、という問題意識を1つの背景としていよう。もっとも、現在でもそれをそのまま認めた例は見られず、いずれもその何割かを認めるにとどめている。近年の裁判例は、「できうるかぎり蓋然性のある額」を算出するにあたって、おおよそ、①'被害者の就労可能性、②'被害者の障害の程度、③'その障害を有する者の就学、就労状況、そして④'法制度の整備などの社会状況の変化の見通し、被害者の発展可能性に着目してきた。このうち④'を積極的に評価する傾向が見られる点は注視されるものの、それでも②'、③'が、なお平均年収を得られるとの蓋然性に疑義を持たせてきたものといえよう。

　この実務の動向に対して、学説[6]はその前進を評価する一方、依然として平均年収そのままでの賠償を認めていない点について批判的である。これには、おおよそ2つの立場がある。すなわち、a) 具体的な損害計算は維持しつつ、技術的な進歩、障害者法制などの進展を踏まえ、社会的障壁（ディスアビリティ）を根拠に障害者の労働能力を低く見積もることは許されないと説くものがある[7]。また、b) いわゆる規範的損害論の方向性を支持し、人間の本質的価値の平等という観点から、障害者は全労働者の平均年収を得られないなどという規範的な判断を加えることは許されないと説くものもある[8]。もっとも、のちに述べるように、b) 説は抽象的な損害計算を原則としようとするものであり、判例、通説に「パラダイム自体の変更」[9]を迫るものである点には留意が必要であろう。

3　本判決の検討

　さて、本判決は、昭和39年判決を引用しつつ、近年の例と同様の視点、すなわち①〜④（①'〜④'と同様）の諸点を踏まえて、「できうるかぎり蓋然性のある額」の算出を試みている。ただ、その基礎収入を、全労働者平均賃金の85%に相当する額とした点は、改めて注目される。それは、既述の②、③にかかる事情が、将来の展開を積極的に解したとしても、就労可能時期

（本判決は、Aの就労開始時期を18歳としている）までには完全には解消されないものと評価されたことによろう。この点、原告は、聴覚障害者とそうでない者との収入の差は法的に解消されなくてはならないこと、また年少女子の逸失利益の算定と同じく規範的な考慮を取り入れるべき旨を主張していた。それにもかかわらず、本判決が、聴力障害による労働能力の制約に繰り返し言及していることからすると、その算定にあたっては、特に②が大きなウェイトを持たされていることもうかがわれる。

確かに、被害者の属性としての労働能力の制約（いわゆるインペアメントに由来する制約）まで無視しえないことは学説の指摘するところであるし[10]、社会的障壁だけではなく、そうした制約によって収入差が現に存在しているとすれば、それをないものとして損害額を算定することは、実損主義に反することにはなろう（原告の主張する女子年少者の逸失利益の算定の問題は、単に社会的障壁によっていたものともいえる）。本判決も、その労働能力の制約がコミュニケーションの制限に由来するという内実に言及することで、この点の正当化を試みている。しかしながら、かかる理解を所与のものとするとしても、本件の事案に鑑みるならば、本判決については、2つの方向から、なお検討すべき余地もあったように思われる。

第1に、本判決はそのコミュニケーションの制限に言及するものの、聴覚障害がどのような形でコミュニケーションを制限し、それが労働にどう影響するものであるのかまでは、明らかにしていない。コミュニケーションの方法も1つではないのであるから、その制限（②）と収入の差（③）の結びつきも、それほど自明のものとはいえないであろう。この点で、本判決も、「障害ゆえに労働能力は健常者に劣る」という偏見がある、との学説の批判[11]を回避できていないおそれがある。

第2に、仮に第一の点を措くとしても、Aのように低年齢の者については、現段階での能力の制限（②）に拘る意味はないのではないか。それというのも、そもそも年少者自体は未だ労働能力を備えているわけではなく、コミュニケーションの方法など、成長とともにそれを獲得し、それを活かせる場を見出していく存在だからである[12]。とりわけ、本件のAが11歳であり義務教育も終了していないことからすれば、同じ障害を有する者の収入など（③）も直ちにAに関係しないというべきであろう。むしろ、本件のような事案にあっては、その将来の展開（④）をより積極的に評価すべきである。近年の例は、被害者の年齢が比較的高くても、能力の発達や法制度の整備など、その将来性

を積極的に解し、逸失利益を算定してきた。Aの年齢に鑑みるならば、本件は、それらの例よりも、法制度の整備の進展、またテクノロジーの進歩も含めた能力の大幅な発達が見込まれるはずのものである。

4 残された課題

そもそも、年少障害者は、そうでない者よりも、その将来にわたる能力の発揮を社会の変化に大きく依存せざるを得ず、その分、全労働者の平均賃金を得られるものという証明が困難な立場に立たされている。もとより逸失利益の算定が、将来事であるゆえに、主張、立証負担の軽減を要請するものであるのならば[13]、年少障害者の場合には、さらにそれが強調されてもよい。判例、通説の枠組みを維持するとしても、人間の平等という視点を、この証明負担の違いを解消する点に活かすべきであろう。特に本件のように、被害者が義務教育も終了していない年齢である場合には、少なくとも全労働者の平均賃金に至るまでは、何の主張、立証も要しないとはいえないものの、その証明負担の程度を軽減すべきである[14]。

ただ、仮にその負担の軽減を認めても、従来の枠組みでは限界があることも否めない。例えば、本件と異なり、被害者の年齢が義務教育を終了しているものであった場合。この場合には、職業選択の可能性や発展可能性もある程度現実のものとなっており、現実に存在する能力の制約、収入の差異を無視できない（例えば、既述の令和3年の名古屋地判は、こうした事案のものであったとみうる[15]）。また、低年齢であっても学習に消極的であったなどという場合も、就学、就労先などが限られる可能性が高まり、その発展性も積極的に評価するのはやや困難となろう[16]。

そうした限界を許容できないとするならば、b）説の示す「パラダイム自体の変更」も考えられなければならない。それによると、損害は、規範的評価の問題に置き換えられる。そして、国家が保障する権利、法益の価値の回復という視点から、被害者は、障害の有無に関わらず、抽象的な損害計算のもと、最小限の損害（全労働者の平均賃金）の賠償が認められる[17]。ただ、依然として本判決のような判断が示されるのは、あくまで現実に生じた損害だけを加害者に負担させること、同時に被害者に利得を与えないことこそが、損害の公平な分担という、不法行為の目的に適うと考えられてきたからであろう[18]。この点、b）説は、最小限の損害は国家が保障した額である以上、例えば実際の収入以上の賠償を得られたとしても、被害者の利得には当たらないとする[19]。しかし、それは、本人独力では発揮できなかった権利、法益の一部までをも、加害者個人

の負担を通じて現実化させることにならないか。この b）説に舵を切ることができるかは、そうした事態まで包含する不法行為法を構想すべきかどうか、という点にもかかっているように思われる。改めて本件を契機に、損害論に限らない、不法行為法全体の再検討が求められよう。

（たけむら・そうたろう）

1）本判決の評釈に、岩嵜勝成「判批」新判解 Watch34 号（2024）75 頁以下がある。また本判決の事案を含めた問題の分析、検討は、城内明「視覚・聴覚障害者の損害賠償額の算定——若年・未就労者の視覚・聴覚障害者の逸失利益算定に係る基礎収入額について」摂南 59 号（2021）99 頁以下、吉村良一「障害児・年少者死亡における損害賠償（逸失利益）額の算定・再論——聴覚障害児死亡事件を例に」立命 408 号（2023）327 頁以下、若林三奈「若年者の逸失利益・緒論——障害による減額は公平か」龍谷 56 巻 4 号（2024）211 頁以下。

2）こうした通説、判例の立場の整理は、潮見佳男「不法行為における財産的損害の『理論』——実損主義・差額説・具体的損害計算」曹時 63 巻 1 号（2011）4 頁以下。

3）窪田充見編『新注釈民法（15）』（有斐閣、2017）416 頁〔前田陽一〕。

4）潮見・前掲注 2）26 頁以下が指摘されるように、判例、通説の立場からすれば、あくまで、具体的な損害計算を前提とした、主張、立証面での負担軽減の一環として位置付けられることになろう。

5）近年この問題を取り上げたものに、前掲注 1）の文献のほか、城内明「障害者の逸失利益算定方法に係る一考察」末川民事法研究 5 号（2019）17 頁以下、吉村良一「障害児死亡における損害賠償額の算定について」立命 387＝388 号（2019）521 頁以下、吉村顕真「不法行為法における人権救済の法理と政策——障害のある年少者の逸失利益算定論をめぐる展開」金子匡良ほか編著『人権の法構造と救済システム——人権政策論の確立に向けて』（法政大学出版局、2023）119 頁以下、白石友行「不法行為法と人の法——実体と属性という視点から」千葉 38 巻 3 号（2024）1 頁以下、などがある。

6）学説には、この問題を慰謝料によって解決すべきことを説くものもある。近年のものでは、例えば、北河隆之『交通事故損害賠償法〔第 3 版〕』（弘文堂、2023）193 頁。

7）城内・前傾注 5）23 頁以下。

8）吉村良一・前掲注 5）548 頁以下、若林・前掲注 1）219 頁以下、岩嵜・前掲注 1）78 頁。

9）この点は、潮見・前掲注 2）27、28 頁の脚注（47）。

10）城内・前掲注 5）28 頁、参照。

11）若林三奈「判批（広島高判令 3・9・10）」リマークス 66 号（2023）48 頁。

12）若林・前掲注 1）218 頁は、障害を持っていても平均以上の収入を得る例はあり、多様な労働現場において、個々人に求められる労働能力は、多くの場合選択的であることを指摘される。

13）山口成樹「人身損害賠償と逸失利益（総論）」山田卓生編代『新・現代損害賠償法講座 第 6 巻 損害と保険』（日本評論社、1998）163 頁は、逸失利益の証明に際して「要求される蓋然性の程度は決して固定的なものではなく、紛争の個別具体的状況に応じて、法廷という議論のフォーラムでの裁判官の自由な心証に委ねられるものというべき」であるとされているところである。また 187 頁も参照。

14）城内・前掲注 1）133 頁の指摘されるように、証明負担に大きな違いがあるとすれば、それは「障害を理由とする差別」にあたるおそれがある。

15）なお、本判決と令和 3 年の名古屋地判との比較については、吉村・前掲注 1）369、370 頁の注 33）で言及されている。

16）ただし、城内・前掲注 1）136 頁は、「特別の努力」が認められなくても、労働能力を回復する蓋然性が肯定されるべきであるとされる。

17）いわゆる規範的損害論における枠組みについては、潮見・前掲注 2）19 頁以下、参照。同・「交通事故損害賠償における損害論——民法の『損害論』からの乖離と接合」青本 26 訂版（2018）437、438 頁が述べておられるように、この立場からは、年少障害者と同程度の労働による収入相当額を与えるべきか否かという規範的価値判断の当否が問われることになる。ただ、若林・前掲注 1）243 頁が示しておられるように、特定の属性を理由に減額することは、それが平等原理と抵触するかぎり認められない。

18）実損主義を維持している背景に、被害者の利得禁止という視点があることは、潮見・前掲注 17）439 頁。

19）このことは、例えば、潮見・前掲注 17）440 頁。

第2部　最新民事判例

家族裁判例の動向

山口亮子　関西学院大学教授

民法（家族法）部会

はじめに

親子法制の見直しに関する令和4年民法等改正（令和4年法律第102号）のうち、公布後すぐに施行された懲戒権削除以外の規定が令和6年4月1日に施行され、また、父母の離婚後等の子の養育に関する令和6年民法等改正（令和6年法律第33号）が同年5月24日に公布された（公布から2年以内に施行）。今期家族裁判例紹介の対象となる20件（うち5件は民事判例28又は同27で紹介済）には直接改正法の適用はないものの、改正法に関連する内容も含まれており、以下では民法、人事訴訟法、家事事件手続法に関する新規定の情報についても触れる。また、国家賠償訴訟として、同性婚、親権、面会交流、子の連れ去りといった子の監護等に関する立法不作為が憲法に反することを問う事件が[1]、[13]、[14]、[15]と4件出され、法改正への要請が現れている。さらに、憲法訴訟として、性同一性障害者の性別の取扱いの特例に関する法律（以下「特例法」という）の規定の合憲性が争われた[20]があり、家族をめぐる社会と法の変化の過渡期を感じる。

1　婚　姻

(1)　同性婚の可否

同性間の婚姻を認めない現行法に対し、一連の違憲訴訟と立法不作為の国家賠償請求が行われていることは、民事判例27にまとめられているとおりであるが、今期裁判例の対象には、[1]東京地判令4・11・30判タ1515号157頁がある。なおこれもすでに民事判例27[2]で紹介されており、民法と戸籍法の関係規定が同性間の婚姻を認めないことは、憲法24条2項に違反する状態にあるとした。これらのいわゆる同性婚訴訟は、現時点で控訴審の判断が続々と出されており、札幌高判令6・3・14判タ1524号51頁は、14条1項及び24条1項・2項違反であると判示され東京高判令6・10・30LEX/DB25621271は、憲法14条1項及び24条2項に違反していると判示され、そして福岡高判令6・12・13においては、憲法14条1項及

び24条2項とともに、初めて13条違反と判断された。他の控訴審及び最高裁における今後の判断が注目される。

(2)　婚姻費用

令和4年民法等改正では、推定を受けない嫡出子の枠組みは取り払われたが、[2]最二決令5・5・17判時2580＝2581号222頁は、婚姻成立の日から200日以内に生まれた推定を受けない嫡出子の父子関係と婚姻費用分担が問題となった。前者は審判事項であるのに対し、その前提として父子関係存否という訴訟事項を審理判断できるかが争点となった。最高裁はこれを認めて、裁判所が父子関係の存否を審理判断することは妨げられないとした。民事判例28の[3]で紹介済みである。

[3]東京高決令5・6・21家判50号53頁は、別居中の子の父から婚姻費用分担として5万円を振り込むとの申込みに対し母が承諾したとのメールのやり取りで、その契約の成否が問題となった。原審（長野家伊那支審令5・1・20家判50号57頁参照）は、早期からこれを安定的に受けることができるというメリットも考慮して母が合意をしたものであり、改定標準算定表の金額を下回る当事者の合意が直ちに子の利益に反するものではないとしたが、本決定は、メールのやり取りでは確定的な合意があったと認められないとし、算定方式に従った。

令和6年民法等改正では、父母間に取決めのない養育費の分担について法務省令による算定表によることが規律されたが（改正後民法（以下「民新」という）766条の3第1項）、これと従来の算定表との関係について問題となるところである。

[4]東京高決令5・6・8判タ1518号125頁は、退職前後の高齢の夫に対する婚姻費用分担請求事件であり義務者から減額を求めた。本決定は、一時的な収入の増減少を勘案し、決定時までの差額を公平の観点から分担金に上乗せして処理した。事例に即し詳細な計算がなされており参考になる。

(3) 離婚給付

　財産分与は審判事項であるが慰謝料は訴訟事項であり、また財産分与に慰謝料は含まれるかといった関係についても議論はあるが、調停実務ではこれらはあわせて離婚給付として処理されている。人事訴訟に離婚請求がかかっている場合は、同じ原因で離婚に伴う慰謝料請求がなされているときは、当事者の申立てにより家庭裁判所に移送して併合審理される（人訴8条）。今期は、慰謝料の発生原因の時期が問題になった［5］、財産分与のやり直しが認められなかった［6］、そして離婚時の年金分割について争われた［7］があり、離婚給付としてまとめて紹介する。

　［5］東京家判令4・7・7家判49号89頁の当事者XとYは国際結婚をしており国際裁判管轄は日本の裁判所が管轄権を有し、離婚、親権者、養育費、扶養義務、慰謝料等の準拠法は日本法とされた。本件離婚訴訟において、親権者については、Yが140日の面会交流を約束しているとしても直ちに子らの親権者として適格であるということはできないとして、子らのXとの生活の安定を重視し、Xを親権者と指定した。子らの養育費については、婚姻費用とは異なり、高収入であるYの収入が増えてもそれに比例して増加するものではないとし、算定表上限の2000万円として、1人につき1か月当たり16万円の養育費を定めた。財産分与については、不動産の評価額に住宅ローン債務を控除し、その他XとYの資産を合わせて2分の1を財産分与額とした。また離婚後、XがYの共有持分を有することは不合理であるから、本件土地及び本件建物の各共有持分100分の5の全部を現物分与した上で、YがXに代償金を支払い、共有持分全部移転登記手続をするのが相当とした。年金分割は按分割合0.5とした。

　本件の主な争点は、婚姻関係破綻の時期と離婚慰謝料の発生原因の判断である。裁判所はXとYは同居中、考え方の相違や性格の不一致から互いに不安や苛立ちを募らせ、婚姻関係が破綻して別居に至ったのであり、民法770条1項5号の離婚事由があり、別居の時点では互いに強固な離婚意思を有していたと認めた。Xは離婚慰謝料として、別居後Yが調停にカメラクルーを入れて撮影させようとしたり、Eの国においてXを誘拐犯と告訴したり、自らのハンガーストライキをインターネットで公開したりした行動を原因として挙げたが、裁判所は、これらは破綻別居後行ったものであり、離婚慰謝料の発生事由にはならないと判断した。本件は、婚姻関係の破綻時期を別居時であると認定したことに意義がある。なお本件は、親権者指定においても特徴的な事例であり、民事判例27［15］の親権の項目において紹介済みである。

　［6］東京高決令4・3・11家判50号69頁は、確定した離婚判決において清算的財産分与が認められている場合に、同判決において考慮されていない夫婦共有財産があることを理由に当該財産について重ねて清算的財産分与を求めることができるかが問題となった。XとYは先に離婚判決にて、財産分与としてXがYへ4538万8386円を分与することが確定した。その後Xは、自らが開設する医院の有限会社の出資口数2100口（本件社員権）を持つY（本件会社代表取締役）に対し、夫婦の共有財産として重ねて財産分与を求める申立てをした。本決定は、財産分与請求権は1個の抽象的請求権として発生するものであり、個々の財産について認められる権利ではなく、判決が確定したときは、その効力として当事者双方がその協力によって得た財産全部の清算をするものとして具体的内容が形成されるものであり、重ねて清算的財産分与を求めることはできないとして抗告を棄却した。またこれを措くとしても、本件では、Xは当社員権をXのみが出資したことを立証できないことを認識していたのであるから、新たに明らかになった共有財産とはいえないとした。

　本件では財産が隠されていたわけではなかったが、離婚時の財産の把握はこれまで困難な場合が多かった。そこで令和6年民法等改正では、離婚裁判（改正後人事訴訟法34条の3第2項）、審判（改正後家事事件手続法（以下「家事新」という）152条の2第2項）及び調停（家事新258条3項）時に家庭裁判所が当事者に財産状況の情報の開示を命じることが新設された。

　［7］東京高決令4・10・20判タ1515号57頁は、XがYとの離婚時の年金分割を0.5として求めたが、原審（千葉家審令4・4・22判タ1515号59頁参照）は、Yは物が散乱した自宅内での生活を余儀なくされ、精神的に著しい苦痛、ストレス状態に長期間置かれ、一方的な負担を強いられたとして、保険料納付に対する夫婦の寄与を50％とみることは相当ではないとした。本決定は、年金分割は夫婦が共同して負担したものであるという基本認識のもとに当然に2分の1の割合で分割されるという趣旨に基づき、夫婦の不和から相互扶助の関係が損なわれ、その原因がXの言動・行動にあるとしても、それだけで直ちに、請求すべき按分割合を減ずることになるわけではないとして、按分割合を0.5と定めた。

　離婚時の年金分割はほとんどが按分割合を0.5とされており、それが認められない特段の事情として従来問題となったのは、別居期間による相互扶助の欠如、配偶者の浪費・隠匿等の例がある。本件は、離婚理由は夫婦の寄与を同等とみることが著しく不当であるとする特段の事情には当たらないとしたものとして意義

をもつ。

2　親権・監護

(1)　養育費

[8]宇都宮家審令4・5・13判タ1516号252頁は、養育費減額の審判において、母が再婚後の夫の直近の収入資料の提出を拒否したが、その夫が精神科の開業医であることに鑑み、少なくとも算定表の上限の金額の営業所得を得ていると推認して養育費を算定し、父の養育費を減額した。なお、民事判例28の[13]で紹介済みである。

[9]東京高決令5・5・25家判49号70頁は、養育費支払いの手続に関する事例である。子らの父Xは離婚後養育費を子1人につき月額3万円支払う旨の合意をしたが、Xは養育費の支払いをしなかった。原審（千葉家松戸支審令4・9・16家判49号74頁）は母Yの求めに応じ、Xに合意に基づいた金額を支払うよう命じた。これに対し抗告審は、当事者間の合意に基づいて養育費の支払を求める場合には、地方裁判所に対し、Xを被告とする訴えを提起し判決を求める民事訴訟手続によるべきであって、これを家庭裁判所に対して求めることはできないとして、原審判を取り消し申立てを却下した。

当事者が養育費の内容を新たに形成する場合には、家庭裁判所に求めることができるが、合意に基づく支払いを求める場合には、民事手続になるというのが通説である。本件は、養育費支払執行手続は民事手続であるが、養育費支払請求も民事手続ということを明らかにしたものである。

(2)　面会交流

次の3事例は、父母が高葛藤であることだけをもって面会交流自体が否定されるわけではないことが示されたものである。

[10]東京高決令4・8・18判タ1514号95頁は、別居中の夫婦間において、Xが前件調停で定められた子らとの面会交流に関する条項の変更を求めたが、抗告審は、長女に対する調査の実施時期や間接交流の継続的な実施状況等を踏まえ、子らの意向・心情等の調査を改めて実施し、直接交流の可否や面会交流の具体的方法等を検討する必要があるとして、原審に差し戻した。なお、民事判例27の[20]で紹介済みである。

[11]東京高決令4・3・17家判49号76頁は、高葛藤な別居中の父母間において親権の共同行使は認めず、月2回及び段階的に宿泊を伴う面会交流を認めた。別居中の父Xは子らに関する進学先、居所、養子縁組、重大な医療措置等の重要な情報を共有するというXが作成した「養育計画」に従って、XとYが協力して未

成年者らの利益のために親権を共同行使することを、民法752条に基づき（主位的申立て）、又は民法766条を類推適用して（予備的申立て）求めた。原審（東京家立川支審令3・11・30家判49号82頁）は、主位的申立てを却下したが、予備的申立てとして、面会交流の実施日・実施時間を決めたうえで、Yが子らと面会交流することを認める旨の審判をした。

本決定は、原審判の予備的申立てのうち直接交流の頻度、実施日、実施時間等の面会交流の要領を定めた主文2項について、YはXに対し、頻度は毎月2回、実施日、実施時間等は、①本決定が確定した日の属する月の翌月から6か月目まではいずれも日曜日の午前9時から午後5時まで、②7か月目以降、毎月1回は日曜日の午前9時から午後5時まで、毎月1回は土曜日の午後6時から翌日の午後5時まで、③13か月目以降については、一方の当事者は、他方の当事者に対し、実施日及び実施時間の変更についての協議を申し入れることができ、他方の当事者は、これに応じて本件面会交流の実施日及び実施時間の変更について誠実に協議するものとする旨の要領で、Xが子らと面会交流することを認めることが相当であるところ、これと異なる原審判は一部相当でないとして変更した。

令和6年民法等改正施行後、離婚後の高葛藤な父母間の共同親権行使の方法や親子交流について参考になるケースと思われる。

[12]東京高決令5・1・17家判50号60頁は、面会交流の実施に対する間接強制の申立てが権利の濫用に当たらないかが問われた。XとYは子らの親権者をYと定めて和解離婚し、翌年高裁で面会交流の決定が行われた（以下「平成30年決定」という）。Xは平成30年決定に基づき面会交流を実施させるようYに求め、その不履行1回につき1人当たり10万円の支払いを求めるなどの間接強制を申し立てた。原審（甲府家決令4・4・1家判50号66頁）はYに対し、Xと子らとの面会交流を実施させるよう命ずると共に、不履行1回につき3万円の支払いを命じた。

本決定は、平成30年決定第2項は令和4年の東京高裁の確定により失効しており、当該確定の日以降の部分を求めることは不適当であるとしたが、他方で、平成30年決定第1項が記載する、毎月第1日曜日及び第3日曜日、平成31年3月までは午前9時30分から午前12時30分まで、同年4月以降は午前9時30分から午後1時30分までの面会交流をYにするよう命じ、間接強制の申立ては権利の濫用に当たらないとしてYの申立てを却下し、原審の不履行1回につき3万円の支払いを維持した。

間接強制が認められるためには、面会交流の内容が

具体的に特定されている必要があるが（最一判平25・3・28民集67巻3号864頁）、父母間が高葛藤であればあるほど、事前に詳細な取決めをすることは、実際の履行においても重要であると思われる。

(3) 国家賠償請求

次の3事例は、子の監護等に関して立法措置をとっていない国会の立法不作為が憲法に反するとして、国家賠償請求を行ったものである。「不法行為裁判例の動向2」[36]においても取り上げられる。

[13] 東京高判令4・12・13判タ1516号112頁は、父X₁が子らX₂（X₁が法定代理）を連れて家を出て母Aと別居した後、Aから子の監護者指定の調停が提起され、子を引き渡すこと、X₁は月1回48時間の面会交流をすることなどを内容とする調停が成立し、X₁はAにX₂を引き渡した事例である。その後X₂の通塾などにより面会交流は短縮変更されたが、継続して行われていた。

X₁は、①共同親権を有する父母の意見対立時に子の利益のために必要な決定を司法機関が代わって行うための制度が存在しないこと、②父母の別居時に他方の親がその子に対する親権行使に関する意思決定から事実上排除された場合にこれについて救済を求める制度が存在しないことは、憲法24条2項、14条に違反するとし、国に対し国賠法による損害賠償を請求した。「注目裁判例研究　家族1」において、合田篤子会員が評釈を行う。

[14] 東京地判令4・11・28判タ1518号149頁は、原告が別居親と子、祖父母と孫との面会交流権は憲法13条、14条1項、24条2項、市民的及び政治的権利に関する国際規約23条4項、児童の権利に関する条約3条2項、9条1項、3項、18条1項、国際的な子の奪取の民事上の側面に関する条約5条で保障されており、その権利行使のために所要の立法措置を採ることが必要不可欠であるにもかかわらず、具体的に規定を設ける立法措置を採らなかったことが立法不作為にあたると主張した事例である。本件判決はこれを認めず、上記立法不作為は、国家賠償法上、違法の評価を受けるものではないとした。本件は控訴されたが、東京高判令5・8・31LEX/DB25596453は控訴を棄却した。

面会交流の立法不作為の違法性を争った裁判例として、東京高判令2・8・13判時2485号27頁があるが、本件は祖父母と孫の面会交流権も含んでおり、また、子も原告となっている点が特徴的である。令和6年民法等改正では、別居・離婚にかかわらない親子の交流（民新817条の13）、親族と子の交流（民新766条の2）が新設されたが、交流の法的性質については明記され

なかった。

[15] 東京地判令5・1・25判タ1519号234頁は、未成年の子の別居親である原告らが、国会が婚姻中の一方親による他方親の同意を得ない未成年の子の連れ去り（引き離し）を防ぐための立法措置を正当な理由なく長期にわたって怠っていることにより以下の権利が不当に制約され、精神的苦痛を受けたなどと主張して、国家賠償を求めた。それは、①子を産み育てるかどうかを意思決定する権利（リプロダクティブ権）、②親権、③監護権、④教育権、⑤面会交流権が憲法上保障されていることであるが、本判決は、「親権は、本来的には、親権者に対して子の利益となる監護及び教育を行わせるという、いわば利他的な行為を要求し、……その営みが親権者自身の自己実現にも資するものであって、単なる機械的な利他行為にとどまらないという点を考慮したとしても、憲法上の他の人権とは性質を異にするものといわざるを得ない。このような性質を有する親権が、憲法上保障された基本的人権であると解することはできない。」とし、訴えを棄却した。本件は控訴されたが、東京高判令5・9・27LEX/DB25596462は控訴を棄却した。

離婚後単独親権に関する違憲訴訟、国家賠償訴訟として、東京地判令3・2・17訴月67巻9号1313頁があり、面会交流については上記[14]がある。

3　相　続

[16] 東京高判令4・7・28判タ1518号113頁は、相続回復請求権の消滅時効完成前に取得時効の援用の可否が問題となった事例であり、本件判決は取得時効の援用を肯定した。取得時効については「物権・不動産取引裁判例の動向」[14]において、消滅時効については「契約裁判例の動向1」[12]においてそれぞれ触れられる。

平成16年2月被相続人Aが死亡した。B、CはAの姉妹である。Y₁とXはBの実子であり、Y₂はCの子である。Xは昭和42年8月にAと養子縁組し、Aの唯一の法定相続人である。A死亡の翌月、Xは不動産につき相続を原因とする所有権移転登記手続をした。本件預貯金等についても相続に伴う名義変更、解約等をしてこれを取得した。平成30年8月Y₁の申立てにより本件遺言書（遺産の分割はY₁、Y₂及びXに等分与する旨）の検認を受けた。Xは主位的に遺言の無効確認を求め、予備的に、①不動産については取得時効、②預貯金等に係る不当利得返還請求権については債権の消滅時効が完成しているとして、Y₁、Y₂による不動産に関する所有権移転登記請求権及び預貯金等に関する不当利得返還請求権が存在しないことの確認を求めた。原審

（東京地判令3・1・14LEX/DB25587598）は、主位的請求を棄却し、予備的請求についてはいずれもそれらの請求権が存在しないことを確認するとして認容した。

本件の争点として、①相続回復請求権（民884条）の消滅時効完成前に取得時効（民162条）の成立を認めるか否かについて本判決は、相続回復請求権は相続に基づく法律関係を早期に安定させることを目的としたものであり、取得時効とは異なった適用場面を想定した別々の制度であって、相続回復請求権は個々の相続財産について取得時効の成立を排除しうるものではないとした。②Y₁は自宅で封緘していない本件遺言書を保管しておりその内容を知っていたと認めているため、消滅時効は進行するが、Y₂は本件遺言書の存在を知らなかったものであり、遺言書の内容を知るまでの間、消滅時効は進行しないとした。さらに、相続回復請求権は相続財産を構成する個々の不動産、動産等の所有権、共有持分権に基づく物権的請求権の集合であり、本件返還請求権はYらが包括遺贈を受けXが本件預貯金を単独で取得して発生した不当利得返還請求権であるとして、相続回復請求権に基づくものではないと判示した。

判例（最大判昭53・12・20民集32巻9号1674頁）は、共同相続人の一部が自己の本来の相続分を超える部分を占有している場合に、その表見共同相続人が悪意・有過失の場合には民法884条の適用範囲を制限したが、本件は、包括受遺者も相続回復請求権を主張し得る主体であることを示したという特徴がある。包括受遺者の存在は、遺言により初めて知ることも多いため、表見相続人の善意かつ合理的事由は認められやすくなるであろう。Yらは①について上告し、最三判令和6・3・19民集78巻1号63頁は上告を棄却した。次号で取り上げられる。

　　[17] 最一決令5・10・26民集77巻7号1911頁は、特別寄与料と遺留分侵害額請求権との関係について最高裁判所で初めて判断を示した事例である。被相続人Aは、相続全部をBに相続させる旨の遺言をしていた。相続人はAの子であるBとYであり、XはBの妻である。XはYに特別寄与料を求めたが協議が調わず、Xは特別の寄与についてAの要介護2の報酬相当額（1日あたり6232円）に介護日数2259日を乗じた1407万8088円に裁量的割合を乗じた額の申立てを行った。またYはBに対し、遺留分侵害額請求を行った。原審（名古屋高決令4・6・29民集77巻7号1928頁）は、民法1050条5項により、Yは相続分指定により相続分がないことにより、Yは特別寄与料を負担しないとしてXの申立てを却下した。本決定は、民法1050条5項の立法趣旨を、相続人間の公平に配慮しつつ、特別寄与

料をめぐる紛争の複雑化、長期化を防止する観点から法定相続分等によることとしたものと解し、「遺言により相続分がないものと指定された相続人は、遺留分侵害額請求権を行使したとしても、特別寄与料を負担しない」と判示した。

Yが遺留分侵害額請求を行ったことで取得する金銭債権を相続分とは性質が異なるものとする考えによると、特別寄与料の請求対象とはならないであろうが、特別の寄与料の立法趣旨を、親族が主に被相続人の看護療養に寄与したことに対し相続人に請求を認めることにあるものと考えると、Yを相続人と位置付けることで、請求も可能な解釈になるのではなかろうか。

　　[18] 那覇家審令5・2・28判タ1514号250頁は、平成13年2月に死亡した被相続人の相続人に配偶者、嫡出子5名、非嫡出子7人がいる事例である。非嫡出子の相続分規定に関する平成25年大法廷判決は、旧規定は遅くとも平成13年7月当時において憲法14条1項に違反していた旨を判示したが、個別的判断として本件では、平成13年2月においても違反状態であることを示し、申立人ら及び相手方らの法定相続分は等しい割合とすべきであるとした。

　　[19] 福岡家審令5・6・14判タ1519号252頁は、平成30年民法等改正（平成30年法律第72号）で設けられた配偶者居住権施行後初めての審判例である。「物権・不動産取引裁判例の動向」[13]でも触れられる。

被相続人Eの相続人は、妻B、その間の子C、A（Bの子でEの養子）であり、D（Eの養子）は自己の相続分をAに譲渡して本件手続から排除された。本件は、Bが配偶者居住権の取得を希望しており、裁判所は、共同相続人間の合意を成立させてこれを認め、具体的計算を行ったことに意義がある。なお、本件の主な争点は、Dに特別受益があったか否かであったが、Dに超過特別受益が認められたため、Aへの相続分の譲渡は0円となり、その負担はAも含め共同相続人が法定相続分により負った。「注目裁判例研究　家族2」において、水野貴浩会員が評釈を行う。

4　その他

　　[20] 最大決令5・10・25民集77巻7号1792頁は、特例法のいわゆる生殖不能要件規定（3条1項4号）が憲法違反と判断された事例で、世間の耳目を集めた。最高裁は、自己の意思に反して身体への侵襲を受けない自由が人格的生存に関わる重要な権利として憲法13条によって保障されることを示した上で、本件規定は、治療としては生殖腺除去手術を要しない者に対し、身体への侵襲を受けない自由を放棄して強度な身体的侵襲を甘受するか、又は性自認に従った法律上の

性別の取扱いを受けるという重要な法的利益を放棄するかという過酷な二者択一を迫るものであり、この間の社会的変化、医学的知見の変化も踏まえると、身体への侵襲を受けない自由への制約は過剰であると判断した。本件は高裁へ差し戻され、広島高決令6・7・10は、手術を受けずに戸籍上の性別を男性から女性に変更することを認めた。

　特例法の見直しが迫られている中で、単に条項を削除するのか、あるいは新たな要件が付加されるのか、今後の国会審議が注目される。

（やまぐち・りょうこ）

第 2 部　最新民事判例

注目裁判例研究

家族1 共同親権者の一方が子を代理して提起した訴えが「父母の一方が親権を行うことができないとき」（民法818条3項ただし書）に当たらず不適法とされた事例

東京高判令 4・12・13

令和 4 年（ネ）第 2939 号、損害賠償請求控訴事件

判タ 1516 号 112 頁

第一審：東京地判令 4・5・16

合田篤子　金沢大学教授

民法（家族法）部会

◆事案の概要◆

X₁（原告・控訴人）は、妻 A と平成 17 年 9 月 17 日に婚姻し、平成 21 年に長男 X₂（13 歳）が、平成 25 年には長女 B が出生した。平成 30 年 7 月頃、X₁は子らを連れて A と別居したが、平成 31 年 1 月 17 日、監護者を A と定め、X₁が、A に対して子らを引き渡すこと、A は X₁が子らと原則として月 1 回の面会交流をすること等を認める内容の調停が成立した。平成 31 年 4 月頃から、A が X₁に相談することなく X₂を中学受験のための塾に通わせるようになってから、A との間で、X₂の進学に関する意見対立が顕在化するようになり、令和 2 年 8 月からは、主に X₂の通塾や学校の授業などを理由として、調停で定められたとおりの面会交流が確保されないようになっていった。面会交流は時間短縮するなどして断続的に実施されてはいたが、X₁は、令和 2 年 7 月以降、面会交流の履行勧告を 4 回申立て、面会交流の不履行を理由に間接強制決定に基づき債権差押命令の申立てをした。X₁は、A に対し、令和 2 年 12 月 3 日以降、共同親権に基づき、X₂の進学に関する情報提供を繰り返し求めたが、A は、X₂の中学受験が終了した後に X₂が合格した中学校名を伝えただけで、それ以外の進学に関する情報を一切提供しなかった。

そこで、令和 3 年 4 月 20 日、X₁は、X₂の法定代理人として X₂を単独で代理して、①共同親権を有する父母の間で親権行使に関する意見対立が生じ、子が憲法上保障されている幸福追求権、生存権及び教育を受ける権利を実質的に行使することが困難になっている場合において、子の利益のために必要な決定を司法機関等が代わって行うための制度が存在しないこと、②父母が別居し、その子が一方の親と同居している場合において、他方の親が、親権の行使に関する意思決定から事実上排除された場合であっても、これについて救

済を求める制度が存在していないこと等が、憲法 24条 2 項、14 条に違反し、上記制度の構築に関する立法不作為（以下「本件立法不作為」という）の違法を理由に、Y（国、被告・被控訴人）に対し、国家賠償法 1 条 1 項に基づき、慰謝料として約 200 万円の支払を求めた。

第一審は、適法な代理権を欠くとして X₂の訴えを却下し、本件立法不作為によって国賠法上違法の評価を受けるものではないとして X₁の請求を棄却した。これに対して、X らが控訴した。

◆判　旨◆

控訴棄却。

1　争点 1（X₁が X₂を代理してした本件訴えの提起は、代理権を欠き不適法か否か）

「民法 818 条 3 項ただし書が定める『父母の一方が親権を行うことができないとき』には、父母の一方が行方不明、重病、心神喪失、受刑中などによって親権を行使するに際して事実上の障害がある場合も含まれると解されている。しかし、本件全証拠によっても、Aについて、本件訴訟に関してそのような事実上の障害があって親権を行うことができないという事情は認められず、また、そのように解しても X₂の権利利益が侵害されることとなる特段の事情があるとも認めることができないというべきである。」

「父母が婚姻中のまま別居して夫婦共同生活の実体がないことをもって、父母の一方の親権の行使に事実上の障害があると解するとすれば、共同親権を有する父母の間で子の訴訟事項に関して意見が一致しない場合、父母がそれぞれ単独で子の利益になると考える訴訟代理行為をすることができることになり、それらが相矛盾するなどして、子の法的地位を不安定にし、そ

114　第 2 部　最新民事判例

の不利益になるおそれがあるから、相当ではないというべきである。」

「非監護親の意向が事実上反映されないからといって、直ちに監護親の親権の行使につき事実上の障害があるということはできず、本件全証拠によっても、他にAの親権の行使について事実上の障害があるとみるべき事情は認められない。」

「民事訴訟法31条が未成年者について原則として法定代理人によらなければ訴訟行為をすることができないとしたのは、未成年者の保護と手続の安定性を図るためであると解され、もとより合理性があるところ、父母の婚姻中は共同して親権を行使するとされている（民法818条3項本文）ことから父母の一方が子の利益を考えて反対する場合に未成年者の訴訟行為ができないとしても、未成年者の裁判を受ける権利をはく奪するものであるとはいえず、また、父母の意見対立の有無という社会的事実としての父母の関係性に起因する相違をもって、法的な差別的取扱いであるともいえない。」

以上のとおり、X₁が単独でX₂を代理してした本件訴えの提起は、適法な代理権を欠いており不適法であると判示した。

2 争点2（本件立法不作為が国家賠償法1条1項の適用上違法であるか否か）

「父母の共同親権制度の下では、父母の間に親権の行使に関する意見対立があり、円滑に共同して親権を行使することができない場合や、父母が別居し、親権の行使につき子と同居していない親の意向が事実上反映されない場合があり得ることは否定できないが、まずは父母双方が子の利益を考えて意見が一致するよう話合いに努める責務を負っているというべきである。」仮に、それでも父母の意見が一致せず子の権利利益を損なうおそれが生じるようなときには、民法766条を類推適用して、子の監護者指定や監護者の変更をすることができることを踏まえると、「現行法の下において、直ちに子の幸福追求権、生存権及び教育を受ける権利その他の憲法上保障された基本的権利が侵害される状況に置かれるものではないというべきである」

「父母の意見対立を調整し、非監護親の意向を反映させるための制度を設けるか否か、設けるとしていかなる内容の制度とするかについては、多方面にわたる総合的な検討と判断に基づく国会の立法裁量に委ねられているというべきである。X₁の主張するように、司法機関等が父母の親権の行使に関する意見対立を調整して子の利益のために必要な決定をする制度を構築することが一つの方法として考え得るとしても、そのような制度の要否や設ける場合の制度内容については各

種の意見があり得るところであり、X₁が主張するような立法措置をとることが必要不可欠であり、かつ、明白であるとは到底いえるものではない。」

したがって、本件立法不作為が憲法24条2項、14条に違反するとはいえず、「本件立法不作為については、国民に憲法上保障されている権利行使の機会を確保するための立法措置をとることが必要不可欠であり、それが明白であるにもかかわらず、国会が正当な理由なく長期にわたってこれを怠るような場合に当たらないことは明らかであって、国家賠償法1条1項の適用上違法の評価を受けるものではない。」

◆研　究◆

1　はじめに

本件は、別居中の父母間で親権行使をめぐって意見対立が生じている状況において、親権者の一方が単独で子を代理して訴えを提起したものであり、X₁は次の2点を立法不作為として主張し、国に対して国家賠償請求をしている。すなわちX₁は、①共同親権者間で親権行使に関する意見対立が生じ、子が憲法上保障されている幸福追求権、生存権及び教育を受ける権利を実質的に行使することができなくなっている場合において、子の利益のために必要な決定を司法機関等が代わって行うための制度が存在しないこと、及び、②父母が別居し、その子が一方の親と同居している場合において、他方の親が、その子に対する親権の行使における意思決定から事実上排除された場合であっても、これについて救済を求める制度が用意されていないこと等が、違憲であり、上記制度の構築に係る本件立法不作為が違法であるとして国家賠償法に基づき、慰謝料請求した。

これについて、本判決で直接の争点になったのは、そもそも、親権者の一方が他方親権者の同意を得ずに子を代理してした訴えの提起は、代理権を欠き不適法か否かという点である（争点1）。また、上記①②の本件立法不作為が、憲法24条2項、14条違反にあたり、国家賠償法1条1項の適用上違法であるか否かである（争点2）。以下、本稿では紙幅の関係から争点1を中心に検討を行う。

2　共同親権者の一方が子を代理して提起した訴えの適法性（争点1）

原則として、未成年者は法定代理人によらなければ訴訟行為をすることができないが（民訴31条）、訴訟無能力者の法定代理は民事訴訟法に特別の定めがある場合を除き、民法その他の法令に従うことになっている

(民訴28条)。そして、民法では、婚姻中、父母は共同して親権を行使することが原則であるが（民818条3項）、「父母の一方が親権を行うことができないとき」は、他の一方が行うと定めている（民818条3項ただし書）。

「父母の一方が親権を行うことができないとき」とは、①法律上行使できない場合（後見開始の審判を受けたとき、親権・管理権喪失、停止の審判を受けたとき等）のみならず、②事実上行使できない場合（長期旅行、行方不明、重病、長期の病気入院、心神喪失、受刑中等）も含めるのが通説である[1]。それでは、本件のように、夫婦が事実上の離婚状態にあり、夫婦共同生活の実体がない場合が②事実上行使できないときにあたり、親権の単独行使が認められるであろうか。

裁判例では、判断が分かれている。肯定例として、(a)東京地判昭37・7・17下民集13巻7号1434頁は、いわゆる有責配偶者である父の同棲相手に対して、母が単独で子を代理して慰謝料請求した場合において、父母の婚姻関係が事実上破綻し、一方が他の女と同棲し、子との別居が長期に及んで子の面倒をみることがない場合も「親権を行うことができないとき」に含まれると判示している。また、(b)東京高決昭58・6・28判タ510号191頁も、父母が別居し、婚姻関係が事実上破綻していることが親権行使できないときに該当するとして、母が単独で子の法定代理人として子の扶養義務者である祖父に対して行った扶養料請求が認められている。他方、否定例として、(c)東京高判昭59・4・25判時1116号68頁は、父母が別居し、離婚訴訟中で対立する中、親権者の一方が子を自己の親（子の祖父母）との間で養子縁組をした事案であるが、子の親権者指定を眼目としていることなどが考慮され、「親権を行うことができないとき」には該当せず養子縁組が無効となっている。また(d)東京高判平12・9・27東高民時報51巻1〜12号11頁も、事実上の離婚状態にある実父母の一方が単独で15歳未満の養子の法定代理人として提起した養子縁組無効の訴えが不適法とされた事案である。

かつての通説や裁判例によれば長期別居ないし事実上の離婚状態の状況にあれば、その余の点をほとんど問題とすることなく親権の単独行使を肯定する方向にあったとの分析結果がある[2]。確かに(a)(b)の判決理由中の文言からは、父母が事実上の離婚状態にあることから直ちに「親権を行うことができないとき」に該当すると判断しているように解することができる。しかしながら、事案としては、子の慰謝料請求や扶養料請求といった子の利益保護に資する請求であり、かつ、一方の親権者による単独の親権行使を認めた場合

であっても、他方の親権者への法的影響が大きくない事案であった。他方、否定例の(c)(d)は、父母が事実上の離婚状態にはあるものの、かりに父母の一方の単独親権行使を認めた場合には、子や他方親権者の親子関係に少なからぬ影響を与える事案であった。つまり、肯定した裁判例については、父母が事実上の離婚状態であるということから直ちに肯定しても妥当な結論が導かれる事案であったとの見方も可能である。そのように考えると、否定例の裁判例も含め、いずれの裁判例も父母の事実上の離婚状態の他、子の利益保護や親権行使の必要性、影響等を総合的に判断していると解することもできる。

学説上も、父母が事実上離婚状態にあるというだけで常に父母の一方に親権の単独行使を認めるのは相当ではなく、「夫婦間の破綻の程度と具体的な共同行使不能の状況、親権を行使しようとする当面の必要性及び緊急性、子の利益保護などを考慮し、事案に即して判断すべき」との見解が最近では有力といえる[3]。

これを本件についてみるに、本判決も、父母が別居して夫婦共同生活の実体がないことから直ちに、父母の一方の親権行使に事実上の障害があると解することは否定し、子の利益保護等を考慮する最近の裁判例の傾向と同種のものとして位置づけることができる[4]。さらに、X_1が提起した国家賠償請求は当面の必要性や緊急性もないものといえ、裁判例、学説のいずれの基準からも、X_2の訴えが適法な代理権を欠くものとした本判決と同様の結論が導かれることになろう。なお、本件は、子の進学や面会交流の実施をめぐって父母間で意見が対立している事案であったが、非監護親の意向が事実上反映されないからといって、直ちに監護親の親権の行使につき事実上の障害があるということはできないと具体的に示している点でも、実務上参考になると思われる。

3　本件立法不作為の国家賠償法上の違法性（争点2）

国会議員の立法不作為が国賠法1条1項の適用上違法となるか否かは、原則として国民の政治的判断に委ねられるべきであり、仮に立法の内容が違憲であったとしても、国会議員の作為や立法不作為を理由に直ちに同法の違法と評価を受けるものではなく、国会が正当な理由なく長期にわたって怠っているときは例外的に違法との評価を受ける、とするのが判例の立場であり（最一判昭60・11・21民集39巻7号1512頁等）、本判決もまたそれを踏襲している。また、本件立法不作為の憲法24条2項の適合性については、夫婦同氏制に関する最大判平27・12・16民集69巻8号2568頁

を参照して、個人の尊厳と両性の本質的平等の要請に照らして合理性を欠き、国会の立法裁量の範囲を超えるものとみざるを得ないような場合に当たるか否かという観点から判断すべきと判示している。そして、親権行使に関する父母の意見対立を調整する制度が存在しないという本件立法不作為については、憲法24条2項、14条に違反しないとしており、本判決は、婚姻及び家族に関する事項に係る制度の憲法合憲性について一事例を加えたものと評価されている[5]。なお、父母の意見対立を調整する制度については、次で述べる通り、令和6年の民法改正により一定の対応がとられている。

4　令和6年民法改正

婚姻中の父母の意見が一致しないときに裁判所が関与する等の解決方法については、現行法上には規定がない[6]。しかしながら、令和6年5月24日、「民法等の一部を改正する法律（令和6年法律第33号）」が公布され（2年以内に施行）、離婚後の親権者に関する規律が見直されることになり、婚姻中のみならず離婚後も含めた親権行使の方法を詳細に定める民法824条の2が新設された。同条は、共同親権行使が原則であることを定め（改正後民法（以下「改」という）824条の2第1項）、「他の一方が親権を行うことができないとき」（改824条の2第1項2号）は、他の一方が行うことを規定する。これは、現行法818条3項の規律と同様であり[7]、解釈も踏襲されることになろう。また、改正法では、「監護及び教育に関する日常の行為」（改824条の2第2項）に関しては、親権を単独行使することが可能になったが、この規定は現行民法の解釈を明確化する趣旨と説明されている[8]。そして、「特定の事項」に関する親権行使については、父母間で協議が整わない場合、子の利益のために必要があると認めると

きは、家庭裁判所が父母の一方が単独で行使できるよう定めることが新たに規定された（改824条の2第3項）。「特定の事項」とは、重要な事項（日常の行為以外の事項）に係る身上監護又は財産管理や身分行為に限られるもので、具体的には、居所の指定又は変更の場合や、親権者が子を代理して高校との間で在学契約を締結する場合等が想定されている[9]。以上のように、本改正によって、X₁が主張していたような、父母間で親権行使に関して意見対立が生じている場合の救済制度が設けられたということができる。しかしながら、改824条の2の各項が定める「監護及び教育に関する日常の行為」、「特定の事項」の概念については、その意義及び具体的な類型等をガイドライン等により明らかにすることが衆議院法務委員会の付帯決議に盛り込まれているように[10]、現時点では必ずしも明らかではない[11]。もっとも、X₁が子を代理して提起した本件のような国家賠償請求は、子の利益のために必要があるとは認められず、「特定の事項」には該当しないと判断されるものと思われる。一方、本件は、X₁がAに対してX₂の中学進学に関する情報提供を求めたにもかかわらず、Aは相談なく、塾に通わせ、受験校を決めた上、合格後に中学校名を伝えてきただけというケースであった。塾の選定は、「監護及び教育に関する日常の行為」に該当し、親権者の一方が単独で親権行使可能になると思われるが、受験校の選定については、その後の在学契約とも関連性が高く、「特定の事項」に含まれる余地がある。以上、本判決では、直接の争点とはなっていなかったが、本件の事案は、民法改正後の「特定の事項」の解釈や運用を検討する上でも参考になると思われる。

（ごうだ・あつこ）

〔付記〕本研究は、JSPS科研費JP24K04638の助成を受けたものである。

1）於保不二雄＝中川淳編『新版注釈民法（25）親族（5）〔改訂版〕』（有斐閣、2004）33頁〔岩志和一郎〕、松川正毅＝窪田充見編『新基本法コンメンタール親族〔第2版〕』（日本評論社、2019）234頁〔白須真理子〕。

2）松倉耕作「事実上の離婚と単独代諾縁組の可否」判タ543号（1985）138頁。

3）清水節『判例先例親族法Ⅲ親権』（日本加除出版、2000）46頁、松倉・前掲注2）140頁、松川＝窪田編・前掲注1）234頁〔白須〕。

4）本判決無記名評釈・判タ1516号（2024）114頁参照。

5）本判決無記名評釈・前掲注4）115頁。

6）於保＝中川編・前掲注1）32頁〔岩志〕。

7）法制審議会家族法制部会「部会資料34-1」3頁、青竹美佳「親権等に関する新たな規律——離婚後の親権についての規律を中心に」家判51巻（2024）11頁。

8）法制審議会家族法制部会「部会資料34-1」3頁、於保＝中川編・前掲注1）33頁〔岩志〕。

9）法制審議会家族法制部会「部会資料35-2」8頁、青竹・前掲注7）12頁。

10）「衆議院法務委員会における民法等の一部を改正する法律案に対する附帯決議」の「二」。

11）「父母の離婚後の子の養育に関する民法等改正法の施行準備のための関係府省等連絡会議」の第1回会議が令和6年7月8日に開催されている。

第 2 部　最新民事判例

[注目裁判例研究]

家族2　超過特別受益者による相続分の譲渡と遺産分割

福岡家審令 5・6・14
令和 5 年（家）第 4017 号、遺産分割申立事件
判タ 1519 号 252 頁、家判 51 号 108 頁

水野貴浩　松山大学准教授

民法（家族法）部会

◆事実の概要◆

　A は、令和 2 年に死亡した。A の相続人は、妻である Y_1、A と Y_1 の間の子である Y_2、並びに Y_1 の子で A の養子である X 及び Z の 4 名である。

　X は、他の共同相続人を相手方として、A の遺産の分割に関する審判を申し立てた。しかし、Z は、その相続分を X に譲渡したため、本件手続から排除された。それゆえ、本件遺産分割の当事者は X、Y_1 及び Y_2 の 3 名である。

　A の遺産としては、遺産目録記載 1 の土地（以下、「本件土地」という）、同 2・3 の建物（以下、併せて「本件各建物」といい、本件土地と本件各建物を併せて「本件不動産」という）及び同 4・5 の預金（以下、併せて「本件預金」という）がある。なお、X は、遺産目録記載 4 の預金を引き出し、葬儀費用や相続財産の管理費用等として費消した残りを現金として保管しているが、これ（以下、「本件現金」という）を A の遺産に含めて分割することについて、当事者全員の合意がある。また、遺産の評価額についても、当事者全員の合意がある。

　Y_1 は、A の生前、本件不動産において A と同居しており、現在も本件不動産に単身で居住している。Y_1 は、本件各建物につき存続期間を Y_1 の終身の間とする配偶者居住権を取得し、今後とも本件不動産に居住することを希望している。Y_2 は、配偶者居住権が設定された本件各建物を取得することを了解している。X は、本件不動産の取得を希望しておらず、相続分を金銭で取得することを希望している。

　当事者全員は、本件における配偶者居住権の評価について、簡易な評価方法により、188 万 6421 円とすることを合意しており、同合意を不当と認める特段の事情はない。

　本件において争点となったのは、Z に特別受益が認められるか否かである。しかし、この争点については本研究において検討を行わないので、ここでは、本審判が、「Z は、特別受益として 1400 万円の限度で持ち戻すことになり、X は、これを前提とする相続分の譲渡を受けたこととなる」と判断したことのみを指摘しておく。

◆審判の要旨◆

＜認容（確定）＞

　本審判は、当事者の具体的取得額及び A の遺産の分割方法に関して、次のとおり判断した。
「第 4　相続分及び取得分の算定
1　具体的相続分
　遺産目録記載の各遺産の相続開始時の評価額合計は 2047 万 1688 円であり、Z に 1400 万円の特別受益が認められることから、みなし相続財産の評価額は 3447 万 1688 円となる。

　以上から、当事者等の具体的相続分は、以下のとおりとなる。
(1)　Y_1　1228 万 3012 円
（計算式）
　ア　具体的相続分
　【みなし相続財産】3447 万 1688 円×【法定相続分】2 分の 1 ＝ 1723 万 5844 円
　イ　超過特別受益等（後記(3)）負担後の相続分
　1723 万 5844 円－{825 万 4719 円×1723 万 5844 円÷(1723 万 5844 円＋574 万 5281 円＋574 万 5281 円)}＝約 1228 万 3012 円（1 円未満切捨て）
(2)　X 及び Y_2　各 409 万 4338 円
（計算式）
　ア　具体的相続分
　【みなし相続財産】3447 万 1688 円×【法定相続分】6 分の 1 ＝約 574 万 5281 円（1 円未満切捨て）
　イ　超過特別受益等（後記(3)）負担後の相続分
　574 万 5281 円－{825 万 4719 円×574 万 5281 円÷(1723 万 5844 円＋574 万 5281 円＋574 万 5281 円)}＝約 409 万 4338 円（1 円未満切り上げ）
(3)　Z　0 円
（計算式）

具体的相続分

【みなし相続財産】3447 万 1688 円×【法定相続分】6分の1－1400 万円＝約－825 万 4719 円（1 円未満切り上げ）

2　具体的取得分

そして、遺産目録記載の各遺産の分割時の評価額合計が 1318 万 3682 円であることから、当事者の具体的取得分は、以下のとおりとなる。

(1)　Y$_1$　791 万 0208 円

（計算式）

……

(2)　X 及び Y$_2$　各 263 万 6737 円

（計算式）

……

第5　分割の方法

1　当事者の取得希望等

……

2　分割

前記のとおり、Y$_1$ は、A の配偶者であり、相続開始の時に本件不動産に居住していたところ、本件各建物について配偶者居住権の取得を希望する旨を申し出ており、Y$_2$ は、配偶者居住権が設定された本件各建物の取得を了解している。そうすると、Y$_2$ の受ける不利益の程度を考慮してもなお、配偶者である Y$_1$ の生活を維持するために特に必要があると認められる。したがって、Y$_1$ に本件各建物につき存続期間を同人の終身の間とする配偶者居住権を取得させ、Y$_2$ に本件不動産の所有権を取得させるのが相当である。また、Y$_1$ が本件預金を引き出し、その残金である本件現金を保管していることなどを勘案すると、本件預金及び本件現金について、Y$_1$ に取得させるのが相当である。

上記を前提にすると、Y$_1$ の取得分は 1148 万 7683 円（＝【配偶者居住権】188 万 6241 円＋【本件預金】合計 1442 円＋【本件現金】960 万円）となり、その具体的取得分を 357 万 7475 円……超過することになり、X に対し 263 万 6737 円、Y$_2$ に対し 94 万 0738 円｛＝【具体的取得分】263 万 6737 円－【配偶者居住権控除後の本件不動産】（358 万 2240 円－188 万 6241 円）｝の代償金を支払うことになるが、Y$_1$ は、本件現金を取得するので、代償金を支払う能力があると認められる。」

◆研　究◆

1　はじめに

配偶者居住権は、「住み慣れた居住環境での生活を継続するために居住権を確保しつつ、その後の生活資金として預貯金等の財産についても一定程度確保した

い」という生存配偶者のニーズに応えるために、平成 30 年の相続法改正によって創設された制度である[1]。その根拠となる民法の規定は令和 2 年 4 月 1 日に施行されたが、配偶者が配偶者居住権を取得する旨を定めた遺産分割の審判が公刊物に登載されたのは、本件が初めてであると思われる。

本件では、配偶者が配偶者居住権を取得することやその価額の評価について、手続の当事者間に争いがなく、当事者の希望に沿った分割内容となっている。それゆえ、Y$_1$ が配偶者居住権を取得する根拠規定に関して若干の疑問があるものの（後記 4）、本審判が示した分割内容自体に異論はない。

筆者が本件において注目したのは、相続分の譲渡人がいわゆる「超過特別受益者」であること、すなわち、903 条 1 項に基づき具体的相続分を計算すると、その結果がマイナス（以下、このマイナスの金額を「超過受益分」という）になる相続人であることである。共同相続人間における相続分の譲渡をめぐっては、最高裁の判断がいくつか示されており、学説においても議論の蓄積があるが、譲渡人が超過特別受益者である場合に特有の問題についてはこれまでまったく検討されていなかったように思われる。そこで今回、本審判を研究の対象とすることとした。

2　共同相続人間における相続分の譲渡と家庭裁判所での遺産分割手続

戦後の家族法改正によって諸子均分相続制と配偶者相続権が確立したが、実際の遺産分割においては、法定相続分に従わずに、共同相続人中の一人が遺産の全部又は大部分を取得するケースが多いことが早くから指摘されていた[2]。そのようなケースでは、遺産の全部又は大部分を取得する相続人のために他の相続人が「事実上の相続放棄」を行っているとみることができるが、事実上の相続放棄を伴う遺産分割の有効性を説明するために、特定の共同相続人のために行われる事実上の相続放棄を「相続分の無償譲渡」と解する見解[3]が唱えられた。その後、相続分をすべて譲渡した相続人は遺産分割事件における当事者適格を失うとの見解が通説となり[4]、家事事件手続法制定前の家裁実務において、遺産分割の審判または調停の手続中に相続分の全部を譲渡した相続人を、民事訴訟の訴え脱退に準じて、手続から脱退させるとの扱いが行われるようになった[5]。この扱いは遺産分割調停・審判事件の処理速度を速めるためになされるもので[6]、相続分の譲渡は、「事業承継や長期化する遺産紛争に巻き込まれたくないことからこれを望む相続人のため、あるいは、相続人の数を減らして遺産分割を円滑に終わらせるた

めの便法として、実際上の必要性から多く活用されているのが現状である」といわれている[7]。

共同相続人間で相続分の譲渡がされたときは、「相続分の譲渡を受けた共同相続人は、従前から有していた相続分と上記譲渡に係る相続分とを合計した相続分を有する者として遺産分割手続等に加わり、当該遺産分割手続等において、他の共同相続人に対し、従前から有していた相続分と上記譲渡に係る相続分との合計に相当する価額の相続財産の分配を求めることができることとなる」[8]。そして、相続分を譲渡した相続人は、その旨を家庭裁判所に申し出た上で、当該相続人を排除する旨の裁判（家事43条1項）[9]を受けることにより、遺産分割手続から離脱することになる[10]。

3 譲渡人が超過特別受益者である場合における譲受人の遺産の取得額

本審判は、遺産分割の当事者となっている X・Y₁・Y₂各自の具体的な取得額を算定する前提として、民法903条1項及び2項に基づき、その相続分を X に譲り渡した Z を含む共同相続人全員の具体的相続分をそれぞれ算定している。これは、相続分の譲受人の取得額を、譲受人自身の具体的相続分と譲渡人の具体的相続分とを合算したものをもとに算定することを前提とした作業であり[11]、2 の最後に引用した平成30年判決の判示内容に沿ったものといえる。

このように、譲受人の具体的な取得額は、①譲渡人と譲受人につき各別に算定した具体的相続分を合計して算定するというのが一般的な考え方であろうが[12]、異なる考え方もあり得るところである。すなわち、②譲渡人と譲受人の本来的相続分（法定相続分又は指定相続分）を合計した上で、譲渡人の特別受益を譲受人の特別受益と見て民法903条1項の計算を行い算定するとの考え方である[13]。いずれの考え方を採用するかによって具体的な算定結果に違いが生じるのは、本件のように、譲渡人と譲受人の一方のみが超過特別受益者のケースにおいてである。すなわち、①の考え方を採用した場合には、超過特別受益者（本件では譲渡人）の具体的相続分は同条2項によりゼロとなり、譲受人は、超過特別受益者ではない方（本件では譲受人）の具体的相続分に応じた額の遺産を取得することができるが、②の考え方を採用した場合には、超過特別受益者の超過受益分が超過特別受益者ではない方の具体的相続分から減じられることになる。本件では、超過特別受益者である Z の超過受益分（約825万円）が X 自身の具体的相続分（約409万円）よりも大きな金額であったため、②の考え方を採用した場合、譲受人である X の取得額はゼロとなってしまう。

限られた場合にしか具体的な違いが生じないため、これまで正面から検討されていなかった問題であるが、相続分の譲渡によって譲渡人が特別受益として受けた財産が譲受人に移転するわけではないこと、及び、相続分の譲渡は譲渡人が遺産分割において取得できる財産を譲受人に取得させることを目的として行われることに鑑みれば、①の考え方が妥当であると考えられる。

なお、超過特別受益者がいる場合には、他の共同相続人は民法903条1項の規定に従い算定された具体的相続分（額）に相当する財産を現存遺産から受けられないことになる。このときの処理方法については諸説あるが[14]、本審判は、超過受益分を各相続人がその具体的相続分に応じて負担するという、多くの裁判例が採用する方法を採用している[15]。超過特別受益者である Z から相続分の譲渡を受けた X のみが負担するという方法も考えられなくもないが、この方法は、上記②の考え方を採用した場合と同じ結果となってしまうので、採用することができない。

以上のことから、各相続人の具体的な取得額に関する本審判の算定方法は妥当なものであると評価できる。

4 配偶者居住権の成立要件に関して

配偶者居住権は、Ⓐ被相続人の配偶者が被相続人の財産に属した建物に相続開始の時に居住していた場合であって、Ⓑ配偶者が「遺産の分割によって配偶者居住権を取得するものとされたとき」、又は、「配偶者居住権が遺贈の目的とされたとき」に認められる（民1028条1項）。

民法1028条1項1号にいう「遺産の分割」には、審判による場合も含まれるが、配偶者が居住していた建物（以下、「居住建物」という）の所有者となる者が配偶者居住権の設定に反対している場合に、審判により配偶者に配偶者居住権を取得させることとすると、遺産分割に関する紛争が解決した後も配偶者と居住建物の所有者との間で紛争が生ずるおそれがある。そこで、民法1029条は、遺産分割の請求を受けた家庭裁判所は、共同相続人間に配偶者が配偶者居住権を取得することについて合意が成立しているとき（1号）、又は、配偶者が家庭裁判所に対して配偶者居住権の取得を希望する旨を申し出た場合において、居住建物の所有者の受ける不利益の程度を考慮してもなお配偶者の生活を維持するために特に必要があると認めるとき（2号）に限り、配偶者が配偶者居住権を取得する旨を定めることができるとしている[16]。

本件では、上記Ⓐの要件が満たされていることについて問題はない。問題となり得るのは上記Ⓑの要件に関してである。配偶者居住権の評価について当事者全

員に合意が成立していることに鑑みれば、民法1029条1号に定める場合に該当していると認定してもよかったように思われる。しかし、相続分の譲渡によって譲渡人が「被相続人との一定の身分関係に基づく相続人たる地位」を失うわけではないので[17]、Ｚも共同相続人の１人であり続ける。それゆえ、「共同相続人間に……合意が成立しているとき」と定める同号を文言どおり解釈する限り、ＺもＹ₁が配偶者居住権を取得することについての合意の当事者とならなければならないことになる。本審判は、Ｚを含めた合意がなされてはいないがゆえに、安全策を取って、同条２号が定める場合に該当すると判断したのかもしれない。

ところで、「共同相続人間に配偶者が配偶者居住権を取得することについて合意が成立しているとき」に、配偶者が配偶者居住権を取得する旨を家庭裁判所が定めることができるとされているのは、「審判において長期居住権を設定する場合には、居住建物の所有権を取得する相続人だけでなく、それ以外の相続人についても、その具体的相続分額（遺産分割における現実の取得額）が減少することになり、その分の不利益を受けることになると考えられる」ところ、「長期居住権の設定によって不利益を受ける者が全てこれに同意している以上、審判で長期居住権の設定を認めることに特段問題はないものと考えられる」からである[18]。そうすると、相続分を譲渡した相続人は、遺産分割において遺産を一切取得しないのであるから、配偶者が配偶者居住権を取得しても不利益を受けることはない。したがって、民法1029条１号にいう「共同相続人」からは、相続分を譲渡した相続人は除かれると解釈するべ

きであるように思われる。

5　おわりに

相続分の譲渡とは、「積極財産と消極財産とを包括した遺産全体に対する譲渡人の割合的な持分」を譲受人に移転することであると解されているので[19]、被相続人が金銭債務を負っていた場合には、譲渡人がその相続分（法定相続分又は指定相続分）に応じて承継した債務も譲受人に移転することになる[20]。そうすると、本件において、Ａが金銭債務を負っていた場合には、Ｚがその法定相続分に従って承継した債務もＸに移転することになり、Ｘが譲り受けた相続分の財産的価値はマイナスということになる。Ｘにとっては予期せぬ事態であろうが、相続人が遺産紛争から逃げ出す目的で、あるいは、遺産分割を円滑に終わらせるための便法として相続分の譲渡が用いられる場合に、譲渡される「相続分」の財産的価値がマイナスとなる可能性があることや、遺産分割の対象とならない財産の帰趨についてまでそもそも想定されているのだろうか。譲渡人の遺産分割における取得額をゼロとする目的のみで行われる行為については、遺産分割手続における分配の前提となる具体的相続分の贈与、または、具体的相続分を上回る額の遺産を取得することになる相続人が負うべき代償金債務の免除と性質決定するべきであり[21]、積極財産と消極財産とを包括した遺産全体に対する割合的な持分移転を目的としていることが明確な場合にのみ「相続分の譲渡」と性質決定してよいと考えるべきであろう。

（みずの・たかひろ）

---

1) 堂薗幹一郎＝野口宣大編著『一問一答　新しい相続法〔第２版〕』（商事法務、2020）9頁。

2) 元木伸「遺産分割に関する諸問題XV」判タ145号（1963）36頁以下。

3) 元木・前掲注2）38頁。この見解は、「共同相続人のうちの一人に被相続人の地位を承継させることを目的とする事実上の相続放棄」に特に着目している（同37頁）。

4) 池田光宏「相続分の譲渡と遺産分割」判タ688号（1989）127頁参照。公表裁判例としては神戸家尼崎支審昭50・5・30家月28巻5号38頁がある。

5) 東京家庭裁判所家事第5部編著『遺産分割事件処理の実情と課題』（判タ1137号、2004）113頁、永井尚子「遺産分割事件の運営について──初めて遺産分割事件を担当する裁判官のために」家月60巻9号（2008）35頁。

6) 稲田龍樹「相続分の一部放棄について」判タ1333号（2010）29頁。そのため、「当事者多数の事案では、申立人に対し、相続分の譲渡による当事者の整理を打診することがある」（田中寿生ほか「遺産分割事件の運営（上）」判タ1373号（2012）59頁）という。

7) 土井文美「判解」最判解民事篇平成30年度259頁。

8) 最二判平30・10・19民集72巻5号900頁（以下、「平成30年判決」という）。

9) 家事事件手続法43条は、同法制定前の家裁実務を踏まえつつ、民事訴訟における訴訟脱退とは区別する意味で「排除」の用語を用いた手続を新設している（金子修編著『逐条解説 家事事件手続法〔第2版〕』（商事法務、2022）204頁）。

10) 金子・前掲注9）204頁。

11) なお、本件では、遺産分割の対象財産の評価額が相続開始時と遺産分割時とで異なっているため、相続開始時を基準に評価される具体的相続分（の額）と遺産分割時を基準に評価される具体的取得額との間にズレが生じている。

12) 松原正明『判例先例相続法II〔全訂第2版〕』（日本加除出版、2022）240頁。

13) 「譲渡人等の特別受益は譲受人等の遺産分割による取得分として持ち戻し計算されなければならないことになる」との波床昌則「相続分の譲渡・放棄をめぐる諸問題」家月46巻6号（1994年）11頁の記述は、この考え方に近いように思われる。なお、本

審判は、「第1　相続の開始、相続人及び法定相続分」の箇所において、「相続分は、Y_1が2分の1、Xが6分の2、Y_2が6分の1である。」と記しているが、Xの具体的な取得額を②ではなく①の考え方に従い算定しているので、この記述は蛇足である。

14）松原・前掲注12）102頁参照。

15）なお、X・Y_1・Y_2のいずれも特別受益が認定されなかったので、本来的な相続分（法定相続分又は指定相続分）に応じて負担するとの方法を採用しても、本件においては結論に違いは生じない。

16）本段落の記述は、堂薗＝野口編著・前掲注1）13頁に拠った。

17）元木・前掲注2）40頁、波床・前掲注13）4頁。

18）法制審議会民法（相続関係）部会資料19-1（https://www.moj.go.jp/content/001222141.pdf）9頁。なお、引用文中の「長期居住権」は、配偶者居住権を指す。

19）前掲注8）の平成30年判決のほか、最三判平13・7・10民集55巻5号955頁。

20）土井・前掲注7）266頁、水野貴浩「判批」リマークス60号（2020）65頁。

21）筆者は、後者の法律構成を採用するべきであると考えている。水野貴浩「遺産分割協議後の共同相続人の破産」戸時826号（2022）41頁参照。

第 2 部　最新民事判例

環境裁判例の動向

島村　健　京都大学教授
及川敬貴　横浜国立大学教授

環境法部会

本稿では、民集 77 巻 5 〜 7 号、判時 2573 〜 2590 号、判タ 1514 〜 1519 号、判自 505 〜 510 号、及び 2024 年前期に最高裁判所のウェブサイトに掲載された、環境分野の裁判例（前号までに紹介したものを除く）を紹介する。1 〜 4 は島村が、5 〜 6 は及川が担当した。

1　環境影響評価

後出 6 の［16］福岡高那覇支判令 6・5・15 裁判所 HP は、辺野古に普天間飛行場の代替施設を設置するための公有水面埋立法に基づく埋立承認について、沖縄県知事が承認の撤回処分をし、これに対し国土交通大臣（裁決庁）が撤回処分を取り消す裁決をしたため、周辺住民らが当該裁決の取消訴訟を提起した事案である。周辺住民らの原告適格の有無を判断する際に、環境影響評価法、県条例、補正評価書の記載事項などが参照されている。

2　公害・生活妨害

［1］新潟地判令 6・4・18 裁判所 HP は、いわゆるノーモア・ミナマタ第 2 次新潟訴訟（第 5 次訴訟）の第一審判決である。ノーモア・ミナマタ第 2 次訴訟とは、水俣病被害者の救済及び水俣病問題の解決に関する特別措置法に基づく救済が得られなかった水俣病患者らが、国、県（熊本水俣病の場合）、加害企業に対し、損害の賠償を求めて出訴した事案である。大阪地判令 5・9・27 判時 2587 号 5 頁（ノーモア・ミナマタ第 2 次近畿訴訟第一審判決）は、原告ら全員について水俣病にかかっていると認め、被告国・熊本県・加害企業に対し損害の賠償を命じた（国・県に対する請求については、違法時期との関係で、一部の原告との関係で責任を否定した。民事判例 28［1］で紹介済み。島村「判批」新判解 Watch34 号（2024）305 頁以下参照）。同判決は、平成 29 年改正前の民法 724 条後段所定の除斥期間の適用については、起算点は共通診断書により水俣病にかかっていると診断されたときであるとしたため、除斥

期間が経過したと判断された原告はいなかった。他方、熊本地判令 6・3・22 LEX/DB25620464 は、原告ら 144 名のうち 25 名について水俣病にかかっていると認めたが、除斥期間が経過しているとして、全員の請求を棄却した。これに対し、本判決は、国の規制権限の不行使に基づく責任を否定したが、加害企業（レゾナック）の責任との関係では、原告ら 47 名のうち 28 名について水俣病にかかっていると認め、さらに、本件の事情の下で旧民法 724 条後段の規定をそのまま適用することは著しく正義・公平の理念に反するとして除斥期間の規定の適用を制限し、加害企業に損害の賠償を命じた。

3　化学物質・有害物質

［2］熊本地判令 6・4・24 裁判所 HP は、管工事の設計・施工等を行う会社である被告らで勤務していた原告が、肺がん及び振動障害を発症したのは、被告らの不法行為ないし安全配慮義務違反により、大量の石綿粉じんにばく露し、また、長時間の振動作業に従事したためであるとして、不法行為ないし債務不履行に基づく損害賠償請求を行った事案である。本判決は、被告の安全配慮義務違反を認定し、石綿ばく露による肺がん罹患及び振動障害に係る精神的・財産的損害について損害の賠償を命じた。

長崎地判令 4・11・7（じん肺等の被害）が判時 2577 号 11 頁に、大阪地判令 5・6・30（建設アスベスト大阪第 2 陣・第 3 陣訴訟）が判タ 1518 号 171 頁に掲載されたが、それぞれ、民事判例 27［2］、同 28［2］で紹介済みである。

4　原子力施設

（1）　差止め

［3］大分地判令 6・3・7 裁判所 HP（伊方原発運転差止請求事件）は、原告らが、伊方原発 3 号機の原子炉施設は、地震及び火山の噴火に対する安全性を欠い

ており、その運転により重大な事故が発生し、これにより大量の放射性物質が放出されて、原告らの生命、身体、生活の平穏等の重大な法益に対する侵害が生ずる具体的危険があるとして、人格権に基づく妨害予防請求として、本件原子炉の運転の差止めを求めた事案である（請求棄却）。本判決は、これまでの多くの裁判例と同様、人格権に基づく妨害予防請求の主張立証責任は本来原告が負うが、被告において、新規制基準及び本件原子炉施設について同基準に適合する旨の原子力規制委員会の判断に不合理な点がないことの主張、立証を尽くさない場合には、新規制基準又は上記判断に不合理な点があり、当該原子炉施設が安全性を欠いていることが事実上推認されるとした。また、規制基準の改訂があった場合には（「原子力発電所の火山影響評価ガイド」（以下「火山ガイド」という）が令和元年に改訂されており、下記②の争点がこの場合にあたる）、改訂後の規制基準に不合理な点がないこと及び改訂後の規制基準に適合していることを相当の根拠、資料に基づき主張、立証する必要があり、被告がこの主張、立証を尽くさない場合には、改訂後の規制基準に不合理な点があり、又は、改訂後の規制基準に適合しておらず、当該原子炉施設が安全性を欠いていることが事実上推認されるとした。

　本件では、①基準地震動の合理性と②火山事象の評価の合理性が主要な争点となった。本判決は、まず、①基準地震動の策定に関し、新規制基準が例外的に敷地周辺の地下構造の把握につき三次元地下構造調査を行わないことを認めている点は不合理ではないとし、本件において三次元物理探査をしなかった被告の調査及びこれを是認した原子力規制委員会の判断は不合理ではないとした。また、中央構造線が活断層ではなく佐多岬半島北岸部に活断層は存在しないとする被告の評価及びこれを是認した原子力規制委員会の判断も不合理ではないとした。次に、②火山事象に関し、原子力施設の安全性についても、事故の発生確率が社会通念上容認できる水準以下であると考えられる場合にはその危険性の程度と科学技術の利用により得られる利益の大きさとの比較衡量の上でそれを一応安全なものとして利用するという相対的安全性の考え方が妥当するとした。そして、令和元年に改訂された火山ガイドが、過去に巨大噴火が発生した火山について、現在の活動状況は巨大噴火が差し迫った状態ではないと評価でき、運用期間中における巨大噴火の可能性を示す具体的な根拠が得られない場合には、運用期間中における巨大噴火の可能性は十分に小さいと判断することとしている点には相応の合理性があるとした。そして、巨大噴火が発生するには地下浅部に大規模な珪長質マ

グマ溜まりが存在することが必要であり、マグマ溜まりの蓄積から巨大噴火に至るまでに原子力発電所の運用期間を上回る時間を要することからすると、マグマ溜まりが認められない場合には、巨大噴火が差し迫った状態ではないと評価することは合理的であるとした。また、火山ガイドが、運用期間中の巨大噴火の可能性が十分小さいと判断した場合の火山の噴火規模を最後の巨大噴火以降の最大規模と想定する点についても合理性があるとした。そして、本件原子炉施設について、被告が、阿蘇のマグマ溜まりは巨大噴火直前の状態ではないと評価したこと、及び阿蘇4噴火以降の最大規模の噴火である草千里ヶ浜噴火を想定して阿蘇における設計対応不可能な火山事象の評価をしたことは不合理ではないとした。

　運転開始から40年を超えて再稼働した福井県の美浜原子力発電所3号機について、仮処分事件に係る決定を2件紹介する。[4]大阪高決令6・3・15裁判所HPは、美浜3号機について、発電所から一定距離の範囲内に居住する債権者らが、同発電所が地震に対する安全性を欠いているほか、避難計画にも不備があるから、運転中に放射性物質を大量に放出する大事故を起こし、債権者らの人格権が侵害される具体的危険があるなどとして、人格権に基づき、同発電所の運転を仮に差し止める仮処分を求めた事案である。原決定である大阪地決令4・12・20裁判所HP（民事判例27[5]で紹介済み）が申立てを却下したため、債権者らは即時抗告をした。本決定は、原決定を引用し、抗告を棄却したが、争点ごとに付加説明を加えている。高経年化の問題については、新規制基準が定める高経年化対策につき、その評価対象機器・構造物や評価方法に不合理な点はなく、新規制基準の下で行われた特別点検の結果、原子炉容器・格納容器・コンクリート構造物のいずれについても欠陥や劣化は認められなかったとし、新規制基準及びこれに基づく関西電力の対応が高経年化対策として不十分とはいえない、とした。避難計画については、「抗告人らの申立てが認められるためには、……人格権に対する直接的な侵害行為、すなわち本件発電所自体が安全性に欠け、その運転に起因する放射線被ばくにより、周辺住民の生命、身体に直接的かつ重大な被害が生ずる具体的危険性があると一応認められることを要するというべきである。ところが、……本件において、放射性物質が本件発電所の外部に放出される事態が発生する具体的危険があることについて疎明があるとはいい難いから、仮に重大事故が発生した場合における避難計画の不備につき検討するまでもなく、抗告人らの主張は採用できない。設置許可基準規則が深層防護の考え方を踏まえて策定

されたものであることは上記判断を左右するものでない」とした。

次に、[5] 福井地決令6・3・29（令5（ヨ）1）裁判所HPも債権者ら（周辺住民）の申立てを却下した。本決定は、①基準地震動の合理性に関し、債権者らは、本件発電所の基準地震動を超える地震の存在を指摘したが、基準地震動は新規制基準に基づいて発電所周辺の地域特性を踏まえて策定されたものであり、原子力規制委員会の審査基準、債務者のした調査、これに基づく原子力規制委員会の調査審議及び判断の過程に不合理な点はないとした。また、債権者らは、②令和4年6月改正前の地震ガイドにおいて、震源モデルの長さ又は面積、あるいは1回の活動による変位量と地震規模を関連づける経験式を用いて地震規模を設定する場合、経験式は平均値としての地震規模を与えるものであることから、経験式が有するばらつきも考慮されている必要があるとされていたことに関し（いわゆる「ばらつき条項」）、本件では、経験式の適用結果に対してばらつきが考慮されていないと主張した。この点、本決定は、債務者は算定式に代入する断層の長さ、幅、傾斜角等について保守的な値を設定しているなどとして、経験式の適用結果に対して更なる上乗せをしなかったことが不合理なものとはいえない、とした。③債権者は、本件発電所の建設時の基準地震動は405ガルであり（新規制基準の下では993ガル）、基準地震動以下の地震によって主給水ポンプが損傷するおそれがあると指摘した。本決定は、基準地震動以下の地震によって主給水ポンプが損傷しても、基準地震動による地震でも安全性を損なわない補助給水設備等によって炉心損傷を防止することができる、とした。④劣化管理に関しては、高経年化技術評価に係る新規制基準の定め、関西電力による経年劣化を保守的に想定したうえでの耐震安全性評価や、運転期間延長審査基準に適合しているとの原子力規制委員会の判断は合理的であるとした。⑤避難計画に関しては、深層防護の第1から第4までの各防護レベルの存在を捨象して無条件に放射性物質の異常放出が生ずるとの前提を置くことは相当ではなく、放射性物質の異常放出が生ずるとの疎明を欠くにもかかわらず、第5の防護レベル（避難計画）に不備があれば直ちに地域住民に放射線被害が及ぶ具体的危険があると認めることはできない、とした。

[6] 福井地決令6・3・29（令4（ヨ）15）裁判所HPは、小浜市とさいたま市に居住する債権者らが、高浜発電所1～4号機の運転の差止めを命ずる仮処分を求めた事案である。本決定も、債権者の申立てを却下した。[5] と同じ裁判体によって同日に下された決定であり、[5] ①～③の論点については、[5] と同様の判断をしている。施設の老朽化に伴う問題についても、[5] ④と同様の判断をし、また、高浜4号機が自動停止したトラブルについては経年劣化によって発生したものではないとした。避難計画に関しても、[5] ⑤と同様の判断をした。以上のほか、債権者が主張する使用済み核燃料の危険性については、新規制基準が貯蔵施設を堅固な施設によって囲い込むことを定めていないとしてもそれは不合理ではないとした。また、テロリズム対策として故意による大型航空機の衝突などに対する直接的な対策を講じていないとしても、そのことを債務者による本件原発の運転にかかる違法性を基礎づける事情として評価するのは相当でないと判断した。

(2) 損害賠償

[7] 東京地判令4・7・13判時2580＝2581号5頁（東電福島第一原発事故株主代表訴訟第一審判決）は、東京電力の株主らが、東京電力の取締役であった者5名を被告として、福島第一原子力発電所の事故について過酷事故の防止に必要な対策を講ずべきであったのに、これを怠ったことが善管注意義務違反等の任務懈怠にあたるとし、これにより本件事故が発生し、東京電力に巨額の損害賠償責任や大幅に増加した廃炉費用の負担を余儀なくさせるなどの損害を被らせたとして、会社法847条3項に基づき、同法423条1項の損害賠償請求として、被告らに対し、連帯して損害金22兆円と遅延損害金を東京電力に支払うように求めた訴訟である。本判決は、請求を一部認容し、被告らのうち4名に対し、連帯して13兆3210億円及び遅延損害金を東京電力に支払うよう命じた。本判決は、まず、①善管注意義務について、「最新の科学的、専門技術的知見に基づく予見対象津波により福島第一原発の安全性が損なわれ、これにより周辺環境に放射性物質が大量放出される過酷事故が発生するおそれがあることを認識し、又は認識し得た場合において、当該予見対象津波による過酷事故を防止するために必要な措置を講ずるよう指示等をしなかったと評価できるときには、当該不作為が会社に向けられた具体的な法令の違反に該当するか否かを問うまでもなく、東京電力に対し、取締役としての善管注意義務に違反する任務懈怠があったものと認められる」と判示した。②予見可能性については、「福島第一原発1号機～4号機において、10m盤〔主要建屋の配置された敷地〕を1m超える程度の高さの津波が襲来した場合には、主要建屋に浸水して非常用電源設備等が被水し、全交流電源喪失（SBO）及び主な直流電源喪失といった事態が発生して、原子炉冷却機能を失い、過酷事故が発生する可能性が高かったということができるから、上記の規模の津波の予見可能性

が認められる場合には、東京電力の取締役であった被告らに対し、当該津波に対する安全対策の実施義務を負わせる根拠となり得る」とした。そして、「原子力発電所を設置、運転する会社の取締役において、対策を講ずることを義務付けられる津波の予測に関する科学的知見」について、「特定の研究者の論文等において示された知見というだけでは足りないものの、例えば、津波の予測に関する検討をする公的な機関や会議体において、その分野における研究実績を相当程度有している研究者や専門家の相当数によって、真摯な検討がされて、その取りまとめが行われた場合など、一定のオーソライズがされた、相応の科学的信頼性を有する知見である必要があり、かつそれで足りると解すべきである。そして、そのような知見といえる場合には、理学的に見て著しく不合理であるにもかかわらず取りまとめられたなどの特段の事情のない限り、原子力発電所を設置、運転する会社の取締役において、当該知見に基づく津波対策を講ずることを義務付けられるものということができる」とした。そしていわゆる長期評価は「一定のオーソライズがされた、相応の科学的信頼性を有する知見」であると認め、それに従い実施された明治三陸試計算結果、また、延宝房総沖試計算結果、（さらに、遅くとも平成21年7月には）貞観試計算結果は、これにより算出された津波の予見可能性を認めるに足りる相応の科学的信頼性を有すると認めた。③各被告の責任について、まず、被告武藤は、長期評価の見解も踏まえた福島県沖日本海溝沿い領域の地震の取扱いに関し土木学会に検討を委託し、その見解が提示されれば、速やかにドライサイトコンセプトに基づく津波対策を実施するという決定をした後、土木学会の見解が提示されるまでの間ウェットサイトに陥っている福島第一原発を何らの津波対策に着手することもなく放置したことについて、過酷事故を発生させないための最低限の津波対策を速やかに実施するよう指示すべき取締役としての善管注意義務があったのに、これをしなかった任務懈怠があったと判断した。被告武黒・小森・勝俣・清水についても、土木学会での検討が長期間を要していた中で、津波によって過酷事故が発生しないように最低限の津波対策を速やかに実施するよう指示すべきであったとして、善管注意義務違反があったと認めた（ただし、被告小森の任務懈怠は平成22年7月以降であり、津波襲来時までに対策を講ずることは不可能であったから、事故との間に因果関係がないとされた）。④任務懈怠と事故発生との因果関係については、事故前の原子力事業者にとってドライサイトコンセプト以外の津波対策を発想することは十分可能であり、東京電力は主要建屋や重要機器室の水密化を容

易に着想して実施し得たとし、それによって津波による電源設備の浸水を防ぎ、重大事態に至ることを避けられた可能性は十分にあったと判断した。⑤東京電力の損害については、支出した廃炉費用1兆6150億円、賠償金支払の合意がされた被災者に対する損害賠償費用7兆834億円、平成31年度までの除染・中間貯蔵対策費用4兆6226億円の合計額13兆3210億円が被告ら（被告小森を除く）の任務懈怠によって東京電力に生じた損害であるとされた。④についてのみコメントしておく。最二判令4・6・17民集76巻5号955頁（民事判例25［12］で紹介済み）は、「本件事故以前において、津波により安全設備等が設置された原子炉施設の敷地が浸水することが想定される場合に、想定される津波による上記敷地の浸水を防ぐことができるように設計された防潮堤等を設置するという措置を講ずるだけでは対策として不十分であるとの考え方が有力であったことはうかがわれ」ないとし、「仮に、経済産業大臣が、本件長期評価を前提に、電気事業法40条に基づく規制権限を行使して、津波による本件発電所の事故を防ぐための適切な措置を講ずることを東京電力に義務付け、東京電力がその義務を履行していたとしても、本件津波の到来に伴って大量の海水が本件敷地に浸入することは避けられなかった可能性が高く、……本件事故と同様の事故が発生するに至っていた可能性が相当にあるといわざるを得ない」と判断した。控訴審では、この最判との関係も論点となろう。

　［8］福島地判令5・3・14（平27（ワ）235・平26（ワ）217）裁判所HPは、福島第一原発事故の被害を受けた福島県南相馬市小高区の住民587名と、鹿島区の住民313名が、国と東京電力を被告として損害の賠償を求めた事案である。いずれの判決も国の責任を否定した。判決は、長期評価について、経済産業大臣において、「直ちに本件発電所の津波対策の実施を求め、規制権限を行使すべき精度と確度を備えた知見であったと認めるには困難がある」とした。また、仮に長期評価を前提として電気事業法40条に基づく規制権限を行使していたとしても、津波対策は防潮堤等を設置することにより海水の侵入を防止することを基本としており、「水密化や安全設備の高所設置・配置などによって防護策を講じるべきであるとの知見が通用性を有していたとも認められない」とした。また、防潮堤を設置していたとしても、実際の津波は長期評価に基づく試算とは規模や態様において大きく異なり、事故を防ぐことはできなかったと判断した。他方、東京電力の責任については、小高区の住民502名に計約15億2900万円、鹿島区の住民269名に計約2960万円の損害賠償を命じた。一人当たりの慰謝料額は、小高区

住民は最大 280 万円、鹿島区の住民は一律に 10 万円と算定された。なお、被災者への賠償に関しては、2022 年 12 月に国の原子力損害賠償紛争審査会が指針を見直し、2023 年 1 月には東京電力は新たな支払基準を定め、福島第一原発から 20 km 圏内の小高区については一人 280 万円、南相馬市が自主的避難を要請した 30 km 圏外の住民（鹿島区の大半は 30 km 圏外にあたる）については一人 16 万円の賠償を追加することとしていた。本判決は、30 km 圏外の鹿島区の住民については、長期間の避難を余儀なくされてはいないなどとして、東京電力の上記支払基準を下回る 10 万円を追加賠償額とするにとどまった。

［9］名古屋高判令 5・11・22 裁判所 HP の原審である名古屋地判令元・8・2 訟月 67 巻 1 号 1 頁（民事判例 21 ［5］で紹介済み）は、福島第一原発事故の後、福島県から愛知県などに避難した原告らが、国と東京電力に対し損害の賠償を求めた事案において、東電に対する請求の一部を認めたが、国の損害賠償責任を否定した。

国の責任に関しては、本判決は、平成 14 年末には発電所の敷地 O.P.(小名浜港工事基準面）＋10 m を超える、O.P.＋15.7 m の津波の到来を予見することが可能であったと判断した。しかし、経済産業大臣が規制権限を行使して技術基準適合命令を発令していたとしても、福島第一原発の事故を回避することができたとは認められないとして、国の賠償責任を否定した。本判決も含め、前掲・最二判令 4・6・17 以後、規制権限不行使に基づく国の損害賠償責任を否定する判決が続いている。

東京電力の責任については、原告 120 名について計約 3 億 1900 万円の賠償責任を認め、既に東京電力から支払われた額を除く計約 7500 万円を原告 89 名に支払うよう命じた。本判決も原判決と同様、精神的損害について、中間指針が示す慰謝料額を採用せず、事故との相当因果関係の有無を個別の事情を考慮して独自に判断し、最終的には原告らの個別事情により、1 人あたり 8 万円から 1500 万円の賠償を命じた。避難継続期間に関しても、避難継続の社会通念上の必要性の判断は、事故当時の住所地についての区域の設定状況、環境放射能の推移、避難者数の推移、除染状況、内部被ばく検査の結果及び社会経済活動の再開状況等を見たうえで、ある時点で住所地に帰還することに支障がなくなったと判断される時点までの避難生活を限度に、本件事故との相当因果関係を認めるべきであるとして、個別的な判断がなされている。財産的損害については、別途個別に賠償額が算定されている。

仙台高判令 4・11・25 が判時 2583 号 12 頁に掲載

されたが、民事判例 26 ［5］で紹介済みである。

(3) その他

［10］福岡地判令 5・3・22 裁判所 HP は、経済産業大臣が平成 29 年 9 月に一般送配電事業託送供給等約款料金算定規則（以下「算定規則」という）を改正し、賠償負担金相当金及び廃炉円滑化負担金相当金（以下「賠償負担金相当金等」という）を営業費として算定しなければならない旨の規定を設け、また、電気事業法施行規則を改正し、一般送配電事業者が経済産業大臣の通知に従い賠償負担金及び廃炉円滑化負担金（以下「賠償負担金等」という）をその接続供給の相手方から回収しなければならない旨の規定等を設けたことをきっかけとする事件である。令和 2 年 7 月、一般送配電事業者（九州電力送配電）は、算定規則 4 条 2 項に規定された賠償負担金相当金等の額を営業費として算定し、これに基づいて託送料金単価を変更する旨の託送供給等約款の変更認可の申請をし、同年 9 月、経済産業大臣から、認可処分を受けた。上記託送供給等約款に基づき九州電力送配電との間で接続供給契約を締結し、電気の小売供給を行っている小売電気事業者（グリーンコープ）は、①算定規則の上記規定は電気事業法の委任を欠いており、委任に基づくことなく、又は法の委任の範囲を越えて、賠償負担金相当金等の額の算定を規定するもので違憲・違法である、②電気事業法施行規則の上記規定は、法律の委任に基づくことなく、接続供給の相手方の一般送配電事業者に対する賠償負担金等の支払義務を課すもので違憲であるとして、これらの規則に基づいてされた上記の託送料金認可処分は違法・無効であると主張し、同処分の取消しを求めた。本判決は、賠償負担金（賠償負担金相当金）及び廃炉円滑化負担金（廃炉円滑化負担金相当金）は、電気の全需要家が公平に負担すべき電気事業に係る公益的課題に要する費用であるといえ、これらを託送供給等約款料金に係る原価等（具体的には営業費）の構成要素とした算定規則の改正後の規定は、法の委任の趣旨及び所管行政庁である経済産業大臣の裁量権の範囲を逸脱するものとはいえないと判断した。

5　景観・まちづくり

［11］大阪地判令 4・3・3 裁判所 HP は、既存の公園の一部を都市公園の区域から除外する処分がなされたところ、当該公園に隣接して、ないしは周辺に居住する住民らが、同処分は、みだりに都市公園を廃止するものであり違法であるなどと主張して、その取消しを求めた事案である。裁判所は、原告適格を認める一方、本案に係る請求は棄却した。詳しくは、本号の越智敏裕評釈「注目裁判例研究　環境」を参照されたい。

このほか、最三判令5・5・9（納骨堂経営許可処分取消請求事件）が判時2577号5頁に掲載されたが、民事判例27［16］で紹介済みである。

6 自然・文化環境

［12］東京高判令5・3・23判時2576号45頁（第一審）は次のような事案である。遊佐町（山形県）内で採石業等を営むX（原告）は、自社の事業が、「遊佐町の健全な水循環を保全するための条例」にいう「規制対象事業」に認定された（以下「遊佐町処分」という。この認定がされると事業に着手できない（同条例11条））ため、この処分の取消訴訟を提起する一方、採石法33条に基づく岩石採取計画認可を申請したが、山形県知事は、遊佐町処分を理由の一つとして不認可処分をした。そこで、Xは、公害等調整委員会（以下「公調委」という）に対し、本件不認可処分の取消の裁定を求めた（この申請に当たっては、上記の取消訴訟が提起されていたため、採石法施行規則8条の15第2項に基づく「他の行政庁の許可、認可その他の処分……を……受ける見込みに関する書面」として、その係属証明書及び訴状の写しが添付されていた）ところ、公調委は、その審理中にその審理中に遊佐町処分が有効であることが最高裁で確定した（最三判令4・1・25判自485号49頁。民事判例25［1］で紹介済み）ことを理由に、裁定申請を棄却した（公調委裁定令4・6・23判自501号56頁。以下「本件裁定」という。民事判例28［6］で紹介済み）。これに対し、Xが、一たび本件認可申請が受理された後は、処分庁は、採石法33条の4に規定する場合（申請に係る採取計画に基づいて行なう岩石の採取が他人に危害を及ぼし、公共の用に供する施設を損傷し、又は農業、林業若しくはその他の産業の利益を損じ、公共の福祉に反すると認めるとき）に限って、不認可処分をすることができる（つまり、そこに規定されている事由以外のことを理由として不認可処分とすることはできない）と解すべきであるなどと主張して、公調委の所属する国を被告として、本件裁定の取消しの訴えを提起したものである。

裁判所は、岩石採取計画の認可申請に、他の行政庁の許可等を受ける見込みであることに関する書面が添付されていたが、後になって、当該許可等を受けられないことが確定したときは、都道府県知事は、それを理由に、不認可処分をすることができるとした。その上で、本件においては、上記の最高裁判決によって、Xが他法令の許可等を受ける見込みがないことが確定したと認め、本件裁定申請をする法律上の利益の有無について判断するまでもなく、本件裁定は適法であるとして、Xの請求を棄却したものである（確定）。

このような判断を下すに際して、裁判所は、「認可の

基準に関する採石法33条の4は、都道府県知事が同条に規定する場合に認可をしてはならない旨を定めるにとどまり、それ以外の場合に認可をしないこと（不認可処分）ができるか否かは、同法の目的、採取計画の認可に関する同法、同法施行規則等の関係規定に照らして検討されるべきものである」とし、その上で、「同法33条の認可が、一般的に禁止されている岩石の採取につき、禁止を解除する法的効力を有するものと解されること……からしても、同条及び同法33条の4が、都道府県知事に対し、…採取計画の認可をしても無意味である場合にまで、認可をすることを義務付けるものとは解されない」としたが、こうした読み方が唯一かつ適切なものであるかどうかについては更なる吟味が必要なように思われる（民事判例28［6］の桑原勇進解説を参照されたい）。

［13］福岡高那覇支判令5・12・20裁判所HP（第一審）は、辺野古の埋立てに関するものである。沖縄防衛局は、名護市辺野古沿岸域に普天間飛行場の代替施設を設置するために、沖縄県知事から公有水面法に基づく埋立承認を受けていた。しかし、同海域にいわゆる軟弱地盤があることが発覚したため、Y（被告・沖縄県知事）に対し、設計変更の承認を申請した（以下「本件変更申請」という）ところ、Yは、公水法42条3項において準用する同法13条ノ2第1項、並びに、同法42条3項において準用する同法13条ノ2第2項において準用する同法4条1項1号及び2号の各規定（以下「本件各規定」という）の要件に適合しないなどとして、承認をしなかった（以下「変更不承認処分」という）。そこで沖縄防衛局は、行政不服審査法に基づく審査請求を行い、X（原告・国土交通大臣）から同処分を取り消す旨の裁決や本件変更申請に係る承認（以下「本件変更承認」という）をするよう是正の指示が出されたが、Yは、本件変更承認をせずに、裁決や指示の取消しを求める各訴えを提起し、最高裁判所で敗訴が確定した（最一判令5・9・4民集77巻6号1219頁。民事判例28［7］で紹介済み）後も何ら対応しない。これに対して、Xが、Yに対し、地方自治法245条の8第3項に基づき、本件変更申請を承認すべきことを命ずる旨の代執行訴訟を提起したものである。

裁判所は、本件における争点は、本件変更申請に対するYの事務（法定受託事務）の管理等（本件変更申請を承認しないこと）が、地方自治法245条の8第1項所定の①法令違反等の要件、②補充性の要件、③公益侵害の要件の各要件に該当するかどうかであるとし、次のように判示した。

まず、裁判所は、令和5年最高裁判決において、本件変更不承認が本件各規定に違反したとされたにもか

かわらず、Yが本件変更申請を承認しないことは、本件各規定に違反し、①の要件に該当すると認めた。

次いで、②については、本件変更申請を承認しないというYの「意思は明確かつ強固であるというほかな〔い〕」とした上で、地方自治法245条の8第1項から第8項までに規定する措置（代執行等）以外の方法によって、より早期にYの事務の適正な執行を図り得る方法があるといった事情は見当たらないから、補充性の要件にも該当するとした。Yは、そうした措置以外の方法には、国とYとの「対話」が含まれるとしたが、裁判所は、「Yが主張している対話とは、Yが本件変更申請を承認しないことを前提とするものである」として、この主張に与していない。

そして、③についても、「本件変更申請に係る事務がこのまま放置された場合には、本件埋立事業の進捗が更に遅延し、ひいては……人の生命、身体に大きく関わる普天間飛行場の危険性の除去の実現がされず又は大幅に遅延することとなるものといえるから、なおこれを放置することは社会公共の利益を侵害するものに当たるものと認められる」し、さらに、「Yが令和5年最高裁判決において法令違反との判断を受けた後もこれを放置していることは、それ自体社会公共の利益を害するものといわざるを得ない」と述べ、公益侵害要件該当性も認めた。

このようにして、裁判所は、本件変更申請に対するYの事務の管理等（本件変更申請を承認しないこと）が①②③の各要件に該当することを認め、Xの請求は理由があるとした。

[14] 福岡高那覇支判令6・2・15裁判所HPも辺野古関連の事件である。沖縄防衛局は、X（原告・沖縄県知事）に対し、（漁業法119条2項に基づいて定められた）沖縄県漁業調整規則40条1項に基づく特別採捕許可（造礁さんご類を対象とするもの）を申請したが、Xは、同局が（いわゆる軟弱地盤の発覚に伴う）設計変更に係る承認を得ておらず、地盤改良工事を適法に実施できる状態にないので、審査基準（行政手続法5条所定のもの）のうちの「必要性の項目」に適合しないとして、不許可処分をした。そこで、同局が行政不服審査法に基づく審査請求をしたところ、Y（被告・農林水産大臣）は、本件申請が上記「必要性の項目」に客観的に該当すると認められるにもかかわらず、これに該当しないとしたXの判断は、本件規則や漁業法に違反し、他に不許可とすべき事情もないとして、不許可処分を取り消す旨の裁決をする（本件裁決）とともに、沖縄県に対し、許可処分をするよう是正の指示をした。Xは、この指示を不服として、国地方係争処理委員会へ審査の申出をしたが、本件指示は違法でないとされたため、地方

自治法251条の5第1項に基づき、同指示が違法な国の関与であると主張し、その取消しを求めたものである。

本件の争点は、(1)Xが許可処分をしないという沖縄県の法定受託事務の処理（以下「本件事務処理」という）が、地方自治法245条の7第1項の「法令の規定に違反していると認めるとき」及び(2)同項の公益侵害等要件に該当するか否か、並びに、(3)本件指示がYの関与権限を濫用したものであるか否かである。

裁判所は、(1)について、法定受託事務に係る申請を棄却した都道府県知事の処分がその根拠となる法令の規定に違反するとして、これを取り消す裁決がされた場合において、都道府県知事が上記処分と同一の理由に基づいて上記申請を認容する処分をしないことは、「法令の規定に違反していると認めるとき」に該当するとした。その上で、本件では、本件裁決が下されており、また、Xが本件指示を受けた後も許可をしない理由は当初の不許可処分と同一の理由によると認められるから、本件事務処理は、漁業法119条2項1号の規定に違反しているとしたものである。そして、(2)については、公益侵害等要件を充足するか否かにかかわらず、Yは本件指示をすることができるとし、(3)についても、Yが審査庁としての立場と関与庁（法令を所管する大臣）としての立場とを不当に連結して仕組みを濫用したとは認められないとして、Xの主張を退けた（請求棄却）。

[15] 福岡高宮崎支判令6・4・24裁判所HPは次のような事案である。鹿児島県は、同県内の嘉徳海岸の侵食防止対策として、海岸法上の海岸保全施設であるコンクリート護岸（以下「本件護岸」という）を設置することとし、その工事に必要な契約の締結などを行った。これに対し、同県の住民であるXら（原告ら）が、本件護岸の建設は不必要であり、かつ、生物環境や自然環境にも多大な影響を与えるものであるから、その設置のための公金の支出等の負担をすることは、地方自治法2条14項及び地方財政法4条1項に反し違法であるなどと主張して、鹿児島県の執行機関であるY（被告）に対し、公金支出等の差止めなどを求めたものである。

原審（鹿児島地判令5・2・17 LEX/DB25594746）は、海岸法の規定や同法に基づく海岸保全基本指針を引照した上で、護岸の設置に係る都道府県知事の判断が不合理で、裁量権の範囲を逸脱・濫用するものと評価されるときでなければ、その設置のための公金支出等は財務会計法規上違法なものとはならないとした。そして、本件においては、砂丘侵食が生じた事態をうけて、専門家らの意見を基礎として、自然保護等の観点から

の意見も考慮した検討を行った上で本件護岸を設置するとされているので、本件護岸が必要であるというYの判断に不合理な点はないし、仮に本件護岸の設置に関する費用便益分析の結果として、費用が便益を上回るとされたとしても、そのことから直ちに本件護岸の設置が必要であるとする判断が不合理になるということもないから、Yが、その裁量権を逸脱又は濫用したとは認められないとして、Xらの請求を棄却したものである。

控訴審において、Xらは、本件護岸の設置に当たっては、国土交通省が定めた「海岸事業の費用便益分析指針」に基づく費用便益分析を行う義務があり、そうした分析が行われていない違法があるなどと追加主張をしたが、裁判所は、そのような分析を行うべき法律上の義務があるとはいえないなどして、その主張を斥け、控訴を棄却した。

[16] 福岡高那覇支判令6・5・15裁判所HPも辺野古関連の事案である。沖縄防衛局は、名護市辺野古沿岸域に普天間飛行場の代替施設を設置するために、沖縄県知事から公有水面埋立法に基づく埋立承認を受けていた。しかし、承認後の事情により違法なものとなったことを理由として、同承認が取り消された（以下「本件撤回処分」という）ため、国土交通大臣（裁決行政庁）に対し、本件撤回処分の取消しを求めて、行政不服審査法に基づく審査請求を行い、同大臣は、本件撤回処分を取り消す旨の裁決をした。これについて、本件埋立海域の周辺に居住する住民であると主張するXら（原告ら）が、国土交通大臣の所属するY（被告・国）に対し、本件裁決の取消しを求めたものである。

主たる争点は、Xらの原告適格の有無であったところ、第一審（那覇地判令和4・4・26訟月68巻11号1349頁）は、関係法令（環境基本法、環境影響評価法、沖縄県環境基本条例及び同県環境影響評価条例）の趣旨・目的を参酌すれば、公水法4条1項2号ないし4号は、埋立事業に伴う災害や公害に起因する健康又は生活環境に係る著しい被害を受けないという利益を個別的利益としても保護する趣旨を含むと解せられるから、そうした被害を直接的に受けるおそれのある者は原告適格を有するとした。ただし、本件においては、(1)埋立事業そのものに伴う水質の汚濁や騒音・振動等が、健康又は生活環境に与えるとされる具体的な影響が明らかではなく、また、(2)埋立地を空港として利用することで発生する騒音によってXらが著しい被害を直接的に受けるおそれも認められないとして、Xらの原告適格を否定し、訴えを却下したものである。

なお、第一審は、最二判平元・2・17民集43巻2号56頁などを引用し、(2)のおそれとは、受忍限度を超

える被害を受けるおそれであり、本件においては、75WECPNL（環境整備法や航空機騒音障害防止法に基づく防音工事助成などの対象となる区域の指定基準値）以上の騒音が生ずるおそれがある区域に居住する者が、原告適格を有すると述べ、Xらは、騒音予測図上の75WECPNLを示す線の外側に居住しているから原告適格は認められないとした。

これに対し、Xらが控訴したところ、裁判所は、①環境アセスメントの補正評価書が70WECPNL（専ら住居の用に供される地域についての環境基準値）を採用していることや、前記の予測図には最大で約200m又はそれ以上の誤差が生ずる可能性が指摘されていることなどを考慮すると、当該予測図上の70WECPNLを示す線からおおむね200m以内の地域に居住している者については、健康又は生活環境に係る著しい被害を直接的に受けると想定される地域に居住する者といえるとした上で、Xらのうちの3名がいずれもそうした居住者であると認め、その原告適格を肯定した。

そして、Xらのうちの残りの1名についても、次のように判じて、その原告適格を肯定したものである。すなわち、②航空法は公水法と目的を共通にする関係法令である。そのため、航空法の趣旨及び目的（「航空機が一定の高さの建造物等の物件に衝突すること等によって生じる被害を想定し、その防止を図ること」）を参酌すれば、公水法は、航空機の航行に起因する障害（例：航空機の衝突や墜落事故）を含む）によって生ずる健康・生活環境被害の防止をも、その趣旨及び目的とするものである。③本件においては、米国国防総省の統一施設基準における周辺高さ制限におおむね抵触する高さの建物に居住している者は、健康又は生活環境に係る著しい被害を直接的に受けるものとして想定される地域に居住する者といえるので、原告適格を有する。Xらのうちの残りの1名は、制限高さを0.97m下回る高さの建物に居住しているから、そのような著しい被害を直接的に受けるおそれのある者に当たる（破棄差戻し）。

いくつか簡単なコメントないしは補足説明を付しておきたい。まず、本判決が指摘するように、前掲・最二判平元・2・17などの最高裁判決は、騒音障害に対する補償等に関する判断基準をもって原告適格の有無を判断すべきものと判示したものではないので、第一審判決の判断は適切とは言い難い。①は、小田急最判（最大判平17・12・7民集59巻10号2645頁）や最三判平26・7・29民集68巻6号620頁の趣旨を適切に汲み取ったものと評し得よう。

②について、本判決は、次の2点を併せて考慮して、航空法が公水法の関係法令であるとした。1つは、(a)

本件埋立事業については、普天間飛行場の危険性（墜落事故等）の除去が喫緊の課題であることを前提に1号要件適合性を認められているから、航空機の墜落事故に伴う飛行場の危険性も、健康・生活環境被害として防止すべきものと想定されていると解されること、もう1つは、(b)航空法が、飛行場周辺に居住する個々人の個別利益を保護する趣旨を含むものと解されていることである。(a)(b)それぞれについて最高裁判決を引用している一方、2つの法律の間に何らかのリンク規定ないしはそれに類するものがあるといった指摘はしていない。このような形で航空法が公水法の関係法令であるとすることに対しては疑問符も付けられそうである。

③において、本判決は、行政事件訴訟法9条2項にいう被侵害「利益の内容及び性質並びにこれが害される態様及び程度」に関し、統一施設基準の内容を勘案して原告適格の有無を判断することは、同項の趣旨に反するものとは解されないとした。そして、具体的には、「航空法においては、水平表面に係る垂直方向の高さ等につき統一施設基準よりも小さな基準値が採用されている」こと等を考慮して、統一施設基準における周辺高さ制限におおむね抵触する高さの建物に居住している者については本件裁決の取消訴訟における原告適格を有するものと認めるのが相当であるとしたものである。原告適格判断における被侵害利益の内容・性質やそうした利益が害される態様・程度は事実の問題であるから、引照できる材料の幅は広い。統一施設基準は、米国国防省の内部基準であり、わが国の法令ではないが、そうしたものであっても、その内容を勘案できる所以である。

このほか、辺野古関連では、福岡高那覇支判令5・3・16及び最一判令5・9・4が、それぞれ訟月69巻11号1086頁及び民集77巻6号1219頁に掲載されたが、前者は民事判例27［19］、後者は同28［7］で紹介済みである。

（しまむら・たけし）

（おいかわ・ひろき）

第 2 部　最新民事判例

注目裁判例研究

環境　泉北ニュータウン公園一部廃止事件

大阪地判令 4・3・3
令和元年（行ウ）第 126 号、公園区域除外処分差止請求事件
令和 2 年（行ウ）第 15 号、公園区域除外処分取消請求事件
裁判所 HP、LEX/DB25573006

越智敏裕　上智大学教授

環境法部会

◆事実の概要◆

本件は、都市公園（都市公園法（法）2 条 1 項 1 号）である A₁ 公園（泉北ニュータウン田園公園）の周辺住民である原告 X らが、公園管理者である被告 Y（堺市）がした A₁ 公園の区域の一部（廃止部分）を都市公園の区域から除外する旨の本件変更処分は、みだりに都市公園を廃止するものであり違法であるなどと主張して、本件変更処分の取消しを求めた事案である。

法 16 条は、公園管理者は「廃止される都市公園に代わるべき都市公園が設置される場合」（2 号）等のほか、「みだりに」都市公園の区域の全部又は一部を廃止してはならないと定めている。

X らはいずれも、本件処分前の A₁ 公園に隣接するか、同公園から直線距離で 300 m 以内の場所にある建物に居住している。

本件の争点は、①X らの原告適格、②本件処分の法 16 条 2 号要件充足性、③本件処分が都市計画法 16 条、17 条及び 19 条の定める手続を経たものであるか否か、である。

◆判　旨◆

請求棄却。

1　原告適格

①都市公園の周辺住民のうち「都市公園が廃止されることにより、地震や火災等の災害時に生命又は身体に著しい被害を受けるおそれのある者、すなわち、災害時に当該公園を避難場所として利用するか、又は当該公園を避難経路として利用する蓋然性が客観的に高いと認められる者」は「当該公園の利用により生命又は身体への被害を免れる利益をもって、当該公園の廃止処分の取消しを求める」法律上の利益を有する。

②X らはいずれも、A₁ 公園の区域から約 300 m 以内の範囲に居住しており、X らの居住地から Y の指定避

難所のうち最も近い A₈ 小学校までの経路は約 200 〜 900 m であり、本件変更処分前の A₁ 公園を南西から北東方向に横切る緑道を通るのが最短となる。X の一部は、A₁ 公園を一時避難場所として避難訓練を行った自治会に所属しており、A₁ 公園は指定避難場所に含まれていないものの、災害発生時には避難場所として利用されることが想定されている。

③このような X らの居住地と A₁ 公園及び A₈ 小学校の位置関係からすれば、X らは、災害時に A₁ 公園を避難場所又は避難経路として利用する蓋然性が客観的に高いといえるから、原告適格を有する。

2　都市公園法 16 条 2 号要件充足性

①「法 16 条が、同条各号に定める除外事由に当たる場合を除き、都市公園の廃止を禁止しているのは、個々の公園施設の改廃についてのみならず、都市公園の区域の減少を阻止することにより、都市公園の健全な発達及びこれによる公共の福祉の増進を図ることにある」。

かかる趣旨からすれば、「同条 2 号の『廃止される都市公園に代わるべき都市公園』とは、その規模、効用等においてほぼ対等のものとして見合うものをいい、『廃止される都市公園に代わるべき都市公園が設置される場合』とは、都市公園の廃止処分時点において、必ずしも廃止する都市公園に代わるべき都市公園が既に供用を開始されている必要まではないが、公園の供用開始が具体的に予定されており、都市公園の廃止から合理的な期間内に供用が開始される蓋然性が高いといえることが必要である」。

②本件では、廃止部分の「面積が合計約 5.1 ha であるのに対し、新たに設置される A₃₃ 公園の面積は約 5.5 ha であり」、「その規模において……対等」といえる。また、「屋外プールが A₁₇ 公園に移設される予定であること」や「既存の A₂₄ 池をいかした上で、緑地や緑道、遊具等が設置され、隣接する A₁₈ 公園につながる緑地

空間が形成されること」からすれば、「A_{33}公園は、その効用においても……廃止部分と対等」といえる。

③「法16条2号は、廃止される都市公園と代替の都市公園の位置関係について特に規定を設けていないことから、代替公園の設置場所については地方公共団体の裁量に委ねる趣旨であり、代替公園が都市計画により設置されるものである場合には、その都市計画の方針等に適合するように設置することが求められる」。

④廃止部分に存在した屋外プールは約3km離れた別の公園に設置されるが、「都市公園の効用は、単独の公園のみで完全に代替する必要はなく、当該地域に存在する他の都市公園も併せて、廃止される都市公園と同等の効用が維持されていれば足りる」。

3 手続的違法

「Yは、本件都市計画の変更及び本件変更処分に先立ち、公聴会の開催等住民の意見を反映させるために必要な措置を講じ、都市計画の案を公告し理由を記載した書面を添えて2週間公衆の縦覧に供し、α市都市計画審議会の議を経た」から、「都市計画法16条（公聴会の開催）、17条（都市計画の案の縦覧等）及び19条（市町村の都市計画の決定）の定める手続を履践しており、これらの手続に特段の瑕疵は認められない」。

◆研　究◆

1 問題の背景——オールドニュータウン問題と都市公園

本件の舞台である泉北ニュータウンは、先行した千里ニュータウンを超える西日本最大規模の新興住宅地であった[1]。高度経済成長期に住宅難の中で整備された全国のニュータウンでは、限られた世代が「町びらき」とともに一斉に入居した。そのため、人口急減時代を迎える現在、住民の高齢化と少子化が進み、非常に偏った年齢構成となり、加えて施設の老朽化、空き家化も進行して、施設が一斉に更新時期を迎えている。買い物難民から孤独死まで種々の社会問題を抱えるオールドニュータウン問題は、現代日本の深刻な都市課題であり、本件紛争はその一側面である。

都市公園を巡る法的紛争を、その背景ないし原因に着目して、①開発型と②劣化型に大別するとすれば、(i)奈良地判令2・3・24判自468号34頁（奈良公園高級リゾートホテル設置許可取消請求事件）、(ii)京都地中間判平24・6・20裁判所HP（LEX/DB25445191、京都水族館施設設置許可取消請求事件）や、住民訴訟の(iii)大阪高判令元・7・11判自455号42頁（高槻城公園新文化施設公金支出差止請求事件）は、いずれも①であるのに対し[2]、本件は①のように見えながら実質は②に分類されるべき事案である。

わが国では、長期的な国力低下と地方衰退の中で、重要インフラの更新期が次々と到来し、その維持が危機的状況を迎え、各地の公共・文化施設の持続が困難となり、縮小、統合や廃止、さらには廃墟化が全国で相次いでいる。都市公園も例外でなく、関係整備費は平成7(1995)年の約1.3兆円をピークに下降を続け、近時は往時の4分の1以下の予算で推移している[3]。

本件はかかる社会的背景の下で、自治体による人口減少対策としての大学病院等の誘致に伴って生起した事案である。法的紛争として顕在化するか、裁判に至るかはともかく、今後は②のケースが増加してゆく。そしてその中には、文化遺産として保護されるべき施設や建物の廃止を巡る事件が少なからず含まれている[4]。

2 原告適格（判旨1）

本判決は小田急判決（最大判平17・12・7民集59巻10号2645頁）を引用し、その判断枠組みに依拠している。都市公園の周辺住民が、災害時に都市公園を避難場所・経路として利用する蓋然性が客観的に高い場合に、都市公園の一部を廃止する処分の取消訴訟の原告適格を有するという判断はオーソドックスであり、ほぼ確立したといえよう。

上記(i)(ii)のほか、都市公園法の事案ではないが、東京高判平21・9・16裁判所HP（LEX/DB25442070、都市計画法53条1項に基づく建築許可）や、三井グラウンド事件判決・東京地判平20・5・29判時2015号24頁（土地区画整理事業施行認可）など同趣旨の裁判例もある。

なお、平成16年行政事件訴訟法（以下「行訴法」）改正前は、(iv)東京地判平14・7・19判自237号93頁、(v)東京地判平13・9・28裁判所HP(LEX/DB25410211)などで、原告適格は否定されていた。

3 都市公園法16条2号要件充足性（判旨2）

(1) 代替要件

法16条は、公園を廃止できる場合として、①都市計画事業の施行その他公益上特別の必要がある場合（1号）と②代替公園が設置される場合（2号）のほか、借地公園について③貸借契約の終了・解除により権原が消滅した場合（3号）[5]を限定列挙する。

本判決は、2号の「廃止される都市公園に代わるべき都市公園」につき、「その規模、効用等においてほぼ対等のものとして見合うもの」を言うと判示している（判旨2①）[6]。単純に反対解釈すれば、ほぼ同等の代替

注目裁判例研究　環境　*133*

公園を設置しない限り（代替要件）、2号による公園廃止は常に違法となる。本要件は名目でなく、都市公園の廃止から合理的な期間内の供用開始が具体的に予定され、かつ開始の蓋然性が高いといえる必要があるため、自治体は当然に予算措置を求められる。立案担当者の解説も、法16条の趣旨は「都市公園の区域の減少を阻止する」ことにあるとしており、本判決の理解に整合的である[7]。

(2) 都市行政への影響

都市公園がその周辺住民にとって、災害時の避難だけでなく、良好な住環境を享受するために重要な都市施設であることは、論を俟たない。

しかし、代替要件の充足が困難な場合、自治体はそれを理由に現状を放置し、ただ問題を先送りするという安易で無難な政策選択をする懸念はないであろうか（結果として、社会課題の深刻化が進み、施設老朽化等による利用者の事故も誘発されかねない）。オールドタウン化は、あの手この手で取り組まねばならない巨大課題であるだけに、意欲ある自治体にとって、代替要件が積極的なまちづくりの逆誘因となることは望ましくないように思われる。

本判決によれば、結論として、ひとたび公益目的で都市公園が設置されれば、近隣住民は距離関係等に照らして原告適格が認められる限り、ほぼ常に公園の存続を求めうる「既得権」のごとき法的地位を付与されることになる[8]。

(3) 地域全体の利益と公園配置の裁量

しかもこの「既得権」は、代替公園の設置場所について計画裁量が認められ（判旨2③）、地域全体で効用が維持されればよい（判旨2④）ことから、奇妙に歪んでいる。

都市公園がもたらす利益は、単に災害時の避難場所の提供にとどまらず、都市の緑化、公害の緩和、住民の健康な心身の維持・形成、豊かな情操の育成など法的利益として承認されにくいアメニティの利益を多く内容とするところ[9]、かかる利益はその近隣居住者によって最もよく享受される。

本件でいえば、再配置の結果、Xらが「既得権」を失う代わりに、新設代替公園の近隣住民Zが新たな利益享受者となる。地域全体の利益の総和は±ゼロであるとしても、住民の個別具体的利益の得失は、居住地と公園の位置関係いかんで大きく異なり、それは当該住民にとって偶然に近い事情により左右される。本件でも、廃止部分は大学病院となり、新設代替公園は小学校区が異なるほどに離れ、府道により分断された約500m離れた位置に移動する。

実際Xらは、大学病院等は新設代替公園の設置予定地等で建設可能であり、本件廃止部分に設置する必要はなかったとし、「公園配置の合理性、経済的合理性及び手段の相当性に欠ける」として法16条違反（裁量権の逸脱濫用）を主張したが、本判決は、ここでは広い計画裁量を認め、退けている[10]。

(4) 法16条1号の解釈と計画裁量

本件では争点とされなかったが、例えば縮退都市において、利用者が極端に減少し、公園の維持管理に不相当なコストを要するような場合、2号廃止は困難であるとしても、1号の「公益上特別の必要がある場合」に依拠して、縮小や廃止を法的に許容しえないか、検討しておきたい。

この点、国際サミット用のホテル建設のために公園用地を売却した違法が住民訴訟で争われた(vi)京都地判平4・3・25判自100号54頁は、「公益上特別の必要がある場合」につき、「その区域を都市公園の用に供しておくよりも他の用途に用いた方が公益上より重要である場合を指す」とし、具体的な判断は「公園管理者の合理的な裁量判断により決定されるべき」としている[11]。

上記解説も[12]、「緑とオープンスペースの中核」をなす都市公園の積極的な整備と存続を図る必要を前提に、「その区域を都市公園の用に供しておくよりも、他の施設のために利用することの方が公益上より重要」な場合をいうとし、用語に着目して、土地収用法4条に規定する「特別の必要」と同じ程度の必要が不可欠だとする。

以上の解釈によれば、他の施設・用途に積極的に利用することの高い必要性が認められねばならず、単純な廃止は1号要件を充足しないことになる。

しかし、そもそも都市公園の設置、変更、さらに廃止は、まちづくりにおける重要な要素として、都市行政における計画裁量権の行使である。法16条本文は「みだりに」公園を廃止することを禁じるところ、「みだりに」とは、社会通念上正当な理由があるとは認められない場合をいう（大森政輔ほか共編『法令用語辞典〔第11次改訂版〕』（学陽書房、2023））。財政上の制約を含めた政策判断として、都市公園の廃止に正当理由があるのであれば、補償と引き換えに私的財産権を剥奪する収用に匹敵するほどの必要がない場合であっても、1号廃止の余地を認めるべきではないか。

むろんその行政判断は司法審査に服すべきであるが、生命・身体の絶対的価値に鑑み、災害時に著しい被害を受けない利益さえ確保されるなら、都市公園の廃止も計画裁量の逸脱濫用の問題としてよいように思われる。なお、仮に原告となる者が不在でも、法31条により国土交通大臣や知事による勧告等による是正が、政

治部門で一応予定されている[13])。

とはいえ、本判決も含めた司法判断は、現行の規定を前提とする限り、法解釈としてやむを得ない面がある。端的に言えば、高度経済成長の初期に制定された法16条の規定は、人口急減時代の縮退都市に適合しなくなっている。「みだりに」の用語はその象徴的な現れともいえ、実際、廃棄物の処理及び清掃に関する法律（廃棄物処理法）16条の不法投棄罪など刑罰規定に多用されるものの、まちづくり権限を行使する自治体を規律する規定での使用は極めて例外的である[14])。

都市における公園機能の重要性を十二分に認識しつつも、いわゆる「第二のピラミッド」を迎えつつある今、漫然とインフラを維持し続けてじり貧になるのでなく、コンパクトシティ＋ネットワークなどの理念に基づく都市機能の再編を、整合的、統一的かつ大胆に実行すべきであり、立法的措置も検討されるべきではないか。

4 都市計画手続との関係（判旨3）

都市公園が都市計画決定に基づき整備された都市計画公園である場合、都市計画法に基づく都市計画の廃止・変更手続が必要となり、その法令遵守が必要なことは当然である。本判決は手続の瑕疵を否定したが、かかる公共・文化施設の廃止にあたっては、いかに討議を通じて衆知を高める合意形成手続を履践するかが、重要である[15])。

なお、本判決の控訴審判決（大阪高判令4・9・16裁判所HP（LEX/DB25573183））は、若干の追加主張に対応したのみで、原判決をほぼそのまま維持した。

（おち・としひろ）

1）ピークの1991年の人口約16.5万人が2020年には11.8万人に減少、高齢化率は36.2%となった。2030年は約9万人で、高齢化率41%と予測されている。堺市資料。

2）いわゆる神宮外苑再開発事件（最三決令6・3・15判例集未登載）は、「東京都公園まちづくり制度実施要綱」により都市計画公園区域から除外する都市計画決定に基づく第一種市街地再開発事業の施行認可が争われた事案であり、開発型といえる。現在も人口流入が続く東京は、むしろ例外的状況にある。

3）国土交通省「都市公園法改正のポイント」（2017）参照。平成29年改正の背景にも、整備から維持・管理への移行という問題認識があった。

4）拙稿「環境劣化と文化財訴訟」上法65巻4号（2022）203頁。

5）平成16年都市公園法改正で創設された立体都市公園制度は、都心部で活用されているが、ほとんどが期限付きの都市公園であり、期限満了時は本号により廃止できる。法16条3号は、同年改正で追加された規定である。

6）国土交通省都市局公園緑地・景観課監修／都市公園法研究会編著『都市公園法解説〔改訂新版〕』（日本公園緑地協会、2014）（以下「解説」）247頁も同趣旨である。

7）解説248頁。

8）同時に、都市公園の整備・管理にかかる事業者の既得権の側面もある。他方で、まちづくりにおける重要なランドマークである歴史的建造物の存廃については広範な行政裁量に委ねられ、かつ、司法審査も公有の場合の住民訴訟に限定されている。拙稿「公物としての歴史的建造物の保存について」上法55巻2号（2011）1頁参照。

9）解説246頁参照。

10）(i)判決では法4条2項・都市公園法施行令8条4項（公園施設の設置基準）違反の主張が制限されたが、本件では行訴法10条1項に基づく主張制限は争点とされなかった。

11）この事件では、代替区域が新たに都市公園区域に組み入れられており、その点でも違法がないとあっさり判示されているものの、近隣住民の避難については全く争点とされなかった。

12）解説246〜7頁。

13）さらに、普通地方公共団体は、条例で定める重要な公の施設のうち、条例で定める特に重要なものを廃止するときは、議会において出席議員の3分の2以上の同意を得なければならない（地方自治法244条の2第2項）。

14）主として罰則規定・禁止規定の中で使われ、違法性を表すために用いられてきたが、現在では、漢語調の「みだりに」代えて「正当な理由なく」などの語が用いられる傾向にある。田島信威『最新法令用語の基礎知識〔3訂版〕』（ぎょうせい、2005）62〜63頁。法令検索e-Govで「都市計画」「土地」「国土開発」「観光」の分類で、「本則」につき「みだりに」でキーワード検索をかけても、都市公園法しかヒットしない。昭和31年の同法制定の際の国会審議においても条文の読み上げのみで、特に説明はなかった。

15）拙稿「天守の木造復元を巡る法的課題」島村健ほか編『環境法の開拓線』（第一法規、2023）504頁。

第 2 部　最新民事判例

医事裁判例の動向

石橋秀起　立命館大学教授

医事法部会

1　はじめに

(1)　裁判例の選定について

　今期本欄は、①民集 77 巻 5 号～77 巻 7 号、判時 2573 号～2590 号又は判タ 1514 号～1519 号に掲載された裁判例、及び、②裁判所 HP 又は LEX/DB インターネットにおいて裁判年月日を「令和 6 年 1 月 1 日～6 月 30 日」と指定して抽出される裁判例の中から、医事裁判例（刑事事件を除く。以下同じ）として重要と思われるものを取り上げる。また、以上のほか、③ LEX/DB インターネットにおいて裁判年月日を昨期にあたる「令和 5 年 7 月 1 日～12 月 31 日」と指定して抽出される裁判例のうち、昨期本欄が取り上げなかったもので、医事裁判例として重要と思われるものについても、紙幅が許す限りで取り上げることとする。

　なお、②及び③に関しては、指定する期間が同じでも、検索する時期によって抽出される裁判例の件数に違いが生じ得るところ、今期本欄は、最終の検索日を令和 6 年 7 月 1 日とした。

(2)　今期の全体的な傾向等

　今期は、医療過誤の分野において、とりわけ説明義務違反や因果関係につき興味深い判断を行ったものがいくつかみられたほか、介護事故の分野において、多くの裁判例が報告された。また、性別の取扱いの変更の要件、法的性別が女性となった者を父として行われる認知請求、DNAR（Do Not Attempt Resuscitation〔蘇生を試みない〕）、ペイシェントハラスメントといった先端的ないし今日的な問題についての裁判例が報告されたのも、今期の特徴といってよいだろう。

　なお、今日の法状況を踏まえると、本来、債務不履行法上の義務違反と不法行為法上の過失とは区別されるべきであるが、本欄では、前者についても過失と呼ぶことがある。また、各裁判例の紹介において行われる略語の指定（以下「……」）は、当該事件限りで効力を有するものとする。

2　検査・診断・転医に関する過失

　[1] 山形地判令 6・2・27LEX/DB25598891 は、Y 市が設置管理する被告病院に入院していた A の相続人である X らが、被告病院の医師らは、A が重篤薬疹の一種であるスティーブンス・ジョンソン症候群（以下「SJS」）を発症していたにもかかわらず、その発見が遅れ、発症可能性に気づいた後も直ちに皮膚科医がいる総合病院に転送するなどして適切な治療を受けさせなかったなどと主張して、Y に対し、損害賠償を求めた事案である。

　本件において裁判所は、A が SJS に発症した時期を平成 31 年 1 月 22 日～23 日頃とした上で、同月 23 日の救急搬送時に被告病院の B 医師が SJS の発症を疑わなかったことにつき、水疱形成等の症状がなければ皮膚科医であっても SJS を疑うことは難しいこと、及び、同時点において A にそのような症状がみられなかったことを踏まえ、過失はないとし、また、同月 26 日の救急搬送時に同病院の副院長で心臓血管外科長の C 医師が SJS の可能性を疑いながらも A の転送を検討しなかったことについては、同日夜から A の全身状態は悪化し、翌 27 日の時点で他の病院へ転送することにリスクがある状態となっていたことから、被告病院が、同日の時点で、皮膚科医による SJS の治療を受けさせるために A を総合病院へ搬送すべきであったとはいい難いとして、X らの請求を棄却した。本件は、常勤の皮膚科医のいない被告病院において、医師による SJS の診断及び皮膚科医のいる総合病院への患者の転送の可否が問題となったものである。A は高齢者であり、胆嚢炎等にも罹患していた。こうした点も含め、SJS に罹患した可能性のある患者への対応につき、実務上参考になる判断を行ったものといえる。

　[2]名古屋高判令 6・2・8LEX/DB25599140 は、X が、自転車乗車中に転倒し、左手を地面について負傷したため、Y 法人が開設する被告クリニックを受診して非観血的整復術（ギプス固定）を受け、その後、別の病院に入通院し、手術を受けたものの、左手の痛み等

の障害が残ったという事実関係において、XがYに対し、損害賠償を求めた事案である。本件においてXは、被告クリニックの医師Aには、Xの左橈骨骨折及び舟状骨骨折の双方について手術適応であると判断し、直ちに手術可能な医療機関にXを転医させるべき注意義務があったところ、これを怠ったなどと主張している。原審は、Xの左手関節の骨折につき、直ちに手術療法を行うことが医療水準であったとまではいえないとして、Xの請求を棄却した。そこで、Xが控訴した。

控訴審において裁判所は、「A医師は、左橈骨遠位端骨折について、真実は掌側Barton骨折であったのにcolles骨折であると誤診し、陳旧性の舟状骨骨折・偽関節があることや、左橈骨遠位端骨折の周辺状態の悪さを見落とし、徒手整復術を行った」とした上で、A医師には、より高度な治療が可能な病院にXを転医させるべき義務があったところ、漫然と被告クリニックで徒手整復術を行い、その後も、Xから痛みが続く旨の訴えを受けながらそれを軽視して経過観察を続け、転医義務を果たさなかった点に「著しい過失」があるとした。

［3］函館地判令6・5・8裁判所HP・LEX/DB25599625は、Xが、平成19年3月から平成25年11月までの間、合計34回にわたり、Y₁町が運営する被告病院の医師らから経口避妊薬アンジュ28錠（以下「本件薬剤」）の処方を受けていたところ、平成26年1月16日に、脳静脈洞血栓症を発症し、右上肢機能全廃などの重度の身体障害（身体障害等級1級）を負ったという事実関係において、Y₁及び被告病院の産婦人科の医師Y₂に対し、損害賠償を求めた事案である。なお、平成25年11月の本件薬剤の最後の処方は、被告病院のY₂以外の医師によって行われている。

本件において裁判所は、本件薬剤の服用には血栓症発症のリスクがあることを認めた上で、本件血栓症の発症と事実的因果関係を有するのは、本件薬剤の最後の処方に限られるとし、また、この最後の処方には、添付文書上要求される血圧測定等を行わずに漫然と本件薬剤を処方した注意義務違反が認められるとして、Y₁の責任を肯定し、Y₂の責任についてはこれを否定した。

3　手術、処置、患者管理等に関する過失

［4］福岡高判令6・3・22LEX/DB25599611は、X₁が、Y法人の開設する被告病院でカテーテル・アブレーション術（以下「本件手術」）を受けた際、冠動脈の閉塞・狭窄により心停止となり、低酸素脳症を発症して後遺障害（意識がなく、眼球での表現も全くできず、ベッド上での全介助を要し、今後、回復の見込みがない状

態）を負ったという事実関係において、X₁及びその妻X₂が、Yに対し、損害賠償を求めた事案である。原審がXらの請求を棄却したため、Xらが控訴した。

控訴審において裁判所は、本件手術を実施したA医師らにつき、「本件血圧計のモニターに血圧測定不可の表示がされた時点から胸骨圧迫の開始まで約4分50秒が経過していた」こと、及び、「脳への血流が途絶する時間が3分以上続いた場合、脳の神経細胞の不可逆的な変化が生ずる」ことを踏まえ、「Yの医師らには、胸骨圧迫による心肺蘇生措置の開始が遅れた過失がある」とし、その上で、遅滞なく胸骨圧迫が開始されていれば、これにより脳への血流が維持されることで、すくなくとも、この時点で脳に不可逆性の変化が生ずることはなかったとして、上記過失とX₁に生じた低酸素脳症による意識障害との間には因果関係があると判示し、Xらの請求を一部認容した。

［5］山形地判令6・3・29LEX/DB25599310は、Aが、Y県の管理運営する被告病院において、B医師の執刀により、胆石胆嚢炎の治療のため開腹胆嚢摘出術を受けたところ、術後に腹膜炎を発症し、本件手術から3日後に多臓器不全によって死亡したという事実関係において、Aの相続人であるXらが、Yに対し、損害賠償を求めた事案である。

本件では、B医師が本件手術中にAの十二指腸下行脚に穿孔を生じさせたといえるかどうか、及び、被告病院が、本件手術後、Aが胆汁混じりの嘔吐をした時点までにAの腹膜炎等の発症を疑い、必要な処置を施さなかったことが医療水準に反するかどうかが争点となったところ、裁判所は、第1の点につき、山形大学医学部附属病院の医師の見解等を踏まえ、十二指腸の穿孔は、術中に生じたものではなく、強固に癒着した胆嚢と十二指腸下行脚を剥離し、脆くなっていた部位に、術後に何らかの原因で生じたものだとし、第2の点につき、腹部膨隆等の腹膜炎の発症を強く疑わせる症状のない本件において、被告病院が、Aの経過を観察することとしたことが医療水準に反した判断であったとまでは解しがたいとして、Xらの請求を棄却した。

［6］名古屋高判令6・4・18裁判所HP・LEX/DB25620053は、出生後間もなく喉頭軟化症及び気管軟化症を発症し、気管切開術を受けて人工呼吸器管理となっていたAが、在宅での人工呼吸器管理に移行するため、Y₁市が開設する被告病院を退院したところ、翌日の午前7時25分頃、寝返りを打った際、カニューレに接続されていた人工呼吸器の呼吸器回路が外れ、チアノーゼが出現して心肺停止状態となり（以下「本件事故」）、その後、被告病院に救急搬送されたものの、低酸素脳症となり、意識が戻らず、自発呼吸もない状態

医事裁判例の動向　*137*

となったという事実関係において、Aの両親であるXらが、Y₁及びAの退院後の訪問看護を担っていたY₂社に対し、損害賠償を求めた事案である。なお、Aは、本件訴訟が提起された後、3歳で死亡している。原審がXらの請求を棄却したことから、Xらは、被告病院の医師の療養指導義務違反について争うため、Y₁のみを相手取って控訴した。

控訴審において裁判所は、被告病院のB医師は、Xらに対し、カニューレ交換の練習を実施させたものの、入院中にAに生じた3回にわたるカニューレ事故についての具体的な説明を行わないなど、到底療養指導義務を履行したとはいえないなどとして、B医師には、Xらに対する療養指導義務を怠った過失があるとした。その上で、裁判所は、本件事故当時、「Xらが気道確保の重要性を認識して、最初に吸引カテーテルによる吸引及びカニューレの交換又は抜去をし、もって気道を確保した上で心臓マッサージ等の救命措置を実施しさえすれば、Aに生じた低酸素脳症による不可逆的な虚血性脳障害を回避することができた高度の蓋然性があり、低酸素脳症を原因とする肺炎により死亡することもなかった」などとして、B医師の上記過失とAの死亡との因果関係を肯定し、Xらの請求を一部認容した。本件は、幼児の在宅での人工呼吸器管理という患者の家族にとって難しい問題につき、医師がいかなる療養指導を行うべきかについて判断を行ったものである。実際に本件事故のようなカニューレ事故が発生した場合に、最初にこれに対応するのは患者の家族であることからすると、退院時の療養指導は入念に行われなければならない。そのことを明らかにした点において、本判決は、妥当な判断を行ったものだと評価できよう。

[7] 東京地判令5・7・13LEX/DB25599208は、Y法人が開設する被告病院において、経皮的声帯内コラーゲン注入術（以下「本件施術」）を受けたXが、施術後に脳梗塞を発症し、半身麻痺等の後遺障害が生じたという事実関係において、XがYに対し、損害賠償を求めた事案である。

本件において裁判所は、被告病院のA医師が、本件施術の際、右総頸動脈を誤穿刺して直接コラーゲンを注入し、これによってXが脳梗塞を発症したことを認めた上で、本件施術の際、総頸動脈の誤穿刺の有無を確認するため、コラーゲン注入前に血液の逆流がないことを確認しなかったことなど、いずれの点に関しても、A医師の行為に過失はなかったとして、Xの請求を棄却した。誤穿刺があった以上、そのことのみをもって、主観的過失の立場から手技上の過失の有無を検討する余地もあったように思われるが、本判決においては、そのような観点からの過失判断は行われていないようである。

[8] 東京地判令5・7・20LEX/DB25599209は、Aが、Y法人の開設する被告病院に多系統萎縮症のため入院していたところ、何らかの原因により死亡したことにつき、Aの相続人であるXらが、被告病院の職員には経皮的酸素飽和度を24時間監視・管理する義務を怠った過失があるなどとして、Yに対し、損害賠償を求めた事案である。

本件において裁判所は、多系統萎縮症の場合、患者の死因は突然死の割合が高く、そのメカニズムは解明されていないものの、原因としては、呼吸障害、心血管系障害、誤嚥による急激な窒息などが考えられるとした上で、Aの死因がこれらのいずれかである可能性は排除できないとした。その上で、裁判所は、被告病院において、Aにはパルスオキシメータが装着され、酸素飽和度が90%を下回るとアラームが鳴るよう設定されており、その数値はナースステーションのセントラルモニターで監視・管理されていたこと、Aが死亡した日の担当看護師の対応に特段の問題はなかったこと等を踏まえ、被告病院の職員において、経皮的酸素飽和度を24時間監視・管理する義務を怠った過失があるとはいえないとし、Xらの請求を棄却した。

[9] 広島地判令5・12・8LEX/DB25597030は、Aが、Y₁市の設置運営する被告病院において白内障等の手術を受けたところ、術中に発症した高血圧性脳出血により、四肢体幹運動障害、意識障害及び感覚障害となり、その後、急性心不全により死亡したという事実関係において、Aの相続人であるXらが、Y₁及び本件手術の執刀医であるY₂に対し、損害賠償を求めた事案である。

本件において、Xらは、本件手術が開始された時点において、Aの血圧が228/110 mmHgの異常高値であったこと、「高血圧治療ガイドライン2014」には「待機的手術で血圧が180/110 mmHg以上であれば、手術を延期することのリスクを勘案した上で、血圧のコントロールを優先させる」との記載があること等を踏まえ、Y₂には、手術を回避するか、直ちに適切な降圧処置を行って血圧を下げた上で手術を行うべき注意義務があったなどと主張した。これに対し、裁判所は、上記ガイドラインの記載中「血圧のコントロールを優先させる」とは、手術当日や手術開始時において、手術を実施することができるようになる程度まで血圧を下げるという意味ではなく、一定期間をかけて、周術期の合併症等を避けるために、普段の血圧のコントロールをできるようにするという意味であるなどとして、Xらの主張を退け、その請求を棄却した。

[10] 神戸地判令5・12・14LEX/DB25597024は、Y

県が設置運営する被告病院の整形外科において、Xに対し、PLIF（腰椎後方進入椎体間固定術）の術前評価のため、ミエログラフィー（脊髄造影検査）が実施されたところ、Xに脊髄損傷に伴う左下肢麻痺等の障害が残ったという事実関係において、Xが、同検査を実施したA医師には脊髄損傷の高度の危険性があるL1/2（第1腰椎第2腰椎間レベル）の穿刺を行った過失があるなどと主張して、Yに対し、損害賠償を求めた事案である。

本件において裁判所は、一般に脊髄円錐はL1/2付近に存在するため、同部位の穿刺は常に脊髄損傷の危険性を伴うとした上で、同部位の穿刺を行うにあたっては「このような身体に対する別段の危険を正当化し得るに足りる高度の必要性が求められる」とし、また、本件においてそのような必要性は認められないとして、A医師の過失を肯定し、Yに対して、治療費、将来介護費、後遺障害慰謝料など、総額約2161万円の賠償を命じた。

4 説明義務違反

[11] 最二判令5・1・27判時2578号5頁（民事判例27 [19] にて紹介済み）は、統合失調症の治療のため、Y県の設置する本件病院に任意入院をしたAが、無断離院をして自殺したことにつき、Aの相続人であるXが、Yには、診療契約に基づき、本件病院においては無断離院の防止策が十分に講じられていないことをAに説明すべき義務があったにもかかわらず、これを怠ったなどと主張して、Yに対し、損害賠償を求めた事案である。原審（高松高判令3・3・12LEX/DB2556 9475〔民事判例23 [12] にて紹介済み〕）がYの説明義務違反を肯定し、Xの請求を一部認容したため、Yが上告受理申立てを行った。

最高裁は、Aが「具体的にどのような無断離院の防止策が講じられているかによって入院する病院を選択する意向を有し、そのような意向を本件病院の医師に伝えていたといった事情はうかがわれない」本件において、YがAに対し、本件病院と他の病院の無断離院の防止策を比較した上で入院する病院を選択する機会を保障すべきであったということはできず、これを保障するため、YがAに対し、本件病院において単独での院内外出を許可されている任意入院者が無断離院をして自殺する危険性があること等の説明をする義務があったとはいえないとして、原判決を破棄し、請求棄却を自判した。原審は、本件病院における無断離院の防止策の有無等につき、診療契約上の重大な関心事項になっていたと判示したが、その根拠が十分に示されていなかった。本判決は、上記引用の「事情」が窺わ

れない本件において、Yの説明義務を否定したものであり、事例判断として妥当なものだといえる。

[12] 宮崎地判令5・10・6LEX/DB25596412は、Y県の開設する被告病院において右手背の中指と環指付近の腫瘍の切除術（以下「本件切除術」）を受け、また、その後に発現した右手指の拘縮に対する授動術（以下「本件授動術」）を受けたXが、主治医Aの過失を主張して、Yに対し、損害賠償を求めた事案である。

本件におけるXの主張は多岐にわたるが、裁判所は、①A医師がXの腫瘍につき、海綿状血管腫であったにもかかわらず、誤ってガングリオンと鑑別したことが注意義務違反にあたること、②A医師が、本件切除術を行うにあたって、同手術に拘縮の危険があることを説明しなかったことが説明義務違反にあたること、③A医師が、抗生剤ミノマイシンの処方にあたり、同薬剤の副作用やその使用における重要な基本的注意を説明しなかったことが説明義務違反にあたること、④A医師が、本件授動術を行うにあたり、術後の改善効果やこれを維持することの困難性についての説明を行っていなかったことが説明義務違反にあたること、をそれぞれ認め、このうちの①②④の義務違反による損害として、Yに対し、慰謝料170万円の支払を命じた。

[13] 熊本地判令5・12・8LEX/DB25597723は、Aが、Y法人の開設する被告病院に入院し、左下肢の経皮的血管形成術を受けたところ、その翌日に、同手術の合併症である血管損傷による出血性ショックによって死亡したという事実関係において、Aの相続人であるXらが、Yに対し、損害賠償を求めた事案である。

本件において裁判所は、Aが患っていたCLI（重症下肢虚血）については治療の第一選択は血行再建術であることなどから、担当医師Bにおいて保存的治療を優先する選択肢を説明すべき義務はないとする一方、B医師は、穿刺部から出血した場合、本件手術により死亡する可能性が平均的な患者よりも高度であったAに対し、本件手術に先立ってその旨を説明すべき義務を負っていたところ、これを怠ったとして、B医師の説明義務違反を肯定した。

[14] 熊本地判令5・12・25LEX/DB25597033は、Y市の開設する被告病院において腹部大動脈瘤切除人工血管置換術（以下「本件置換術」）を受けたAが、その後、下肢動脈塞栓症となり、下肢動脈塞栓摘除術（以下「本件摘除術」）を受けたところ、高カリウム血症により死亡したという事実関係において、Aの相続人であるXらがYに対し、損害賠償を求めた事案である。

本件において裁判所は、Xらが主張する医師らの過失のうち、本件置換術、本件摘除術のそれぞれに係る注意義務の違反を否定する一方、本件置換術を施行す

るにあたって、同手術の危険性、及び、同手術による合併症のリスクを回避するため、経過観察として様子を見るという選択肢も想定し得ることを説明する義務の違反を肯定した。

5　因果関係、死亡逸失利益の算定期間、相当程度の可能性

[15] 東京地判令5・9・29判タ1514号185頁（民事判例28 [13] にて紹介済み）は、心房細動のためY法人が運営する被告クリニックに通院して継続的に抗凝固薬ワーファリンを服用していたAが、同クリニックの医師Bの指示によりワーファリンの服用を中止し、その後、抗凝固剤イグザレルトを処方されたところ、心原性脳塞栓症を発症し、入院先のC病院で仙骨部褥瘡感染を原因とする敗血症により死亡したという事実関係において、Aの相続人であるXらが、B医師の注意義務違反を主張して、Yに対し、損害賠償を求めた事案である。

本件において裁判所は、B医師には、ワーファリンの抗凝固作用が消失する令和3年11月1日頃までにAに対し血液凝固能検査を実施し、血液の固まりにくさを示すPT-INRの値が治療域の下限を下回る場合には、可及的速やかにイグザレルトを処方する注意義務を負っていたところ、これを怠った注意義務違反があるとした。その上で、裁判所は、次のように判示して、この注意義務違反とAの死亡との因果関係を肯定し、Xらの請求を一部認容した。B医師が上記の注意義務を尽くしていた場合、同月2日にはAのPT-INRの値が治療域を下回っていることが確認され、同日頃にAにイグザレルトが処方されていたはずであり、Aは心原性脳梗塞を発症しなかったか、発症したとしてもその予後は実際の転帰よりも改善されていたはずである。したがって、この場合、Aが実際に死亡した令和4年6月10日になお生存していた高度の蓋然性が認められる。

[16] 札幌地判令4・10・19判タ1516号107頁は、Y法人が開設し、経営する被告病院において入院治療中に死亡したAの子であるXが、Yに対し、損害賠償を求めた事案である。本件においてXは、被告病院の対応につき、Aは敗血症に罹患し、急性腎不全の状態にあったから、造影剤を投与すべきではなかったにもかかわらず、造影CTを行うために造影剤を投与した注意義務違反があり、また、これによって急性腎不全を重篤化させるとともに、心原性ショックを生じさせ、その結果、乏尿状態となったのであるから、大量の輸液投与をすべきではなかったにもかかわらず、これを行った注意義務違反があるとした上で、これらの行為によって、Aは、高カリウム血症を発症し、うっ血性

心不全により死亡したと主張している。

本件において裁判所は、Aの死亡の機序につき、近年における研究報告の分析では、造影剤による急性腎障害の発症率の増加等は示されていないこと、Aの腎機能の値であっても、急性腎障害の程度にかかわらず、造影CT検査は急性腎障害の悪化に影響しないこと、AのCVP（中心静脈圧）の値からして血管内の溢水所見はないことなどを指摘するYが提出した医師の意見書の見解を採用し、Xの主張を退けるとともに、そうである以上、造影剤投与行為及び大量輸液行為によってAが死亡したとは認められないとして、Xの請求には理由がないとした。また、これを受け、Xが控訴したところ、[17] 札幌高判令5・3・28判タ1516号102頁は、原審の判断を大枠で踏襲しつつ、控訴審においてXが新たに行った主張につき検討し、いずれの主張も採用できないとして、Xの控訴を棄却した。本件では、Xの主張を受け、Aの死亡の原因が造影剤投与行為や大量輸液行為にあったのかが問題となったが、この問題は、義務違反と結果との因果関係の問題とは異なる。義務違反の有無の判断がなされる前の裸の行為を問題とする点で、医療過誤の裁判例としては比較的珍しい部類のものだといえよう。

[18] 静岡地判令6・1・25LEX/DB25597719は、食道癌及び口腔底癌に罹患し、平成30年10月15日に63歳で死亡したAの相続人であるXらが、被告がんセンターを設置運営するY1県及びAの担当医師Y2に対し、損害賠償を求めた事案である。なお、Yらは、Aに食道癌の存在を示唆する各種検査所見があることを見落とした過失を認め、これによりAが死亡したことを争っていない。

本件において裁判所は、「本件見落としがなければ、Aの食道癌に対する外科手術等適切な治療が行われていた蓋然性が高いのであるから、Aについては、平成30年10月15日以降も生存していた蓋然性が高い」とした上で、食道癌（扁平上皮癌）に罹患した60歳から69歳までの男性の生存率は、1年生存率が91.3%、2年生存率が73.3%、3年生存率が64.1%であり、また、口腔底癌の局所再発例に対する救済手術を行った研究では、Aと同じ症例群の3年生存率が53.3%であったとされていること等を踏まえ、Aにおいては死亡時以降、2年程度生存していた蓋然性を認めることが可能であるとして、死亡逸失利益の算定期間を2年とした。

[19] 神戸地判令6・4・26LEX/DB25599764は、Y1法人が開設する被告病院において、下咽頭癌及び食道癌と診断され、手術、化学療法、放射線治療はいずれも困難であると説明されていたAが、栄養状態を確保しつつ自宅で療養するため、エコーガイド下で鎖骨下

静脈にカテーテルを挿入し、体内にCVポートを留置する手術を受けたところ、その3日後に呼吸不全により死亡したという事実関係において、Aの相続人であるXらが、Y₁及び手術を行ったY₂医師に対し、損害賠償を求めた事案である。なお、本件では、Y₂医師が手術中に針で肺を穿刺してしまい、気胸を発生させたことが明らかとなっているが、この点に関してY₂医師に過失があることにつき、当事者間に争いはない。

本件において裁判所は、Aが呼吸不全に陥った経過につき、「Aは、医原性気胸に加えて、体力低下及び鎮静剤（ドルミカム）の投与による呼吸抑制が重複したことにより、呼吸不全に陥った」とした上で、「そうすると、本件においては、肺の穿刺により医原性気胸を発症した後、ドルミカムの投与、増量とも相まって、改善することなくAが死亡するに至っているものであるから、肺の穿刺は、Aの死亡（呼吸不全）との間に、相当因果関係を有する」として、Xらの請求を一部認容した。

[20] さいたま地判令5・3・23判時2584号89頁は、園児Xが、被告幼稚園で昼食の際にウインナーを喉に詰まらせ、医療機関に救急搬送されたものの、低酸素性虚血性脳症等の後遺症が残ったという事実関係において、Xが被告幼稚園を経営するY₁法人、Y₁の理事長Y₂及び被告幼稚園の園長Y₃に対し、損害賠償を求めた事案である。

本件において裁判所は、Y₃をはじめとする被告幼稚園の関係者（以下「Y₃ら」）が心肺蘇生法を実施せずにXを2階ホールから1階に移動させたことに過失又は安全配慮義務違反があるとした上で、Y₃らがXを2階ホールから運び出す際に心肺蘇生法を実施していれば、心停止後であっても、脳への血流が確保され、その結果、Xに重篤な後遺症が残存しなかった相当程度の可能性が認められるとして、Yらに対し、慰謝料500万円の支払を命じた。本件は、幼稚園の園長らの園児に対する対応が問題となったものであり、医療過誤の裁判例ではないが、適用された法理は医療過誤に関して確立したものであるため、本項で紹介することとした。

前掲[2]は、A医師の転医義務違反とXの後遺障害との因果関係につき、治療の困難性から、A医師の転医義務違反がなければXに後遺障害が残存しなかった高度の蓋然性は認められないものの、相当程度の可能性は認められるとして、Yに対し、慰謝料100万円の支払を命じた。なお、先例（最三判平15・11・11民集57巻10号1466頁）の事案とは異なり、本件におけるXの後遺障害は「重大な」ものとはされていないが、その一方で、本件におけるA医師の転医義務違反に対しては、「著しい過失」があるとの評価が加えられている。

本件において上記のような相当程度の可能性による解決がとられるにあたっては、この過失の程度に関する評価が重要な意味をもったとみることができる。

このほか、説明義務違反を起点とする因果関係と関わって、以下の裁判例がある。

前掲[12]は、上記③の説明義務違反につき、Xは、A医師から抗生剤ミノマイシンの処方を受けた後、調剤薬局でこれを受領し、その際、その服用時の注意事項に係る説明等を受けたが、注意事項を把握していなかったのであるから、Aが調剤薬局で説明等を受けた後、同薬剤の服用時までに注意事項を把握できなかったことはA医師の説明の不備によるものではなく、また、Xが調剤薬局を訪問する前にA医師の説明の不備により何らかの精神的苦痛を被ったとはいえないとして、上記③の説明義務違反によって生じた損害はないとした。因果関係判断の一例として興味深いものであるが、この判断には異論もあり得よう。

前掲[13]は、CLIの治療の第一選択は血行再建術であるとされていることなどから、B医師が本件手術により死亡に至る可能性があることを説明していたとしても、Aが本件手術を受けないとの選択をした蓋然性があるとはいえないとして、上記説明義務違反とAの死亡との因果関係を否定した上で、Aは適切な説明を受けられなかったことにより自己決定権を侵害されて精神的苦痛を被ったとして、上記説明義務違反と因果関係のある慰謝料額につき160万円とするのが相当であるとした。本件では、Aにつき、いずれにせよ本件手術を受ける選択をしたであろうことを前提に、死亡に至る可能性があることを知らされた上で同手術を受けることが、自己決定権によって保護されたものと解される。

前掲[14]は、Aに認められた腹部大動脈瘤は、直ちに手術適応となるものではないが、その最大横径等によれば、手術適応基準をわずかに下回るにとどまるものであることから、Aが「最終的には本件置換術の施行に同意するに至る可能性を払しょくすることができない」とし、また、本件でAを救命するためには両下肢切断術が不可欠であったところ、これに同意するようAの親族や被告病院の医師らが繰り返し説得したにもかかわらず、Aが応じなかったことに鑑みれば、本件置換術の施行前に説明義務が尽くされていたとしても、Aが両下肢切断術に同意し、同切断術によって死亡という結果を回避することができたとは認め難いとして、説明義務違反とAの死亡との因果関係を否定した。その上で、裁判所は、被告病院の医師らによる説明義務違反は、本件置換術を受けるかどうかを決するためのAの自己決定権を侵害するにとどまるとし、

これによるＡの精神的苦痛に対する慰謝料の額としては、300万円とするのが相当であるとした。理論的には「相当程度の可能性」法理を適用することもできたところ、因果関係の起点が説明義務違反であったことから、裁判実務における一般的な傾向に従い、自己決定権侵害として構成したものと考えられる。

6 介護事故等

[21] 名古屋地判令5・2・28判時2582号64頁（民事判例27［14］にて紹介済み）は、Ｙ法人が運営する特別養護老人ホームに入所していたＡが、食事の提供を受けていた際に誤嚥による窒息によって死亡したという事実関係において、Ａの相続人であるＸ₁及びＸ₂が、Ｙに対し、損害賠償を求めた事案である。

本件において裁判所は、Ｙは、Ａに対し、本件入所契約に基づく安全配慮義務の具体的内容として、Ａが食事をする際には、職員をしてこれを常時見守らせるべき注意義務を負っていたところ、これを怠ったとして、Ｙの注意義務違反を肯定した。その上で、裁判所は、Ｘ₁がＡの食事形態を「全粥＋刻み食」から普通の食事に戻してほしいと要望した点を捉え、この食事形態の変更がＡの死亡という結果の発生に相当程度寄与していたとして、被害者側の過失により5割の過失相殺を行った上で、Ｘらの請求を一部認容した。

[22] 名古屋高判令6・4・18裁判所HP・LEX/DB25620051は、前掲［21］の控訴審判決である。当審においてＸらは、Ｙは、Ａに対し、その食事に関して全介助すべき義務を負っていたと主張した。これに対し、裁判所は、たしかにＡは、介護認定において、認定調査項目のうち食事摂取については全介助とされていたが、介護認定審査会において、家族との外食時は見守り程度で、自分で食べられるとされていたことから、Ａに対し食事に関して全介助する必要があったとまではいえないとして、Ｘらの主張を退け、その請求を棄却した。

[23] 広島地判令5・11・6LEX/DB25596753は、アルツハイマー型認知症に罹患しているＡが、Ｙ法人が運営する短期入所生活介護事業所において提供されたゼリーを喉に詰まらせて窒息し、死亡したという事実関係において、Ａの子であるＸが、Ｙに対し、損害賠償を求めた事案である。

本件において裁判所は、Ａは、その年齢や既往歴からして誤嚥を引き起こす危険性が特に高く、Ａが本件ゼリーを誤嚥することは予見することができたとした上で、本件施設の職員である「Ｂらが、……本件ゼリーをＡの手が届かない場所に配膳し、施設利用者全員への配膳が終わり、施設職員が食事の見守りや介助を確実に行えるようになった後に本件ゼリーをＡの手元に移動させるなどの一般的な措置を講じていれば、……Ａが本件ゼリーを摂取して誤嚥することを防ぐことができ」たなどとして、Ｂらの誤嚥防止義務違反を肯定し、ＹにＡの死亡についての責任を負わせた。

[24] 横浜地判令6・1・31LEX/DB25598387は、Ｙ法人が運営する障害者総合福祉施設に入所していたＡが、同施設内において症候性てんかん発作（以下「本件発作」）を発症したところ、同施設の職員が午後6時48分にこれを確認し、その後、救急要請がされたものの、翌日の午前6時29分に死亡したという事実関係において、Ａの母であるＸが、Ｙに対し、損害賠償を求めた事案である。なお、Ａは、本件発作の前にも、発作を2回起こしており、そのうちの2回目の発作の際には、発作が起こってから約10分後に救急要請がなされ、それから約20分後に病院に搬送されたところ、翌日には普段と変わらない様子で退院している。

本件において裁判所は、被告施設職員は、てんかんを持つＡにけいれん発作が持続していることを認識した場合には、10分以内に救急要請すべき注意義務を負っていたところ、実際には午後8時26分になって初めて救急要請したとして、同職員の注意義務違反を肯定した。その上で、裁判所は、本件発作前のＡの状態、第2回発作時の経過、及び、本件発作時のＡの死亡の機序を踏まえ、「被告施設職員が遅くとも午後6時58分に救急要請すべき注意義務を果たしていれば、Ａが死亡した時点で生存していたであろう高度の蓋然性があった」として、上記の注意義務違反とＡの死亡との因果関係を肯定し、Ｘの請求を一部認容した。

[25] 横浜地判令6・2・28LEX/DB25598347は、Ｙ法人が開設する認知症の高齢者向けグループホームに入所していたＡが、同施設での昼食時に食べ物の誤嚥により窒息し、死亡したという事実関係において、Ａの子であるＸらが、Ｙに対し、損害賠償を求めた事案である。

本件において裁判所は、Ｙ及びその職員は、Ａの誤嚥を防止するため、他の入所者の介助に支障を来さない限り、Ａの食事の様子を視認し、そのペースが速くなっている場合には、これを制止するための声掛けをする義務があったところ、これに違反したとした上で、Ａが食事のペースを速めた際、Ｙの職員が指導していれば、Ａが、口が膨らむほど口に食べ物をため込んだ状態でさらに食事を続けるといった事態は回避され、本件誤嚥も生じなかったとして、上記の義務の違反とＡの死亡との因果関係を肯定し、Ｘらの請求を一部認容した。

[26] 横浜地川崎支判令6・3・14LEX/DB25599308

は、A（死亡時9歳）が、3泊4日の予定で、川崎市が設置し、Y₁法人が指定管理者として管理運営する障害児入所支援施設の短期入所利用を開始したところ、利用開始から4日目の早朝に窒息死したという事実関係において、Aの父X₁、Aの母X₂及びAの兄X₃が、Y₁及びY₁との雇用契約に基づき同施設で入所児童の支援を行っていたY₂に対し、損害賠償を求めた事案である。なお、本件は、X₁の請求に係る第1事件と、X₂及びX₃の請求に係る第2事件とから構成されており、第1事件はY₁のみを被告とし、第2事件はY₁及びY₂を被告としている。

本件においてAの窒息死に至った経緯は明らかではないが、裁判所は、Y₂が、深夜3時頃から、Aと2人きりの部屋で横向きになって寝かしつけ行為を行ったことにつき、Y₂が寝かしつけ中に寝入ってしまうことの予見可能性や、寝入ってしまった場合、Y₂の身体でAが押さえつけられ、その顔面が敷布団で塞がれてしまうこと等の予見可能性を指摘した上で、Y₂につき、Aの窒息死を回避すべき義務の違反を認め、Yらの責任を肯定した。なお、第1事件に関しては、Aの親権者であるX₁が、睡眠補助のための内服薬リスペリドンを、Aに服用させるべく被告施設に預けることを怠ったことを捉え、4割の過失相殺が行われている。

[27] 大阪地判令5・12・8LEX/DB25598413は、訪問看護ステーションを運営するY社との間で訪問看護サービス契約（以下「本件契約」）を締結していたA（昭和9年生まれ）が、自宅で泡を吹いて倒れたため、救急車が呼ばれ、心肺蘇生術が施されたものの、搬送先の病院で死亡したという事実関係において、Aの相続人であるXが、Yに対し、損害賠償を求めた事案である。本件においてXは、本件契約が締結された際、A、主治医B、Yの三者間で、Aの終末期の最終段階における医療・ケアは、在宅での看取りによるとの合意がなされており、Yの看護師Cには、救急要請をするか否かの判断を仰ぐため、B医師に連絡する義務があったところ、Cがこれに反して救急車を呼ぶよう指示したため、Aは、在宅での看取りを受けられずに死亡したなどと主張して、Aの精神的苦痛に対する慰謝料を請求している。なお、Xは、本件契約の締結にあたって、Aの代理人となっている。

本件において裁判所は、Cにおいて、Aの急変時に、DNAR（医師が患者の心停止時に心肺蘇生を実施しないこと）合意に基づき、まずB医師に連絡する義務があったのかにつき、「本件契約締結の際、Xは、Yに対し、Aについて『在宅での看取り』を希望する旨を述べ、Yはこれを了承したことが認められるが、『在宅での看取り』が当然にDNARと同義あるいはDNARを含む

ものとはいえない」こと、「本件契約締結の際、Xは、Yに対し、Aについて、いかなる場合であっても心肺蘇生処置を拒否すること……など、DNARやこれに関する具体的な希望までは伝えていなかったこと」等を指摘してこれを否定し、Xの請求を棄却した。本判決は、契約の解釈の問題としてDNAR合意の成立を否定したものと解されるが、「在宅での看取り」を希望することと、DNAR合意が成立することとの間には、なお相当の距離があるということを明らかにした点で、実務上参考になるものといえよう。

7　その他の裁判例

(1)　性別の取扱いの変更

[28] 最大決令5・10・25民集77巻7号1792頁（本決定は、本号「家族裁判例の動向」[20]でも紹介されている）は、生物学的な性別は男性であるが心理的な性別は女性であるXが、性同一性障害者の性別の取扱いの特例に関する法律（以下「特例法」）3条1項に基づき、性別の取扱いの変更の審判を申し立てた事案である。原審は、Xにつき、性同一性障害者であり、特例法3条1項1号から3号までにはいずれも該当するものの、「生殖腺がないこと又は生殖腺の機能を永続的に欠く状態にあること」と定めた同項4号（以下「本件規定」）には該当しないとして、本件申立てを却下すべきものとした。そこで、Xは、本件規定が憲法13条等に違反すると主張して、特別抗告を行った。

本件において最高裁は、「本件規定による身体への侵襲を受けない自由に対する制約は、……医学的知見の進展に伴い、治療としては生殖腺除去手術を要しない性同一性障害者に対し、身体への侵襲を受けない自由を放棄して強度な身体的侵襲である生殖腺除去手術を受けることを甘受するか、又は性自認に従った法令上の性別の取扱いを受けるという重要な法的利益を放棄して性別変更審判を受けることを断念するかという過酷な二者択一を迫るものになった」などとして、本件規定が憲法13条に違反する旨を判示し、原決定を破棄するとともに、特例法3条1項5号について審理を尽くさせるため、事件を原審に差し戻した。なお、本決定に対しては、3名の裁判官が反対意見を述べている。本決定は、性別の取扱いの変更という先端的かつ論争的なテーマについて、医学的知見の進展や社会状況等を踏まえつつ、司法として一歩踏み込んだ判断を行ったものである。その当否に関しては、今後とも各方面から様々な意見が出されるであろうが、そのようなことも含め、社会に対して大きな影響を与える判断であることはいうまでもない。

[29] 最二判令6・6・21裁判所HP・LEX/DB2557

3598 は、凍結保存精子を用いた生殖補助医療により出生した X₁ 及び X₂ が、その生物学的な父であり、性同一性障害者の性別の取扱いの特例に関する法律に基づき女性への性別の取扱いの変更の審判（以下「本件審判」）を受けた Y に対し、認知を求めた事案である。1 審が X らの請求をいずれも棄却したのに対し、原審（東京高判令 4・8・19 判時 2560 号 51 頁〔民事判例 28 [30] にて紹介済み〕）は、本件審判が確定する前に出生した X₁ の認知請求を認める一方、本件審判が確定した後に出生した X₂ の認知請求については、「Y は、X₂ の出生時において、本件審判により、民法の規定の適用において法律上の性別が『女性』に変更されていたもので、民法 787 条の『父』であるとは認められない」などとして、これを認めなかった。そこで、X₂ が上告受理申立てを行った。

本件において最高裁は、「父に対する認知の訴えは、血縁上の父子関係の存在を要件として、判決により法律上の父子関係を形成するものであるところ、生物学的な男性が生物学的な女性に自己の精子で子を懐胎させることによって血縁上の父子関係が生ずるという点は、当該男性の法的性別が男性であるか女性であるかということによって異なるものではない」こと、「仮に子が、自己と血縁上の父子関係を有する者に対して認知を求めることについて、その者の法的性別が女性であることを理由に妨げられる場合があるとすると、……養子縁組によらない限り、その者が子の親権者となり得ることはなく、子は、その者から監護、養育、扶養を受けることのできる法的地位を取得したり、その相続人となったりすることができな」くなること等を指摘した上で、原判決中、X₂ に関する部分を破棄し、X₂ が Y の子であることを認知した。子の福祉及び利益に配慮した妥当な判断であると評価できよう。

(2) 優生手術に関する国家賠償請求訴訟

旧優生保護法による優生手術を受けたと主張する者等が、国家賠償法 1 条 1 項に基づき国に対して損害賠償を求める訴訟は、全国各地の裁判所で争われているが、今期本欄の対象範囲においては、[30] 仙台高判令 5・10・25 判時 2579 号 64 頁、[31] 大阪高判令 6・1・26 裁判所 HP・LEX/DB25573363、[32] 名古屋地判令 6・3・12 裁判所 HP・LEX/DB25573449、及び、[33] 福岡地判令 6・5・30 裁判所 HP・LEX/DB25620237 が報告されている。いずれも、改正前民法 724 条後段による損害賠償請求権の消滅を否定する点で共通しているが、この問題に関しては、令和 6 年 7 月 3 日に最高裁が大法廷を開き、統一的な判断を示すに至っている（令和 5 年（受）第 1319 号等）。これに関しては、来期本欄が取り上げることとなろう。

(3) 診療等に関する情報の開示

[34] 最一判令 5・10・26 判時 2589 号 5 頁は、東京拘置所に未決拘禁者として収容されていた X が、行政機関の保有する個人情報の保護に関する法律（令和 3 年法律第 37 号により廃止。以下「法」）に基づき、東京矯正管区長に対し、X が収容中に受けた診療に関する診療録に記録されている保有個人情報（以下「本件情報」）の開示を請求したところ、法 45 条 1 項所定の「保有個人情報」にあたり、開示請求の対象から除外されているとして、その全部を開示しない旨の決定（以下「本件決定」）を受けたことから、本件決定は違法であると主張して、国 Y に対し、その取消しを求めるとともに、国家賠償法 1 条 1 項に基づく損害賠償を求めた事案である。第 1 次上告審判決（最三判令 3・6・15 民集 75 巻 7 号 3064 頁〔民事判例 23 [19] にて紹介済み〕）は、刑事施設に収容されている者が収容中に受けた診療に関する保有個人情報は法 45 条 1 項所定の「保有個人情報」にはあたらないとして、破棄差戻しの判決を言い渡した。また、東京矯正管区長は、第 1 次上告審判決の後、本件決定を全部取り消すとともに、本件情報の一部を開示する旨の決定をした。原審（第 2 次控訴審）は、この開示決定を受け、本件訴えのうち本件決定の取消請求に係る部分につき、訴えの利益を欠くとして却下する一方、本件決定の国家賠償法 1 条 1 項における違法性を肯定し、損害賠償請求を一部容認した。そこで、Y が上告受理申立てを行った。

第 2 次上告審において最高裁は、本件決定につき国家賠償法 1 条 1 項にいう違法があったとの評価を受けるのは、「東京矯正管区長が本件決定をする上において、職務上通常尽くすべき注意義務を尽くすことなく漫然と判断したと認め得るような事情がある場合に限」られるとした上で、「本件決定当時、公表されていた裁判例や情報公開・個人情報保護審査会の答申は、いずれも被収容者診療情報が……法 45 条 1 項所定の保有個人情報に当たるとの見解を採っていたこと」などから、本件において上記「事情」があるとはいえないとして、原判決を破棄し、控訴棄却（請求棄却）を自判した。こうしてようやく最終的な解決に至った本件であるが、結局のところ、X の請求はいずれも認められなかった。本判決は、国家賠償法 1 条 1 項における違法性判断の一例として、参考となろう。

[35] 東京地判令 4・12・26 判時 2587 号 137 頁は、被告病院において腎臓病の治療を受けてきた X が、同病院を設置運営する Y 法人が弁護士法 23 条の 2 第 2 項に基づく照会（以下「23 条照会」）に対して X の診療録等を開示した行為が、不法行為又は債務不履行にあたるとして、Y に対し、損害賠償を求めた事案である。

本件において、Xは、配偶者であったAと離婚したところ、Aは、Xと離婚した後、Xに対し、Xが腎臓病に罹患していることを秘して婚姻したことが告知義務に違反するなどと主張して、損害賠償を求める訴えを提起した。この別件訴訟において、Aの訴訟代理人弁護士は、東京弁護士会に対し、Xの腎臓病の治療経過及びインフォームドコンセントの実施状況について、被告病院に23条照会をすることを申し出たところ、同弁護士会は、この申出を適当と認め、被告病院に対し、23条照会を行った（以下「本件照会」）。そしてこれを受け、Yは、東京弁護士会に対し、照会事項について報告を行った（以下「本件報告」）。

本件において裁判所は、まず一般論として、23条照会を受けた団体が、当該照会の必要性やこれに応ずることの相当性について積極的に調査をすべき義務を負うとすると、同団体は、23条照会の申出をした弁護士が受任している事件の内容等を調査した上で、当該照会の必要性を判断することになり得るが、同団体の調査権限ないし調査義務を定める根拠規定は存在せず、23条照会の制度趣旨に照らしても、このような重い負担を同団体に課したものとは解されないなどとした。その上で、裁判所は、「Yが本件報告をしたことにつき守秘義務違反を問われるのは、本件照会を受けたYにおいて、……照会権限を有する東京弁護士会が行った本件申出の適否に関する判断が明らかに合理性を欠くと判断できるような特段の事情が認められる場合に限られる」とし、本件においてはそのような「特段の事情」は認められないとして、Xの請求を棄却した。

[36] 仙台高秋田支判令6・2・28LEX/DB25598455は、Xが、Y市個人情報保護条例14条1項に基づき、処分行政庁（Y市病院事業管理者）に対し、Y市立総合病院がXに対してした医療行為に関する院内検証委員会（以下「本件委員会」）の議事録の開示を請求したところ、処分行政庁が、同条6項4号の非開示情報（「開示することにより、市の機関又は国若しくは他の公共団体の機関の公正又は適正な職務の執行を妨げるおそれのあるもの」）に該当することを理由に、個人情報非開示決定（以下「本件決定」）をしたという事実関係において、上記議事録には同号所定の非開示事由はないから本件決定は違法であると主張して、XがY市に対し、本件決定の取消しを求めた事案である。なお、Xが開示を求めた議事録は、①「決裁者職名及び印影」、②「事例検証委員会の名称」、③「会議開催の日時及び場所」、④「出席者」、⑤「事例」、⑥「参集の経緯」、⑦「事例の概要」、⑧「添付資料の名称」、⑨「出席者の発言」、⑩「病院としての見解」の各部分から成る。原審は、⑨及び⑩につき、非開示事由があるとして、本件決定のうち同部分

を非開示とした部分は適法であるとする一方、①〜⑧については、非開示事由があるとは認められず、本件決定のうち同部分を非開示とした部分は、違法な処分であるとして、これを取り消した。そこで、Xが、原審の敗訴部分を不服として、控訴した。

控訴審において裁判所は、⑩につき、そこに示されている「情報は、本件病院が、本件委員会の設置目的に沿って、……回答……を書面で行ったことにより、実質上は既に開示済みの情報であるというべきであり、この部分を開示したとしても、本件委員会の自由な意見交換等が阻害されるとはいえないから、……不開示情報に該当するとは認められない」として、原判決を変更し、本件決定のうち、①〜⑧及び⑩を非開示とした部分を取り消した。

[37] 大阪高判令6・5・9裁判所HP・LEX/DB25573588は、新聞記者であるXが、Y県知事に対し、Y県情報公開条例に基づき旧優生保護法による優生手術に係る優生保護審査会の審議録等の公文書一式を対象とする情報公開請求をしたところ、情報の一部に限り公開するとの決定を受けたことから、Yに対し、情報を公開しないとした部分の取消しと取消部分の公開の義務付けを求めた事案である。本件において裁判所は、手術対象者に係る情報のうち、職業及び就労状況、田畑の面積、出生及び異性関係、遺伝情報等は個人識別情報又は利益侵害情報として非公開事由があるものの、その他については公開すべきであると判示した。

（4） ペイシェントハラスメント

[38] 長崎地判令6・1・9LEX/DB25597588は、本件病院を設置管理するX法人が、同病院に入院していたAの長女であるYの一連の言動等（以下「本件言動等」）は違法なハラスメント行為にあたるものであり、これによって複数の看護師が退職したため、病床を一部閉鎖せざるを得なくなったなどと主張して、Yに対し、損害賠償を求めた事案である。なお、Xによると、本件言動等は、「医師の治療方針や転退院の打診、看護師らの看護等に対する不満を述べて、看護師らを罵倒したり、長時間にわたり看護師らを拘束して業務を妨害したり、医師の指示がなければ行えない処置を行うよう看護師らに直接要求するなどする」行為や、「看護師らに他の患者よりもAを優先するよう要求し、同人の看護について不必要なまでに濃密な引継ぎを求め、Yの意のままに動かない看護師らに対して暴力を振るう」行為などを含むものとされている。

本件において裁判所は、本件言動等のうちのいくつかの行為につき違法なハラスメント行為にあたるとした上で、同行為と損害発生との因果関係につき次のように判示してXの請求を棄却した。まず、違法なハラ

スメント行為と看護師らの退職との関係については、Xが主張する4名の看護師の退職は、同4名に対するヒアリングの結果によると、Yのハラスメントと関連性を有することが窺われるものの、それが主たる原因であるとは認められず、両者の間に相当因果関係があるとはいえない。次に、違法なハラスメント行為と病床閉鎖との関係については、人員確保は、Xが本件病院の運営上の責任において行うべきものであり、両者の間に相当因果関係があるとはいえない。

本件においてXは、Yの本件言動等によって生じた損害として、看護師の退職とこれによる病床閉鎖により本来得られたはずの病院収入が得られなくなったことのみを挙げている。原告側の主張の仕方の問題だといえるが、本件のような場合、例えば、法人にも「無形の損害」が発生し得るとする先例（最一判昭39・1・28民集18巻1号136頁）に依拠するなどして、異なった解決を導くこともできたのではないかとも思われる。その場合、X法人はどのような権利・法益を侵害されたといえるのかという点も含め、患者やその家族による病院スタッフに対するハラスメント全般においていかなる責任論を構築し得るのかにつき、思考を喚起する裁判例であるといえよう。

(5) 医療法人における社員総会の招集

[39] 最三決令6・3・27裁判所HP・LEX/DB25573446（今期本欄の対象範囲から外れるが、本決定は民集78巻1号252頁に登載されている）は、医療法人Aの社員であるXらが、Aの理事長に対して社員総会の招集を請求したが、招集の手続が行われないと主張して、裁判所に対し、社員総会を招集することの許可を求めた事案である。本件では、医療法人の社員が、一般社団法人及び一般財団法人に関する法律（以下「一般法人法」）37条2項の類推適用により、裁判所の許可を得て社員総会を招集することができるのかが争われている。原審が、本件申立てを却下すべきものとしたため、Xらが抗告許可の申立てを行った。

本件において最高裁は、「医療法46条の3の2第4項は、医療法人の理事長は、一定の割合以上の社員から臨時社員総会の招集を請求された場合にはこれを招集しなければならない旨規定するが、同法は、理事長が当該請求に応じない場合について、一般法人法37条2項を準用しておらず、また、何ら規定を設けていない」こと、「医療法は、医療法人について、都道府県知事による監督……を予定するなど、一般法人法にはない規律を設けて医療法人の責務を踏まえた適切な運営を図ることとしている」こと等を踏まえ、医療法人の社員が一般法人法37条2項の類推適用により裁判所の許可を得て社員総会を招集することはできないとし、Xらの抗告を棄却した。なお、本決定につき、1名の裁判官が補足意見を述べている。同補足意見は、医療法人の社員が訴訟手続により理事長に対して臨時社員総会の招集を命ずる旨の判決を得て臨時社員総会の招集を図ることはできるとした上で、同社員がこのような判決を得た場合に、その執行方法の可否等を含め、具体的にどのようにして臨時社員総会の招集を実現するのかについては、今後の議論に委ねられている部分が大きいとする。

(6) 獣医師の責任

[40] 京都地判令6・3・26LEX/DB25599778は、Y_1社の経営する動物病院において、ウサギ甲が、腸管内にあった物の摘出手術を受けたところ、手術中の痛みによりアドレナリンが一気に発散され、これが不整脈又は高血圧を招き、心停止に至って死亡したという事実関係において、甲の飼い主であるXら夫婦が、Y_1並びにその被用者である担当医師Y_2及び院長Y_3に対し、損害賠償を求めた事案である。なお、本件訴訟において、Yらは当初、損害賠償義務の存在を争っていたが、後に本件につき強く反省している旨を述べ、これを争わなくなった。

本件において裁判所は、Yらが甲の死亡につき責任を負うことを認めた上で、「Xらの、……手術室に入り、目をカッと見開いて手術台の上に横たわる甲の姿を見つけたときの絶望感は、察するに余りある」とする一方、「Y_2が利欲的な動機を優先して本件手術を行った」わけではないとして、Xらの精神的苦痛に対する慰謝料につき、それぞれ30万円とするのが相当であるとした。ペットが死亡した場合の慰謝料の算定例として、実務上参考となろう。

---

* 警察署に勾留されていた原告が、勾留時にビタミンB1が不足している食事を提供され、脚気に罹患したとして、国家賠償法1条1項に基づき被告県に対して損害賠償を求めた事案であるさいたま地判令5・6・16判タ1514号196頁は、昨期の対象範囲である判時2571号89頁にも掲載されており、民事判例28 [29] においてすでに紹介済みであるため、取り上げないこととした。

* 本号の対象範囲に属する金判1687号16頁・25頁に社団たる医療法人に関する裁判例が掲載されているが、商事判例としての性格が強いものと判断し、取り上げないこととした。

（いしばし・ひでき）

第 2 部　最新民事判例

注目裁判例研究

医事　介護施設に入居していた高齢者が食事中に誤嚥により死亡した事件において、介護事業者の安全配慮義務違反が争われた事例

名古屋地判令 5・2・28
令和 2 年（ワ）第 4123 号、損害賠償請求事件
判時 2582 号 64 頁
控訴審：名古屋高判令 6・4・18

岡田希世子　九州産業大学准教授

医事法部会

◆事実の概要◆

　本件は、A（当時 81 歳）が、Y が運営する特別養護老人ホームにおいて、A が食事の提供を受けていた際に意識不明となり死亡したことにつき、A の相続人である X ら（X_1 及び X_2）は、Y が、A の食事を全介助すべき義務を負っていたが全介助しなかったこと、及び A の食事を常時見守る職員を配置しなかった注意義務違反によって、A は食事を誤嚥して死亡したと主張し、Y に対し、債務不履行又は不法行為に基づき、損害賠償を請求した事案である。

　A は、平成 20 年頃にアルツハイマー型認知症と診断され、自宅で療養していたが症状が悪化し、平成 30 年 3 月に要介護 3 の認定を受けた。そして、X_1 は同年 10 月に、A について、徘徊が多く家の物を壊すなどし自宅で介護することができないとして、本件施設に申込をし、平成 31 年 2 月 1 日、A と Y は、本件入所契約を締結した。その後、平成 31 年 4 月頃に要介護状態区分の変更の認定を申請し、A は令和元年 5 月に要介護 5 の認定を受けた。A の状態は、認定調査によると、食事に関して「調子が良いとはしやスプーンを持ち食べることがあるが、まれである。はしやスプーンを持っても遊んでしまい、全て介助で食べさせることが多いと職員より聴取した。」ということであった。A が本件施設に入所していた間、A は、適切に食事をすることができず、また、食事中に嘔吐することがあった。そこで、X_1 は、令和元年 7 月 8 日に本件施設に配置された医師に嘔吐の旨を相談し、これを受けて、同医師は、Y に対し、A の食事形態を「米食＋常菜」から「全粥＋刻み食」に変更するように指示し、Y はこの指示に従った。その後、X_1 の希望により、A は別の病院で精密検査を受けることになり、その際当該医師は紹介状を作成した。この紹介状には、本件施設からの説明も踏まえて、「嘔吐はかき込むような食事の摂取によるムセが主要因のようである」旨が記載されていた。ところが、X_1 の意向により、Y は、令和元年 8 月 10 日以降、A の食事形態のうち主食を「全粥」から「軟飯に近い普通食」に変更した。

　A は令和元年 12 月 12 日、本件施設の食堂において食事を開始したが、その途中口の中に食物を含んだまま動かなくなり、Y の職員の対応により食物を吐き出したものの意識不明となり、A は病院に救急搬送されたが、死亡した。A の死因は、誤嚥による窒息とされた。

　本件の主な争点は、Y の債務不履行（注意義務違反）の有無、過失相殺である。

◆判　　旨◆

　一部認容・一部棄却（控訴）。

1　Y の債務不履行（注意義務違反）の有無

　Y は、地域密着型介護老人福祉施設（特別養護老人ホーム（入所定員が 29 人以下であるものに限る）であって、入所する要介護者に対し、入浴、排せつ、食事等の介護その他の日常生活上の世話等を行うことを目的とする施設。介護保険法 8 条 22 項）を運営する者として、入所契約を締結した要介護者に対し、当該契約に基づき、上記日常生活上の世話等を行う過程において、その生命及び身体等を危険から保護するよう配慮すべき義務（以下「安全配慮義務」という）を負うものと解される。

　Y は、A の食事に関する問題点として、かき込み食べがあり、むせ込みからの嘔吐があることを認識していた。そして、Y は、平成 30 年 7 月〔原文ママ〕に医師の指示を受けて A の食事形態を「米食＋常菜」から「全粥＋刻み食」に変更したにも関わらず、原告 X らの意向を受けて、主食の食事形態を「全粥」から「軟飯に近い普通食」に変更したものである。

　そうすると、Y の職員において、A が食事をかき込

み食べることにより嘔吐し、その吐物を誤嚥し窒息する危険性があることを予見することができたものであるから、Yは、Aに対し、本件入所契約に基づく安全配慮義務の具体的内容として、Aが食事をする際には、職員をしてこれを常時見守らせる注意義務を負っていたものというべきである。

「しかるに、Yは、上記注意義務を怠り、本件事故の際、Aの食事を常時見守っていた職員はいなかったものである。」として、注意義務違反を認定した。なお、Yは、本件事故当時、Yの職員がAのそばを離れたのは10秒と経たない間であったと主張したが、他の利用者の食事介助しながら、その間にAの様子をうかがうということでは上記注意義務を履行したものとは言えないとした。

2 損害及び過失相殺

裁判所は、X_1は、Aが「食事をする際にむせたり嘔吐したりすることが気になる」ことから、自らの希望で医師と相談し、Aの食事形態が変更になったことを認識していたにもかかわらず、X_1は本件施設を訪れた際、Aの食事内容を見た後に、X_1の要望によりAの食事形態を「全粥」から「軟飯に近い普通食」に変更したという経緯、Aが誤嚥による窒息で死亡したという事実に照らして、「上記の食事形態の変更がAの死亡という結果の発生に相当程度寄与していたものというべきであるから、Yの過失が重大なものであることなどを最大限考慮しても、被害者側の過失として5割の過失相殺をするのが相当である。」として、死亡の慰謝料として1800万円、その他逸失利益などを認め、過失相殺として5割を減額し、X_1とX_2に各689万2117円の損害額を認定した。

◆研　究◆

1 控訴審判決について

Xら原告は、本件（以下「本件地裁」という）の後、控訴し、控訴審判決である名古屋高判令和6・4・18LEX/DB25620051（以下「本件高裁」という）が出された。その後、上告している。本件地裁は、原告Xらの主張を認めたが、本件高裁は、Xらの主張は認めずに、Yの一審の敗訴部分を取消し、控訴棄却した。

2 介護サービスの特殊性

現在、我が国の高齢者に対する介護サービスは、介護保険を中心とする公的介護サービスである。介護保険法が2000年に施行されて以降、介護事業者と施設利用者の関係は直接的な契約関係に立つことになった

が[1]、介護サービスは、要介護者である利用者が介護施設に申込をすれば当然にサービスを受けることができるという単純なものではない。利用者が介護サービスを受けるためには、一般的に、医師による医学的な見地をもとに要介護度が判定された後、ケアマネージャー（介護支援専門員）が、利用者の状態を把握してケアプラン（介護サービス計画書）を作成したうえで、施設を紹介等されることによってはじめて、介護施設と契約を締結して開始されるものだからである。いかなるサービスを受けるかについては、ケアプラン（施設サービス計画書）等に基づき定まるため、施設利用契約書にはサービス内容の大枠が記載されており、その詳細は記載されていない。一般的に、ケアプランは半年ないし利用者等の要請に応じて変更されるが、利用者の状況を知るための重要な資料と位置づけられている。

3 利用者に誤嚥が生じた場合の事業者の注意義務（安全配慮義務）

(1) 誤嚥とは

本件のように、介護の現場で食事中に一番多い事故が誤嚥である。誤嚥とは、「嚥下（飲み下し）されて食道から胃に入るべき飲み物や食べ物（場合によっては唾液）が正しく嚥下されず気道（気管、気管支、肺）に入ってしまうこと」を指す[2]。

(2) 事業者が負う注意義務（安全配慮義務）

介護事業者は、介護保険法に基づき介護サービスを提供するに際し、利用者の生命・身体等に危険が及ばないように介護事故の発生を予見し、その危険を回避する注意義務（安全配慮義務）を負っていることは異論がない[3]。そこで、介護事故が生じた場合の法的構成としては、介護サービス契約に基づく債務不履行責任もしくは不法行為責任のいずれかあるいは両方が主張される。いずれの構成を採る場合であっても、事業者が利用者に対し安全配慮義務を負うことを前提に、予見可能性及び結果回避可能性から責任の有無が判断される。すなわち、介護事例における争点は、安全配慮義務違反の有無となることが多い。そこでは、法律論というよりも、実際に事業者が利用者の生命・身体等に危険が及ばないように如何なる措置を講じていたかが問題となるため、弁護士がどのような主張をし、裁判所がいかなる事実をどのように認定するかによって判断が分かれる可能性があると思われる。

誤嚥事故の場合、予見可能性及び結果回避可能性を判断するに際し、誤嚥防止措置を講じていたかが問題となる。誤嚥防止の措置としては、「誤嚥を生じさせないような食事上の配慮や職員による食事の付添い・監視・介助などが挙げられるが、過失判断の前提として

事業者に求められる具体的な注意義務の内容については、個々の患者等の個別の状況を踏まえて検討されなければならない。」[4]とされる。介護施設における誤嚥事故の場合に争点となるのは、①こんにゃくや刺身等の食材の選択や食べ物の提供方法に関する「食事形態」、②食事中の見回り等の「監視体制」、③誤嚥事故が生じた際に迅速・適切な救急車手配などの「救命措置」である。本件で特に問題となったのは、食事形態の変更と、食事中の監視体制についてである。救命措置については、適切な対応がなされており争われていない。

4 誤嚥措置義務についての判断

(1) 本件地裁の考え方

本件地裁では、誤嚥事故が生じた要因を、利用者の、食事中にかき込みクセがあり、むせ込みからの嘔吐があったことにあると定め、そこから導き出される誤嚥が生じないための措置として、「職員をしてこれを常時見守らせるべき注意義務」を導き出したのではないだろうか。同じような観点から注意義務を認定したものとして、横浜地判令6・2・28LEX/DB25598347は、介護施設利用者が「食事を口に入れるペースが速く口にため込む傾向があった」ことから、通常の利用者に比して、誤嚥の危険性が高かったといえるとして、これを防止する義務があったとした。

(2) 本件高裁の考え方

本件高裁は、Yの注意義務違反の有無に関して、Xらが主張した①食事に関して全介助する義務、②医師（施設配置医師・かかりつけ医）の指示に従った食事を提供する義務、③食事を常時見守る職員を配置する義務、の3つについてそれぞれ検討している。①については、介護認定における認定調査項目のうち食事摂取については、全介助とされていたが、要介護認定を受けた際の主治医意見書及び介護認定審査会では、家族との外食時は見守り程度で、自分で食べられるとされたことから、本件施設は食事に関して全介助する必要はないとした。また、施設サービス計画書に「嘔吐しやすいので食後観察を怠らない」旨の記載はあるものの、全介助とは書かれておらず、食事の全介助について計画されて、本件入所契約の内容になっていたとはいえないとした。②について、事業者の食事提供は、当該医師の指示に反したものとまではいえないとしている。そして、③については、認定審査及び施設サービス計画書に「いずれも嚥下は良い」、入所時の利用者情報では「嚥下及び食事は自立している」、家族と外出時に寿司や焼肉等を食べたりしたことなどから、嚥下機能の低下（嚥下障害）があったと認められない。そうであれば、Aが重度のアルツハイマー型認知症に罹患し、要

介護5と認定され、食事摂取について全介助とされたことをもって、本件事故発生までに、他の入所者と比較して、Aが食事に起因する誤嚥事故を起こす可能性が高いとはいえず、事業者が同誤嚥事故等を起こす可能性を具体的に予見できないとした。以上の観点から、事業者は安全配慮義務に違反したとは認められないとした。

5 予見可能性に関する検討

(1) 誤嚥事故における予見可能性

誤嚥の予見可能性は、「被介護者の①年齢や健康状態、②疾病の状況、③薬剤の服用状況、④普段の接触状況、⑤過去の誤嚥事故又はその兆候の有無、内容、頻度、原因等、⑥提供する食品内容などの諸事情を勘案し、また、介護者側において、上記事情をどの程度認識し、又は認識し得たかを考慮して判断するとされる」[5]。その他、事故当時における入所者の数と職員の配置状況なども考慮される。しかし、要介護度については、たとえ要介護度5であったとしても、誤嚥事故の発生可能性を肯定するものとは位置づけられていない（本件高裁、東京地立川支判平22・12・8判タ1346号199頁など）。

(2) 予見可能性の可否

本件地裁は、当該誤嚥事故に対する事業者の予見可能性を認めている。予見可能性を肯定した裁判例において、東京地判平19・5・28判時1991号81頁は、「食事摂取時にはむせはないか嚥下状態の観察が必要である旨記載された院外看護要約を渡されており」、介護職員らはその旨認識していたことから「食物を誤嚥しないよう介助し監視すべき義務」を導きだし、誤嚥事故について予見可能性を認定している。また、前掲横浜地判令6・2・28は、「食事の際、食べ物を早い〔原文ママ〕ペースで口に入れ、誤嚥し、窒息に至る可能性があることは予見することができた」とした。

本件地裁は、Aがかなりの頻度で食事する際に嘔吐していたという事実認定をしているが、本件高裁は、上記4 (2)で述べたことに加えて、Aが多数回嘔吐していたことを認めず、「食事を小皿に取り分けて提供することにより対応していたこと」で、嘔吐等による誤嚥事故の発生を具体的に予見すべき状態になかったとして予見可能性を否定している。予見可能性を否定した裁判例において、東京地判平22・7・28判時2092号99頁は、誤嚥により利用者が死亡した事件について、誤嚥を防止する義務は、介護日誌や看護記録に「嚥下機能の低下をうかがわせる具体的症状が観察されたとの記載は存在しない」ことから、「誤嚥による窒息が生じる危険があることを具体的に予見することは困

難」であるとした。また、神戸地判平24・3・30判タ1395号164頁は、嚥下障害が認められると診断した記載はなく、本件申込書の食事等の希望・要望に何ら記載がない、入居3日目の利用者に対して「上記記載のみから、桜子に食事中の誤嚥の危険があることを具体的に予見することは困難」であるとした。

6　介護事故特有の観点

介護事故において、事業者の安全配慮義務を判断する際には様々な点が考慮されるが、そのうち3つを取り上げて簡単に見ていく。

(1)　施設サービス計画書（ケアプラン）

利用者がいかなるサービスを受けるかについての解釈の指針となるのが、ケアプランである。本件において、施設サービス計画書の「嘔吐しやすいので食後観察を怠らない」との記載の認定方法が本件地裁と本件高裁で異なっている。

(2)　職員の配置

職員の配置は、事業者の安全配慮義務違反を認定するうえで、一つの判断材料となっている。つまり、事業者は職員を介護保険法に基づいて適切に配置しなければならない義務を有する。本件高裁では、「本件事故時における本件施設の入所者の数と職員の配置状況」は不相当であるとは認められないとしている。また、津地伊賀支判令3・9・1自保ジ2126号178頁は、職員が「一貫して昼食の場を離れておらず、亡Eを含む利用客の状況を一定の間隔で直接確認し、もし明らかな異常があれば視覚的・聴覚的にこれを察知することができる体制を維持していた」として、職員の配置は適切であったとされた。

(3)　家族の意向

本件地裁は、家族の意向がAの死亡という結果発生に相当程度寄与したとして過失相殺が認定されている。介護事故において過失相殺が議論されることは少なく、本件以外に過失相殺が主張された裁判例として、大阪高判平25・5・22判タ1395号160頁は、問題とされている過失は、事業者と利用者との間で合意された「居室での食事」を前提としての過失であり、事業者と利用者双方に過失があると認められないとして、過失相殺ではなく慰謝料額を定める際に考慮されるべきとした。すなわち、家族の意向が利用者側の過失として過失相殺及び慰謝料等に影響する場合があるといえるだろう。

7　結　語

本件地裁と本件高裁の判断が分かれており、Aの状態に関する事実認定も異なっている。一般的に高齢者は嚥下機能の低下により誤嚥事故を生じやすく、誤嚥が生じた場合には窒息や誤嚥性肺炎によって死亡に繋がる危険性が高い。そのため、事業者は利用者の生命・身体等に危険が及ばないようにする義務を負うが、そもそも誤嚥が生じやすい高齢者に対して、事業者はどこまでの責任を負うべきと捉えるのかについては難しい問題である。そこで、弁護士がどのような主張をし、裁判所がいかなる事実をどのように認定するかで判断が分かれる可能性があると考えられる。

また、食事支援は施設職員にとって日常業務のなかでも大きな割合を占めるうえ、介護保険法に基づき適切な人員を配置したとしても、事故が生じてしまう場合がある。特に、誤嚥事故は、高齢者の食事が「自立」している場合に多いという研究結果もある。さらに、介護の現場では、利用者の意思を尊重することが求められる。そして、利用者が意思表示できない場合は、家族の意向が介護サービス内容に影響することがある。介護事業者は、決められた職員数で、介護事故防止措置を講じつつ、どこまで利用者及び家族の意向を取り入れるのか難しい場面が生じていると思われる。

（おかだ・きよこ）

1）木下秀雄「介護サービスをめぐる法規制の現状と課題」現代消費者法29号（2015）4頁。
2）古笛恵子編著『介護事故の裁判と実務──施設・職員の責任と注意義務の判断基準』（ぎょうせい、2024）296頁。
3）福田剛久ほか編『最新裁判実務大系　第2巻医療訴訟』（青林書院、2014）488頁。
4）三坂歩ほか「医療・介護施設における高齢者の事故についての損害賠償請求に係る諸問題」判タ1425号（2016）69頁。
5）福田ほか・前掲注3）497頁。

第 2 部　最新民事判例

労働裁判例の動向

山中健児　弁護士
労働法部会

はじめに——今期裁判例の概観

労働法分野の今期の裁判例のうち、最高裁判決は 3 件である。

経産省に勤務する性同一性障害の者の女性トイレの使用に関するもの（[14]）、飲酒運転による物損事故により懲戒免職になった公立高校教諭の退職手当全部支給制限処分に関するもの（[25]）、建設アスベスト訴訟における立証手法と経験則又は採証法則に関するもの（[36]）である。前 2 例については、すでに、民事判例 28 [9] 及び同 28 [23] にて紹介済みであるため、そちらも参照されたい）。

下級審裁判例では、公立学校の教員や地自体に勤務する警察官について長時間労働を主たる原因とする過労死、過労自殺の事例がある（[43]、[54]、[55]）。また、ハラスメント（セクハラ・パワハラ）行為を理由として損害賠償が認められた事例もある（[10]、[50]、[52]）。使用者には、過重労働について量的な面はもとより質的な面でも労働者の健康被害防止のための継続的な取組が求められるということをあらためて自覚する必要がある。

トピック的なテーマとしては、新型コロナウイルス感染症の拡大による経営状況の悪化を背景とする整理解雇や定年後再雇用の拒否事例がある（[62]、[63]）。コロナ禍に関係する労働問題には、労働契約の終了場面だけでなく、休業手当の支払や在宅勤務の要否など就業の在り方に関係するものもあり（この点では [7] も参照）、労務の提供と賃金の支払が対価性を有する労働契約の基本的な理解を再認識する必要がある。

また、いわゆる国際私法にまたがる領域のテーマとして、中国法やオランダ法を適用した事例がある（[57]、[91]）。この分野では法の適用に関する通則法の解釈適用が問題となるとともに、事案によっては国際裁判管轄が問題となるものもあり、今後なお一層の議論の深化が望まれる。

1　労働法の形成と展開

該当裁判例なし。

2　労働関係の特色・労働法の体系・労働条件規制システム

[1] 東京地判令 5・8・28 労経速 2543 号 25 頁（中日新聞社事件）は、錬成費の支給について労使慣行又は黙示の合意として労働契約になっていたとは認められず、会社による任意的恩恵的なものと位置付けられていたとみるのが相当であるとして、使用者による一方的な支給中止を認めて同費用の支払請求を棄却した。

[2] 東京地判令 5・10・30 労経速 2543 号 18 頁（学校法人 I 学園事件）は、定期昇給及び特別昇給を行うことが労使慣行として労働契約の内容になっていたと認められないとして未払賃金の請求等を棄却した。

3　個別的労働関係法総論

[3] 東京地判令 5・3・2 労経速 2538 号 3 頁（アイグラフィックサービス事件）は、紫外線硬化装置及びその関連装置の設置・補修等の業務委託契約の終了にあたって当該役務提供者が使用従属関係の下で労務の提供をしていたとまでは認め難いとして労働契約上の権利を有する地位にあることの確認請求等を棄却するとともに、予備的に請求された業務委託契約上の権利を有する地位にあることの確認請求については、個別契約に基づく給付請求とは別に基本契約として締結されたものとみられ、確認の利益を欠くとして却下した。

[4] 東京地判令 5・6・29 労経速 2540 号 24 頁（学究社事件）は、総務本部長として勤務を開始し、その後、執行役に就任した後、執行役兼管理本部長、常務執行役兼管理本部長、常務執行役兼管理統括本部長兼管理本部長、専務執行役兼管理本部長とそれぞれ就任した者について、執行役就任に伴い従業員としての地位を喪失したということはできないとして、従業員に適用される退職金規程の適用を認め、また、退職金不支給条項に該当するともいえないとして退職金の請求等について一部の支払を命じた。なお、退職時の報酬

（月額 133 万 3000 円）については、執行役としての報酬と従業員としての賃金が区別されていないとして、従業員としての賃金部分は執行役就任時の基準内月額賃金（60 万円）であるとし、これを上回る部分が執行役としての報酬であるとした。

4 労働者の人権保障（労働憲章）

［5］東京高判令 5・10・25 労判 1303 号 39 頁（医療法人社団 A 事件）は、妊娠した歯科医師の診療予定時間を当時院長（理事長）であった者が独断で 30 分延長して登録したり、当該医師が本来担当しない矯正治療の患者を予約に入れたことで、当該医師の診療予約を入りにくくしたとの主張について、原審（東京地判令 5・3・15 労経速 2518 号 7 頁［民事判例 28［11］にて紹介済み］）は、歯科医師にどの患者を配点するかについては、使用者である法人の裁量的判断に委ねられており、理事長が配点を行わなかったとしても、最低保証給が支給されることになるので、逸失利益は発生しないし、慰謝料についても同様であるなどとして損害について認めるに足りる的確な証拠がないとして損害賠償を否定していたが、本判決では、使用者側の対応に業務上の必要性があったとは認められないとして不法行為の成立を認めて慰謝料（20 万円）等の支払を命じた。

［6］横浜地判令 3・2・4 労判 1300 号 75 頁（グリーンキャブ（パワハラ）事件）は、タクシー乗務員として勤務していた者が営業所長からパワーハラスメントにあたる言動を受けたことや体調不良による休職後に復職を申し出た際に不適切な対応をとられたことにより心身に変調を来したとの主張について、前者については、これを裏付ける的確な証拠がなく、同人の供述をたやすく信用することはできないこと、後者については、営業所の所長として会社の運用ないし方針に従ってなされた正当な業務行為であること、また、営業所長としての役割を超えて嫌がらせ等の不当な目的をうかがわせる証拠は何ら見当たらないとして不法行為に基づく損害賠償請求等を棄却した。

［7］東京地判令 5・11・30 労判 1301 号 5 頁（オフィス・デヴィ・スカルノ元従業員ら事件）は、会社の代表者が、従業員であった者によって、自身を新型コロナウイルスの感染者又はその濃厚接触者であるとの思い込みのもと、他の従業員に 2 週間当該代表者との接触を拒否し出勤を拒否する旨の共同絶交の合意を形成され、当該代表者が平穏かつ円滑に社会的活動等を行うことを阻害されたこと、自身を新型コロナウイルスの感染者又はその濃厚接触者と決めつけられて侮辱されたことをなどの主張について、従業員ら 6 名の賛同の下当

該代表者の帰国後 2 週間は在宅で勤務を行う方針を決定し、その旨を当該代表者に申し出たことが直ちに不合理とはいえず、また、このような方針を決定したことが当該代表者の主張する違法な共同絶交の合意に当たるとも評価することはできないこと、当時の社会的状況等に照らすと、従業員らが、帰国した当該代表者に新型コロナウイルス感染の可能性があると懸念すること自体が直ちに不合理とはいえず、このことに加えて、従業員らが当該代表者に新型コロナウイルの感染の可能性があることを指摘したことが、社会通念上許される限度を超える侮辱行為として原告の人格的利益を侵害するものとは認められないなどとして不法行為に基づく損害賠償請求等を棄却した。

5 雇用平等、ワークライフバランス法制

［8］東京高判令 5・1・25 労判 1300 号 29 頁（伊藤忠商事・シーアイマテックス事件）は、出向社員（常居所地を日本とする中国籍の男性）が、出向先の業務のためにマレーシアに出張中に、出向元の孫会社（マレーシア法人）の従業員（マレーシア国籍）が運転する乗用車に同乗していたところ交通事故に遭い、重傷を負ったこと（後遺障害等級 1 級の後遺障害が残った）について、使用者責任（民法 715 条 1 項）及び運行供用者責任（自賠法 3 条）に基づく損害賠償請求の準拠法が、法の適用に関する通則法 20 条により日本法であるとし、出向元の孫会社の従業員の過失による運転行為が、出向先の事業の執行についてした行為（民法 715 条 1 項）に当たるとして、出向先への請求を棄却した原審（東京地判令 2・2・25 労判 1242 号 91 頁［民事判例 24［30］にて紹介済み］）を変更して、出向先に対して損害賠償の支払（既払金控除後の金額として 1 億 4819 万 8038 円）等を命じた（出向元との関係では、孫会社の従業員による運転行為が、同社の事業の執行について行われたとは認められないとして棄却した）。なお、出向社員の妻にも出向社員の生命が侵害された場合に比肩し得べき精神上の苦痛を受けたと認められるとして慰謝料の支払（200 万円）等を命じた。

［9］東京高判令 5・3・23 労判 1306 号 52 頁（司法書士法人はたの法務事務所事件）は、元従業員による違法な退職勧奨を受けたとする主張について、法人従業員 5 名が、退職届をその場で提出することを拒否している元従業員に対し、退職届を出させるために取り囲み暴言を吐いたり罵倒したりしており、退職を強要しようとしたものということができるところ、暴言の内容については、暴力的な言葉遣いも含まれており、一部有形力を行使していることも併せ考慮すれば、退職勧奨における説得のための手段・方法が社会通念上

相当と認められる範囲を逸脱した違法なものというべきであるとして、法人に使用者として不法行為責任を認めて慰謝料（20万円）の支払等を命じた原審（東京地判令4・9・12労判1306号58頁）を相当として控訴を棄却した。

[10]　東京高判令5・9・7労経速2539号3頁（警視セクハラ損害賠償事件）は、自己のズボンを意図的にずり落ちるようにし、下着を露出させ、その卑猥な動作で宴会の場を盛り上げようとし、しかも同様の動作を複数回にわたり繰り返して、同僚である女性警察官に対して不快感を与えたこと、当該女性警察官を含む雑談の中であえて不必要な性的話題を持ち出し、執務に関連しない風俗店のサービス内容や自身の男性性器の大きさにまで言及し、ベビーシッターの話題に関連して「おっぱい」などの言葉を含む性的な言動を行ったこと、性差別的な一定の価値観を当該女性警察官に押し付ける内容の発言（「可愛いところあるやんか」、「普段からそうしてや」）をしたことについて不法行為の成立を認め、当該女性警察官がその後、出勤できなくなり、その後一度職場復帰するも症状が悪化し、再び出勤できなくなり、メンタルクリニックを受診して「抑うつ状態、身体表現性障害」との診断を受けて通院を開始したこと、その後徐々に回復して職場復帰となったが、2週間に1回通院し、指導区分措置を受けて1時間の時短勤務となっていたこと、さらにその後、フルタイム勤務となったが、通院は継続していることについて、同症状は一連の不法行為によるものと認められ、不法行為の成立を否定した原審（東京地判令3・10・19労経速2539号9頁）を変更して慰謝料（30万円）の支払等を命じた。

[11]　京都地判令元・6・28労判1302号49頁（学校法人A京都校事件）は、身体的接触や性行為等が、いずれも、学校法人の分室長の立場にあった者と、雇用後1年少々の常勤講師であった女性教員の立場の違いなどにより、当該女性教員が強く拒絶できない状況で、当該分室長が、この状況に乗じて、当該女性教員の意に反して行ったものといえ、当該女性教員の性的自由を侵害するものとして不法行為（民法709条）の成立を認め、当該女性教員が発症したうつ病、不安障害及び適応障害、心的外傷後ストレス障害（PTSD）及び解離性障害との相当因果関係を肯定し、後遺障害の程度については、少なくとも服することができる労務が相当な程度に制限されるもの（第9級の7の2）に該当する状況にあるとして、当該分室長とその使用者である学校法人に対して連帯して（民法715条1項）損害賠償の支払（損益相殺後の金額として540万4227円）等を命じた。

[12]　東京地判令4・4・8労判1305号68頁（食肉加工業A社ほか事件）は、在職中に受けた同僚からのいじめ等につき雇用主として何ら具体的な対策を講じなかったとの主張、トラック運転手として運送業務を担当していた者からセクシャルハラスメント（セクハラ）を受けたとの主張について、前者については、元従業員の対応は、同人が主張するような職場でのいじめ等の被害を2年以上にわたり受け続けた者の行動として不自然、不可解と言わざるを得ないこと等から、元従業員の供述は、総じて信用することができないとして、後者については、当該トラック運転手と元従業員との間に上司部下の関係はなく、当該トラック運転手は運転手としての担当業務のほかに会社内で特段の役職や権限を有する立場にはなかったことが認められるから、当該トラック運転手の行為が会社における同人の影響力を背景とするセクハラであるとする元従業員の主張は、その前提を欠き、失当であるなどとして会社（安全配慮義務違反、使用者責任）及び当該トラック運転手（不法行為）に対する損害賠償請求をいずれも棄却した。

[13]　横浜地判令5・3・3労判1304号5頁（向島運送ほか事件）は、配車係の者が、他のけん引運転手23名に対し、出張及び早出の配車を行う一方で、特定のけん引運転手に対し、令和元年12月5日以降、出張手当の付く配車を行わず、令和2年3月7日以降、早出手当の付く配車をほとんど行わなくなったこと（本件処遇）について、当該けん引運転手は、事前に、収入が減少するおそれがある旨の注意や警告を受ける機会を付与されないまま、突然、本件処遇を受け、長期間にわたり、出張等配車がされない状態が継続し、減収の額は減給処分を受けた場合よりも大きくなっており、従業員は、著しい不利益を被っているものと認められるから、運転手への配車が配車係の裁量に委ねられていることを考慮しても、本件処遇は、合理的な裁量の範囲を逸脱した違法なものというべきであるとして、会社及び当該配車係の者に対して、本件処遇がされなければ、平均して1か月当たり2万6435円の早出手当に相当する金員を受領できたとして損害賠償（325万7669円）の支払等を命じた。

[14]　最三判令5・7・11民集77巻5号1171頁（国・人事院（経産省職員）事件）は、性同一性障害の者が執務する階とその上下の階の女性トイレ使用に係る国家公務員法86条の規定による行政措置の要求は認められない旨の人事院の判定について、裁量権の範囲を逸脱し又はこれを濫用したものとして違法となるとした（民事判例28［9］として紹介済み）。

6 賃 金

[15] 東京高判令5・11・30労経速2543号3頁（日本産業パートナーズ事件）は、投資職の者に対し、少なくともバイアウトファンドのプライベートファンドを事業とする会社への転職を1年間禁止すること（本件競業避止条項）に合理性があると認められないとはいえず、本件競業避止条項が、公序良俗に反し無効であるとはいえず、そして、本件競業避止条項違反を理由に退職金を減額できる本件減額規定も無効であるとはいえないとし、当該投資職の者の競業避止義務違反の内容が悪質であること、故意に競業避止義務に違反していること、業績退職金に占める原告が貢献した割合も低いことなどを考慮すれば、競業避止義務違反は、勤続の功を大きく減殺する、著しく信義に反する行為に当たるとして退職金合計704万2000円から業績退職金525万4000円を減額したことは相当であるとした原審（東京地判令5・5・19労経速2543号6頁）を相当として控訴を棄却した。

[16] 東京地判平30・7・10労判1298号82頁（システムディほか事件）は、元従業員が業務成果等を理由として賃金を減額されたことについて、就業規則である賃金規程の各規定によっても、賃金が減額される要件（従前支給されていた手当が支給されなくなる場合を含む）や、減じられる金額の算定基準、減額の判断をする時期及び方法等、減額に係る具体的な基準等はすべて不明であって、賃金規程において、賃金の減額につき具体的かつ明確な基準が定められているものとはいえず、また、賃金規程中には、昇給に係る規定はあるが、降給については何らの規定もないことが認められ、賃金規程は、そもそも降給、すなわち労働者の賃金をその承諾なく減額することを予定していないものといえるなどとして、未払賃金の支払等を命じた。

[17] 東京地判令3・9・16労判1299号57頁（弁護士法人アディーレ法律事務所事件）は、弁護士法人に雇用されていた者が、法人が広告の表示（本件各広告表示）に関して業務停止処分を受けたため同人に行わせるべき業務がなくなったこと（本件履行不能）を理由に自宅待機命令を受け、その間、給与の一部が支払われなかったことについて、法人は、本件各広告表示を掲載した時点において、本件各広告表示の掲示が景表法ひいては業務広告に関する日弁連規程に違反することを容易に認識し得たものであり、これにより業務停止処分を受け、本件履行不能を招来することを十分予見し得たにもかかわらず、本件各広告表示の掲載に及んだのであり、少なくとも本件履行不能について過失があるといえるから、本件履行不能は、民法536条2項の「法人の責めに帰すべき事由」によるものと認められるとして、未払賃金の支払等を命じた。

[18] 大阪地判令4・2・22労判1302号67頁（ヤマト運輸（未払割増賃金）事件）は、元従業員が未払割増賃金請求権を放棄したことについて、平成28年1月6日よりも前については、元従業員において客観的に認定することができない時間外労働時間数までをも申告して、その申告どおりの未払割増賃金の支払を受けたものにほかならず、元従業員が調査表に未申告の時間外労働時間数が0分である旨記載することによって請求権を放棄するについて、全体としてみる限り、元従業員には何ら不利益は生じていないというべきであるから、元従業員の自由な意思に基づくもので、有効に同請求権が放棄されたと認めるのが相当であるとする一方で、平成28年1月6日以降については、0分との記入内容とは異なり、時間数の記載が持つ意味として、それを超える時間について請求権を放棄する旨の意思があるとまでは直ちに認められないから、元従業員が平成28年1月6日から平成29年2月度までの未払割増賃金支払請求権を放棄したと認めるに足りないとし、また、会社が団体交渉において、元従業員を含む本件労働組合関係者に対し、未払割増賃金に関して「もしあるんであれば、当然お支払します」等との発言をしたことについて、会社は、元従業員に対し、未払割増賃金に係る債務承認の意思表示をしたと認めるのが相当であるとして、既に元従業員が未払割増賃金請求権を放棄した部分を除く平成28年1月6日以降の期間について、平成28年1月6日から同年5月度までの未払割増賃金支払請求権の時効援用権を放棄したものであり、信義則上、消滅時効を援用することは許されないとして、未払賃金の支払等を命じた。

[19] 東京地判令5・1・26労判1307号5頁（国・渋谷労基署長（カスタマーズディライト）事件）は、労働基準監督署長から労働者災害補償保険法14条1項に基づく休業補償給付を支給する旨の決定（本件処分）を受けた者が、本件処分には、会社が支払った職務手当の全額が、労基法37条に基づく割増賃金として支払われたものとしている点で、給付基礎日額の算定を誤った違法があると主張して、その取消しを求めたことについて、本件労働契約に係る契約書においても、会社の就業規則においても、職務手当に含まれる労基法37条に基づく割増賃金に対応する時間外労働等の時間数は記載されておらず、その他本件全証拠に照らしても、本件労働契約において、職務手当における通常の労働時間の賃金に当たる部分と同条の定める割増賃金に当たる部分とを判別することはできないものといわざるを得ず、本件処分は違法であり、取消しを免

れないとして、請求を認容した。

[20] 東京地判令5・3・28労経速2538号29頁（永信商事事件）は、会社代表者が、暴言を吐くなどしたと聞き及んだ者を問い質したところ、同人が「もう勤まらない。」と発言したため、「勤まらないのであれば、私物を片付けて。」と返答したところ、同人が、翌日以降出勤しなかったことから、同人が辞職又は退職合意申込みの意思表示をした旨の会社の主張について、同人が会社における就労意思を喪失したことを窺わせる事情は見当たらず、会社代表者の発言は、社会通念上、同人に退職を求める発言とみるのが自然であることからすると、これを解雇と捉えた同人がとった行動とみて何ら不自然ではなく、同人が辞職又は退職合意申込みの意思表示をしたとは認められないとして、地位確認請求及び未払賃金の支払等を命じた。

[21] 東京地判令5・3・29労経速2536号28頁（染谷梱包事件）は、「残業手当」名目の賃金は固定残業代の定めとして有効である旨の会社の主張について、「残業手当」名目で支払われていた賃金が固定残業代であり、原告の基本給のみが基礎賃金であるとすると、当時の最低賃金を100円以上下回ることになり、時間外労働等に対する対価性を欠くというべきであり、固定残業代の定めとして有効とは認められないなどとして、未払賃金の支払等を命じた。

[22] 東京地立川支判令5・8・9労判1305号5頁（引越運送事業A社事件）は、労働基準法27条及び同法施行規則19条1項6号の「出来高払制その他の請負制」とは、労働者の賃金が労働給付の成果に応じて一定比率で定められている仕組みを指すものと解するのが相当であり、出来高払制賃金とは、そのような仕組みの下で労働者に支払われるべき賃金のことをいうと解するのが相当であるとし、業績給A（売上給）、業績給A（件数給）、業績給Bは、現業職の労働給付の成果に応じた賃金と実質的に評価することはできないから、出来高払制賃金に該当するとは認められず、また、アンケート手当その他・その他2は、臨時に支払われた賃金に該当するとは認められず、割増賃金の算定基礎から除外されないとして割増賃金を算定して、未払賃金の支払等を命じた。

＊ 控訴審判決（東京高判令6・5・15労判1318号17頁）あり原審維持。

[23] 横浜地判令5・9・13労経速2540号3頁（神奈川県〈懲戒免職・退職手当不支給の取消請求〉事件）は、元警察官の行為（暴行・暴言・パワー・ハラスメント等）について、全体の奉仕者としてふさわしくない非行であり、一部の非違行為については、罰金50万円の有罪判決を受けていることなどを勘案して、懲戒免職処分

が違法であるとはいえないとしつつ、退職手当支給制限処分については、各非違行為が、いずれも本件疾病の影響を受けて行われたものであり、元警察官は、約24年にわたり勤続し、神奈川県内における犯罪の検挙や治安維持に貢献をしてきたこと、本件疾患の症状が悪化する前の処分歴もなかったものであるから、これまでの公務への貢献の程度は、相応に大きいものということができ、元警察官の一般の退職手当等について、その一部にとどまらず、全部（1290万9229円）の支給を制限した神奈川県警察本部長の判断は、社会通念上著しく妥当を欠き、裁量権の範囲を逸脱し、又は濫用したものというべきであるとして、処分行政長が行った退職手当支給制限処分の取消しを命じた。

[24] 東京地判令5・12・19労経速2542号16頁（小田急電鉄事件）は、覚醒剤所持及び使用の罪で懲役2年執行猶予3年の有罪判決を受けたこと（本件犯罪行為）を理由として、懲戒解雇され、退職金が全額不支給となった従業員について、退職金支給規則等に基づき退職金を不支給とすることができるのは、当該従業員のそれまでの勤続の労を抹消してしまうほどの不信行為があった場合に限られると解すべきであるとしつつ、本件犯罪行為は、原告の永年勤続の功労を抹消するほどの不信行為というほかなく、退職金の全部不支給は相当であるとして、退職金の支払等の請求を棄却した。

[25] 最三判令5・6・27民集77巻5号1049頁（宮城県・県教委〈県立高校教諭〉事件）は、飲酒運転による物損事故により懲戒免職となった公立高校教諭への退職手当全部支給制限処分について取消請求を一部認容した（3割に相当する517万3940円を支給しないこととした部分のみを取消した）原審（仙台高判令4・5・26労経速2528号7頁、労判1297号98頁）を破棄し、取消請求は理由はないとして当該教諭の請求を棄却する内容で原判決を変更した（民事判例28 [23] として紹介済み）。

[26] 松山地判令4・11・2判時2583号79頁（医療法人佐藤循環器科内科事件）は、原則として、その支給される年の基本給1か月分の額に1.5を乗じた額にて算定される取扱いが定着しており、業績を原因としてその金額が変動したことはなかったと認められる夏季賞与について、考課対象期間中、継続して勤務し、長期欠勤などの支給額が前年の通知額を下回るような事情は存しない元従業員について夏季賞与の支給額は、考課対象期間満了日の経過をもって、具体的に確定したものと認められるとし、また、賞与の支給日在籍要件を適用することは、民法90条により排除されるべきであるとして、未払賞与の支払等を命じた（民事判例28 [22] として紹介済み）。

7　労働時間

[27] 福岡高判令 5・3・9 労判 1300 号 5 頁（させぼバス事件）は、バスの出発までの待機時間は労働時間性が認められないとの主張に対し、バスの待機場所は 1 台分しかなく、3 台のバスが到着し、うち 2 台は路上で待機し、待機場所のバスが移動するのを待つ必要があったなどの事情が認められ、労働からの解放が保障されていたとはいえないとして労働時間性を認めるなどして未払割増賃金等支払請求を一部認容した原審（長崎地佐世保支判令 4・3・23 労判 1300 号 12 頁）を相当として、控訴、附帯控訴をいずれも棄却した。

　　＊　上告棄却・上告不受理（最二決令 5・9・1 LEX/DB25596204）で確定。

[28] 那覇地沖縄支判令 4・4・21 労判 1306 号 69 頁（エイチピーデイコーポレーション事件）は、1 か月単位の変形労働時間制（平成 29 年度）について、会社提出の就業規則には、各直勤務の始業・終業時刻及び各直勤務の組合せの考え方、勤務割表の作成手続や周知方法に関する定めは見当たらないから、変形期間における各週、各日の所定労働時間の特定を欠いているといわざるを得ず、会社の 1 か月単位の変形労働時間制は、変形期間における労働時間の特定を欠き、労働基準法 32 条の 2 第 1 項の要件を満たしていないため、無効であり、1 年単位の変形労働時間制（平成 30 年度）について、会社は、労働者過半数代表者として選出された者との間で労使協定を交わし、1 年単位の変形労働時間制を採用していた旨主張するが、労使協定をする者を選出することが明らかにされていたと認めることはできず、同人は適法に選出された過半数代表者であるとは認められず、会社が同人との間で交わした労使協定は無効であるから、会社主張の 1 年単位の変形労働時間制は労働基準法 32 条の 4 第 1 項の要件を満たしておらず、無効であるとして、未払賃金の支払等を命じた。

[29] 東京地判令 5・3・3 労経速 2535 号 3 頁（日本レストランシステム事件）は、多業態型レストランチェーンの経営等を行う会社で、課長職にあった者について、ある程度重要な職責を有していたものの、請求期間においては、実質的に経営者と一体となって経営に参画していたとまではいえず、労働時間に関する裁量を有していたともいえないし、待遇面でも十分なものがあったとはいえないとして、管理監督者性が否定され、未払賃金の支払等を命じた。

[30] 札幌地判令 5・3・31 労判 1302 号 5 頁（久日本流通事件）は、売上の 10％を残業手当として支給しており、本件残業手当は時間外労働等の対価であるか

ら、基礎となる賃金には算入されないし、時間外労働等割増賃金の既払額として控除されるべき旨主張について、雇用契約書には時間外労働等の対価として本件残業手当を支給する旨やその算定方法についての記載はなく、残業手当の算出方法は、賃金規程に記載されている残業手当の算出方法と全く異なるものであること、採用面接やその後の賃金の支給の際に、会社から元従業員に対して、時間外労働等の対価として本件残業手当を支給する旨やその算定方法について説明しているものとは認められないことからすると、元従業員と会社との間に、残業手当を時間外労働等に対する対価として支払う旨の合意があったと直ちに推認することはできず、また、残業手当は、運転手に対して、売上げの 10％に相当する金額を支払うものであるから、労働時間の長短に関わらず、一定額の支払が行われるものであるし、残業手当として支給される金額の中には通常の労働時間によって得られる売上げによって算定される部分も含まれることとなるから、当該部分と時間外労働等によって得られた売上げに対応する部分との区別ができないものであり、時間外労働等に対する対価として支払われるものとは認められないとして、未払賃金の支払等を命じた。

[31] 東京地判令 5・4・14 労経速 2549 号 24 頁（大成事件）は、ビル内での設備管理業務における仮眠時間帯について、労働契約に基づく義務として、設備控室における待機とトラブル等に対して直ちに相当の対応をすることを義務付けられていたと認めることができるから、不活動仮眠時間も含めて会社の指揮命令下に置かれているものであり、労基法上の労働時間に当たるとして、未払賃金の支払等を命じた。

[32] 松山地判令 5・12・20 労経速 2544 号 3 頁（学校法人松山大学事件）は、労働基準法 38 条の 3 による専門業務型裁量労働制の要件を満たすかについて、平成 30 年度及び平成 31 年度において、大学が適格性を有する過半数代表者との間で専門業務型裁量労働制についての労使協定を締結したとは認められないなどとして、専門業務裁量労働制の適用を否定し、未払賃金の支払等を命じた。

[33] 神戸地判令 5・12・22 労経速 2546 号 16 頁（日本郵便事件）は、制服の更衣に係る行為ついて、従業員らは、会社から、制服を着用するよう義務付けられ、かつ、その更衣を事業所である各郵便局内の更衣室において行うものと義務付けられていたのであるから、会社の指揮監督命令下に置かれたものと評価することができ、更衣に要する時間は、労働時間に該当すると認めるのが相当であるとして未払賃金の支払等を命じた。

[34] 千葉地判令 5・6・9 労判 1299 号 29 頁（社会福祉法人 A 事件）は、夜勤時間帯に生活支援員としてグループホームに宿泊していた時間は、実作業に従事していない時間を含めて、労働契約上の役務の提供が義務付けられていると評価することができるから、労働からの解放が保障されているとはいえず、使用者である被告の指揮命令下に置かれていたものと認められ、夜勤時間帯は全体として労働時間に該当するとしつつ、夜勤時間帯における割増賃金算定の基礎単価については、日中勤務と同じ賃金単価で計算するのではなく、夜勤手当を基礎とすべきであるとして、未払割増賃金額を計算して、その支払等を命じた（民事判例 28 [16] として紹介済み）。

8 年次有給休暇

[35] 大阪高判令 5・6・29 労判 1299 号 12 頁（阪神電気鉄道事件）は、年次有給休暇の時季変更に関して、従業員が時季指定した日は、先行して年休申請した車掌や社内行事のために勤務できない車掌がおり、当該従業員に同日の年休を付与すると、確保していた代替勤務者を超える補充要員が必要となり、勤務割で確保された公休日の出勤回避や W 勤務の上限の遵守といった西部列車所において労使合意により実施されてきた取扱いに反しなければ補充人員を確保できない状況にあったものということができ、これらの事情に照らすと、本件時季指定が 1 か月前にされたものであり、その間に使用者が通常の配慮をしたとしても、同日は、従業員の代替勤務者を確保して勤務割を変更することが客観的に可能な状況にはなかったというべきであるとして、欠勤を理由に減額された 1 日分の未払賃金の請求を棄却した原審（大阪地判令 4・12・15 労経速 2512 号 22 頁［民事判例 27 [25] にて紹介済み］）を相当として控訴を棄却した。

9 年少者・妊産婦

該当裁判例なし。

10 安全衛生・労働災害

[36] 最一判令 3・5・17 労判 1299 号 5 頁（民集 75 巻 6 号 2303 頁）（建設アスベスト訴訟（東京）事件）は、原告らの採る立証手法により特定の建材メーカーの製造販売した石綿含有建材が特定の建設作業従事者の作業する建設現場に相当回数にわたり到達していたとの事実が立証され得ることを一律に否定した原審の判断に経験則又は採証法則に反する違法があるとされ、原判決中、上告人らの被上告人らに対する請求に関する該当部分を破棄し、更に審理を尽くさせるため、上記部

分につき本件を原審に差し戻した。

[37] 仙台高判令 2・1・28 労判 1297 号 147 号（青森三菱ふそう自動車販売事件）は、亡従業員は、それまでの営業所における業務に起因して適応障害を発症したところ、その後も長時間労働が続き、先輩従業員から叱責されたことに過敏に反応して自殺を図るに至ったと認めることができ、営業所長らには当該亡従業員の指導監督者としての安全配慮義務に違反した過失があり、会社は、使用者責任に基づき当該亡従業員の死亡等につき損害を賠償すべき責任があるとして、請求を棄却した原判決（青森地八戸支判平 30・2・14 労判 1297 号 154 頁）を変更し、損害賠償（7359 万 3713 円）の支払等を命じた。

[38] 大阪高判令 4・4・15 判時 2575 号 78 頁（京都府事件）は、条例に定められた休職者給付である「給与」とは、一般の職員に支給される給料及び各種手当と同じ賃金を意味するものと解するのが相当であり、その支払期限は各本来支給日であったと認められるから、休職していた職員が復職後に休職期間中の給与の全額の支払を受けた場合には遅延損害金を付すべきであるとして、職員の請求を棄却した原判決（京都地判令 3・5・24 判時 2575 号 84 頁）を変更して遅延損害金の支払を命じた。

[39] 東京高判令 4・10・24 判タ 1517 号 87 頁（学校法人茶屋四郎次郎記念学園事件）は、法人が元教授に授業を担当させなかったことについて債務不履行を認め、大学の教員が講義等において学生に教授する行為は、自らの研究成果を発表し、学生との意見交換等を通じて学問研究を深化・発展させる場となるものであって、元教授が本件和解及び本件契約に基づき授業を担当する権利は元教授の研究活動においても重要なものといえること、法人が裁判上の和解において元教授に対し授業を担当させることを約しており、その履行に対する元教授の期待は大きかったと考えられること、元教授は 1 年半にわたり授業を担当することができないまま定年退職に至ったこと等を考慮して、慰謝料（100 万円）の支払等を命じた。

[40] 福岡高判令 5・9・26 労経速 2537 号 3 頁（国・岡山労基署長（NEC）事件）は、従業員が、右被殻出血を発症（本件疾病）し死亡したことについて、当該亡従業員の発症前 6 か月間の時間外労働時間数が長時間であったことに加え、連続勤務及び勤務間インターバルの不足などの負荷要因があったこと、本件疾病が会社の業務に起因して発症したことを否定すべき特段のリスクファクターも見当たらないことを総合的に考慮すれば、本件疾病の発症は、業務に内在する危険が現実化したことによるものと認めるのが相当であって

業務起因性が認められるとして、これを否定した原審（福岡地判令4・9・9労経速2537号7頁）を変更して処分行政庁の遺族補償給付の不支給決定の取消しを命じた。

[41] 東京地判令3・6・28労判1302号30頁（国・中央労基署長（JR東海）事件）は、鉄道事業等を営む会社に雇用され、同社の指導車掌として就労していた従業員が、適応障害（本件）を発病したことについて、本件疾病の発病前おおむね6か月の間の業務による出来事については、当該従業員が主張する認定基準別表1記載の具体的出来事のうちの「（ひどい）嫌がらせ、いじめ、又は暴行を受けた」（項目29）には該当しないが、他方、本件会社対応について、「上司とのトラブルがあった」（項目30）、「配置転換があった」（項目21）のほか、他の項目に該当し得る余地があるとしても、その心理的負荷の強度は、それぞれ「弱」にとどまり、各出来事を一連の行為として評価し、又は、各出来事を全体として評価した上、当該従業員に最大限有利に判断したとしても、その心理的負荷は「中」にとどまると評価するのが相当であるなどとして、本件疾病について業務起因性を認めることはできず休業補償等不支給決定を行った処分行政庁の判断は適法であるとして請求を棄却した。

[42] 大阪地判令4・6・28労判1307号17頁（大阪府（府立高校教員）事件）は、大阪府立高校に世界史担当教諭として勤務していた者が適応障害を発症したことについて、教育職員の業務の遂行に伴う疲労や心理的負荷等が過度に蓄積してその心身の健康を損なうことがないよう注意する義務（安全配慮義務）の履行の判断に際しては、本件時間外勤務時間をもって業務の量的過重性を評価するのが相当であり、校長による時間外勤務命令に基づくものではなく、労働基準法上の労働時間と同視することができないことをもって左右されるものではないなどとして、国家賠償法1条1項に基づく損害賠償（230万5108円）の支払等を命じた。

[43] 広島地福山支判令4・7・13裁判所HP（静岡県事件）は、静岡県警察に在籍して警部補として勤務していた警察官が自殺したこと（本件自殺）について、亡警部補の時間外労働の状況は、認定基準上、強度の精神的又は肉体的負荷を与える事象とされる「発症直前の1か月以上の長期間にわたって、質的に過重な業務を行ったこと等により、1月当たりおおむね100時間以上の時間外勤務を行ったと認められる場合」に該当するか、又はこれに準じて評価すべき出来事があったと認めることができ、この出来事は、亡警部補に対し、精神障害を発症するに足りる程度の心理的負荷を与えたものと評価するのが相当であり、亡警部補は、

業務上の心理的負荷により、うつ病エピソード等の精神疾患を発症したものと認められるなどとして、本件自殺は、亡警部補の発症したうつ病エピソード等の精神疾患の影響により生じたものと認めるのが相当であり、本件自殺による亡警部補の死亡と、亡警部補の従事していた静岡県警察における業務との間には、相当因果関係があると認めるのが相当であるとして、安全配慮義務違反に基づく損害賠償として慰謝料（請求額550万円に対して220万円を認容）の支払等を命じた。

[44] 奈良地葛城支判令4・7・15労判1305号47頁（大和高田市事件）は、右足関節機能障害5級の身体障害者手帳の交付を受けている職員の特定の部署での就労（生活保護受給者の自宅を訪問する庁舎外の業務がある）に関して、使用者である市は、当該職員の右足が、家庭訪問の業務が大きな負担となるような状態にあったことを自己申告書や身体障害者手帳のコピーで把握するとともに、課長や同僚を通じて実情を容易に知り得る状態にあったと認められるから、市としては、職員の状況を把握した上、その業務負担を軽減する措置を取り、あるいは担当業務を変更するなどの措置を講じる義務を負っていたというべきであるが、市は、平成17年以降、職員を異動させず、多数回の家庭訪問に従事させたのであるから、市には安全配慮義務違反があるとして、その後の症状悪化と症状固定を考慮して安全配慮義務違反に基づく損害賠償として慰謝料（100万円）の支払等を命じた。

[45] 東京地判令4・12・9判時2582号87頁（永和事件）は、会社との間で直接労働契約を締結していない下請労働者が工場内で金属製の棚の解体作業をしていた際の転落事故（脳挫傷、右急性硬膜下血腫、鎖骨骨折等の傷害を負い、その後の症状固定により5級2号の後遺障害が残った）について、会社が労働者に対して道具を提供したことや、会社代表者が労働者に対して本件解体工事の作業工程を指示したことなどを踏まえると、労働者と会社との間には、信義則上、安全配慮義務を認めるべき特別な社会的接触の関係があったと認めるのが相当であるから、会社は、労働者に対し、信義則上、安全配慮義務を負うことが認められ、解体作業が行われる本件棚の天板の高さは、労働安全衛生規則518条により墜落による危険を防止するための措置が要求される高さとほぼ同じであるから、これらの措置を採ることが望ましかったといえる上、これらの措置を採らないとしても、一定程度墜落の危険性がある本件解体工事に従事させる以上、会社には少なくともヘルメットを着用させる、安全教育等の措置を採るなどの義務があったというべきであるにもかかわらず、会社は、労働者に対して何らの措置を採っていないから、

会社は、労働者に対する安全配慮義務に違反したと認めるのが相当であるとして損害賠償（損益相殺後の金額として3804万6345円）の支払等を命じた。

[46] 福岡地判令5・1・20労判1304号33頁（北九州市（嘱託職員自殺）事件）は、区役所で公務に従事していた間にうつ病（本件疾病）との診断を受け、その約2か月後に退職した職員が約2年2か月後に自殺をしたこと（本件自殺）について、仮に当該亡職員が甲区役所での公務によって本件疾病を発症していたとしても、本件自殺は、甲区役所での公務を終えた後、新たな職場での業務負荷等によりうつ状態が遷延し、意欲を持って取り組んでいた仕事を退職せざるを得なくなったことや退職後の経済的な不安が大きな負荷要因となり発生したものと解するのが相当であって、社会通念上、本件自殺が、甲区役所での公務に内在又は随伴する危険が現実化して発生したものとは認められず、甲区役所での公務と本件自殺との間に相当因果関係を認めることはできないとして請求を棄却した。

　　　＊　控訴審（福岡高判令5・9・7 LEX/DB25596000）・上告審（最一決令6・2・8 LEX/DB25620516）でも、控訴棄却、上告棄却・上告不受理で確定。

[47] 東京地判令5・3・15労経速2533号30頁（渋谷労基署長事件）は、労働者災害補償保険法14条1項に規定する休業補償給付に係る「療養」は、労働基準法76条1項に規定する「療養」と同義であるから、被災者が医療サービスを利用することなく自宅等で休養した期間については、労働者にとって医療サービスを利用する機会自体が客観的に見て限定されており、その開始の遅れが労働者の判断によるものといえないなどの特段の事情がある場合を除き、休業補償給付の対象とならないとして、請求を棄却した。

[48] 大阪地判令5・3・23判時2583号64頁（国・東大阪労基署長事件）は、学校法人の職員が自殺した（本件自殺）のは業務上の疾病である精神障害に基づくものであるとして、労災保険法に基づく遺族補償給付及び葬祭料の支給を請求したところ、処分行政庁から労働者災害補償保険法に基づく遺族補償給付及び葬祭料を支給しない旨の各処分を受けたため、国を相手として、その取消しを求めたことについて、適応障害の発病前おおむね6か月に生じた各出来事の心理的負荷の強度は、いずれも「弱」であり、適応障害の発病後に生じた各出来事は、いずれも「特別な出来事」には当たらず、適応障害が自然経過を超えて著しく悪化したとも認められないから、本件自殺に業務起因性を認めることができないとして請求を棄却した。

[49] 東京地判令5・3・30労経速2535号22頁（中央労働基準監督署長事件）は、ファミリーレストランの

経営等を業とする会社に雇用されていた者（被害者）が、通勤中の電車内において、迷惑行為を行っていた男性を注意したところ、男性から蹴られて左脛骨顆間隆起骨折の傷害を負ったこと（本件傷害）が労働者災害補償保険法に基づく通勤災害に該当するという点について、本件通勤の中断中又は中断後の災害であるといえるから、本件傷害の発生については通勤遂行性の要件を欠くものと認めざるを得ず、また、本件加害者の暴行が被害者の言動に触発されたものであることも完全には否定できず、その後に原告と加害者は駅ホーム上で喧嘩闘争の状態となったことも併せると、加害者による暴行及びこれによる本件傷害が、被害者と加害者との間の属人的な対立に起因して生じた可能性は否定できないから、本件傷害が通勤に内在し又は通常随伴する危険が現実化したものであるとは認め難いものといわざるを得ないとして、通勤起因性を否定して療養給付及び休業給付等を不支給とした行政庁の各処分はいずれも適法であるとして請求を棄却した。

[50] 東京地判令5・5・29労経速2546号3頁（A社事件）は、女性従業員の上司がタクシー内で、同意なく女性従業員の身体に触り、女性従業員が拒否してからも、直ちにやめることをしなかったというものであって、かかる行為が女性従業員の性的自由を侵害し、不快感を生ぜしめる行為として、不法行為を構成することは明らかであり、そして、その直後に「本当に好きだ」等のメッセージを送った行為についても、本件タクシー内行為と一連の行為として、女性従業員に対する精神的損害を与えるものであるから、不法行為を構成すると評価するのが相当であり、また、無断での写真撮影行為及び携帯電話を無断で見た行為についても、女性従業員に不快感を生じさせるものであるし、当該上司が女性従業員の携帯電話を無断で見た行為は女性従業員のプライバシーを侵害するものといえ、そして、無断での写真撮影行為については、撮影された写真自体は、女性従業員の性的羞恥心を侵害するようなものである可能性は低いと考えられるものの、当該行為が当該上司の女性従業員に対する性的関心に基づくものであると認められることや、それが少なくとも約1年半の間に継続的にされたものであることをも考慮すれば、このような行為による女性従業員の人格的利益への侵害の程度は、社会生活上の受忍限度を超えるものであり、不法行為を構成するとしつつ、当該上司の行為は、その後、数年にもわたって症状が改善しない重度の精神疾患を発生させるような強度な性的自由の侵害を伴うものであったとは認め難いとして、精神疾患との間の相当因果関係は否定し、当該上司に対しては損害賠償として慰謝料（50万円）の支払等を、使

労働裁判例の動向　　159

用者に対しては、会社の業務時間内に事務室内で行われた無断での写真撮影行為についてのみ使用者責任に基づく損害賠償として慰謝料（5万円）の支払等を命じた。

[51] 京都地判令5・11・14労経速2541号10頁（国・京都上労基署長事件）は、出版社で勤務していた労働者がICD-10の診断ガイドラインにおける「F32 うつ病エピソード」を発病したこと（本件疾病）に関する労働者災害補償保険法に基づく療養補償給付及び休業補償給付の不支給決定について、配置転換の総合評価は「強」に修正されるものであり、その余の出来事（12日間連続勤務、退職勧奨、パワーハラスメント）の心理的負荷の強度について判断するまでもなく、本件疾病の発病前おおむね6か月の間に、業務による強い心理的負荷が認められ、本件疾病の業務起因性を認めて行政庁の処分を取り消した。

[52] 大阪地判令5・12・22労経速2544号34頁（倉敷紡績事件）は、上司（執行役員）の元従業員に対する言動（「アホ」「ボケ」「辞めさせたるぞ」「今期赤字ならどうなるかわかっているやろな」といった言動を日常的に繰り返し行っていたこと、元従業員が座っていた椅子の脚を蹴ったことが1回あったこと、新入社員の目の前で、元従業員ほか1名を指して「こいつらは無能な管理職だ」等発言したこと、会社において利用が認められているフレックスタイム制度や在宅勤務の抑制を示唆する言動をし、また、会社の規定で認められている宿泊費の定額精算を認めず、実費で精算すべきであると述べたこと）は、会社のハラスメント防止規則の定めるパワハラに当たり、元従業員に対する注意や指導のための言動として社会通念上許容される限度を超え、相当性を欠くものであるから、元従業員に対する不法行為に当たるというべきであり、また、当該上司の言動は、会社の被用者であった間に、会社の事業の執行に関連してされたものであるから、当該上司に対しては民法709条に基づき、会社に対しては民法715条1項に基づいて、元従業員に対し、連帯して損害賠償（50万円）の支払等を命じた。

[53] 札幌地判令6・2・6労経速2547号27頁（雄武町事件）は、職員であった者が精神疾患を発症して自死したことに関する使用者に対する国家賠償法1条1項又は民法415条に基づく損害賠償額について、逸失利益は、将来の長期間にわたって取得することが想定される収入を基礎とするものであるから、客観的に相当程度の蓋然性をもって予測される収入の額を算出することができる場合には、その限度で損害の発生を認めるべきであるなどとして損害額を算定した。

[54] 水戸地下妻支判令6・2・14労経速2547号3頁（古河市事件）は、吹奏楽部の顧問を務めていた市立中学校教師の自殺について、亡教員は、本件中学校における長時間の時間外労働によりうつ病を発症したものと認めるのが相当であるところ、校長については、亡教員の長時間労働を知り又は容易に知り得る状況下にありながら、亡教員の健康状態を具体的に把握する方策も、長時間にわたる労働時間を具体的に軽減する方策も講じておらず、その結果亡教員は長時間にわたる時間外労働を余儀なくされ、うつ病エピソードを発症したものであり、校長には安全配慮義務違反が認められるとして、損害賠償（1億0864万0909円）の支払等を命じた。

[55] 富山地判令5・7・5判時2574号72頁（滑川市事件）は、女子ソフトテニス部の顧問を務めていた市立中学校教師のくも膜下出血による死亡について、校長は、亡教員が量的にも質的にも過重な業務に従事しており、心身の健康を損ねるおそれがあることを客観的に認識し得たといえるから、その業務の遂行状況や労働時間等を把握し、必要に応じてこれを是正すべき義務を負っていたものと認められ、当該校長が、亡教員の業務量や勤務時間等を適正に把握していたとはいえず、また、平成28年度の新たな事務分配の運用を開始してから本件発症前までに3か月以上あり、その間も本件地公災基準を上回る長時間の時間外勤務が続いていたことを踏まえると、本件発症前に、当該校長において、亡教員の業務負担を軽減するための具体的かつ実効的な是正措置がとられたとはいえないから、当該校長の安全配慮義務違反が認められるとして、損害賠償（8313万7917円）の支払等を命じた（民事判例28 [34] として紹介済み）。

[56] 長崎地判令4・12・6判時2577号63頁（日本冷熱工産事件）は、亡労働者の中皮腫り患の業務起因性を肯定しつつ、安全配慮義務違反については、会社には、亡労働者に石綿粉じん曝露により石綿肺や中皮腫等の健康被害が発生する危険性があることについての予見可能性があったとは認められないとしてこれを否定し請求を棄却した。

11 労働契約の基本原理

[57] 大阪地判令5・1・26労判1304号18頁（ふたば産業事件）は、本件契約が労働契約であり、中国の労働契約法等の関係法令が適用されることを前提とする主位的請求について、会社は中国の労働法及び労働契約法上の使用者には当たらないとし、本件契約が労働契約でないとしても会社の行った措置は無効な契約解除であると主張して損害賠償等の支払を求める予備的請求についても、当事者が随時委任契約を解除することができる旨を定めた中国の契約法410条に基づく

有効な委任契約の解除であるなどとして請求を棄却した。

[58]東京地立川支判令5・2・1労判1301号31頁（国立研究開発法人国立精神・神経医療研究センター事件）は、旧給与規程から新給与規程への本件変更が有効性について、新給与規程を前提に給与の見込み額を試算した結果によれば、従業員らの給与総支給額の額よりも増加することとなるから、特殊業務手当が超過勤務手当を算出する際の考慮要素であったことを踏まえても、本件変更による不利益の程度が大きいとはいえず、また、法人の経営状態が悪化しており、そして、本件病院において、旧給与規程に基づき特殊業務手当が支給されていた特定の病棟の職員に限定して、一般病棟の職員には支給されない手当を支給する合理性は、職員の意識においても、業務の実態においても失われてきた状況にあったということができ、さらに、法人において、精神病棟及び障害病棟などに勤務する看護師等の人員を確保するために、特殊業務手当を支給する必要が失われてきたということができるから、労働条件変更の必要性が認められ、また、法人は、特殊業務手当を廃止するだけではなく、特殊業務手当を廃止することにより生じる不利益を緩和していること等から、本件変更後の就業規則の内容は相当なものであるということができ、特殊業務手当を設けない新給与規程が医療機関の給与規定として、特異なものとは認められず、そして、本件組合と5回にわたり団体交渉を行い、その間に窓口交渉も行い、一部変更にも応じており、本件組合から理解を得られるように、回数と時間をかけて対応していたということができるから、旧給与規程から新給与規程への本件変更は、合理的なものといえ、労働契約法10条により有効であるということができるとして請求を棄却した。

[59]名古屋地判令5・9・28労経速2535号13頁（コアコーポレーションら事件）は、A社の元従業員が、在職中に自ら設立したB社の代表取締役の地位において、その職務として不法行為である本件行為（一連の競業及び勧誘等行為）に及んだものといえ、元従業員及びB社は、A社に対し、本件行為によって生じたA社の損害を賠償する義務を負うことになるとし、損害額として、提携先3社を通じて行った特定の取引先をエンドユーザーとする取引の契約金額は、合計7億0857万1600円のうち、経費の支出を免れていることやコミッション料の割合等を総合して、1割である7085万7160円の限度で支払等を命じた。

12 雇用保障（労働契約終了の法規制）と雇用システム

[60]大阪地判令3・1・29労判1299号64頁（近畿車輌事件）は、元従業員の懲戒処分歴、これを含めた会社の注意・指導に対する元従業員の反省・改善の欠如、一連の元従業員の言動から窺われる会社への反発や勤務意欲の低下・喪失及びその顕在化の程度及び態様等を併せ鑑みれば、会社が、元従業員について、勤務成績又は業務能率が著しく不良で技能発達の見込みがなく、他の職務にも転換できない等、就業に適さない、あるいはこれに準ずるものとしてした本件解雇には、客観的に合理的な理由があり、かつ、社会通念上も相当なものであったと認められるとして、労働契約上の権利を有する地位にあることの確認及び民法536条2項に基づく賃金の支払の元従業員の各請求をいずれも棄却した。

[61]京都地判令5・3・9労判1297号124頁（中倉陸運事件）は、精神障害等級3級との認定を受けている従業員に対する退職勧奨について、通院して服薬治療を受けていることのみをもって、その病状の具体的内容、程度は勿論、主治医や産業医等専門家の知見を得るなどして医学的見地からの業務遂行に与える影響の検討を何ら加えることなく、退職勧奨に及んだものといわざるを得ず、従業員の自由な意思決定を阻害したものとまで評価できないにしても、障害者である従業員に対して適切な配慮を欠き、その人格的利益を損なうものであって、不法行為を構成するというべきであり、慰謝料（80万円）の支払等を命じた。

[62]東京地判令5・5・29労経速2545号3頁（カーニバル・ジャパン事件）は、整理解雇（本件解雇）の有効性について、会社が運行するクルーズ船において新型コロナウイルスの感染者が確認され、令和2年5月上旬の時点で従来から運転資金を借り入れている親会社から、人件費を50％削減するよう要請があり、会社としては、令和2年6月末の時点において、少なくとも1年程度は売上げを獲得できない蓋然性が極めて高い状況にあったため、これに応じるほか組織を存続させる手段はなかったことから、人員削減の高度の必要性があったと認めることができ、また、本件解雇の時点で、事業組織の存続という目標が達成できる範囲で、できる限りの解雇回避努力を行ったと評価することができ、さらに、人員削減の対象者を選定する方法として、部門の従業員全員を対象として、一律に、従業員の年次評価及び新しい業務への適応能力等を評価して、これにより選定することとしており、選別方法に不合理な点はないと判断でき、そして、人員削減の対象者に対し、個別に面談して、特別退職金の支払及び年次有給休暇の買取り等を提示した上で、退職勧奨を行う等、手続も、妥当なものと認められるとして、本件解雇は有効であるとして請求を棄却した。

[63] 東京地判令5・6・29労判1305号29頁（ア
メリカン・エアラインズ・インコーポレイテッド事件）は、
定年後再雇用の拒否（本件再雇用拒否）について、就業
規則所定の退職事由では「事業縮小、人員整理、組織
再編成等により、社員の職務が削減されたとき」に該
当する場合は定年後再雇用の制度は適用されないこと
が明定されており、会社は、新型コロナウイルス感染
症の拡大により世界規模で経営が急激に悪化し、経費
削減の必要が高い状態にあること、これに対応するた
めの施策として役員等の報酬の削減や米国本社におけ
る人員削減を行っており、インターナショナル部門も
各国ごとに人員削減を行うことをそれぞれ説明してい
たことが認められるから、従業員において、定年後の
再雇用について一定の期待を有していたとしても、そ
のことが合理的な理由に基づくものとはいい難く、加
えて、本件再雇用拒否は、新型コロナウイルス感染症
の感染拡大によりグローバル企業であった会社の経営
状態が世界規模で悪化したことに対応するための労務
費の削減政策として行われたものであるから、そのよ
うな理由で定年後再雇用がされなかったことが客観的
に合理的な理由を欠き社会通念上相当とは認め難いと
して地位確認等の請求を棄却した。

[64] 横浜地判令4・4・14労判1299号38頁（パ
チンコ店経営会社A社事件）は、整理解雇の有効性につ
いて、本件各解雇の時点で、営業許可取消処分がされ、
将来にわたって本件店舗の営業が不可能となることが
確実と判断し得る状況にあったとは認められない等、
ほぼ全ての従業員を解雇することが当然に合理的と認
められるものではなく、また、会社は、解雇回避のた
めの手段を何ら検討することもなく、1名を除く全て
の従業員を解雇したものであって、解雇回避努力が尽
くされたものとはいえないし、その人選も合理的で
あったとは評価できず、さらに、被解雇者対しても、
解雇に関する何らの協議や説明も行っていないのであ
るから、その手続も相当性を欠くものであるなどとし
て、また、普通解雇の有効性について、被解雇者が警
察署に対し遊技釘の調整に関する告発を行ったことを
理由として解雇することは許されないなどとして、い
ずれも無効と判断して、労働契約上の権利を有する地
位にあることを確認するとともに未払賃金の支払等を
命じた（民事判例27［2］として紹介済み）。

13　労働契約の成立・開始

[65] 東京地判令4・5・12労判1298号61頁（学
校法人早稲田大学（公募）事件）は、大学院専任教員の
公募（本件公募）に応募し、書類審査で不合格となった
者（当該者）が、大学が本件公募の採用選考過程や評

価基準について情報を開示し説明をする義務に違反し
たと主張して損害賠償を請求したことについて、大学
には、当該者が大学に対して開示を求める情報（本件
公募の応募者に対する本件情報・開示義務があるとは認め
られないから、Aに対しても、研究科専任教員採用人事内
規・Aに対する評価の根拠となる資料・Aが採用面接に至
らなかった根拠となる審査情報・採用審査の過程で開催さ
れた運営委員会の議事録の各情報）を開示し説明をする
義務があるとは認められないなどとして請求を棄却し
た。

[66] 大阪地判令5・4・21判タ1514号176頁（株
式会社X事件）は、アーティスト、タレントの育成、マ
ネジメント、イベントの企画、運営等を業とする会社
（運営会社）が、芸能活動を行う個人であり、運営会社
が専属的にマネジメント及びプロデュースする男性ア
イドルグループのメンバーであった者（元アイドル）に
対して、元アイドルとの間で専属マネジメント契約を
締結し、元アイドルが同契約上の義務違反を5回した
として、同契約で約定した違約金1000万円から未払
報酬11万円を控除した989万円の支払等を求めたこ
とに対して（本訴請求）、元アイドルが、運営会社に対
し、専属マネジメント契約が労働契約であるとして、
未払賃金11万円の支払等を求めたこと（反訴請求）に
ついて、元アイドルは、会社の指揮監督の下、時間的
場所的拘束を受けつつ業務内容について諾否の自由の
ないまま、定められた業務を提供しており、その労務
に対する対価として給与の支払を受けており、元アイ
ドルの事業者性も弱く、元アイドルの会社への専従性
の程度も強いものと認められるから、元アイドルの会
社への使用従属性が肯定され、元アイドルの労働者性
が認められるから、本件違約金条項（違約金として、1
回の違反につき、200万円を支払わなければならない旨の
定め）は、労働基準法16条に違反して無効であるとし
て、運営会社の本訴請求を棄却し、元アイドルの反訴
請求を認容して未払賃金等の支払を命じた。

14　就業規則と労働条件設定・変更

[67]福岡地判令5・9・19労経速2538号21
頁（学校法人コングレガシオン・ド・ノートルダム事件）
は、教員の勤務地を北九州市に所在する本件学校に限
定する旨の黙示の合意の存在を否定しつつ、当該教員
が受けた本件学校から桜の聖母学院への配転命令（本
件配転命令）については、当該教員が20年以上にわ
たって数学教員として勤務してきた後に解雇（本件解
雇）され、その後、解雇が無効である旨の判決が確定
したにもかかわらず、約9か月間にわたり、本件学校
に復帰させてもらえず、学校への敷地内への立入りす

ら禁じられた状態が継続し、これまでシスターを除く一般の教職員が本件学校から桜の聖母学院へ異動となった例はうかがわれない中で、異動についての何らの意向の聴取等も行われずに本件配転命令を受けるに至ったという一連の経過及び本件配転命令の業務上の必要性はないとはいえない程度にとどまることに照らせば、本件配転命令が、業務上の必要性とは異なる、不当な動機・目的をもってなされたことが強く疑われる上、当該教員に対し通常甘受すべき程度を著しく超える不利益を負わせるものといわざるを得ないとして、本件配転命令は権利を濫用したものとして無効になるとし、配転先での就労義務のないことの確認等を認めた。

15 人　事

[68] 東京高判令4・1・27労判1307号51号（シーエーシー事件）は、従業員が人事権の行使としての降格処分を受けたこと（本件降格）について、当該従業員を降格させてまで他の部門の者を交代させる必要性を認めるに足りる証拠はなく、当該従業員の能力等については営業向きでないことを認めることはできないし、社内において当該従業員について否定的な評価がされたことを認めるに足りる証拠もないなどとして、本件降格は人事権を濫用した違法なものであるとした原審（東京地判令3・8・17労判1307号57頁）を相当として控訴を棄却した。

[69] 東京地判令3・2・17労判1306号87頁（F-LINE事件）は、配転命令を拒否する姿勢を示した後の懲戒解雇（本件懲戒解雇）の有効性について、配転命令の内示を受けた直後から、所長や支店長に対して配転命令を拒否する姿勢を示した上、異動先の営業所での初出勤日、マネージャーに対して電話で業務命令に納得できないから従わない旨告げて以降、2か月近くにわたって会社からの連絡を無視し続けており、業務命令違反の程度は著しく、また、当該従業員が、譴責処分を受けていることや、協力会社社員とのトラブルにおいても鉄の棒を持ったことにつき厳重注意されたことがあることのほか、配車担当者に対して配車に関する不満を継続的に述べ、上長から複数回にわたり公平に配車をしていること等の説明を受け、業務に支障を生じさせていたこと等、これまでの勤務状況等も鑑みて本件懲戒解雇は有効であるとして請求を棄却した（一部却下を含む）。

[70] 東京地判令4・4・28労判1298号70頁（ゆうちょ銀行事件）は、給与規程の定めに基づく人事評価が不法行為に当たるとの主張について、本件給与規程の評価点の定めに照らし、是認される範囲を超え、著

しく不合理であって濫用にわたるものとは認めることはできず、不法行為にあたるとはいえないとして請求を棄却した。

[71] 東京地判令5・4・10労経速2549号3頁（ホープネット事件）は、双極性感情障害にり患して休職中の従業員が就業規則所定の休職期間の満了をもって退職となったことについて、休職期間満了日までに「休職前に行っていた通常の業務を遂行できる程度に回復」したとはいえず、復職後ほどなく回復の見込みがあったともいえない上、営業部担当部長以外の他業務で会社に復職することが可能であったとも認め難く、退職措置は有効であるとして請求を棄却した。

[72] 東京地判令5・6・9労判1306号42頁（日本HP事件）は、管理職から非管理職への降格（本件降格）に伴う賃金減額について、会社の所定の降給規程において「職務または職務レベルの変更により、給与レンジが下方に位置する新職務に異動した場合は、降給を実施することがある。その場合、新給与は、新職務に対応する給与レンジ内で決定する」と定めており、職務等の変更に伴い降給があり得る旨が記載されているものの、職務又は職務レベルの具体的内容や、給与レンジの額、職務の異動の基準は、社員給与規程及び降給規程のいずれにも定められておらず、本件降格が従業員と会社との合意又は就業規則等の明確な根拠に基づいてされたものと認めることはできないから、本件降格の合理的理由の有無について検討するまでもなく、本件降格による従業員の賃金減額が有効であるとは認められないとして未払賃金の支払等を命じた。

[73] 東京高判令4・9・22労判1304号52頁（セントラルインターナショナル事件）は、会社の業務に起因して遷延性抑うつ反応を発病していた者（当該者）が降格処分を受けたことについて、会社は降格処分をする際、当該者の心身の更なる異常等について認識し得たものというべきであるなどとして、降格処分は、重きに失し、客観的に合理的な理由を欠き、社会通念上相当であると認められず、懲戒権を濫用したものとして無効であるというべきであるとして、労働契約に基づく賃金差額の請求については、原審（さいたま地判令2・9・10労判1304号63頁）と異なり、請求を認容し、安全配慮義務違反に基づく損害賠償請求のうち、賃金相当額の請求については、原審と異なり、全て棄却し、通院慰謝料（210万円）の請求（控訴審における拡張請求）については、一部認容し、不法行為又は労働契約上の労務提供の違法な拒否に基づく損害賠償請求については、原審と同様にいずれも棄却した。

16　企業組織の変動と労働関係

該当裁判例なし。

17　懲　戒

[74] 高松高判令4・5・25判時2574号50頁（社会福祉法人ファミーユ高知事件）は、第三者委員会が調査報告書においてパワーハラスメントに該当すると認定・評価した職員の言動について、法人が、就業規則所定の懲戒事由に該当すると判断して、当該職員を懲戒解雇したこと（本件懲戒解雇）について、本件懲戒解雇において懲戒事由とされた言動は、そもそもそのような事実が認められないか、認められるとしても懲戒事由に該当するとはいえないものであり、本件懲戒解雇は無効であるとして労働契約上の権利を有する地位にあることの確認請求を認容した原審（高知地判令3・5・21労経速2459号26頁［民事判例24［37］にて紹介済み]）を相当としたが、未払賞与請求を全部棄却した点を変更して賞与（毎年6月10日限り13万2750円、毎年12月10日限り26万5500円）の支払等を命じた。

[75] 名古屋高判令5・11・30労経速2542号3頁（オハラ樹脂工業事件）は、組合員らが、特定の労働組合員に対する懲戒手続の一環である弁明書の確認及び署名押印という手続を妨げたこと、就業時間中の総務グループ室を騒然とした雰囲気にして、職場の秩序を乱したことを理由として減給の懲戒処分を受けたこと（本件懲戒処分）について、組合員らが組合活動のつもりで行った行為であるとしても、その性質及び態様上、「会社の行事や会議などの進行を妨げる行為」として相当程度に重大なものというべきであり、また、会社は、組合員ら及び副分会長に対してそれぞれ時間を指定して弁明の機会を設けたのに、組合員らは、4人一緒に話をしてもらいたい旨申し入れ、会社代表者が一人ずつ考えを聞きたいと言っても、主張を譲らなかったために、会社は、組合員らが弁明の機会を放棄したものとして、組合員らに対する弁明手続を打ち切ったのであって、少なくとも会社が弁明の機会を保障しなかったとは到底いえないなどとして、組合員らにそれまで懲戒処分歴がないことを考慮しても、本件懲戒処分が、社会通念上相当性を欠き、懲戒権を濫用したものとして無効になるとはいえないとして、減給処分を懲戒権の濫用として無効とした原審（名古屋地判令5・3・17労経速2542号8頁）を変更して請求を棄却した。

[76] 名古屋地判令3・1・27労判1307号64頁（国立大学法人愛知教育大学事件）は、教授の行ったハラスメント行為を理由とする停職6週の懲戒処分（本件懲戒処分）について就業規則等の各規定は、教育研究に係る事項について教育職員に対し懲戒処分をするには、教授会における議を経ることを明確に求めているにも関わらず、大学は、この手続を経ることをせず、重要な機関である教授会から意見を述べる機会を奪い、その意見を判断材料としないままに本件処分を行っているのであり、教授会の議を経ることなくされた本件懲戒処分は、手続上の重大な瑕疵があり無効であるとして停職処分の無効確認を認めるとともに同期間中の未払賃金の支払等を命じた。

[77] 大阪地判令6・1・11労経速2541号18頁（学校法人関西大学事件）は、研究活動上の不正行為（論文の盗用）を行った大学教授が停職3か月の懲戒処分を受けたこと（本件懲戒処分）のほか、所属学部の教授会による副学部長解任処分及び所属大学院研究科の研究科委員会による科目担当を当分の間認めない処分を受けたこと（本件各処分）について、教授が「盗用」に及んだことは、本件懲戒規程が懲戒事由として定める「本学の信用を傷つけ、又は名誉を汚したとき」及び「職務上の義務に違反し、又は職務を怠ったとき」に該当すると認めることができること、また、「盗用」という研究活動における特定不正行為に該当する重大な行為に及んで本件懲戒処分を受けたものであるから、副学部長を解任されてもやむを得ないというべきであること、さらに、その「盗用」の対象は自身が指導教員を務めた大学院生の修士論文であったから、大学院における科目担当を当分認めない処分を受けてもやむを得ないというべきであるなどとして、本件懲戒処分及び本件各処分をいずれも有効として請求を棄却した。

18　非典型雇用

[78] 大阪高判令5・1・18判時2590号94頁（学校法人羽衣学園事件）は、有期雇用の契約期間が通算5年を超えた私立大学の専任講師について、募集経緯や職務内容に照らせば、大学教員任期法4条1項1号に該当せず、同法7条によって労働契約法18条に基づく無期転換権の発生に関する5年超ルールの適用が排除されて10年超の特例が適用されることはないとして、大学任期法の適用を認めた原審（大阪地判令4・1・31労経速2476号3頁［民事判例25［62］にて紹介済み]）を変更して労働契約上の権利を有する地位を確認するとともに、未払賃金の支払等を命じた。

　＊　上告審判決（最一判令6・10・31労ジャ153号2頁）
　　　あり一部破棄差戻し。

[79] 東京地判令3・2・18労判1303号86頁（エイチ・エス債権回収事件）は、有期労働契約を締結して約3年2か月（更新3回）、監査室長として監査業務に従事していた者が雇止めとなったこと（採用時66歳、

雇止め時 69 歳）について、当該従業員の監査について
は当初から監査対象部署からのクレームがあるなどし、
債権回収部においては 1 年以上にわたり監査を実施で
きない状況が続いていたところ、債権回収等を業とす
る大会社であり内部統制システムの構築が法律上義務
付けられている会社において、債権回収の重要な部分
を担う回収部の監査を 1 年以上にわたり実施できない
ことは、相当に重大な事態であると考えられ、そして、
さらに時間をおいたとしても、当該従業員が回収部に
対する監査を実施できる状況に至る可能性があったと
は考え難く、仮に会社が当該従業員との本件労働契約
を更新した場合には、回収部に対する監査を実施でき
ない状況が継続する可能性が高かったというべきであ
り、このことだけでも、当該従業員の勤務成績、態度、
能力、能率及び作業状況等に相当重大な問題が生じて
いるといえ、当該従業員が契約満了時に同契約が更新
されることについて強度な期待を抱くことにまで合理
的な理由があるとは認められないことなどを併せ考え
ると、会社が当該従業員に対して本件雇止めをし、元
従業員の更新申込みを拒絶することが、客観的に合理
的な理由を欠き、社会通念上相当であると認められな
いとはいえないとして請求を棄却した。

[80] 宇都宮地判令 5・2・8 労判 1298 号 5 頁（社
会福祉法人紫雲会事件）は、定年後再雇用の嘱託社員が、
平成 29 年 12 月分から令和 2 年 12 月分までの期末・
勤勉手当の不支給（①）、平成 29 年 10 月分から平成 30
年 9 月分までの扶養手当の不支給（②）、平成 30 年か
ら令和 2 年までの年末年始休暇及び夏期休暇の付与が
ないこと（③）につき、それぞれ旧労働契約法 20 条違
反の不法行為に当たり、令和 3 年 6 月分の期末・勤勉
手当の不支給（④）につき、主位的にはパート有期法
9 条違反、予備的には同法 8 条違反の不法行為に当た
ると主張したことについて、①②④はいずれも理由が
ないとしつつ、③については、所定休日や年次有給休
暇とは別に、労働から離れる機会を与えることにより、
労働者が心身の回復を図る目的とともに、年越し行事
や祖先を祀るお盆の行事等に合わせて帰省するなどの
国民的な習慣や意識などを背景に、多くの労働者が休
日として過ごす時期であることを考慮して付与される
ものであるという年末年始休暇及び夏期休暇の趣旨は、
正規職員にも嘱託職員にも等しく当てはまるものであ
り、嘱託職員に対しその時期や日数を問わず一切付与
しないことは、不合理というべきであるなどとして旧
労働契約法 20 条違反を認めて損害賠償（37 万 2330 円）
の支払等を命じた。

＊ 控訴審判決（東京高判令 5・10・11 労判 1312 号 24
頁）あり原審維持。

[81] 東京地判令 5・5・16 労経速 2546 号 27 頁（日
本空調衛生工事業協会事件）は、職員の定年後再雇用に
当たり賃金を定年前の 6 割としたことが旧労働契約法
20 条に違反するとの主張について、当該職員の職務の
内容に関しては、業務が定年前と比べて相当程度軽減
されたことは明らかであり、また、定年後再雇用であ
ることが、賃金の減額の不合理性を否定する方向に働
く事情として考慮されるべきであり、特に、定年前の
当該職員の給与は、年功序列の賃金体系の中で、長年
の勤続ゆえに、担当業務の難易度以上に高額の設定に
なっていたことが推認され、1400 万円を超える退職金
も受給したこと、法人における定年は 63 歳であり、平
成 30 年 4 月当時は男女とも特別支給の老齢厚生年金
（報酬比例部分）を受給可能であったこと、当該職員の
本件更新拒絶による退職後にその担当業務を引き継ぎ、
定年退職時点での当該職員と概ね同様の業務を分担す
ることとなった者の月給額は、再雇用後の当該職員の
基本給と同水準であることも「その他の事情」として
考慮したうえで旧労働契約法 20 条所定の不合理性を
否定し請求を棄却した。

[82] 東京地判令 5・5・18 労経速 2545 号 22 頁（学
校法人星薬科大学事件）は、有期労働契約（契約期間は
平成 30 年 4 月 1 日から令和 3 年 3 月 31 日までの 3 年間、
本件有期労働契約）を締結していた大学の常勤講師の雇
止めについて、当初契約の段階で、期間満了時におけ
る事情のいかんを問わず契約期間の終期の到来をもっ
て直ちに労働契約を終了させるものとはせず、本件契
約の契約期間中の当該講師の勤務状況等を勘案して令
和 3 年 4 月以降も労働契約を更新することがあり得
ること、その際、同月以降の労働契約を期間の定めの
ない契約に変更する場合もあり得ることを確認的に合
意したものと解されるものの、かかる合意を超えて、
当該講師の就労状況に特段の問題がなければ本件契約
の期間満了後に当然に期間の定めのない労働契約を締
結し、あるいは期間の定めのない労働契約への転換を
大学において承諾する旨を合意したものとまでは解し
難いとし、また、当該講師において本件有期労働契約
が更新されるものと期待することについて合理的な理
由があったとは認め難いなどして請求を棄却した。

[83] 京都地判令 5・5・19 労経速 2533 号 19 頁（学
校法人玉手山学園（関西福祉科学大学）事件）は、学生へ
のアンケート結果等を踏まえて行われた非常勤講師へ
の雇止め（本件雇止め）について、当該講師が契約更新
されると期待することについて、一定程度の合理性は
認められるにとどめるものの、法人が挙げる本件雇止
めの理由は全く採用することができないから、本件雇
止めは、客観的に合理的な理由を欠き、社会通念上相

当なものとして是認することはできないというべきで
あるとして、労働契約上の権利を有する地位を確認す
るとともに、未払賃金の支払等を命じた。

[84] 東京地判令5・6・28労経速2539号20頁（キ
ヤノン事件）は、定年後再雇用者の雇止め（本件雇い止
め）について、所定労働日の半数以上に労務提供でき
ない状況であった上、再雇用契約が終了するまでの間
に腰痛に関する診断書を提出しておらず、労務を提供
できる状況に回復していたとはいえないことに加え、
定年前から繰り返し注意指導を受けていた産業医に関
する主張の蒸し返しを、定年後再雇用になって以降、
課長からの注意があったにもかかわらず行っていたこ
とを合わせ考慮すると、本件雇止めが客観的に合理的
な理由を欠き、社会通念上相当であるとは認められな
いとはいえないとして請求を棄却した。

[85] 東京地判令5・7・19労経速2542号21頁（野
村ホールディングスほか事件）は、他社で役務の提供を
目的とする契約を締結していた者（当該者）が、当該
他社と被告となった持株会社（HD）との間の契約に基
づいて、被告HDを中核とするグループ企業（被告HD
ともに、被告となった證券会社［被告證券］を含む。）にお
いて非常時の事業継続に関する役務を提供していたと
ころ、当該他社から期間満了による契約終了を通知さ
れたことから、被告證券及び被告HDから労働者派遣
法40条の6第1項第2号に基づき当該者に対して雇
用契約の申込みがされたものとみなされ、それによっ
て直接雇用契約が成立したと主張したことについて、
労働者派遣法40条の6第1項の要件を充足するため
には、被告証券及び被告HDのいずれかが派遣労働者
に関して「労働者派遣」の役務の提供を受ける者に当
たるといえなければならないが、被告證券又は被告
HDは派遣労働者に指揮命令して自己のための労働に
従事させたということはできず、派遣法40条の6の
要件を満たさないとして請求を棄却した。

[86] 東京地判令5・7・20判タ1518号163頁（日
本郵便（寒冷地手当）事件）、及び [87] 札幌地判令5・
11・22労経速2545号35頁（日本郵便事件）は、いず
れも、正社員に対しては寒冷地手当を支給する一方で
時給制契約社員に対してはこれを支給しないという労
働条件の相違が、旧労働契約法20条にいう不合理と
認められるものに当たらないとして請求を棄却した。

[88] 最一判令5・7・20判時2579号91頁（名古屋
自動車学校事件）は、正職員と嘱託職員との間で基本給
の金額が異なるという労働条件の相違について、各基
本給の性質やこれを支給することとされた目的を十分
に踏まえることなく、また、労使交渉に関する事情を
適切に考慮しないまま、その一部が旧労働契約法20

条にいう不合理と認められるものに当たるとした原審
の判断には、同条の解釈適用を誤った違法があり、ま
た、賞与及び嘱託職員一時金の性質やこれらを支給す
ることとされた目的を踏まえることなく、また、労使
交渉に関する事情を適切に考慮しないまま、その一部
が旧労働契約法20条にいう不合理と認められるもの
に当たるとした原審の判断には、同条の解釈適用を
誤った違法があるとして、基本給及び賞与に係る損害
賠償請求に関する上告人敗訴部分を破棄して原審に差
戻した（民事判例28 [62] として紹介済み）。

[89] 大阪高判令5・4・20判時2586号59頁（竹
中工務店ほか2社事件）は、被告A社で雇用された従業
員が、請負又は業務委託の形式で被告B社又は被告C
社に労務を提供したものの、実態は、被告B社又は被
告C社から業務上の指示を受ける、いわゆる偽装請負
であり、このことを大阪労働局に是正申告したところ
被告A社から解雇されたとして、被告B社及び被告C
社に対しては、それぞれ労働者派遣法40条の6に基
づき労働契約が成立したと主張し、被告A社に対して
は、解雇は労働契約法16条及び労働者派遣法49条の
3第2項に違反して無効であると主張したことにつ
いて、本件は労働者派遣法40条の6の申込みみなし
の対象には該当しないというべきであり、また、被告
A社との労働契約は、面談時において、就労義務の免
除と賃金の支払を条件に、退職することについての合
意が成立し、終了していること等として請求を棄却し
た原審（大阪地判令4・3・30労経速2489号3頁）を相
当として控訴を棄却した（民事判例26 [66] として紹介
済み）。

[90] 津地判令5・3・16判時2586号73頁（日東電
工事件）は、有期雇用契約社員と正社員との待遇格差
について、正社員と元従業員らのように長期にわたっ
て勤務している有期雇用契約社員らとの間に扶養手当
に係る労働条件の相違、10年単位の年次まで勤務した
場合のリフレッシュ休暇制度の適用、半日休暇に係る
労働条件の相違、特別休暇制度に関する正社員と有期
雇用契約社員らとの間の労働条件の相違は不合理であ
ると認められるとして損害賠償（各待遇に関するもの）
の支払等を命じた（民事判例28 [57] として紹介済み）。

[91] 東京地判令5・3・27労経速2534号3頁（ケ
イ・エル・エム・ローヤルダッチエアーラインズ事件）は、
オランダの航空会社との間で有期労働契約を締結し、
客室乗務員として勤務してきた従業員らの雇用契約
（本件各雇用契約）の最密接関係地法はオランダ法であ
るから、法の適用に関する通則法12条1項により、本
件各雇用契約の無期転換について、当該従業員らが指
定した強行規定である本件オランダ法条が適用される

こととなるとして、期間の定めのない労働契約上の権利を有する地位の確認を認めるとともに未払賃金の支払等を命じた（民事判例28［65］として紹介済み）。

19　個別労働紛争システム

［92］東京地判令5・1・26労判1297号136頁（国・むつ労基署長（検査開発）事件）は、労働者災害補償保険法に基づく保険給付に関する処分の取消しの訴えについて、当該処分についての審査請求が、法定請求期間を経過した後にされたものであり、かつ、この点に関する「正当な理由」（労審法8条1項ただし書）があるとは認められず、不適法であるとして却下した。

［93］札幌地判令5・9・11労経速2536号20頁（北海道（同姓パートナーの扶養認定不可）事件）は、北海道の職員であった者が、在職中、北海道職員の給与に関する条例及び地方公務員等共済組合法において、配偶者には婚姻の届出をしないが事実上婚姻関係と同様の事情にある者を含む旨の規定（以下「本件各規定」という）があり、当該職員の同性パートナーがこれに該当するとして、北海道に対し、同性パートナーを扶養親族とする扶養手当に係る届出及び寒冷地手当の届出を行うともに、被告地方職員共済組合に対し、同性パートナーを被扶養者とする届出をしたが、いずれの届出も認定不可とされたことに関し、同認定不可はいずれも国家賠償法上の違法があると主張したことについて、本件各規定は、現行民法上の婚姻関係を前提とする定めとなっており、婚姻の届出をすることが想定されていない同性間の関係は本件各規定に含まれないと解することは現行民法の定める婚姻法秩序に整合する一般的な解釈ということができ、上記法令に基づく扶養手当等の給付保障が公的財源を基盤としていることを考慮すれば、当該職員の上記各届出を認定不可としたことについて、国家賠償法上の違法及び過失があるとはいえないとして請求をいずれも棄却した。

20　労働組合

［94］東京高判令4・5・18労判1305号58頁（三多摩合同労働組合元組合員事件）は、労働組合が、当該労働組合に加入したがその後脱退届を提出した元組合員に対し、当該元組合員は当該労働組合の主導の下、勤務先であった会社に対して解雇撤回を求める交渉を行い、地位確認訴訟において勝訴し、当該会社から金員の支払を受けたから、当該元組合員には、組合規約に基づき、使用者から支払われた解決金の約20％に相当する賦課金を当該労働組合に支払う義務があるとの主張について、労働組合の組合規約は、労働組合という団体の自治的法規範又は労働組合と全組合員との契

約と解され、全組合員に対して一律に同内容の規約が適用されるものであり、本件に当該労働組合の新規約が遡って適用される、又は旧規約に基づき賦課金を支払う義務を負うとは認められないし、当該労働組合と当該元組合員との間で賦課金を支払う旨の合意が成立したとも認められないとして、当該労働組合の請求を棄却した原審（東京地立川支判令3・9・16労判1258号61頁［民事判例25［70］にて紹介済み］）を相当として控訴を棄却した。

［95］東京地判令6・2・28労経速2548号34頁（プレカリアートユニオン事件）は、労働組合の組合員であると主張する者が、当該労働組合の平成27年から令和5年までの総会決議（本件各総会決議）について、いずれも瑕疵がある旨主張して、当該労働組合に対し、主位的に不存在であることの確認を、予備的に無効であることの確認を求めた事案で、代議員が直接無記名投票により選出されることは、組合民主主義の確保のため重要なものと解されるところ、本件のような選挙手続によって選任された代議員による決議は組合員の多数の意思を反映したものということはできず、その瑕疵は重大であり、もはや法的に総会決議と評価することはできず不存在というべきであるなどとして、本件各総会決議は不存在というべきであるとして不存在確認を認めた。

21　団体交渉

［96］大阪地判令4・9・7労判1300号58頁（大阪府・府労委（枚方市）事件）は、地方公務員法適用職員と労働組合法適用職員の双方によって構成される混合組合である労働組合が労組法上の労働組合に該当するものと解するのが相当であるとして申立人適格を認めたうえで、当該労働組合が便宜供与の一種として枚方市から目的外使用許可を受けて使用していた組合事務所である本件物件の使用に関して具体的な説明や協議を求めること（本件各申入事項）は、地方公共団体の当局が自らの責任と権限によって執行すべき行政上の管理運営事項（地方公務員法55条3項等）について協議を求めるものではないから、本件各申入事項はいずれも義務的団交事項に当たり、枚方市が本件申入れを拒否したことに正当な理由のない団体交渉の拒否（労働組合法7条2号関係））に当たるとし、また、枚方市が組合に対して本件物件の明渡しを求めることは、組合の弱体化やその運営・活動に対する妨害の効果を持つものといえ、枚方市はそのことを認識し又は容易に認識し得たというべきであるから、かかる行為は、組合に対する支配介入（労働組合法7条3号関係）に当たるというべきであるとして処分行政庁の行った不当労働行

為の救済命令の取消しには理由がないとして請求を棄却した。

* 控訴審判決（大阪高判令5・6・16LEX/DB25596054）あり原審維持。

22 労働協約

該当裁判例なし。

23 団体行動

[97] 横浜地判令4・12・22判時2575号87頁（学校法人橘学苑事件）は、法人に勤務していた専任教員（常勤講師）らが、それぞれ法人から受けた停職処分及び諭旨退職処分の各懲戒処分（本件各停職処分と本件各諭旨退職処分）がいずれも無効であると主張したことについて、本件各停職処分の理由となった新聞記者からの別件訴訟に関する取材コメント（本件各取材コメント）は、組合活動として正当な範囲を逸脱しているということができないから、当該教員らが本件各取材コメントをしたことが、懲戒規程6条(7)「学苑の運営に関し不実の事実を流布宣伝したとき」に該当するものとして、懲戒事由とすることはできず、本件各停職処分は、懲戒事由の不存在により無効というべきであるとし、また、本件各諭旨退職処分の理由となった別件訴訟の提起等及びビラの配布は、いずれも懲戒事由とすることはできないとして、本件各諭旨退職処分（及び懲戒解雇処分）は、懲戒事由の不存在により無効というべきであるとして、本件各停職処分の無効と労働契約の権利を有する地位の確認を認めて未払賃金の支払を命じた。

[98] 名古屋地判令5・9・11労経速2533号9頁（オハラ樹脂工業事件）は、労働組合等が、会社の許可を得ることなく、共同して、会社の所有する土地上に幟旗を設置したこと（本件幟旗の設置行為）について、会社が、当該労働組合らの営業権侵害、信用等毀損並びに所有権及び施設管理権侵害のある違法なものであると主張したことについて、本件幟旗の記載内容により会社の社会的評価が低下し、また、本件幟旗の設置により会社の所有権及び施設管理権の侵害がされたと認められるが、本件記載については、その前提となる事実は真実であり、かつ、その内容も人身攻撃に及ぶなど意見ないし論評としての域を逸脱したものともいえないから、違法性を欠くというべきであるとして、会社の請求は、本件幟旗の設置行為と相当因果関係のある損害賠償を求める限度で理由があるとして、損害賠償（地代相当額8660円、仮処分費用相当額10万円、弁護士費用5万円合計15万8660円）の支払いを命じた。

24 不当労働行為

[99] 東京地判令5・8・10労判1306号5頁（JR東日本（組合脱退勧奨）事件）は、組合員1名への脱退勧奨（本件脱退勧奨）は、同人が明示的に拒絶しているにもかかわらず、複数人により、複数回にわたって直接的に労働組合を脱退するよう求めるものであり、その具体的な態様、回数、内容等に照らすと、当該労働組合への支配介入に当たり、社会的相当性を逸脱して精神的苦痛を与えるものといえ、区長及び所長の組合員1名に対する不法行為に当たり、そして、懇親会は、研究会での発表を慰労するために会社の負担で開催されたものであって、同研究会の出席者は当該懇親会に全員出席し、時間的にも場所的にも業務に接着して行われたことからすれば、当該懇親会への出席は「業務の執行に関して」されたものであり、そこでされた本件脱退勧奨も、「業務の執行に関して」されたというべきであるから、会社は、本件脱退勧奨について、使用者責任を負うものというべきであり、会社は、組合員1名に対し、損害賠償として慰謝料（5万円）の支払等を命じた。

[100] 東京地判令5・9・26労経速2548号3頁（国・中労委（河合塾）事件）は、委託契約講師の労組法上の労働者性について、同講師は、法人の事業の遂行に不可欠な労働力を恒常的に供給する者として、法人の事業組織に組み入れられていたといえ、また、法人と委託契約講師との契約内容は、法人が一方的にかつ定型的に決定していたと認められ、委託契約講師への報酬は、労務提供に対する対価としての性質を有するものとして支払われていると認めるのが相当であり、委託契約講師においては、事実上、上記提案に対する諾否の自由はなく、法人からの個々の業務の依頼に対して基本的に応ずべき関係にあったものとみるのが相当であり、委託契約講師は年間を通じて時間的にも場所的にも相応の拘束を受けていたものといえ、委託契約講師について、独立の事業者としての実態を備えていたと認めることはできないから、法人との間で平成25年度出講契約を締結して委託契約講師として業務を行っていたA書記長は、法人との関係において、労組法上の労働者に当たると解するのが相当であるとして、再審査申立てに係る部分を棄却した中労委命令は適法というべきであるとして請求を棄却した。

25 労働市場法総論

該当裁判例なし。

26 労働市場法各論

[101] 大阪高判令3・12・9労判1298号30頁（大阪府（府立学校教員再任用）事件）は、大阪府教育委員会が、大阪府立高等学校の教員であり、かつ、卒業式における国歌斉唱時の不起立により過去に2度の戒告処分を受けた者からの定年退職後の再任用の申込みに対して、再任用選考の結果を「否」として、当該教員を再任用しなかったことは、雇用と年金との接続を図ろうとする近時の情勢や同年度の再任用選考において戒告処分より重い減給処分を受けた教員が合格とされたことなどの事情を踏まえると、客観的合理性や社会的相当性を著しく欠くもので裁量権の逸脱又は濫用に当たるとして、これを否定した原審（大阪地判令2・11・26労判1298号45頁）を変更して、当該教員の大阪府に対する国家賠償法上の違法性を認めて、損害賠償（315万4441円）の支払等を命じた。

  ＊　上告審決定（最一決令4・6・16LEX/DB25593068）があり上告不受理で確定。

[102] 岐阜地判令4・8・30労判1297号138頁（Man to Man Animo事件）は、会社が障害者である従業員に対して自立した業務遂行ができるように相応の支援、指導を行うことは、許容されているというべきであり、会社が、従業員の業務遂行能力の拡大に資すると考えて提案（支援、指導）した場合については、その提案（支援、指導）が、形式的に配慮が求められている事項と抵触することのみをもって配慮義務に違反すると判断することは相当ではなく、その提案の目的、提案内容が従業員に与える影響などを総合考慮して、配慮義務に違反するか否かを判断するのが相当であるところ、会社が従業員に対して、ブラウス着用を強要したとまでは認められず、会社の社員が、従業員がくしゃみをした際手を口元に当てるように注意をしたことが、配慮義務に違反し違法であったとは認められず、会社の社員が従業員にスーツや革靴に近い外観を有する靴を履くように勧めたことが、従業員に対する配慮義務に違反するものとは認められないなどとして損害賠償の請求を棄却した。

27 雇用システムの変化と雇用・労働政策の課題

該当裁判例なし。

28 その他

該当裁判例なし。

（やまなか・けんじ）

第 2 部　最新民事判例

注目裁判例研究

労働　職種・職務限定契約と配転命令の可否

最二判令 6・4・26[1]

令和 5 年（受）第 604 号、損害賠償等請求事件

判タ 1523 号 80 頁、金法 2245 号 69 頁、労判 1308 号 5 頁、
労経速 2552 号 7 頁、労旬 2059 号 43 頁、裁判所 HP

第一審：京都地判令 4・4・27

控訴審：大阪高判令 4・11・24

石井妙子　弁護士
労働法部会

◆事実の概要◆

　X は、平成 13 年 3 月より、訴外 Z 財団法人に雇用され、県立施設 A の一部である滋賀県福祉用具センター（以下「福祉用具センター」という）において技術職として、福祉用具の改造及び製作並びに技術の開発に係る業務に従事していた。

　平成 15 年 4 月、社会福祉法人 Y は、訴外 Z 財団法人から権利義務を承継し、また、平成 18 年 4 月以降は、指定管理者として、福祉用具センターにおける福祉用具の展示及び普及、利用者からの相談に基づく改造及び製作並びに技術の開発等の業務を行っていた。

　X は、Y が Z 財団法人の権利義務を承継した後も Y の従業員として、引き続き技術職として、福祉用具センターにおいて福祉用具の改造及び製作並びに技術の開発等の業務を担当していた。

　その後、Y は、福祉用具の改造・製作業務を廃止する決定をし、X に対する解雇回避努力として、X の同意を得ることなく、平成 31 年 4 月 1 日付で、X に対して総務課施設管理担当（事務系職種）への配置転換を命じた（以下「本件配転命令」という）。

　X は、職種及び業務内容の変更を伴う本件配転命令について、同命令は XY 間における X の職種等を限定する旨の合意に反する、または権利濫用であると主張し、本件配転命令により精神的苦痛を被ったとして、Y に対し、債務不履行又は不法行為に基づく損害賠償請求（慰謝料 100 万円等）をした。なお、本件に関しては、その他にも、X の精神疾患罹患・再発に関して、Y に安全配慮義務違反等があったとする損害賠償請求や、人事評価制度の導入及び人事評価による X の賃金減額について、違法・不当な不利益変更であるとする差額請求もなされており、争点は多岐にわたるが、本稿では、最高裁の判示事項である配転命令の有効性に絞って検討する。

　本件の下級審判決（京都地裁判決、大阪高裁判決）は職務限定特約があったことを認定しつつ、解雇回避のための配置転換については、業務上の必要性があり、不利益や不当な目的はないとして、本件配転命令は配転命令権の濫用に当たらず、違法であるとはいえないと判断し、本件配転命令に関する損害賠償請求を棄却した。X はこれに対して上告受理申立をした。

◆判　旨◆

　一部破棄差し戻し。

　労働者と使用者の間に当該労働者の職種や業務内容を特定のものに限定する旨の合意がある場合には、使用者は、当該労働者に対し、その個別的同意なしに当該合意に反する配置転換を命ずる権限を有しないと解される。

　X と Y の間には、X の職種及び業務内容を本件業務に係る技術職に限定する旨の合意があったというのであるから、Y は、X に対し、その同意を得ることなく総務課施設管理担当への配置転換を命ずる権限をそもそも有していなかったものというほかない。

　そうすると、本件配転命令につき、Y が本件配転命令をする権限を有していたことを前提として、その濫用に当たらないとした原審の判断には、判決に影響を及ぼすことが明らかな法令の違反がある。

　その余の論旨について判断するまでもなく、原判決中、不服申立ての範囲である本判決主文第 1 項記載の部分（本件損害賠償請求に係る部分）は破棄を免れない。そして、本件配転命令について不法行為を構成すると認めるに足りる事情の有無や、Y が X の配置転換に関し X に対して負う雇用契約上の債務の内容及びその不履行の有無等について更に審理を尽くさせるため、本件を原審に差し戻すこととする。

◆研　究◆

1　職種・職務の限定と配転命令の可否

⑴　はじめに

　近年、ジョブ型雇用への移行がひとつの潮流となり、職種や担当職務を限定して雇用するケースも、以前に比較して増加している。職種・職務を限定して雇用する場合、たとえ経営危機など高度の業務上の必要性があっても、本件最高裁判例の指摘するように、同意なくして職種や担当職務の変更はできない。最近では、人員削減とは逆に、人材不足で外からの採用ができず、社内の人員でのやり繰りが必要となり、限定職務とは別の仕事を担当してもらいたいという場面も生じているが、これにも本人同意が必要である。

　しかるに、ハイブリッド型または日本型ジョブ型雇用として、職務を「限定」して職務給による処遇をし、配置転換については慎重に行うものの、いざという場合には（人員整理などの業務上の必要性があれば）、同意なくして配転命令可能という制度設計にしている例もある。人事制度の設計について、絶対の正解というものは無く、様々な工夫がなされうるところであるが、しかし、良いとこ取りの「ハイブリッド型」が可能であろうか。

　また、裁判例にも揺らぎが見えてきた。少し前の判例となるが、東京海上日動火災保険事件（東京地判平19・3・26判時1965号3頁）は、職種限定の合意があっても、他職種への配転を命ずるについて正当な理由があるとの特段の事情が認められる場合には、当該他職種への配転を有効と認めるのが相当として、考慮要素として採用経緯と職種の内容、職種変更の必要性、変更後の業務内容の相当性、配転による不利益の有無及び程度等をあげていた（ただし、事案としては正当理由否定）。ジブラルタ生命（旧エジソン生命）事件（名古屋高判平29・3・9労判1159号16頁）は、職種限定特約ありとしながら、限定特約は配転命令を拒否する「正当理由」となる、あるいは限定特約がありながら配転を命じるのは人事権濫用であるとして、権利（配転命令権）があることを前提とするかのような判示をしていた。

　本件判決は、職務限定特約がある場合には配転命令権なしという判断を初めて明言し、実務の揺らぎに釘を刺したものと言えそうである。

⑵　配転命令の判断枠組み

　配転命令に関する判断枠組みとしては、転勤に関するものではあるが、東亜ペイント事件の最高裁判例（最二判昭61・7・14判時1198号149頁）があり、判断枠組みは確立していると言える。本件判決は、職務限定がある場合の配転命令権の有無について始めて明言したものであるが、東亜ペイント事件のルールを再確認したものと言うこともできる。

　東亜ペイントの判決は、採用時に勤務場所を限定する合意がなされなかったという事情の下においては、使用者は個別的同意なしに労働者の勤務場所を決定し、これに転勤を命じて労務の提供を求める権限を有するとしており、まず勤務場所等の限定の有無を確認している。次に、転勤命令権（配転命令権）も、無制約に行使することができるものではないとして、権利濫用となるのは①配転命令に業務上の必要性が存しない場合、②配転命令が他の不当な動機・目的をもってなされたものであるとき、③労働者に対し通常甘受すべき程度を著しく超える不利益を負わせるものであるとき等、特段の事情の存する場合であるとしている。このように東亜ペイント事件判決は、限定特約がある場合には、配転命令権はないということを前提とするものであり、本件判決もこの点では目新しいものではないと言える。

　なお、本件判決は、「個別的同意」なしに配置転換を命ずることはできないとしているが、「個別的同意」という以上は、就業規則の規定（配転条項）では不足ということであり、職務限定特約があるにもかかわらず、やむをえない場合は配転命令可能などといった制度設計をしていても、そのような就業規則は、労働契約法7条の合理性に疑義があるということになろう。

　ところで、本件の原審判決は、職種・職務の限定特約ありとしながら、上記①～③を検討しているが、限定特約があって配転命令権がない以上は、配転命令は直ちに無効であるし、配転命令権がないのに権利濫用の判断をするのは背理である。ただし、本件では、本件配転命令を不法行為、配慮義務違反とする損害賠償請求も争われており、この点は差戻し審での審理となるが、違法性の判断や、仮に不法行為等が成立するとされた場合の慰謝料額の判断において、①ないし③が考慮されることはありうる。

2　職種・職務の限定特約

　今回の最高裁判例で、従前の判例法理から変化が見えるのは、むしろ職種・職務の限定特約についての認定の点である。これは、ジョブ型へと移行しつつある労働市場のあり方を反映したものかもしれない。

　従前の判例では、明示的な限定合意がない限り、入社依頼、ずっと同じ仕事をしていたとしても、容易には職務限定と認めなかった。十数年から二十数年にわたって「機械工」として就労していても、「機械工以外の職種には一切就かせないという趣旨の機種限定の合

意が明示又は黙示に成立したものとまでは認めることができ〔ない〕」（日産自動車村山工場事件（最一判平元・12・7労判554号6頁））とされている[2]。

本件の下級審は、職種を技術職に限るとの書面による合意はないものの、Xが技術系の資格を数多く有していること、技術者募集に応じて採用され、技術者としての勤務を18年間にわたって続けていたこと、溶接のできる法人内で唯一の技術者であって、Xを他の職種に就かせることは想定されていなかったはずであることなどの事実から、福祉用具に関する技術者として就労させるとの「黙示の職種限定合意」があったと認められるとしている。最高裁も職種限定があったことを前提に判断しているが、職種や業務の限定特約の認定については、慎重かつ消極的というのが裁判例の傾向であったが、ジョブ型雇用への変化の流れを受けて、緩やかに認めるようになってきたのではないかと解される[3]。

なお、昨今では、職務限定特約がない場合も、キャリア形成権の主張がなされることがある。権利とまでは言わないまでも、キャリア形成への配慮の有無が、配転命令権濫用において「著しい不利益」の判断要素のひとつとされることがある[4]。職務限定特約が認められるかどうか微妙だという事案で、キャリア形成の権利または期待というアプローチで、配転命令権が制約される可能性もある。

ちなみに、令和6年4月、雇用契約締結時の労働条件明示義務（労働基準法（以下「労基法」という）15条）に関して、同法施行規則が改定され、就業の場所及び従事すべき業務に関する事項の明示につき就労開始当初の場所・業務だけでなく、将来の「就業の場所及び従事すべき業務の変更の範囲を含む。」とされることとなった（労基法施行規則5条1項1の3号）。改定前は、労働条件明示に際しての「就業の場所」や「従事すべき業務」は、当初の場所・業務を示したにすぎず、限定する趣旨ではないとされてきたが、改定後は、限定契約ではないという場合には、勤務場所や職種・業務等の変更がありうること及びその範囲を書面で明示しておくことが肝要である。

3 異動や職務変更に関する同意

(1) 自由な意思による同意

職務限定特約によって配転命令権がなくとも、同意による異動や職種・職務変更は可能である。もっとも、配転に限らず、不利益性のあるような事項に関する「労働者の同意」について、裁判所は以前から、強制によるものではないかと慎重に審理・判断することがあり、さらに、近時の傾向として、認定は厳格になって

きている。

労使の力関係から、労働者が同意を拒否しにくい立場にあること、労使間で情報格差があり、労働者が意思決定の基礎となる十分な情報を入手できていない場合があることなどの観点から、形式的に同意があるというだけでなく、自由な意思によるものと認めるに足りる合理的な理由が客観的に存在することを要求するようになっている[5]。

職種・職務あるいは勤務場所について限定特約がある場合に、同意により配転しようとするときも同様に、単に同意書にハンコを押してもらったから問題ないという状況ではない。西日本鉄道事件（福岡高判平27・1・15労判1115号23頁）は、バス運転士の職種限定契約を締結している者に対し、車両誘導業務や清掃業務などバス運転士以外に変更した事案であり、合意の有無が争点となった。運転士としての適格性欠如を理由とする変更であったが、判決は、「一般に職種は労働者の重大な関心事であり、また、職種変更が通常、給与等、他の契約条件の変更をも伴うものであることに照らすと、労働者の職種変更に係る同意は、労働者の任意（自由意思）によるものであることを要」するとした上で、職種変更に至る事情及びその後の経緯を総合考慮して慎重に判断すべきであるとし、①労働者が自発的に職種変更を申し出たのか、不本意ながら同意したのか、②後者の場合には、職種変更に同意する合理性の有無、③職種変更後の状況等を考慮要素にあげている。結論として交渉経緯等から、同意は明示・黙示の強制によるものではなく、任意によるものであったと認められており、また、一般的に本件のように、担当職務が廃止されたような場合の「同意」については、②の同意する合理性が認められやすいと思われるが、それでも十分な説明等が必要である。

(2) 解雇回避努力としての配置転換

整理解雇法理（整理解雇の4要素）として、解雇回避努力が必要であるとされる。職務限定特約があって、事業の見直し等で当該職務が社内になくなった場合でも、ただちに解雇でなく、解雇回避努力が求められる。本件判決も、担当職務の廃止が決定され、解雇回避努力として配転を検討した事案である。しかし、判決の言うように、職務限定がある以上、配転命令権はないので、整理解雇が検討されるような高度の必要性がある場合でも、配転にも本人同意が不可欠である。解雇回避努力であっても、あくまで配置転換の打診・提案にとどまるということになる。

ところで、解雇回避努力として配転を打診・提案した場合に、約束された業務と違うとか、職務等級等、処遇の変更を伴う場合は処遇に納得できないとして、

拒否されることがある。そのような場合、やむなく解雇ということになるが、解雇回避努力を尽くしたと言えるかどうか、訴訟において厳しく評価されることがある。前掲ジブラルタ生命事件でも、職務限定のもとでの解雇回避努力の提案について、待遇は遜色ないが全国異動が伴う職種であるとか、格段の減収となる、意に沿わないことが明らかな職種であるなどとして、他の職種への「移行については、俄に応じられるものではなく」と評されている。しかし、解雇が難しく雇用確保が求められる一方、配置については企業の裁量を認め、配転命令については緩やかに有効とするのが、我が国の判例法理のあり方だったはずであり、職務限定特約により配転命令権を手放したにもかかわらず、解雇の判断は相変わらず厳しいというはバランスを失するものであり、不合理である。

もとより、本人の意思に添わない変更であるのみならず、仮に限定特約なく配転命令可能な場合であっても、当該職務変更では権利濫用とされかねないといった状況であれば、解雇回避努力として十分と言えるかという疑義が生じるであろう。しかし、そのようなケースでない限りは、職務限定の場合において当該職務がなくなったときの解雇については、解雇回避努力として提案する職務に関し使用者の裁量は広く考えられるべきである。

4　不法行為、債務不履行の成否

本件判決は、本件配転命令について無効としたうえで、本件配転命令につき不法行為を構成すると認めるに足りる事情の有無や、配置転換に関しYがXに対して負う雇用契約上の債務の内容及びその不履行の有無等について更に審理を尽くさせるため、本件を原審に差し戻すとしている。無効な配転命令だからただちに、不法行為、契約違反による損害賠償義務ありとは限らないということであろう。

仮に、配転命令権があって、配転命令権行使が権利濫用で無効とされた場合も、権利濫用法理は、権利行使が効力を生じないということであって、民法709条の不法行為が成立するかどうかは、あらためて同条の要件充足（違法性のほか故意・過失の有無）が検討されるべきである。配転命令権濫用だからただちに不法行為とは限らない。近年、配転命令権に限らず、解雇権濫用等でも、権利濫用で無効であり、不法行為でもあると短絡的に判断する傾向があるのは問題である。

もっとも、本件ではそもそも「配転命令権なし」とされているので、権利濫用でなく、権利がない（Xにしてみれば義務がない）にもかかわらず、配転命令という形で強制した事案ということなので、違法性ありとされる可能性は否定できない。ただ、本件では、「黙示の職種限定合意」であるうえ、採用時の判断といっても、当時、雇用契約を締結したのは別法人であったという事情があり、YがXについて職種限定なしと考えていたことに、過失があったとまで言えるかどうかも慎重に判断されるべきである。

（いしい・たえこ）

1）本件判決は、本来の対象範囲から外れるが、最高裁判例であること及び判示内容の重要性から、今回取り上げるものである。

2）その他職種限定を否定したものとして、東京サレジオ学園事件（東京高判平15・9・24労判864号34頁、児童指導員）、日本経済新聞社事件（東京高判平14・9・24判タ844号87頁、新聞記者）。

3）今後、様々な資格を有する技術者やIT人材等、専門性ある職種の労働者が増えると予想されることも、ジョブ型雇用への移行とあいまって、職種・職務限定の認定が緩やかになる一因と思われる。

4）安藤運輸事件（名古屋高判令3・1・20労判1240号5頁）は、職種限定の合意は認められないが、運行管理者の資格や経験を活かし、運行管理業務や配車業務に従事できると期待して雇用契約を締結したXの期待に大きく反する業務に漫然と配転するのは、通常甘受すべき程度を著しく超える不利益を負わせたものとして、権利濫用に該当するとしている。アメックス事件（東京高判令5・4・27判タ1523号129頁）は、産休・育休後の役割や業務変更等の事案であるが、実績を積み重ねてきたXのキャリア形成に配慮せず、これを損なうものであることなどを指摘して、産休・育休を理由とする不利益取扱いであるとし、キャリア形成に対する期待感を害されたことに対する慰謝料も認容している。

5）山梨県民信用組合事件（最二判平28・2・19民集70巻2号123頁）は、賃金・退職金に関する労働条件変更に関する同意についてであるが、「当該変更を受け入れる旨の労働者の行為の有無だけでなく、当該変更により労働者にもたらされる不利益の内容及び程度、労働者により当該行為がされるに至った経緯及びその態様、当該行為に先立つ労働者への情報提供又は説明の内容等に照らして、当該行為が労働者の自由な意思に基づいてされたものと認めるに足りる合理的な理由が客観的に存在するか否かという観点からも、判断されるべきもの」としている。

第2部　最新民事判例

知財裁判例の動向

城山康文　弁護士
知的財産法部会

1　はじめに

知的財産法部会では、2024年上半期（1月1日～6月30日）に下された知的財産に関する判例であって、原則として最高裁判所ウェブサイトに掲載されたものを概観し、報告する。なお、行政裁判例（審決取消訴訟の裁判例）も、知的財産分野においては重要な意義を有するものであるので、本稿では対象に含めた。

2　著作権

〔リバースプロキシの設定による送信可能化〕

［1］東京地判令6・4・18（令4（ワ）18776、47部）は、漫画の違法アップロードとして刑事で有罪判決が下された「漫画村」（本件サイト）に関する民事事件であり、漫画著作物の出版権者又は独占的利用権者である出版社3社が原告となり、個人である被告に対して損害賠償を請求したものである。被告は、本件サイトにおいて、ユーザーの求めに応じて本件作品の画像データを閲覧可能としていたとされた。本判決の認定によれば、「本件サイトのサーバは、インターネット回線に接続し、リバースプロキシの設定により第三者サーバから送信された画像データを、不特定多数のユーザーによる本件サイト上の本件作品のサムネイル又はURLのクリック等に応じて、自己にキャッシュされたデータに基づき（本件サイトのサーバに画像データのキャッシュがある場合）、又は第三者サーバから画像データの送信を受け（キャッシュがない場合）、CDNサービスを通じて、ユーザーによる本件作品の画像データの閲覧を可能とするもの」であった。本判決は、これについて、「そうすると、本件サイトのサーバは、公衆の用に供されている電気通信回線に接続している自動公衆送信装置であり、これに第三者サーバから取得した本件作品の画像データを記録し（画像データのキャッシュがある場合）、又は画像データが記録された第三者サーバの当該画像データを記録保存している部分を自己の公衆送信用記録媒体として加え（キャッシュがない場合）、これにより、公衆からの求めに応じ自動的に公衆送信し得るようにしたものといえる。すなわち、被告は、他の関係者と共に、本件サイトのサーバにより本件作品の画像データを送信可能化（著作権法2条9号の5イ）したものと認められる。」

「リバースプロキシの設定とリーチサイト等とが等価であると〔被告が主張〕する点も、ユーザーに対し、画像データが第三者サーバから直接提供されるか（リーチサイト等の場合）、本件サイトのサーバ（リバースプロキシにより第三者サーバからデータを都度取得する場合を含む。）を介し、本件サーバによるものとして提供されるかという相違があることに鑑みると、これらを等価ということはできない。」として、送信可能化権及び公衆送信権の侵害を認めた。

3　特許権

〔発明者〕

［2］東京地判令6・5・16（令5（行ウ）5001、40部）は、「特許法に規定する『発明者』は、自然人に限られるものと解するのが相当である」として、発明者を「ダバス、本発明を自律的に発明した人工知能」と記載した特許出願を却下した特許庁の処分を適法と判断した。

本判決の詳細は、「注目裁判例研究　知財」に譲る。

〔優先権〕

［3］知財高判令6・3・26（令5（行ケ）10057、1部）は、害虫忌避成分を含む噴射剤の発明について、国内優先権主張の可否が問題となった事案である。特許権者が優先権の基礎とした第1の出願には、害虫忌避成分として「EBAAP」及び「イカリジン」の2つが開示されているものの、害虫忌避成分を「EBAAP」とする実施例の記載しかなく、害虫忌避成分「イカリジン」とする実施例が記載されておらず、これに後れる第2の優先基礎出願及び本願の明細書において初めて害虫忌避成分を「イカリジン」とする実施例が補充されたものであった。裁判所は、「後の出願の特許請求の範囲の文言が、先の出願の当初明細書等に記載されたもの

といえる場合であっても、後の出願の明細書の発明の詳細な説明に、先の出願の当初明細書等に記載されていなかった技術的事項を記載することにより、後の出願の特許請求の範囲に記載された発明の要旨となる技術的事項が、先の出願の当初明細書等に記載された技術的事項の範囲を超えることになる場合は、その超えた部分については優先権主張の効果は認められないと解するのが相当である。」との一般論を述べた上で、害虫忌避成分を「イカリジン」とすることは第1の優先基礎出願の特許請求の範囲に明記されており、また、第1の優先基礎出願の明細書には、本願発明に関する課題及びその解決手段と、発明の効果に関するメカニズムや各構成要件の技術的意義が記載されていたと判断し、害虫忌避成分を「イカリジン」とする実施例の追加は、第1の優先基礎出願において特定されていた発明の実施に係る具体例を確認的に記載したものに過ぎず、害虫忌避成分を「イカリジン」とする部分は、第1の優先基礎出願の特許請求の範囲及び明細書において記載された技術的事項の範囲を超えるものではない、と結論付けた。

〔明確性要件〕

[4] 知財高判令6・3・18（令4（行ケ）10127等、4部）は、「セレコキシブ粒子が、ピンミルのような衝撃式ミルで粉砕されたものであり」との発明特定事項（以下「本件ピンミル構成」ということがある）について、「技術常識を考慮しても、『ピンミルのような衝撃式ミル』の範囲が明らかでなく、『ピンミルのような衝撃式ミルで粉砕』するというセレコキシブ粒子の製造方法は、当業者が理解できるように本件明細書等に記載されているとはいえないから、本件訂正発明は明確であるとはいえない。」とした。また、訂正前のクレームに関してサポート要件違反とした前訴判決に関しては、訂正の結果として判断対象が異なるため前訴判決の判示に基づく推論は意味がないとした。

〔クレーム解釈：表面粗さ〕

[5] 知財高判令6・1・31（令5（ネ）10026、4部）は、「表面に排水溝を有する製紙用弾性ベルト」に係る発明における構成要件「前記排水溝の壁面の表面粗さが、算術平均粗さ（Ra）で、$2.0\,\mu m$ 以下であることを特徴とする」について、明細書の記載を参酌のうえ、「排水溝の『全長にわたって』、その壁面の表面粗さが、算術平均粗さ（Ra）で $2.0\,\mu m$ 以下であることを要する」と解釈した。

〔先使用権〕

[6] 知財高判令6・4・25（令3（ネ）10086、1部）は、LED照明に係るパラメータ特許について、先使用権の成否が論点となった事案に関する。裁判所は、先使用権の成立要件に関して、「本件各発明1の課題であるLED照明の粒々感を抑えることは、LED照明の当業者において本件優先権主張日前から知られた課題であり、当業者はこのような課題につき、本件パラメータを用いずに、試行錯誤を通じて、粒々感のない照明器具を製造していたものといえる。そのような技術状況からすると、『物』の発明の特定事項として数式が用いられている場合には、出願（優先権主張日）前において実施していた製品又は実施の準備をしている製品が、後に出願され権利化された発明の特定する数式によって画定される技術的範囲内に包含されることがあり得るところであり、被控訴人が本件パラメータを認識していなかったことをもって、先使用権の成立を否定すべきではない。」とした。また、先使用権の範囲に関して、「先使用権制度の趣旨が、主として特許権者と先使用権者との公平を図ることにあり、特許出願の際（優先権主張日）に先使用権者が現に実施又は準備をしていた実施形式以外に変更することを一切認めないのは、先使用権者にとって酷であって相当ではなく、先使用権者が自己のものとして支配していた発明の範囲において先使用権を認めることが同条の文理にも沿う」とした。

〔訴えの利益：外国において特許を受ける権利を有することの確認〕

[7] 東京地判令6・1・22（令4（ワ）70139等、40部）は、欧州特許の付与を受ける権利を有することの確認に係る国内当事者間の訴えにつき、訴えの利益を否定して却下した。「EPC条約61条1項(b)は、最終的な決定によって、出願人以外の者が欧州特許の付与を受ける権利を有すると判断された場合には、当該出願人以外の者は、同じ発明について新たな欧州特許出願をすることができる旨規定している。そして、EPC施行規則16条2項によれば、上記にいう救済手続は、欧州特許出願において指定されている締約国であって、その国に関して決定が行われ若しくは承認されたもの……に基づいて承認されなければならないものに限り適用される旨規定している。」

「上記の各規定を前提として、……原告は、日本の判決において日本法の職務発明の規定に基づく特許を受ける権利が原告に帰属することが確認された場合（本件において被告らは、外国法の職務発明の規定に基づき、特許を受ける権利を具体的に主張するものではない。）には、欧州特許出願において指定されている締約国であるドイツにおいて上記判決が承認されることになるため、当該ドイツの承認判決に基づき、原告は新たな欧州特許出願をすることができるとして、本件請求1―1、1―3及び2には、いずれも訴えの利益が

ある旨主張する。」

「しかしながら、各国の特許権は、その成立、移転、効力等につき当該国の法律によって定められ、特許権の効力が当該国の領域内においてのみ認められるものである（最高裁平成7年（オ）第1988号同9年7月1日第三小法廷判決・民集51巻6号2299頁参照）。このような属地主義の原則によれば、我が国の職務発明の規定に基づく特許を受ける権利と、ドイツ法の職務発明の規定に基づく特許を受ける権利とは、それぞれ異なるものといえるから、仮に我が国の職務発明の規定に基づく特許を受ける権利が日本において認められたとしても、ドイツ法の職務発明の規定に基づく特許を受ける権利が必ずしもドイツにおいて承認されるものとはいえない。」

「のみならず、原告は、ドイツ法の職務発明の規定に基づき特許を受ける権利の確認を求めて、ドイツの裁判所に対し訴えを提起することができるのであるから、日本の裁判所に対し日本法に基づく特許を受ける権利の帰属の確認を求めるよりも、端的に、ドイツの裁判所に対し直接ドイツ法に基づく特許を受ける権利の帰属の確認を求めるのが、本件における紛争の解決としては、より有効かつ適切であるといえる。」

「これらの事情を総合すれば、本件請求……は、その確認の利益を欠くものとして、いずれも却下するのが相当である。」

〔冒認を理由とする特許権の移転請求と民法94条2項〕

［8］東京地判令6・4・17（令4（ワ）19222、29部）は、ヘアーアイロンに係る特許（本件特許）に関し、原告（株式会社）の代表権限を有しないAが原告に無断で本件特許に係る特許を受ける権利をBに譲渡してしまったことを理由として、特許登録を受けたBから本件特許を譲り受けた被告に対して、原告が特許法74条1項に基づく移転請求をした事案に関するものである。裁判所は、Aが原告の代表取締役であるかの如き外観が作出されたことに関する原告の重い帰責性を認め、善意無過失で本件特許を譲り受けたBは民法94条2項の類推適用により保護されるものと判断した。特許法74条1項に基づく移転請求に関しては、同法79条の2第1項が一定の要件を充たす善意の第三者に通常実施権を認める規定が設けられていることから、それに加えて民法94条2項の類推適用も可能であるのかが争点となったが、裁判所は、両者の要件及び効果は異なっており、特許法79条の2第1項は民法の第三者保護規定を上書きする性格のものではないとして、類推適用を認めた。

〔損害額の推定：特許法102条2項〕

［9］知財高判令6・3・6（令5（ネ）10037、2

部）と［10］知財高判令6・4・24（令6（ネ）10002等、4部）は、同一当事者間でレーザ加工装置に関して争われた事件に関するものであり、いずれも特許権侵害を認めた。特許権者は加工装置用のエンジン（SDエンジン）を製造販売していたのに対し、侵害者はエンジンを製造するものの販売していたのはエンジンを搭載した加工装置（SD装置／SDダイサー）であった。損害額の算定にあたり、特許法102条2項適用の可否が論点となった。知財高判令6・3・6は、「被告による被告旧製品（侵害品）の製造及び輸出・販売行為がなかったならば、原告は自らのSDエンジンを被告又は他のSD装置の製造者に販売することにより、輸出・販売された被告旧製品に対応する利益が得られたであろうということはできる。しかしながら、原告はSDエンジンを販売していたものであって、侵害品と同種の製品であるSD装置を製造・販売していたものではない。また、原告において自らSD装置を製造する能力があり、具体的にSD装置を製造・販売する予定があったことを認めるに足りる証拠もない。原告の逸失利益はあくまでもSDエンジンの売上喪失によるものであって、SD装置の売上喪失によるものではない。そして、SD装置とSDエンジンとは需要者及び市場を異にし、同一市場において競合しているわけではない。したがって、SD装置の売上げに係る被告の利益全体をもって、原告の喪失したSDエンジンの売上利益（原告の損害）と推定する合理的事情はない。」

「この点、原告は、被告旧製品の限界利益のうち、SDエンジン相当部分の限界利益が原告の損害と推定されるべきであるとも主張する。しかし、SDエンジンは、SD装置の一部を構成する部品であって、その対価は製造原価を構成する多数の項目の一つにすぎない。そして、本件において、SD装置の限界利益のうちのどの程度の部分が、それぞれの部品に由来するものであるかを特定するに足りる事情はなく、『SDエンジン』に由来する部分を特定することは困難というほかないのであって、『SDエンジン相当部分』の限界利益を一義的に特定することはできない。仮にこれを算出する場合にも、確立した算出方法があるわけではなく、どのような要素を考慮し、どのような論理操作を行うかによって様々な結論を導くことが可能であるから、このように算出された限界利益の『SDエンジン相当部分』をもって本件における原告の損害を推定し、覆滅事由の主張立証責任を転換するための合理的な基礎とすることはできないというべきである。したがって、原告の前記主張は採用することができない。」と述べた。他方、知財高判令6・4・24は、102条2項の適用を認めたうえで、「被控訴人〔特許権者〕が製造す

るのは SD ダイサーの部品である SD エンジンであり、この点で、特許法 102 条 2 項の推定が覆滅されるべきことに争いはない。」

「そして、SD エンジンの販売者である被控訴人が、SD エンジンの販売による利益を超えた損害の賠償を得られる理由はなく、本件においては、被告製品の販売に係る限界利益（①）に、SD エンジンの価額（②）の SD ダイサーの価額（③）に占める割合を乗じて（①×②／③）被控訴人の損害とし、それを超える部分については推定が覆滅されると解するのが相当である。このように解することが、完成品市場における部品相当部分の市場利益に関する限りで、特許権者による部品の販売行為は、当該部品を用いた完成品の生産行為又は譲渡行為を介して、侵害品（完成品）の譲渡行為と間接的に競合する関係にあるとして特許法 102 条 2 項の適用を認めることと整合的でもある。」とした。

〔侵害訴訟における請求項の追加主張〕

[11] 知財高判令 6・2・21（令 5（ネ）10071、4 部）は、原審裁判所における心証開示（均等侵害不成立）の後に一審原告が行った新たな請求項の追加主張に関し、「訴えの変更」に該当するものとして民事訴訟法 143 条 1 項ただし書により許されないとした原審の判断を誤りとし、時機に遅れた攻撃防御方法として同法 157 条 1 項に基づく却下をした。「ある特許権の侵害を理由とする請求を法的に構成するに当たり、いずれの請求項を選択して請求原因とするかということは、特定の請求（訴訟物）に係る攻撃方法の選択の問題と理解するのが相当である。請求項ごとに別の請求（訴訟物）を観念した場合、請求項ごとに次々と別訴を提起される応訴負担を相手方に負わせることになりかねず不合理である。当裁判所の上記解釈は、特許権の侵害を巡る紛争の一回的解決に資するものであり、このように解しても、特許権者としては、最初から全ての請求項を攻撃方法とする選択肢を与えられているのだから、その権利行使が不当に制約されることにはならない。」

4　意匠権

〔混同を生ずるおそれがある意匠〕

[12] 知財高判令 6・2・19（令 5（行ケ）10113、4 部）は、原告の登録意匠（物品：かばん）に関し、かばんの装飾である南京錠のデザインがエルメス（審判請求人・被告）の登録商標に類似するものであって「他人の業務に係る物品、建築物又は画像と混同を生ずるおそれがある意匠」（意匠法 5 条 2 号）に該当することを認め、当該意匠登録を無効とした審決を維持した。「原告は、本件南京錠は本件登録意匠の要旨ではなく、意

匠の要部を構成しない旨主張する。」

「しかし、本件登録意匠は、別紙意匠公報のとおり、本件南京錠を付したものとして登録されているのであるから、他人の業務に係る物品と混同を生ずるおそれ（意匠法 5 条 2 号）があるか否かについて、登録された意匠の形状等のうち、特に他人の周知・著名な商標に類似する部分が問題となることは当然であり、この点は、意匠同士の類否（同法 3 条 1 項 3 号）等の判断に当たって考慮される意匠の『要部』であるか否かとは別問題であるから、原告の主張は失当である。」

5　商標権

〔識別力〕

[13] 知財高判令 6・1・30（令 5（行ケ）10076、3 部）は、「ラベルプリンター用テープカートリッジ」を指定商品とするカラー立体商標（以下「本願商標」という。出願人のラベルプリンター用テープカートリッジの立体形状を商標とするものであった）について、識別力を否定した登録拒絶審決を維持した。アンケート調査の結果は、「写真に撮影された商品を販売する企業名又は商品名のいずれか一方を正答した者は回答者全体の 31.0％にすぎず、選択肢を示して回答させる質問でも、……写真から『テプラ（TEPRA）』の商品名を選択した者は回答者全体の 35.8％にすぎないという結果となった。」

「本件商品が販売開始から約 30 年が経過していること及び販売地域が全国であることを考慮しても、本願商標が需要者の目につき易く、強い印象を与えるものであったということはできないから、本願商標が使用により自他商品識別力を有するに至ったと認めることはできず、この判断を覆すに足りる事情は認められない。」

[14] 知財高判令 6・3・28（令 5（行ケ）10119、3 部）は、オーデマ ピゲを出願人とする商標（本願商標、出願人の時計に係るシルバーの文字盤・縁から針・ロゴ・数字を除去した平面図形に係るもの）（指定商品：時計）について、識別力を否定して登録拒絶審決を維持した。「本願商標の形状は、客観的に見て、商品の機能又は美感に資することを目的として採用されたものであり、かつ、本願商標の需要者である一般の消費者において、同種の商品等について、機能又は美感に資することを目的とする形状の選択であると予測し得る範囲のものである。」

「本件製品が販売開始から約 40 年が経過していること及び原告自身が有名な高級腕時計製造販売業者であることを考慮しても、本願商標が需要者の目につき易く、強い印象を与えるものであったということはでき

ないから、本願商標が使用により自他商品識別力を有するに至ったと認めることはできず、この判断を覆すに足りる事情は認められない。」

[15] 知財高判令6・3・11（令5（行ケ）10095、4部）は、エルメスの包装箱に係るだいだい色と茶色の縁取りとの組み合わせからなる商標（指定商品・役務：香水、宝飾品、ハンドバッグ、それらの小売り等）についての識別力を否定し、登録拒絶審決を維持した。アンケート調査に関しては、裁判所は、40％前後の正答率は自他商品役務識別力の獲得を認め得る結果であるものの、対象者の設定が不適当であるとした。「本件包装箱の使用及び宣伝広告を通じて、少なくとも、『エルメス』のような高級ファッションブランド商品の購入者やこれに関心を有する消費者の間では、本願商標を付した本件包装箱（オレンジボックス）は、原告の展開する『エルメス』に係るものであるとの認識が広く浸透しているものと認められるが、本願の指定商品及び指定役務に照らすと、本願商標の需要者としては一般消費者を想定すべきであり、そうした需要者を基準に考えた場合、本願商標それ自体から『エルメス』ブランドを認識できるに至っていると即断することはできない。本件各アンケート調査の結果も、この点の認定証拠として不適当である。第2に、本願の指定商品のうち第3類の香料及び第16類の紙製箱等並びにこれらの商品に係る第35類の小売等役務については、本願商標の使用の事実が認められず、これら指定商品・役務について、本願商標の使用による自他商品役務識別力の獲得を認めることはできない。」

「なお、被告〔特許庁〕は、本願商標の登録を認めた場合、多数の事業者によって広く使用されている色彩について、本願商標に類似すると判断され得る使用態様が事実上制限されることになり、ファッション分野を中心に、色彩使用の自由が著しく制限され、他の事業者に著しい委縮効果を及ぼすことになる旨主張する。」

「しかし、まず、本願商標は、単なる橙色と茶色の組合せをもって特定されるものではなく、箱全体の橙色とその上部輪郭を縁取るように付された茶色を組み合わせた特有の構成を有するものであって、その商標登録を認めたからといって、単純に色彩の独占がもたらされるわけではないし、このような特有の構成を備えた色彩の組合せが多数の事業者によって広く使用されているという取引の実情が認められるわけでもない」

「また、仮に本願商標の登録が認められたとしても、これに類似すると判断される使用態様は、実際上、不正競争防止法2条1項1号の不正競争にも当たる場合が少なくないと解され……、その委縮効果を過大に

評価すべきでない。」

〔商標的使用〕

[16] 東京地判令6・1・26（令3（ワ）16043、46部）は、被告標章の使用態様を商標的使用であると認め、「お年賀マスク」（標準文字）（指定商品：衛生マスク）の侵害を認めた。『『年賀』については、新年に渡す贈答品を指す語としてある程度定着し、『年賀』としてよく贈答されるタオルについては『お年賀タオル』と呼ばれることもあったが、従来、新年の贈答品としてマスクを渡すことは余りなく、令和2年の半ばから令和3年頃、『お年賀マスク』の語自体が、普通名称となっていたとは認められない。また、令和3年まで、新年の贈答品としてマスクを渡すことは余りなく、令和2年の半ばから令和3年にかけて、『お年賀マスク』との語が使われた場合、それは新しい語であるとの印象を与えるものであったと認められる。」

「『お年賀マスク』についての当時の認識にこのような被告商品における被告標章の使用態様等を総合的に考慮すると、令和2年8月から令和3年1月頃、被告商品の包装箱における被告標章が、需要者に何人かの業務に係る商品であることが認識できる態様により使用されていない商標であったとは認められない。」

〔ウェブサイトにおける外国店舗の紹介と商標の「使用」〕

[17] 東京地判令6・3・19（令3（ワ）11358、29部）は、商標「すしざんまい」（指定役務：すしを主とする飲食物の提供等）に係る商標権侵害を認めたものである。被告は、被告の関連会社がマレーシアにおいて展開する「Sushi Zanmai」という名称のすし店（本件すし店）を紹介するものとして被告のウェブページに「Sushi Zanmai」と表示したものであるが、被告自身は「すしを主とする飲食物の提供」は行っていなかった（被告は魚介類及び水産加工品の輸出入並びに販売、一般食堂の経営及び経営指導等の事業を行う株式会社であり、日本で仕入れた食材の本件すし店に向けた輸出も行っていた）。裁判所は被告のウェブページが日本国内の取引者及び需要者に向けたものであることから、被告の表示は「すしを主とする飲食物の提供」と類似の役務に関する商標の「使用」に該当するものとした。そして、その損害額は、被告による本件すし店向けの食材輸出売上に使用料率を乗じて算定された。

6 不正競争防止法

〔品質誤認〕

[18] 東京地判令6・2・21（令4（ワ）16072、29部）は、茶葉を主原料とする非タバコ加熱スティック商品（本件商品）における「ニコチン0mg」、「ニコチ

ンフリー」との表示（本件表示）に関し、本件製品が0.1ないし0.4ppmのニコチンが含まれていることを認めながらも、①本件表示は、成分が茶葉と同様であって、身体及び精神に悪影響を与えるような程度の量の成分を含有していないことを示す目的のものと考えられること、②本件商品が含有するニコチンは、茶葉そのものに含まれていた内因性由来のものであること、③他の複数の非たばこ加熱式スティックに係る広告においても、定量下限を1ppmとした分析によりニコチンが検出されなかったことを根拠として「ニコチン0」との記載がされていること、「本件表示が、本件商品についての需要者の需要を不当に喚起し、被告らが不当に競争上優位に立つことになるものであるということはできず、よって、本件表示が本件商品の品質及び内容について誤認させるような表示に当たると認めることはできない」とした。

〔営業誹謗〕

[19] 東京地判令6・3・22（令3（ワ）22564等、29部）は、株式の新規上場を予定していた原告に対して被告会社が特許侵害訴訟を提起し、その事実を上場幹事会社に通知した結果、新規上場が中止され、その翌日に前記訴訟が取り下げられたことに関し、原告が前記通知は虚偽事実の告知（不正競争防止法2条1項21号）であるとして、被告会社及びその代表者に対して損害賠償を求めた事案に関する。裁判所は、特許権が無効であると認めたものの、「一般に、特許権は特許庁においていったん特許要件ありとして特許査定を受けた権利であることを考慮すると、本件通知行為時点において、被告らに本件特許の無効理由を調査する義務まで負わせることが相当であるとはいい難い」と述べて被告らの過失を否定し、原告の請求を棄却した。

（しろやま・やすふみ）

第 2 部　最新民事判例

注目裁判例研究

知財　AI を発明者とする特許出願の可否

東京地判令 6・5・16
令和 5 年（行ウ）第 5001 号、出願却下処分取消請求事件
判時 2601 号 90 頁、判タ 1521 号 241 頁

青木大也　大阪大学准教授

知的財産法部会

◆事実の概要◆

　原告は、特願 2020-543051 号に係る国際出願（以下「本件出願」という）をした上、被告（特許庁長官）に対し、特許法 184 条の 5 第 1 項所定の書面に係る提出手続（以下、当該提出に係る書面を「本件国内書面」という）をした。原告は、同書面において、発明者を「ダバス、本発明を自律的に発明した人工知能」と記載した（なお特許出願人は原告である）[1]。

　これにつき、被告は、原告に対し、発明者の氏名として自然人の氏名を記載するよう補正を命じたものの、原告が補正をしなかったため、特許法 184 条の 5 第 3 項に基づき、本件出願を却下する処分（以下「本件処分」という）をした。

　原告はこれを不服として、行政不服審査法に基づき、審査請求を行ったところ、審査庁（被告）は当該審査請求を棄却した。

　原告はこれを不服として、本件処分の取消しを求めて本件訴訟を提起した。

◆判　旨◆

　本判決は、争点を「特許法にいう『発明』とは、自然人によるものに限られるかどうか」としつつも、以下のように判示して、原告の請求を棄却した。

　「知的財産基本法 2 条 1 項は、『知的財産』とは、発明、考案、植物の新品種、意匠、著作物その他の人間の創造的活動により生み出されるもの（発見又は解明がされた自然の法則又は現象であって、産業上の利用可能性があるものを含む。）、商標、商号その他事業活動に用いられる商品又は役務を表示するもの及び営業秘密その他の事業活動に有用な技術上又は営業上の情報をいうと規定している。」

　「上記の規定によれば、同法に規定する『発明』とは、人間の創造的活動により生み出されるものの例示として定義されていることからすると、知的財産基本法は、特許その他の知的財産の創造等に関する基本となる事項として、発明とは、自然人により生み出されるもの

と規定していると解するのが相当である。」

　「そして、特許法についてみると、発明者の表示については、同法 36 条 1 項 2 号が、発明者の氏名を記載しなければならない旨規定するのに対し、特許出願人の表示については、同項 1 号が、特許出願人の氏名又は名称を記載しなければならない旨規定していることからすれば、上記にいう氏名とは、文字どおり、自然人の氏名をいうものであり、上記の規定は、発明者が自然人であることを当然の前提とするものといえる。また、特許法 66 条は、特許権は設定の登録により発生する旨規定しているところ、同法 29 条 1 項は、発明をした者は、その発明について特許を受けることができる旨規定している。そうすると、AI は、法人格を有するものではないから、上記にいう『発明をした者』は、特許を受ける権利の帰属主体にはなり得ない AI ではなく、自然人をいうものと解するのが相当である。」

　「他方、特許法に規定する『発明者』に AI が含まれると解した場合には、AI 発明をした AI 又は AI 発明のソースコードその他のソフトウェアに関する権利者、AI 発明を出力等するハードウェアに関する権利者又はこれを排他的に管理する者その他の AI 発明に関係している者のうち、いずれの者を発明者とすべきかという点につき、およそ法令上の根拠を欠くことになる。のみならず、特許法 29 条 2 項は、特許出願前にその発明の属する技術の分野における通常の知識を有する者（以下『当業者』という。）が前項各号に掲げる発明に基いて容易に発明をすることができたときは、進歩性を欠くものとして、その発明については特許を受けることができない旨規定する。しかしながら、自然人の創作能力と、今後更に進化する AI の自律的創作能力が、直ちに同一であると判断するのは困難であるから、自然人が想定されていた『当業者』という概念を、直ちに AI にも適用するのは相当ではない。さらに、AI の自律的創作能力と、自然人の創作能力との相違に鑑みると、AI 発明に係る権利の存続期間は、AI がもたらす社会経済構造等の変化を踏まえた産業政策上の観点から、現行特許法による存続期間とは異なるものと制度

180　第 2 部　最新民事判例

設計する余地も、十分にあり得るものといえる。」

「このような観点からすれば、AI 発明に係る制度設計は、AI がもたらす社会経済構造等の変化を踏まえ、国民的議論による民主主義的なプロセスに委ねることとし、その他の AI 関連制度との調和にも照らし、体系的かつ合理的な仕組みの在り方を立法論として幅広く検討して決めることが、相応しい解決の在り方とみるのが相当である。グローバルな観点からみても、発明概念に係る各国の法制度及び具体的規定の相違はあるものの、各国の特許法にいう『発明者』に直ちに AI が含まれると解するに慎重な国が多いことは、当審提出に係る証拠及び弁論の全趣旨によれば、明らかである。」

「これらの事情を総合考慮すれば、特許法に規定する『発明者』は、自然人に限られるものと解するのが相当である。」

◆研　究◆

1　はじめに

本件は、原告らが世界で展開する The Artificial Inventor Project[2] の一環としてされた国際出願に関連して、我が国において AI（人工知能）が特許法上の発明者に該当するか否かについて判示された事例であり、先例的価値のある判決といえる[3]。

AI によって自律的に生成されたとする「発明」（当事者の主張を受けて、判決も使用する言葉を借りて、以下 AI 発明と呼ぶ。ただし後述の通り、それが特許法上の「発明」に該当するかは明らかではないため、留意する必要がある）の特許法上の取扱いをめぐっては、すでに知的財産戦略本部の AI 時代の知的財産権検討会による中間とりまとめが公表されているが、そこでは、現状、AI が自律的に発明することはなさそうであると認識され、「AI が自律的に発明の特徴的部分を完成させることが可能となった場合の取扱い」や「AI 自体の権利能力」については、今後の課題とされていた[4]。本件の AI 発明がこれに該当するかはさておき、実際の事例が登場したことにより、立法論に対しても一石が投じられるように思われる[5]。

2　判決の構造

本判決は、総合考慮により「特許法に規定する『発明者』は、自然人に限られる」旨を導いているが、そこで考慮された事情として、大きく、①知的財産基本法上の発明概念、②特許法上の発明者概念、③AI を発明者とした場合の懸念、立法論への期待、国際動向等を挙げている。

⑴　知的財産基本法上の発明概念

まず本判決は、知的財産基本法 2 条 1 項から、知的財産基本法上の発明が人間の創造的活動により生み出されるものであることを導いている。これはあくまで知的財産基本法上の「発明」という文言に関する判示であり、特許法における発明該当性について結論を導くものとは限らない点に留意する必要がある。

もっとも、基本法は個別法の解釈の指針となり得ることは指摘されており[6]、この点からは、知的財産基本法における上記議論が、特許法上の文言の解釈に影響を及ぼすと整理することも（制定順序として基本法が後発である点も気がかりであるが）可能かもしれない[7]。本判決も総合考慮の一要素としてではあるものの、この点を踏まえつつ、しかし対応する特許法上の「発明」[8] の解釈をするのではなく、「発明者」の解釈に照準を合わせたようである。その点については後述する。

⑵　特許法上の発明者概念

続いて本判決は、特許法上の発明者概念について、（出願人について名称を許容することとの対比で）「氏名」の記載が求められることと、特許権の帰属主体であるべきことから、自然人に限るとして、形式的な根拠を指摘している。

この点について原告は、AI 発明については、民法 205 条が準用する同法 189 条の規定により、特許を受ける権利を有する者が定められる旨主張していたが、裁判所は、「同条によっても、果実を取得できる者を特定するのは格別、果実を生じさせる特許権そのものの発明主体を直ちに特定することはできない」として容れなかった。もっとも、原告の主張は、AI 発明について特許を受ける権利が生じた場合の帰属主体に関する処理を指摘したものと思われ、これそのもので発明者を明らかにしようとしたものではないと思われる[9]。

⑶　AI を発明者とした場合の懸念等

一方、消極的事情として、発明者に AI が含まれた場合の懸念について指摘されている。もっとも、本判決は「いずれの者を発明者とすべきかという点につき、およそ法令上の根拠を欠く」ことを懸念しているが、本判決自身が発明者に AI が含まれると仮定したこととの関係が明らかではない。この点は、⑵との対比からして、権利を誰に帰属させるべきかという問題を指しているものと整理するのが 1 つであるように思われる[10]。また、当業者概念を AI に適用できるかという懸念も、発明者に AI が含まれるかという点とは必ずしも直結しないものと思われる。これらの点は、存続期間の件も含め、特許法と AI（発明）との関係を、全体として立法的解決に預けようとする趣旨の記述と推察されようか。

注目裁判例研究　知財　*181*

また、国際的観点に関する箇所では、法制度の違いはあるにせよ、結論のレベルでは、AIが発明者に含まれないとする地域が多いことが指摘されている[11]。

3　AI発明に係る特許法上の発明該当性

本件で目を引くのは、知的財産基本法上の発明の解釈に言及しながら、当事者間で大きな争いとなっていた（そして裁判所も争点と明示した）、AI発明が特許法上の発明に該当するのか、という問いに関する直接的な判断を、裁判所が避けている点であろう。

この点については、学説上、AI発明について、特許法上の発明該当性を否定する立場もあるが[12]、一方、発明該当性にかかわらず、別途、その場合の「発明」には発明者は存在しない（AIは発明者になり得ない）とするように読める立場も見受けられる[13]。

この点、発明概念は特許法の様々な条文で使用されているところ、発明に対する解釈を与えようとすると、これらをすべて精査する必要が生じかねない。例えば、被疑侵害者の実施に係る「発明」（2条3項、68条）、新規性や進歩性の引例たる「発明」（29条1項各号、2項）[14]、拡大先願における明細書等に記載された「発明」（29条の2）、先使用を主張するための「発明」（79条）等に、AI発明は含まれるのであろうか。

加えて、仮に当事者に争いのあった発明の定義（2条1項）における「創作」の文言に依存した解釈をしてしまうと、現在のところ同じ創作法と整理されている意匠法においては、意匠の定義（意匠法2条1項）に「創作」が含まれないことから、別途の処理が要求されるように思われる[15][16]。

以上のような状況下で、本判決が最後に立法論を強調する点にも鑑みると、本判決は（知的財産基本法上の発明に係る解釈にのみ言及しつつ）特許法上の発明に係る解釈には触れず、直接特許法上の「発明者」概念に係る解釈を導くことで、これらの議論をひとまず回避

して処理したと考えられる。もっとも、すでに述べた通り、上記のような処理が適切であるかは別論である。

4　おわりに

仮に本件で原告が勝訴し、AIが発明者に該当し得るとされたとしても、実際にAI発明について特許を取得するには、本件で争われたような論点を含め、様々なハードルがあろう。それらの点で、現行法の範囲では、AI発明に係る究極的な特許取得は、相当に困難かもしれない。

もっとも、AI発明と特許法をめぐる問題につき、裁判所も立法的解決を強く示唆するなど、本判決の意義は相当に大きいと思われる。しかも、AI関係の技術の発展は想像を絶するものがあり、実際上の問題はすでに生じつつあるように思われる。特に、本稿で議論を拡張した意匠法にあっては、AIによる生成が比較的容易であると思われ、特許法におけるよりも先に、AI生成に係るデザインとの関係に決着を付ける必要が生じるかもしれない。そこでの議論はもちろん特許法にも跳ね返り得るものであり、知的財産法分野での横断的な視野も持ちつつ、検討を急ぐ必要があろう。

（あおき・ひろや）

〔付記〕

・脱稿日：2024年8月23日。脱稿後、本稿冒頭掲記の判時、判タの各匿名コメント、及び、本判決を検討するものとして、深井俊至「本件判批」ビジネス法務2024年11月号56頁、田中浩之「本件判批」ジュリ1602号（2024）8頁、中山一郎「AIは発明者たり得るか？——解釈論及び立法論上の課題」特許研究78号（2024）6頁、宮脇正晴「本件判批」法セミ838号（2024）106号、山神清和「本件判批」新判解Watch知的財産法No.171（2024）、愛知靖之「本件判批」L&T106号（2024）63頁に接した。

・本研究はJSPS科研費JP22H00799（23K22071）、JP23K01214、JP24H00133の助成を受けたものである。

1）国際出願の具体的内容については、WIPOサイト参照。
　https://patentscope2.wipo.int/search/en/detail.jsf?docId=WO2020079499（2024年12月20日最終閲覧。以下URLにつきすべて同じ）

2）https://artificialinventor.com/

3）本判決に関して、筆者は愛知靖之「AIの『発明者』該当性」（商事法務知的財産判例研究会、2024年7月）に接し、以下引用している。同報告は、付記の通り愛知靖之「本件判批」L&T106号（2024）63頁にて論文化されており、詳細はそちらを参照されたい。また、本判決に係る評釈として、生田哲郎「本件判批」発明121巻8号（2024）25頁がある。

4）「AI時代の知的財産権検討会中間とりまとめ」（2024年5月）85頁。

5）本判決自身も、最後に、「まずは我が国で立法論としてAI発明に関する検討を行って可及的速やかにその結論を得ることが、AI発明に関する産業政策上の重要性に鑑み、特に期待されている」と述べる。

6）教育基本法との関係で、最大判昭51・5・21刑集30巻5号615頁［旭川学力テスト上告審］、及び、内閣法制局長官答弁（第165回国会参議院教育基本法に関する特別委員会会議録第9号（その1）46頁（平成18年））を参照（ただし、教育基本法の特別な位置づけに留意する必要がある）。学説上も、例えば、川崎政司「基本法再考(2)——基本法の意義・機能・問題性」自治研究81巻10号（2005）52頁。塩野宏「基本法について」日本學士院紀要63巻1号（2008）1頁、西川明子「基本法の意義と課題」レファレンス平成27年2月号43頁も参照。旧観光基本法14条を根拠に、都市計画法34条2号の「観光資源」の文言を解

釈したものとして、名古屋地判平4・4・24行集43巻4号640頁（ただし、基本法が先行している事例）。

7）ただし、裁判所がその判断中において知的財産基本法に言及した例は、LEX/DBでは本件を含め5件であるが、実際に機能したのは東京高判平23・5・11平成22年(ネ)第3571号のみであり、かつこれも営業秘密の侵害に係る国際裁判管轄をめぐる争いにおいて、当事者の主張への応答として判示されたに過ぎず、個別の知的財産法の文言の解釈に一定の影響を与えた事例は本判決が初ではないかと思われる。

8）ただし、知的財産基本法上の知的財産は、法全体において、創造、保護、活用の対象とされるものと整理できそうである。そのため、仮に特許法上の発明の解釈に影響を及ぼすとしても、特許法における、創造、保護、活用される場面での「発明」の解釈にのみ及び、例えば、後述のように引例としての「発明」の解釈にまで及ぶべきかは、別論とすることも可能であろう。

9）愛知・前掲注3）も参照。

10）愛知・前掲注3）は、前提となる「特許法に規定する『発明者』にAIが含まれると解した場合」という文言につき、「特許法に規定する『発明』にAI発明が含まれると解した場合」と解されるとする。

11）プロジェクトのサイト（https://artificialinventor.com/patent/）において、各国でのチャレンジの状況が確認できる。なお、原告が言及する欧州特許庁の判断については、J 0008/20のケース（ECLI：EP：BA：2021：J000820.20211221）を参照されたい。

12）例えば、「発明」の「創作」要件との関係で、平嶋竜太「Generative AIによる生成物をめぐる知的財産法の課題」Law & Technology別冊『知的財産紛争の最前線 No.9』（民事法研究会、2023）71-72頁参照。

13）例えば、上野達弘「人工知能による"発明"と"創作" ――AI生成物に関する知的財産権」Japio YEAR BOOK（2017）20-21頁、横山久芳「AIに関する著作権法・特許法上の問題」法時91巻8号（2019）50頁参照。

14）愛知・前掲注3）は、射程に留意しつつも、知財高判平30・4・13判時2427号91頁［ピリミジン誘導体］の説示に鑑み、引例は、「具体的な技術的思想」が抽出できれば足り、「発明」である必要はなく、AI発明に関してもこれに含まれるとする。なお、近時の特許庁政策推進懇談会「中間整理」（2024年6月）29頁以下にあっても、AI生成に係るデザインについて、（出願人の以前の意匠を学習したAIによる出力というケースが念頭に置かれてはいるが）意匠法上の引例適格性があることを念頭に置いた記述がなされているように思われる。

15）前掲注4）「AI時代の知的財産権検討会中間とりまとめ」25-26頁では、AI生成物の意匠法による保護が議論されているが、そこでは本判決と同様、創作者/出願人の議論から、意匠法は自然人による意匠の創作を予定していると整理するのみで、AI生成物の意匠法上の意匠該当性そのものには言及がない。意匠法上の意匠概念について、鈴木康平「生成AIと意匠法」Nextcom57号（2024）33頁以下も参照。

16）また、創作非容易性（意匠法3条2項）の引例については、特許法での進歩性におけるものと異なり、意匠ですらなく、公知の「形状等又は画像」であれば足りることから、AIにより生成されたこれらが引例となる可能性はより差し迫っているといえる。もっとも、創作非容易性については、すでに自然物の形状等が引例に該当することが指摘されており（意匠審査基準第Ⅲ部第2章第2節6.7【事例2】を参照）、これが自然人の創作に係るものではないことは明らかであるから、それを敷衍する限り、あまり問題にはならないかもしれない。鈴木・前掲注15）39頁注23も参照。

当期の裁判例索引

◆凡　例◆

- 索引は「第 2 部　最新民事判例」の「裁判例の動向」の中で番号を付して紹介した裁判例と、「注目裁判例研究」で取り上げた裁判例を対象とする。
- 「契 1-1」とは、「契約裁判例の動向 1」の［1］の判決をさす。
- 「契研究 1」とは、「注目裁判例研究　契約 1」の判決をさす。
- 契、金担、物動、法、家、環、医、労、知はそれぞれ、契約、金融・担保、物権・不動産取引、不法行為、家族、環境、医事、労働、知財の略である。
- 「注目裁判例研究」では、当期のもの以外の裁判例を取り上げることがある。

最高裁判所

最一判令 3・5・17 労判 1299 号 5 頁、民集 75 巻 6 号
　　　2303 頁 ································· 労-36
最二判令 5・1・27 判時 2578 号 5 頁 ············ 医-11
最二決令 5・5・17 判時 2580 = 2581 号 222 頁 ····· 家-2
最三判令 5・6・27 民集 77 巻 5 号 1049 頁 ········ 労-25
最三判令 5・7・11 民集 77 巻 5 号 1171 頁 ········ 労-14
最一判令 5・7・20 判時 2579 号 91 頁 ············ 労-88
最三判令 5・9・12 民集 77 巻 6 号 1515 頁 ······ 法 2-28
最三決令 5・10・6 民集 77 巻 7 号 1631 頁 ········ 物動-2
最一判令 5・10・16 判タ 1519 号 177 頁 ········· 法 1-12
最一判令 5・10・23 判タ 1519 号 169 頁、
　　　判時 2592 号 53 頁 ········ 契 2-4、物動-7、法 1-6
最大決令 5・10・25 民集 77 巻 7 号 1792 頁 ··· 家-20、医-28
最一決令 5・10・26 民集 77 巻 7 号 1911 頁 ······· 家-17
最一判令 5・10・26 判時 2589 号 5 頁 ······· 法 2-29、医-34
最二判令 5・11・27 判タ 1519 号 162 頁、民集 77
　　　巻 8 号 2188 頁 ·········· 金担-8、物動-12、金担研究
最三判令 6・3・27 裁判所 HP、LEX/DB25573446 ····· 医-39
最二判令 6・4・26 判タ 1523 号 80 頁 ············ 労研究
最二判令 6・6・21 裁判所 HP、LEX/DB25573598 ····· 医-29

高等裁判所

仙台高判令 2・1・28 労判 1297 号 147 頁 ·········· 労-37
東京高判令 3・8・27 判時 2578 号 9 頁 ····· 法 1-16、法 2-41
大阪高判令 3・12・9 判時 1298 号 30 頁 ·········· 労-101
東京高判令 4・1・27 労判 1307 号 51 号 ·········· 労-68
大阪高判令 4・2・22 判タ 1514 号 83 頁、
　　　判時 2528 号 5 頁 ······················ 法 2-31
東京高判令 4・2・24 判タ 1514 号 72 頁 ·········· 法 2-7
東京高決令 4・3・11 家判 50 号 69 頁、
　　　判タ 1521 号 124 頁 ······················ 家-6
東京高決令 4・3・17 家判 49 号 76 頁 ············ 家-11
名古屋高金沢支判令 4・3・23 判時 2582 号 20 頁 ··· 法 2-6
東京高判令 4・4・12 判時 2586 号 17 頁 ····· 契 2-11、法 2-4
大阪高判令 4・4・15 判時 2575 号 78 頁 ·········· 労-38
東京高判令 4・5・18 労判 1305 号 58 頁、
　　　判タ 1511 号 153 頁 ····················· 労-94
札幌高判令 4・5・19 判タ 1516 号 125 頁 ········· 金担-10
高松高判令 4・5・25 判時 2574 号 50 頁 ·········· 労-74

大阪高判令 4・5・27 判時 2575 号 11 頁 ·········· 契 2-8
東京高判令 4・5・31 判時 2576 号 67 頁 ·········· 法 2-1
東京高判令 4・7・28 判タ 1518 号 113 頁
　　　···················· 契 1-12、物動-14、家-16
東京高決令 4・8・18 判タ 1514 号 95 頁、
　　　判時 2555 号 5 頁 ······················· 家-10
東京高判令 4・9・22 労判 1304 号 52 頁 ·········· 労-73
大阪高判令 4・9・29 判時 2573 号 58 頁
　　　················· 物動-6、法 2-20、法研究 1
大阪高判令 4・10・14 判タ 1518 号 131 頁 ········ 法 1-5
東京高決令 4・10・20 判タ 1515 号 57 頁、
　　　判時 2598 号 29 頁 ······················ 家-7
東京高判令 4・10・24 判時 2517 号 87 頁 ····· 契 1-5、労-39
東京高判令 4・10・27 判タ 1515 号 50 頁 ········· 法 1-8
名古屋高判令 4・11・15 判タ 1514 号 54 頁、
　　　判時 2593 号 27 頁 ··············· 契 1-2、法 2-33
仙台高判令 4・11・25 判時 2583 号 12 頁 ········· 法 1-15
東京高判令 4・12・13 判タ 1516 号 112 頁
　　　················· 法 2-36、家-13、家研究 1
東京高決令 5・1・17 家判 50 号 60 頁、
　　　判時 2599 号 37 頁 ······················ 家-12
大阪高判令 5・1・18 判時 2590 号 94 頁 ·········· 労-78
東京高判令 5・1・25 労判 1300 号 29 頁、
　　　判タ 1507 号 74 頁 ······················ 労-8
東京高判令 5・2・28 判タ 1514 号 39 頁 ··· 物動-9、法 2-17
福岡高判令 5・3・9 労判 1300 号 5 頁 ············ 労-27
東京高判令 5・3・15 判タ 1517 号 92 頁
　　　················· 契 2-3、物動-10、法 2-18
東京高判令 5・3・23 判時 2576 号 45 頁 ·········· 環-12
東京高判令 5・3・23 労判 1306 号 52 頁 ·········· 労-9
札幌高判令 5・3・28 判タ 1516 号 102 頁 ····· 法 2-10、医-17
大阪高判令 5・4・20 判時 2586 号 59 頁 ·········· 労-89
東京高判令 5・5・17 金判 1685 号 26 頁 ·········· 金担-11
東京高判令 5・5・25 家判 49 号 70 頁、
　　　判時 2592 号 64 頁 ······················ 家-9
東京高決令 5・6・8 判タ 1518 号 125 頁 ·········· 家-4
東京高決令 5・6・21 家判 50 号 53 頁、
　　　判タ 1520 号 55 頁 ······················ 家-3
大阪高判令 5・6・29 判タ 1515 号 30 頁 ·········· 物動-4
大阪高判令 5・6・29 労判 1299 号 12 頁 ·········· 労-35
東京高判令 5・8・3 金判 1687 号 34 頁
　　　···················· 金担-4、法 1-7、法 2-14
東京高判令 5・8・8 金判 1684 号 34 頁 ····· 金担-5、法 2-12
東京高判令 5・8・23 判タ 1519 号 198 頁 ···· 契 2-1、物動-5
名古屋高金沢支判令 5・8・23 金判 1685 号 16 頁 ··· 金担-6
東京高判令 5・8・31 金判 1683 号 28 頁 ·········· 契 1-1
東京高判令 5・9・7 労経速 2539 号 3 頁 ·········· 労-10
東京高判令 5・9・20 金判 1690 号 16 頁 ·········· 法 1-13
福岡高判令 5・9・26 労経速 2537 号 3 頁 ·········· 労-40
東京高判令 5・9・28 金判 1689 号 8 頁 ············ 契 2-7
仙台高判令 5・10・25 判時 2579 号 64 頁
　　　················· 法 1-17、法 2-30、医-30
東京高判令 5・10・25 労判 1303 号 39 頁 ········· 労-5
名古屋高判令 5・11・22 裁判所 HP ·············· 環-9
名古屋高判令 5・11・30 労経速 2542 号 3 頁 ······· 労-75
東京高判令 5・11・30 労経速 2543 号 3 頁、
　　　労判 1312 号 5 頁 ······················· 労-15

大阪高判令 5・12・19 金判 1692 号 44 頁 ⋯⋯⋯⋯⋯⋯ 金坦-12
福岡高那覇支判令 5・12・20 裁判所 HP、訟月 70 巻
　　8 号 845 頁 ⋯⋯⋯⋯⋯⋯⋯⋯⋯⋯⋯⋯⋯⋯⋯ 環-13
東京高判令 6・1・25 金判 1692 号 32 頁 ⋯⋯ 金坦-7、法 2-13
大阪高判令 6・1・26 裁判所 HP、LEX/DB25573363
　　⋯⋯⋯⋯⋯⋯⋯⋯⋯⋯⋯⋯⋯⋯⋯⋯⋯⋯⋯⋯ 医-31
知財高判令 6・1・30（令 5（行ケ）10076、3 部）、
　　裁判所 HP ⋯⋯⋯⋯⋯⋯⋯⋯⋯⋯⋯⋯⋯⋯⋯ 知-13
知財高判令 6・1・31（令 5（ネ）10026、4 部）、
　　裁判所 HP ⋯⋯⋯⋯⋯⋯⋯⋯⋯⋯⋯⋯⋯⋯⋯⋯ 知-5
名古屋高判令 6・2・8LEX/DB25599140 ⋯⋯⋯⋯⋯⋯ 医-2
福岡高那覇支判令 6・2・15 裁判所 HP ⋯⋯⋯⋯⋯⋯ 環-14
知財高判令 6・2・19（令 5（行ケ）10113、4 部）、
　　裁判所 HP ⋯⋯⋯⋯⋯⋯⋯⋯⋯⋯⋯⋯⋯⋯⋯ 知-12
知財高判令 6・2・21（令 5（ネ）10071、4 部）、
　　裁判所 HP ⋯⋯⋯⋯⋯⋯⋯⋯⋯⋯⋯⋯⋯⋯⋯ 知-11
仙台高秋田支判令 6・2・28LEX/DB25598455 ⋯⋯⋯ 医-36
知財高判令 6・3・6（令 5（ネ）10037、2 部）、
　　裁判所 HP ⋯⋯⋯⋯⋯⋯⋯⋯⋯⋯⋯⋯⋯⋯⋯⋯ 知-9
知財高判令 6・3・11（令 5（行ケ）10095、4 部）、
　　裁判所 HP ⋯⋯⋯⋯⋯⋯⋯⋯⋯⋯⋯⋯⋯⋯⋯ 知-15
大阪高決令 6・3・15 裁判所 HP ⋯⋯⋯⋯⋯⋯⋯⋯⋯ 環-4
知財高判令 6・3・18（令 4（行ケ）10127 等、4 部）、
　　裁判所 HP ⋯⋯⋯⋯⋯⋯⋯⋯⋯⋯⋯⋯⋯⋯⋯⋯ 知-4
福岡高判令 6・3・22LEX/DB25599611 ⋯⋯⋯⋯⋯⋯ 医-4
知財高判令 6・3・26（令 5（行ケ）10057、1 部）、
　　裁判所 HP ⋯⋯⋯⋯⋯⋯⋯⋯⋯⋯⋯⋯⋯⋯⋯⋯ 知-3
知財高判令 6・3・28（令 5（行ケ）10119、3 部）、
　　裁判所 HP ⋯⋯⋯⋯⋯⋯⋯⋯⋯⋯⋯⋯⋯⋯⋯ 知-14
名古屋高判令 6・4・18 裁判所 HP、LEX/DB25620051
　　⋯⋯⋯⋯⋯⋯⋯⋯⋯⋯⋯⋯⋯⋯⋯⋯⋯⋯⋯⋯ 医-22
名古屋高判令 6・4・18 裁判所 HP、LEX/DB25620053
　　⋯⋯⋯⋯⋯⋯⋯⋯⋯⋯⋯⋯⋯⋯⋯⋯⋯⋯⋯⋯⋯ 医-6
福岡高宮崎支判令 6・4・24 裁判所 HP ⋯⋯⋯⋯⋯⋯ 環-15
知財高判令 6・4・24（令 6（ネ）10002 等、4 部）、
　　裁判所 HP ⋯⋯⋯⋯⋯⋯⋯⋯⋯⋯⋯⋯⋯⋯⋯ 知-10
知財高判令 6・4・25（令 3（ネ）10086、1 部）、
　　裁判所 HP ⋯⋯⋯⋯⋯⋯⋯⋯⋯⋯⋯⋯⋯⋯⋯⋯ 知-6
大阪高判令 6・5・9 裁判所 HP、LEX/DB25573588
　　⋯⋯⋯⋯⋯⋯⋯⋯⋯⋯⋯⋯⋯⋯⋯⋯⋯⋯⋯⋯ 医-37
福岡高那覇支判令 6・5・15 裁判所 HP ⋯⋯⋯⋯⋯⋯ 環-16

地方裁判所

東京地判平 30・7・10 労判 1298 号 82 頁 ⋯⋯⋯⋯⋯ 労-16
京都地判令元・6・28 労判 1302 号 49 頁 ⋯⋯⋯⋯⋯ 労-11
名古屋地判令 3・1・27 労判 1307 号 64 頁 ⋯⋯⋯⋯⋯ 労-76
大阪地判令 3・1・29 労判 1299 号 64 頁 ⋯⋯⋯⋯⋯ 労-60
横浜地判令 3・2・4 労判 1300 号 75 頁 ⋯⋯⋯⋯⋯⋯ 労-6
東京地判令 3・2・17 労判 1306 号 87 頁 ⋯⋯⋯⋯⋯ 労-69
東京地判令 3・2・18 労判 1303 号 86 頁 ⋯⋯⋯⋯⋯ 労-79
東京地判令 3・6・28 労判 1302 号 30 頁 ⋯⋯⋯⋯⋯ 労-41
東京地判令 3・9・16 労判 1299 号 57 頁 ⋯⋯⋯⋯⋯ 労-17
東京地判令 3・12・24 判時 2574 号 37 頁
　　⋯⋯⋯⋯⋯⋯⋯⋯⋯⋯ 物動-11、法 1-1、法 2-19
大阪地判令 4・2・22 労判 1302 号 67 頁 ⋯⋯⋯⋯⋯ 労-18
大阪地判令 4・3・3 裁判所 HP、LEX/DB25573006
　　⋯⋯⋯⋯⋯⋯⋯⋯⋯⋯⋯⋯⋯⋯⋯⋯⋯ 環-11、環研究
大津地判令 4・3・17 判時 2582 号 72 頁 ⋯⋯⋯⋯ 法 2-38
東京地判令 4・4・8 労判 1305 号 68 頁 ⋯⋯⋯⋯⋯⋯ 労-12
横浜地判令 4・4・14 労判 1299 号 38 頁、
　　判時 2543＝2544 号 104 頁 ⋯⋯⋯⋯⋯⋯⋯⋯ 労-64
東京地判令 4・4・15 判タ 1514 号 224 頁
　　⋯⋯⋯⋯⋯⋯⋯⋯⋯⋯⋯⋯ 物動-3、物動研究 2

那覇地沖縄支判令 4・4・21 労判 1306 号 69 頁 ⋯⋯⋯ 労-28
東京地判令 4・4・28 労判 1298 号 70 頁 ⋯⋯⋯⋯⋯ 労-70
東京地判令 4・5・12 労判 1298 号 61 頁 ⋯⋯⋯⋯⋯ 労-65
東京地判令 4・6・8 判タ 1515 号 194 頁 ⋯⋯⋯ 契 2-5、法 2-8
大阪地判令 4・6・28 労判 1307 号 17 頁 ⋯⋯⋯⋯⋯ 労-42
広島地福山支判令 4・7・13 判時 2574 号 86 頁 ⋯⋯ 契 1-8
東京地判令 4・7・13 判時 2580＝2581 号 5 頁 ⋯⋯⋯⋯ 環-7
広島地福山支判令 4・7・13 裁判所 HP ⋯⋯⋯⋯⋯⋯ 労-43
那覇地判令 4・7・14 判時 2579 号 42 頁 ⋯⋯⋯⋯ 法 2-47
奈良地葛城支判令 4・7・15 労判 1305 号 47 頁 ⋯⋯⋯ 労-44
岐阜地判令 4・8・30 労判 1297 号 138 頁 ⋯⋯⋯⋯ 労-102
大阪地判令 4・9・7 労判 1300 号 58 頁 ⋯⋯⋯⋯⋯ 労-96
札幌地判令 4・10・19 判タ 1516 号 107 頁 ⋯⋯⋯⋯ 医-16
松山地判令 4・11・2 判時 2583 号 79 頁 ⋯⋯ 契 1-4、労-26
長崎地判令 4・11・7 判時 2577 号 11 頁 ⋯⋯⋯⋯⋯ 法 2-3
東京地判令 4・11・28 判タ 1518 号 149 頁
　　⋯⋯⋯⋯⋯⋯⋯⋯⋯⋯⋯⋯⋯⋯⋯ 法 2-34、家-14
東京地判令 4・11・30 判タ 1515 号 157 頁、
　　判時 2547 号 45 頁 ⋯⋯⋯⋯⋯⋯⋯⋯⋯⋯⋯⋯ 家-1
東京地判令 4・12・1 判時 2582 号 49 頁 ⋯⋯⋯⋯ 法 2-46
長崎地判令 4・12・6 判時 2577 号 63 頁 ⋯⋯ 契 1-9、労-56
東京地判令 4・12・9 判時 2582 号 87 頁 ⋯⋯ 契 1-10、労-45
東京地判令 4・12・13 判時 2584 号 61 頁 ⋯⋯⋯⋯ 法 2-45
横浜地判令 4・12・22 判時 2575 号 87 頁 ⋯⋯⋯⋯⋯ 労-97
東京地判令 4・12・23 判時 2577 号 72 頁 ⋯⋯ 契 1-3、契 2-6
大阪地判令 4・12・23 判時 2583 号 25 頁 ⋯⋯⋯⋯ 法 2-40
東京地判令 4・12・26 判時 2587 号 137 頁
　　⋯⋯⋯⋯⋯⋯⋯⋯⋯⋯⋯ 契 1-6、法 2-5、医-35
東京地判令 5・1・17 判タ 1514 号 204 頁 ⋯⋯⋯⋯ 法 1-9
福岡地判令 5・1・20 労判 1304 号 33 頁 ⋯⋯⋯⋯⋯ 労-46
東京地判令 5・1・25 判タ 1519 号 234 頁 ⋯⋯ 法 2-35、家-15
東京地判令 5・1・26 労判 1297 号 136 頁 ⋯⋯⋯⋯⋯ 労-92
大阪地判令 5・1・26 労判 1304 号 18 頁 ⋯⋯⋯⋯⋯ 労-57
東京地判令 5・1・26 労判 1307 号 5 頁 ⋯⋯⋯⋯⋯⋯ 労-19
東京地判令 5・1・27 判タ 1517 号 133 頁 ⋯⋯⋯⋯ 法 1-10
東京地立川支判令 5・2・1 労判 1301 号 31 頁 ⋯⋯⋯ 労-58
宇都宮地判令 5・2・8 労判 1298 号 5 頁 ⋯⋯⋯⋯⋯ 労-80
京都地判令 5・2・9 判時 2585 号 51 頁 ⋯⋯⋯⋯⋯ 法 2-24
熊本地判令 5・2・10 判時 2588 号 21 頁 ⋯⋯⋯⋯ 法 2-27
東京地判令 5・2・16 金法 2229 号 54 頁 ⋯⋯ 金坦-2、法 2-11
仙台地判令 5・2・20 判タ 1515 号 143 頁
　　⋯⋯⋯⋯⋯⋯⋯⋯⋯ 物動-8、法 1-2、法 2-16
大阪地判令 5・2・27 判タ 1516 号 198 頁、
　　判時 2572 号 71 頁 ⋯⋯⋯⋯⋯⋯⋯⋯⋯⋯ 法研究 2
名古屋地判令 5・2・28 判時 2582 号 64 頁
　　⋯⋯⋯⋯⋯⋯⋯⋯⋯⋯⋯ 契 1-11、医-21、医研究
大阪地判令 5・2・28 判タ 1516 号 156 頁 ⋯⋯⋯⋯ 法 2-39
東京地判令 5・3・2 労経速 2538 号 3 頁 ⋯⋯⋯⋯⋯⋯ 労-3
横浜地判令 5・3・3 労判 1304 号 5 頁 ⋯⋯⋯⋯⋯⋯ 労-13
東京地判令 5・3・3 労経速 2535 号 3 頁 ⋯⋯⋯⋯⋯ 労-29
仙台地判令 5・3・6 判時 2579 号 73 頁 ⋯⋯⋯⋯⋯ 法 2-32
京都地判令 5・3・9 労判 1297 号 124 頁 ⋯⋯⋯⋯⋯ 労-61
福島地判令 5・3・14（平 27（ワ）235・平 26（ワ）
　　217）裁判所 HP ⋯⋯⋯⋯⋯⋯⋯⋯⋯⋯⋯⋯⋯ 環-8
東京地判令 5・3・15 労経速 2533 号 30 頁 ⋯⋯⋯⋯ 労-47
旭川地判令 5・3・16 判時 2580＝2581 号 229 頁 ⋯⋯ 法 2-21
津地判令 5・3・16 判時 2586 号 73 頁 ⋯⋯⋯⋯⋯⋯ 労-90
大分地判令 5・3・17 判タ 1515 号 115 頁
　　⋯⋯⋯⋯⋯⋯⋯⋯⋯⋯⋯ 物動-1、物動研究 1
福岡地判令 5・3・22 裁判所 HP ⋯⋯⋯⋯⋯⋯⋯⋯ 環-10
大阪地判令 5・3・23 判時 2583 号 64 頁 ⋯⋯⋯⋯⋯ 労-48
さいたま地判令 5・3・23 判時 2584 号 89 頁
　　⋯⋯⋯⋯⋯⋯⋯⋯⋯⋯⋯⋯⋯⋯ 法 2-26、医-20
東京地判令 5・3・27 労経速 2534 号 3 頁、

判タ 1525 号 155 頁 ━━ 労-91
東京地判令 5・3・28 労経速 2538 号 29 頁 ━━ 労-20
東京地判令 5・3・29 労経速 2536 号 28 頁 ━━ 労-21
東京地判令 5・3・30 労経速 2535 号 22 頁 ━━ 労-49
札幌地判令 5・3・31 労判 1302 号 5 頁 ━━ 労-30
東京地判令 5・4・10 労経速 2549 号 3 頁 ━━ 労-71
東京地判令 5・4・14 労経速 2549 号 24 頁 ━━ 労-31
名古屋地判令 5・4・18 判タ 1516 号 150 頁 ━━ 法 2-42
大阪地判令 5・4・21 判タ 1514 号 176 頁 ━━ 契 2-9、法-66
広島地福山支判令 5・4・26 判時 2590 号 70 頁 ━━ 法 2-23
東京地判令 5・5・16 労経速 2546 号 27 頁 ━━ 労-81
東京地判令 5・5・18 労経速 2545 号 22 頁 ━━ 労-82
京都地判令 5・5・19 労経速 2533 号 19 頁、
　　労判 1308 号 78 頁 ━━ 労-83
東京地判令 5・5・29 労経速 2545 号 3 頁 ━━ 労-62
東京地判令 5・5・29 労経速 2546 号 3 頁 ━━ 労-50
大阪地判令 5・5・31 判タ 1517 号 121 頁 ━━ 法 2-44
千葉地判令 5・6・9 労判 1299 号 29 頁 ━━ 労-34
東京地判令 5・6・9 労判 1306 号 42 頁 ━━ 労-72
宇都宮地判令 5・6・28 判タ 1516 号 188 頁 ━━ 法 2-25
名古屋地判令 5・6・28 判タ 1517 号 127 頁
　　━━ 法 1-14、法 2-22
東京地判令 5・6・28 労経速 2539 号 20 頁 ━━ 労-84
東京地判令 5・6・29 労判 1305 号 29 頁 ━━ 労-63
東京地判令 5・6・29 労経速 2540 号 24 頁 ━━ 労-4
大阪地判令 5・6・30 判タ 1518 号 171 頁、
　　判時 2591 号 41 頁 ━━ 法 2-2
富山地判令 5・7・5 判時 2574 号 72 頁 ━━ 契 1-7、労-55
東京地判令 5・7・7 金判 1681 号 46 頁 ━━ 法 1-11
東京地判令 5・7・13LEX/DB25599208 ━━ 医-7
大阪地判令 5・7・14 判タ 1515 号 72 頁 ━━ 法 2-43
東京地判令 5・7・18 判タ 1519 号 228 頁
　　━━ 契 2-2、金坦-3、契研究 1
東京地判令 5・7・19 労経速 2542 号 21 頁、
　　労判 1313 号 42 頁 ━━ 労-85
東京地判令 5・7・20 判タ 1518 号 163 頁 ━━ 労-86
東京地判令 5・7・20LEX/DB25599209 ━━ 医-8
大阪地判令 5・7・21 判時 2576 号 77 頁
　　━━ 契 2-10、契研究 2
東京地立川支判令 5・8・9 労判 1305 号 5 頁 ━━ 労-22
東京地判令 5・8・10 労判 1306 号 5 頁 ━━ 労-99
東京地判令 5・8・28 労経速 2543 号 25 頁 ━━ 労-1
名古屋地判令 5・9・11 労経速 2533 号 9 頁 ━━ 労-98
札幌地判令 5・9・11 労経速 2536 号 20 頁 ━━ 労-93
横浜地判令 5・9・13 労経速 2540 号 3 頁 ━━ 労-23
福岡地小倉支判令 5・9・19 労経速 2538 号 21 頁、
　　労判 1313 号 54 頁 ━━ 労-67
東京地判令 5・9・26 労経速 2548 号 3 頁、
　　労判 1312 号 31 頁 ━━ 労-100
大阪地判令 5・9・27 判時 2587 号 5 頁、
　　判タ 1520 号 83 頁 ━━ 法 1-18、法 2-37
名古屋地判令 5・9・28 労経速 2535 号 13 頁 ━━ 労-59
東京地判令 5・9・29 判タ 1514 号 185 頁 ━━ 法 2-9、医-15
東京地判令 5・9・29 金判 1690 号 40 頁 ━━ 金坦-9
宮崎地判令 5・10・6LEX/DB25596412 ━━ 医-12
東京地判令 5・10・30 労経速 2543 号 18 頁、
　　判タ 1520 頁 65 頁 ━━ 労-2
広島地判令 5・11・6LEX/DB25596753 ━━ 医-23
京都地判令 5・11・14 労経速 2541 号 10 頁、
　　判タ 1524 号 169 頁 ━━ 労-51
東京地判令 5・11・22 金判 1690 号 26 頁 ━━ 法 1-3
札幌地判令 5・11・22 労経速 2545 号 35 頁 ━━ 労-87
東京地判令 5・11・30 労判 1301 号 5 頁 ━━ 労-7
広島地判令 5・12・8LEX/DB25597030 ━━ 医-9

熊本地判令 5・12・8LEX/DB25597723 ━━ 医-13
大阪地判令 5・12・8LEX/DB25598413 ━━ 医-27
神戸地判令 5・12・14LEX/DB25597024 ━━ 医-10
東京地判令 5・12・19 労経速 2542 号 16 頁、
　　労判 1311 号 46 頁 ━━ 労-24
松山地判令 5・12・20 労経速 2544 号 3 頁 ━━ 労-32
大阪地判令 5・12・22 労経速 2544 号 34 頁 ━━ 労-52
神戸地判令 5・12・22 労経速 2546 号 16 頁 ━━ 労-33
熊本地判令 5・12・25LEX/DB25597033 ━━ 医-14
長崎地判令 6・1・9LEX/DB25597588 ━━ 医-38
大阪地判令 6・1・11 労経速 2541 号 18 頁 ━━ 労-77
東京地判令 6・1・22（令 4（ワ）70139 等、40 部）、
　　裁判所 HP ━━ 知-7
東京地判令 6・1・24 金判 1693 号 46 頁
　　━━ 金坦-1、法 1-4、法 2-15
静岡地判令 6・1・25LEX/DB25597719 ━━ 医-18
東京地判令 6・1・26（令 3（ワ）16043、46 部）、
　　裁判所 HP ━━ 知-16
横浜地判令 6・1・31LEX/DB25598387 ━━ 医-24
札幌地判令 6・2・6 労経速 2547 号 27 頁 ━━ 労-53
水戸地下妻支判令 6・2・14 労経速 2547 号 3 頁 ━━ 労-54
東京地判令 6・2・21（令 4（ワ）16072、29 部）、
　　裁判所 HP ━━ 知-18
山形地判令 6・2・27LEX/DB25598891 ━━ 医-1
東京地判令 6・2・28 労経速 2548 号 34 頁、
　　判タ 1523 号 180 頁 ━━ 労-95
横浜地判令 6・2・28LEX/DB25598347 ━━ 医-25
大分地判令 6・3・7 裁判所 HP ━━ 環-3
名古屋地判令 6・3・12 裁判所 HP、LEX/DB25573449
　　━━ 医-32
横浜地川崎支判令 6・3・14LEX/DB25599308 ━━ 医-26
東京地判令 6・3・19（令 3（ワ）11358、29 部）、
　　裁判所 HP ━━ 知-17
京都地判令 6・3・26LEX/DB25599778 ━━ 医-40
福井地決令 6・3・29（令 4（ヨ）15）裁判所 HP ━━ 環-6
福井地決令 6・3・29（令 5（ヨ）1）裁判所 HP ━━ 環-5
山形地判令 6・3・29LEX/DB25599310 ━━ 医-5
東京地判令 6・4・17（令 4（ワ）19222、29 部）、
　　裁判所 HP ━━ 知-8
新潟地判令 6・4・18 裁判所 HP ━━ 環-1
東京地判令 6・4・18（令 4（ワ）18776、47 部）、
　　裁判所 HP ━━ 知-1
熊本地判令 6・4・24 裁判所 HP ━━ 環-2
神戸地判令 6・4・26LEX/DB25599764 ━━ 医-19
函館地判令 6・5・8 裁判所 HP、LEX/DB25599625 ━━ 医-3
東京地判令 6・5・16（令 5（行ウ）5001、40 部）、
　　判時 2601 号 90 頁 ━━ 知-2、知研究
福岡地判令 6・5・30 裁判所 HP、LEX/DB25620237
　　━━ 医-33

家庭裁判所

宇都宮家審令 4・5・13 判タ 1516 号 252 頁、
　　判時 2572 号 90 頁 ━━ 家-8
東京家判令 4・7・7 家判 49 号 89 頁、
　　判時 2541 号 37 頁 ━━ 家-5
那覇家審令 5・2・28 判タ 1514 号 250 頁 ━━ 家-18
福岡家審令 5・6・14 判タ 1519 号 252 頁
　　━━ 物動-13、家-19、家研究 2

===== 民事判例研究会 会員一覧 =====

2024.12.23 現在

◎：研究会代表兼部会長

○：部会長

【民法（財産法）部会】

青木　則幸　（早稲田大学　教授）

秋山　靖浩　（早稲田大学　教授）

石井　正人　（弁護士〔新潟つばさ法律事務所〕）

石尾　智久　（金沢大学　准教授）

石田　剛　（一橋大学　教授）

石綿はる美　（一橋大学　准教授）

伊藤　栄寿　（法政大学　教授）

岩川　隆嗣　（慶應義塾大学　准教授）

大澤慎太郎　（早稲田大学　教授）

大塚　直　（早稲田大学　教授）

大塚　智見　（大阪大学　准教授）

片山　直也　（武蔵野大学　教授）

加藤　雅之　（日本大学　教授）

北居　功　（慶應義塾大学　教授）

熊谷　士郎　（青山学院大学　教授）

髙　秀成　（慶應義塾大学　教授）

小峯　庸平　（一橋大学　准教授）

三枝　健治　（早稲田大学　教授）

酒巻　修也　（青山学院大学　准教授）

島戸　純　（東京地方裁判所　判事）

下村　信江　（近畿大学　教授）

白石　大　（早稲田大学　教授）

白石　友行　（千葉大学　教授）

新堂　明子　（法政大学　教授）

水津　太郎　（東京大学　教授）

杉山　真一　（弁護士〔杉山真一＆パートナーズ法律事務所〕）

田岡絵里子　（立教大学　准教授）

高岡　大輔　（九州大学　准教授）

竹村壮太郎　（青山学院大学　准教授）

谷江　陽介　（立命館大学　教授）

◎　田髙　寛貴　（慶應義塾大学　教授）

田中　淳子　（愛知学院大学　教授）

都筑　満雄　（明治大学　教授）

鳥山　泰志　（一橋大学　教授）

永岩　慧子　（龍谷大学　准教授）

永下　泰之　（上智大学　教授）

中野　邦保　（桐蔭横浜大学　教授）

中原　太郎　（東京大学　教授）

根本　尚徳　（北海道大学　教授）

野中　貴弘　（日本大学　准教授）

橋本　陽介　（弁護士〔杉山真一＆パートナーズ法律事務所〕）

林　洸起　（新潟大学　講師）

原田　昌和　（立教大学　教授）

平林　美紀　（南山大学　教授）

藤澤　治奈　（立教大学　教授）

堀田　親臣　（広島大学　教授）

前田　太朗　（中央大学　教授）

松尾　弘　（慶應義塾大学　教授）

丸山絵美子　（慶應義塾大学　教授）

溝渕　将章　（上智大学　准教授）

宮下　修一　（中央大学　教授）

武川　幸嗣　（慶應義塾大学　教授）

村田　大樹　（関西大学　教授）

山城　一真　（早稲田大学　教授）

吉原　知志　（大阪公立大学　准教授）

若林　弘樹　（弁護士〔アンダーソン・毛利・友常法律事務所外国法共同事業〕）

若林　三奈　（龍谷大学　教授）

和田　勝行　（京都大学　教授）

渡邊　貴　（岡山大学　専任講師）

【民法（家族法）部会】

青竹　美佳　（大阪大学　教授）

稲垣　朋子　（三重大学　准教授）

小川　恵　（専修大学　准教授）

合田　篤子　（金沢大学　教授）

冷水登紀代　（中央大学　教授）

白須真理子　（関西大学　教授）

神野　礼斉　（広島大学　教授）　　　　　　　　宮本　誠子　（金沢大学　教授）
○　松尾　知子　（関西大学　教授）　　　　　　　　山口　亮子　（関西学院大学　教授）
　　松久　和彦　（近畿大学　教授）　　　　　　　　山下祐貴子　（名城大学　准教授）
　　水野　貴浩　（松山大学　准教授）　　　　　　　渡邉　泰彦　（京都産業大学　教授）

【環境法部会】

　　石巻　実穂　（早稲田大学　専任講師）　　　　　島村　健　（京都大学　教授）
　　及川　敬貴　（横浜国立大学　教授）　　　　　　清水　晶紀　（明治大学　准教授）
○　大塚　直　（早稲田大学　教授）　　　　　　　　二見絵里子　（東京経済大学　専任講師）
　　越智　敏裕　（上智大学　教授・弁護士）　　　　横内　恵　（亜細亜大学　准教授）
　　桑原　勇進　（上智大学　教授）

【医事法部会】

　　石橋　秀起　（立命館大学　教授）　　　　　　　手嶋　豊　（神戸大学　教授）
　　大下　宗亮　（愛媛大学医学部附属病院医療安全管　中原　太郎　（東京大学　教授）
　　　　　　　　　理部　助教）　　　　　　　　　　野々村和喜　（同志社大学　准教授）
　　大塚　智見　（大阪大学　准教授）　　　　　　　林　誠司　（北海道大学　教授）
　　岡田希世子　（九州産業大学　准教授）　　　　　平野　哲郎　（立命館大学　教授）
　　櫛橋　明香　（東北大学　教授）　　　　　　　　福田　剛久　（弁護士〔田辺総合法律事務所〕）
　　児玉　安司　（弁護士〔新星総合法律事務所〕）　三谷和歌子　（弁護士〔ロデム綜合法律事務所〕）
　　小谷　昌子　（神奈川大学　准教授）　　　　　　柳ヶ瀬幸紀　（龍谷大学法学研究科博士後期課程）
　　小西　知世　（明治大学　准教授）　　　　　　　山口　斉昭　（早稲田大学　教授）
　　小峯　庸平　（一橋大学　准教授）　　　　　　　吉峯　耕平　（弁護士〔田辺総合法律事務所〕）
　　阪上　武仁　（弁護士〔北浜南法律事務所〕）　○　米村　滋人　（東京大学　教授）
　　髙嶌　英弘　（京都産業大学　教授）

【労働法部会】

　　石井　妙子　（弁護士〔太田・石井法律事務所〕）　濱口桂一郎　（労働政策研究・研修機構労働政策研
　　石﨑由希子　（横浜国立大学　教授）　　　　　　　　　　　　　究所長）
○　今津　幸子　（弁護士〔アンダーソン・毛利・友常法　原　昌登　（成蹊大学　教授）
　　　　　　　　　律事務所外国法共同事業〕）　　　　平越　格　（弁護士〔第一芙蓉法律事務所〕）
　　大槻　健介　（弁護士〔アンダーソン・毛利・友常法　山中　健児　（弁護士〔石嵜・山中総合法律事務所〕）
　　　　　　　　　律事務所外国法共同事業〕）　　　　山畑　茂之　（弁護士〔第一協同法律事務所〕）
　　小鍛冶広道　（弁護士〔第一芙蓉法律事務所〕）　和田　一郎　（弁護士〔牛嶋・和田・藤津・吉永法律
　　小西　康之　（明治大学　教授）　　　　　　　　　　　　　　　事務所〕）

【知的財産法部会】

　　青木　大也　（大阪大学　准教授）　　　　　　　武生　昌士　（法政大学　教授）
　　岩瀬ひとみ　（弁護士〔西村あさひ法律事務所・外国　西井　志織　（名古屋大学　教授）
　　　　　　　　　法共同事業〕）　　　　　　　　　長谷川　遼　（立教大学　教授）
　　岩瀬　吉和　（弁護士〔アンダーソン・毛利・友常法　渕　麻依子　（神奈川大学　教授）
　　　　　　　　　律事務所外国法共同事業〕）　　　　紋谷　崇俊　（弁護士〔西村あさひ法律事務所・外国
　　金子　敏哉　（明治大学　教授）　　　　　　　　　　　　　　　法共同事業〕）
　　木村耕太郎　（弁護士〔ルネス総合法律事務所〕）　渡辺　光　（弁護士〔中村合同特許法律事務所〕）
○　城山　康文　（弁護士〔アンダーソン・毛利・友常法
　　　　　　　　　律事務所外国法共同事業〕）

別冊 NBL No.191
民事判例研究 1
—— 2024 年上期

2025 年 1 月 31 日　初版第 1 刷発行

編　　者　　民事判例研究会

発 行 者　　石　川　雅　規

発 行 所　　^{株式}^{会社}商 事 法 務

〒 103-0027 東京都中央区日本橋 3-6-2
TEL 03-6262-6756・FAX 03-6262-6804〔営業〕
TEL 03-6262-6769〔編集〕
https://www.shojihomu.co.jp/

落丁・乱丁本はお取り替えいたします。　　　印刷／三報社印刷㈱
© 2025 民事判例研究会　　　　　　　　　 Printed in Japan
Shojihomu Co., Ltd.
ISBN978-4-7857-7163-8
＊定価は表紙に表示してあります。

|JCOPY|＜出版者著作権管理機構　委託出版物＞
本書の無断複製は著作権法上での例外を除き禁じられています。
複製される場合は、そのつど事前に、出版者著作権管理機構
（電話 03-5244-5088、FAX 03-5244-5089、e-mail：info@jcopy.or.jp）
の許諾を得てください。